Metafolklore

The Surreal Diary of an Unwilling Spy

Fourth Edition

Volume 1

Alexander V. Avakov

Metafolklore: The Surreal Diary of an Unwilling Spy, Fourth Edition, Volume 1: A Dissident's Background in the Soviet Union and Early Years in the U.S.; The Ethical Theory.

The manuscript of this book can also be found at the websites: https://metafolklore.ru/ and https://regoss.ru/metafolklore/. See also other books of Alexander V. Avakov: *Plato's Dreams Realized: Surveillance and Citizen Rights, from KGB to FBI* (2006), *Quality of Life, Balance of Power, and Nuclear Weapons: A Statistical Yearbook for Statesmen and Citizens* (2008, 2009, 2010, 2011, 2012, 2013, 2014, 2014 Updated, 2015, and 2016; online 2017, 2018, and 2019 versions at https://regoss.ru/quality-of-life/), and *Two Thousand Years of Economic Statistics: Population, GDP at PPP, and GDP Per Capita* (2010, 2015 and 2017; on-line 2020 version at https://regoss.ru/quality-of-life/2000-years-of-economic-statistics). Contact email: alexander.avakov@gmail.com.

ISBN-13: 978-1536857658

ISBN-10:   1536857653

Contents

Contents

Contents

Contents

Contents

Introduction

Introduction

This book is a fictionalized diary. It is written in a very unconventional way and describes an unconventional experience. It is about the collision of cultures, which any new immigrant may experience. But it is also about the life of a particular kind of newcomer — a highly ideological, even idealistic, political refugee from a country that is the main geopolitical adversary of America. The narrative is a mixture brewed from the high-minded expectations of a former Soviet dissident contrasted with the world of "folklore" where insinuation is reality and with the daily prejudices and outright spy mania found in the various strata of American society. This collision of cultures leads a relatively young 20-something year-old to grow to learn too much about "real life" as well as the mechanics of Western counterintelligence, as much as probably only a professional spy would know.

At the same time, this book has an aspect of a folklore study. Elements of folklore — folklore units — are analyzed both from the point of view of an immediate meaning and from the point of view of a broader meaning. The immediate and broader meaning is uncovered through interpretation in contexts. In the process of this interpretation the book navigates in contexts on two levels: (immediate) Contexts and (broader) Metacontexts. These Contexts and Metacontexts are built with the use of citations, which exemplify folklore in the world of ideas (hence the title of this work, *Metafolklore*). Books used as sources for these citations are primarily those of literature, philosophy, and law, but also of other areas of human knowledge. The Metacontexts are presented in three distinct perspectives: anthropological, psychological, and humanistic. Plus, there are Metacontexts representing a dialogue of the author with his daughters who give the perspective of second-generation immigrants.

Strictly speaking, this book falls in between fiction and nonfiction; not accidently it is called "a fictionalized diary." But mostly it leans towards nonfiction in the genre of ethnographic surrealism.

Metafolklore is weird, psychoanalytical, and brutally honest (as opposed to normal, conventional, and self-serving memoirs of politicians that we usually see on shelves of bookstores).

Эта книга — беллетризованный дневник. Она написана в очень необычной форме и описывает необычный жизненный опыт. Она о столкновении культур, через которое любой новый иммигрант может проходить. Но она также о жизни определенного рода новоприбывшего — очень идеологически накачанного, даже идеалистического, политического беженца из страны главного геополитического соперника Америки. Повествование представляет собой смесь возвышенных ожиданий бывшего советского диссидента и мира «фольклора», в котором намеки и измышления реальность, а также повседневных предрассудков и откровенной шпиономании разных слоев американского общества. Это столкновение культур приводит относительно молодого человека к постепенному пониманию «реальной жизни» и механики западной контрразведки, как ее, пожалуй, знают только

Introduction

профессиональные шпионы.

В то же время, эта книга отчасти исследование фольклора. Элементы фольклора — фольклорные единицы — анализируются как с точки зрения их непосредственного смысла, так и с точки зрения более широкого содержания. Непосредственный и более широкий смысл раскрываются через интерпретацию в контекстах. В ходе этой интерпретации книга проходит через контексты на двух уровнях: (непосредственный) Контексты (Contexts) и (более широкий) Метаконтексты (Metacontexts). Эти Контексты и Метаконтексты построены с помощью цитат, которые олицетворяют фольклор в мире идей (отсюда название работы, *Метафольклор*). В качестве источников цитат используются книги по литературе, философии и права, а также из других областей знания. Эти Метаконтексты представлены в трех аспектах: антропологическом, психологическом и гуманистическом. Плюс есть Метаконтексты, представляющие диалог автора с его дочерями, которые дают точку зрения второго поколения иммигрантов.

Строго говоря, эта книга находится между выдумкой и документальной литературой; не случайно она названа «беллетризованным дневником». Но по большей части она ближе к документальной литературе в жанре этнографического сюрреализма.

Метафольклор это странная, психоаналитическая и предельно честная книга (в отличие от нормальных, обыкновенных и направленных на пользу собственных интересов мемуаров политиков, которые обычно находят дорогу на полки книжных магазинов).

Resume of "Metafolklore"

Resume of "Metafolklore"

The book is structured around more than 1,100 Folklore Units. The main part of the book has about 1,000 Folklore Units; additional Folklore Units are in the Post Scriptum.

The first about 100 Folklore Units describe my family origins and life in the Soviet Union; after that follows the description of life in America.

In the course of the story, as I realized that there was some surveillance in the U.S. aimed at me, I gathered strength and inspiration from the great philosophers, main religious traditions, and famous works of literary art. Three sections in the middle of the book are dedicated to just that: philosophy, religion, and literature.

After this interlude, I come back to a more detailed description of my acquaintance with American intelligence.

Because of its coverage of surveillance in America this book has run into certain resistance from some part of the public in the United States. An archetypically hostile reaction to this book was expressed in *LA Times* by William Askins, ex-CIA Clandestine Service Senior Operations Officer: "This book is chock full of secrets. The public doesn't need to know this stuff and it should be suppressed!" These words, representing usual criticism from certain circles to this kind of literature, were written about one of the contributing sources to this book; the opposition to the cumulative effect of my book is even more acute. Here is another piece of reality: today, in America you cannot outright forbid such a book, but you can suppress it.

At first glance, this book is about me, the author. But my life is only the illustration of a bigger point that I want to make: the danger of intrusive modern surveillance. My life experience has taught me that it is a vastly underestimated topic. Unfortunately, it is not covered with the depth it deserves in the media and most people do not have a slightest idea about the capabilities of the intelligence services. Even in Western democracies, the cost of the mistaken use of these capabilities can be tremendous for those who are the subjects of such surveillance. Some of my readers have said that this book should be on the desk of every citizen in the United States. Maybe this is too grand of a statement, but I hope you note the seriousness of this issue.

To explain the origins of this book I must to go back in my story many years ago.

I was born in the Soviet Union in 1954. My father was a scientist engineer who had an interest in philosophy. My mother was a talented engineer too, with a life-long passion for literature. I was ideologically curious under the old Communist regime. I have been interested in economics and philosophy since the age of 11. The circle of my interests included the constitutions of the countries of the world. I was particularly drawn to the American constitution as the key to understanding why America avoided the historical catastrophes of Russia. When I was a student at the Mathematical Faculty of the Ural State University in Sverdlovsk (now Ekaterinburg), I started my "subversive" activities by writing on walls slogans like

Resume of "Metafolklore"

"Freedom to Political Prisoners!" In 1975, as I was in my fifth year in the University and all courses had been completed, I distributed five types of leaflets — or more exactly pamphlets — about the history and current political conditions of the Soviet Union. In one of the pamphlets I outlined a positive program for the future inspired by a close analysis of the U.S. Constitution. I was arrested by the KGB during a later round of writing slogans on the walls and charged with the infamous Article 70 of the Criminal Code of the Russian Federation (which in practice annulled freedom of speech guaranteed by the Soviet constitution) for writing slogans and distributing leaflets. As a result, I spent 1 and 1/2 years in a labor camp for political prisoners. In 1981, probably in connection with the "cleansing of the country from the politically unreliable elements" after the start of the war in Afghanistan, I could emigrate from the Soviet Union. On the November 23, 1981, at the age of 27, I entered the United States as a political "refugee."

In the beginning I received certain help from the American officials. For example, my wife managed to join me in the U.S., with the help of high positioned American officials. Her official invitation to come to the United States was signed by then Secretary of State Alexander Haig. The cases of my many relatives were handled similarly. All that happened partly because the Soviet authorities wanted to get rid of us, but also because American government made it clear to the Soviets that it wished to see us safe on its side of the border.

One of my friends in the Soviet Union joked that he also wanted to register under our family name.

We started our life in America as Republicans and supporters of Reagan. But life always has something new to teach us.

1987 was my "1984." In 1987, I understood that there were violations of my privacy not experienced by the vast majority of people around us.

I am a person driven by ideas. In my idea of America the sanctity of privacy as a foundation of life and the Constitution has always played an important role. The more was my shock to find out that, though we were officially invited and welcomed in the United States, we were placed under greater degree of surveillance in the U.S. than many others. We were placed under greater scrutiny than American citizens, under greater scrutiny than immigrants from other countries, and under greater scrutiny than non-political Soviet immigrants. The latter point is interesting also because officially all immigrants from the Soviet Union were classified as refugees fleeing the Communism. In reality, everybody's emigration motives were a mixture of economic and political ones. In the case of our family the share of political motives was as high as it can possibly be. Given this it was especially disappointing and unfair to find yourself under such close watch.

It is hard for a human being to oppose the pressure of such violations of privacy, especially if he is ideologically unprepared for this. Being a fresh pro-American immigrant from the U.S.S.R., I was not ready for this "reality check" and it took some time for me to adapt to my discovery. As time has passed, I realized that all I had to do was not be afraid to apply all the experience "opposing" the status quo that I had gained in the Soviet Union. Then everything was all right.

Gradually, the initial shock of this ideological collision dissipated. I have done well in my profession as a software developer. After 1987, I traveled a great deal within the U.S. In addition, by the end of 2015 I had made trips abroad for a total of about 7 years. I traveled to

- Western Europe,
- the Middle East,
- South-East Asia,
- Australia,
- South Africa,
- Latin America,
- and Canada.

This travel has expanded my horizons, made my world-view more cosmopolitan, and helped me more deeply understand international cultural, socio-economic, and political problems.

In 1990, 1997, and 2009, I made requests to the FBI pursuant to the Freedom of Information/Privacy Act. The materials I received confirmed some of my suspicions. As these materials show, the Bureau was probably worried about certain aspects of my personality or worldview. The FBI also entered into contact with the CIA, evidently trying to determine the reactions of the people in the U.S.S.R. and Russia with whom I was communicating or trying to use more convenient means of surveillance available through that organization.

It should come as no surprise that my background prepared me to look with emotion upon the violation of my rights in the U.S. It was, after all, an interest in the American Constitution that attracted my attention to the contradictions between the officially proclaimed liberties and the reality of totalitarian regime in the Soviet Union and inspired me to write pamphlets in 1975. So when in America I found discrepancies between the high-minded ideals of the U.S. Constitution and some of the practices of the U.S. intelligence agencies, that moved me strongly again. I found that to some degree my feelings about privacy are echoed by many Americans. And it is that which led me to write this book.

This book has two distinct sides.

On one side this book is about the work and modus operandi of

- KGB,
- CIA,
- FBI,
- Department of Homeland Security (DHS),
- NYPD,
- Foreign Intelligence Surveillance Court (FISC),
- National Security Agency (NSA),
- Fusion Centers,
- Joint Terrorism Task Forces (JTTFs),
- Director of National Intelligence (DNI) Information Sharing Environment (ISE),
- ECHELON (the international spying network lead by the NSA),
- MI5 (British counter-intelligence),
- MI6 (British foreign Intelligence),
- ASIO (Australian Security Intelligence Organization, Australian

counterintelligence),
- DST (French counterintelligence before 2008),
- DCRI (French counterintelligence after 2008),
- DGSE, Directorate-General for External Security (French foreign intelligence),
- VSSE (Belgium counterintelligence, Dutch acronym),
- SE (Belgium counterintelligence, French acronym),
- The General Intelligence and Security Service (Netherlands Intelligence; Dutch: Algemene Inlichtingen – en Veiligheidsdienst, AIVD),
- The National Intelligence Centre (Spain's intelligence; Spanish: Centro Nacional Intelligencia, CNI),
- STAPO (Austrian counterintelligence before 2002),
- BVT (Austrian counterintelligence after 2002),
- Finnish Security Police (Finnish intelligence agency before 2010),
- Finnish Security Intelligence Service (Finnish intelligence agency after 2010),
- FIS (Swiss Federal Intelligence Service),
- National Intelligence Service (NIS) (Greek intelligence agency),
- Mossad,
- GIP (Saudi intelligence),
- General Investigation Directorate (Saudi internal intelligence),
- and ISI (Pakistani military intelligence).[1]

On the other side, this book contains an intensely personal account of the effects of surveillance on the life of our family both in the Soviet Union and the United States. And it is this side of the book, which I think is especially powerful and which I would like to tell the world.

As I wondered about what might be the cause of the intense scrutiny of my case from the FBI, I also decided to disclose some of the aspects of my political philosophy and world outlook, which the FBI could consider potentially "subversive."

Some themes of this book intersect with the material of my other book *Plato's Dreams Realized*. Whereas *Plato's Dreams* gives more systematic narration of these common themes, the systematic organization of the material there is deceptive in a certain sense. The system is absent in the events as they unfold to us in the "fog of life." *Metafolklore* tries to convey the natural chaos of becoming acquainted with completely unknown aspects of life. Indeed, very little in my previous experience in the Soviet Union could have prepared me for my collision with American culture and especially with the situation of living in a bubble of modern electronic surveillance. It is the process of discovery of that culture and that surveillance, which, among other things, I am trying to convey in *Metafolklore*.

The material that I am using in this book is basically folklore. In the study

---

[1] See: Law: Grooms (2020) and Richelson (1988).

of folklore, I rely on the methodology of semiotics, where the meaning of each Folklore Unit is discovered through interpretation in context.

In order to find the proper context for interpretation I had to rely on great thinkers of the past. I have discussed many ideas of great philosophers and great writers, and especially great writers of the 20th century. To find support for my take on surveillance I tried to find appropriate foundations in the world of ideas. For example, in search for axiomatic foundations of rights I turned to religious foundations of rights. I discussed world religions in order to find connection between philosophy of religion and rights. I had to turn to rights as a moral issue and discuss the relation between religion and ethics on one side and morality and law on the other.

I also would like to point out that in my analysis of folklore I used a probabilistic (as opposed to deterministic) model of reality. In many situations in life we can only try to estimate the probability that certain causations are not mere coincidences. In this book, every folklore element at the title of a Folklore Unit, CONTEXT or METACONTEXT is accompanied by an estimate of probability (PX=<perception index>) that the most obvious interpretation of that piece of text is real and not imaginary. PX=1 means that this probability is 10 percent, PX=10 means that this probability is 100 percent.

This probabilistic model is combined with a psychoanalytical method of analyzing discrete facts (keywords, pronouncements, Freudian slips). Simply put, people talk. Having systematized this talk I concluded that my family and I have been almost continuously subjected to surveillance for the 30 plus years that we have been in this country. The trigger for that surveillance with most likelihood was my political, "dissident" past in the Soviet Union. In my opinion that is an indication that America is fast becoming an ultimate surveillance state. My family and I just happened to be among the first people who experienced its effects.

The discussion of surveillance led me to general philosophical and legal issues of rights. I had to pay attention to the international standards of human rights, as they are specified in international documents like the Universal Declaration of Human Rights. I stopped on the issue of fundamental rights, and how they are reflected in the American Bill of Rights and the concept of due process in the U.S. constitution. I thought about the fate of the Fourth Amendment, which was intended by the American founding fathers to be a limit to arbitrary powers of search and seizure. The discussion of the Fourth Amendment is inextricably connected to the questions of autonomy and privacy as the foundation of rights. In this discussion I had to pay attention to the American legal standard of reasonable expectation of privacy, which is the key to understanding the American doctrine of where the Fourth Amendment would apply. The legal history of electronic surveillance led me to covering the history of dissent suppression in the United States, such as COINTELPROs. I also stopped in detail on the technology of the two most powerful instruments of modern electronic spying: eavesdropping and video surveillance. I discussed the implications of modern surveillance for the general issue of social control and how that can lead to an Electronic Police State and electronic totalitarianism.

Resume of "Metafolklore"

In the final account the only way to avoid the bleak future of a top-down controlled society with destroyed privacy is for a wider public to be aware of the technology and frontier of legal theory of modern surveillance.

Книга организована вокруг более чем 1,100 фольклорных единиц. Основная часть книги имеет около 1,000 фольклорных единиц; дополнительные фольклорные единицы находятся в Постскриптуме.

Первые более чем 100 фольклорных единиц описывают мое семейное происхождение и жизнь в Советском Союзе; после этого следует описание жизни в Америке.

По ходу истории, по мере того как я стал понимать, что в США существует слежка, направленная на меня, я набирался мужества и вдохновения от великих философов, основных религиозных традиций и знаменитых работ литературы. Три раздела в середине книги посвящены именно этому: философии, религии и литературе.

После этой интерлюдии я вернулся к более детальному описанию моего знакомства с американской разведкой.

Из-за описания слежки в Америке эта книга встретила определенное сопротивление части американской публики. Типичная враждебная реакция к этой книге выражена в *Лос-Анджелес Таймс* Уильямом Аскинсом, бывшим старшим оперативным офицером разведывательной службы ЦРУ: «Эта книга полна секретов. Публике не нужно знать эти вещи и эта книга должна быть замолчана и подавлена!» Эти слова, представляющие обычную критику определенных кругов в адрес такого рода литературы, были написаны об одном из источников к данной книге; противодействие общему эффекту моей книги еще более острое. Здесь мы имеем дело с другим элементом действительности: сегодня в Америке вы не можете просто запретить ("forbid") такую книгу, но вы можете "suppress", т. е. замолчать и подавить ее.

На первый взгляд эта книга обо мне, ее авторе. Но моя жизнь только иллюстрация тому, что я хочу показать: опасность современной слежки, глубоко вторгающейся в личную жизнь. Мой опыт научил меня, что это очень недооцененный предмет. К сожалению, он не освящается с надлежащей глубиной в средствах массовой информации и большинство людей не имеют ни малейшего представления о возможностях разведывательных агентств. Даже в западных демократиях цена ошибочного применения этих возможностей может быть колоссальна для объектов такой слежки. Некоторые из моих читателей говорили, что эта книга должна быть на столе каждого гражданина США. Возможно, это слишком широковещательное заявление, но я надеюсь, вы оцените серьезность вопроса.

Чтобы объяснить происхождение этой книги, я должен обратиться в моей истории на много лет назад.

Я родился в СССР в 1954. Мой отец был ученым-инженером с интересами к философии. Моя мать тоже была талантливым инженером с интересом к литературе, интересом, который охватил всю ее жизнь. Я рос идеологически любознательным в условиях коммунистического режима. С 11 лет я интересовался экономикой и философией. Круг моих интересов включал конституции стран мира. Меня в особенности занимала американская конституция как ключ к пониманию, почему Америка избежала исторических катастроф России. Когда я был студентом математического факультета Уральского государственного университета в Свердловске (ныне Екатеринбурге), я начал свою «подрывную» деятельность написанием лозунгов на стенах, таких как «Свободу политзаключенным!» В 1975, когда я был на пятом курсе университета и все предметы были сданы, я распространил пять типов листовок — которые более верно было бы назвать памфлетами — об истории и текущих политических условиях Советского Союза. В одном из этих памфлетов я обрисовал программу действий, вдохновленную внимательным анализом американской конституции. Я был арестован КГБ во время последующего этапа написания лозунгов на стенах и был обвинен по печально известной 70-й статье Уголовного кодекса РСФСР (которая на практике аннулировала свободу слова, гарантированную советской конституцией) за написание лозунгов и распространение листовок. В результате, я провел полтора года в исправительно-трудовом лагере для политических заключенных. В 1981, вероятно в связи с «очисткой страны от политически неблагонадежных элементов» после начала войны в Афганистане, мне было разрешено выехать из Советского Союза. 23 ноября 1981, в возрасте 27 лет, я прибыл в США как политический «беженец».

Вначале я получил определенную помощь от американских официальных лиц. В частности, моей жене удалось присоединиться ко мне в США, при содействии высокопоставленных американских чиновников. Ее официальное приглашение приехать в США было подписано госсекретарем Александром Хейгом. Делам моих многих родственников тоже был дан зеленый свет. Отчасти это происходило потому, что советские власти хотели избавиться от нас, но также потому, что американское правительство дало ясно понять, что хочет видеть нас живыми и здоровыми на своей стороне границы.

Один из моих друзей в Советском Союзе пошутил, что он тоже хотел бы зарегистрироваться под нашей фамилией.

Мы начинали жизнь в Америке как республиканцы и сторонники Рейгана. Но жизнь всегда учит нас чему-то.

1987 был моим «1984». В 1987 я понял, что есть нарушения моего прайвеси (неприкосновенности частной жизни), не испытываемые подавляющим большинством людей вокруг нас.

Я человек, движимый идеями. В моем представлении об Америке прайвеси как основе конституции всегда играла важную роль. Тем более велико было мое удивление, что, хотя мы были официально приглашены и поприветствованы в США, мы были поставлены под больший надзор, чем многие другие. Мы подвергались большей проверке, чем американские граждане, иммигранты из других стран или даже неполитические советские иммигранты. Последнее особенно интересно также потому, что официально все иммигранты из Советского Союза классифицировались как беженцы,

15

бегущие от коммунизма. В действительности мотивы любого человека были смесью экономических и политических причин. В случае нашей семьи удельный вес политических мотивов был как раз настолько высок, насколько это вообще возможно. Ввиду этого назойливая слежка выглядела особенно разочаровывающей и несправедливой.

Тяжело противостоять такому нарушению прайвеси, особенно если вы идеологически не готовы к этому. Будучи недавним проамериканским иммигрантом из СССР, я не был готов к такой «реальности» и заняло какое-то время, чтобы адаптироваться к этому открытию. По мере того, как проходило время, я стал понимать, что все, что я должен делать, это не бояться применять свой опыт «противостояния» статус-кво, который я приобрел в Советском Союзе. Тогда все становится на свое место.

Постепенно первоначальный шок этого идеологического столкновения рассеялся. Я хорошо преуспел в своей профессии программиста. После 1987 я много путешествовал внутри Америки. В дополнение, к концу 2015 я совершил много путешествий заграницу, в общей сложности на 7 лет. Я был в

- Западной Европе,
- Ближнем Востоке,
- Юго-восточной Азии,
- Австралии,
- Южной Африке,
- Латинской Америке,
- и Канаде.

Эти путешествия расширили мой кругозор, сделали мои взгляды более широкими и помогли лучше понять международные культурные, социально-экономические и политические проблемы.

В 1990, 1997 и 2009, я делал запросы в ФБР по Закону о свободе доступа к информации/Закону о прайвеси. Материалы, которые я получил, подтвердили некоторые из моих подозрений. Как показывают эти материалы, ФБР вероятно было обеспокоено некоторыми аспектами моей личности или мировоззрения. ФБР также вступило в контакт с ЦРУ, по-видимому пытаясь определить реакции людей в СССР и России, с которыми я общался, или пыталось использовать более удобные методы слежки, доступные через эту организацию.

Неудивительно, что мой жизненный путь заставил меня эмоционально отреагировать на нарушения моих прав в США. В конце концов это был интерес к американской конституции, который привлек мое внимание к противоречиям между официально провозглашенными свободами и тоталитарной реальностью Советского Союза и вдохновил меня написать памфлеты 1975 года. Так что, когда я обнаружил разницу между высокими идеалами конституции США и практикой американских разведывательных агентств, это подвинуло меня вновь. Я обнаружил, что до некоторой степени мои чувства о прайвеси находят отклик у многих американцев. И это привело меня к написанию книги.

Resume of "Metafolklore"

Эта книга имеет две стороны.

С одной стороны, эта книга о работе и способах действия

- КГБ,
- ЦРУ,
- ФБР,
- Департамента внутренней безопасности,
- Полиции города Нью-Йорка,
- Суда для слежки за иностранными разведками,
- Агентства Национальной Безопасности (АНБ),
- Центров объединения информации,
- Объединенных антитеррористических рабочих групп,
- Окружающей среды совместного пользования информацией Директора национальной разведки,
- «Эшелона» (международной разведывательной сети АНБ),
- МИ-5 (контрразведки Великобритании),
- МИ-6 (разведки Великобритании),
- ASIO (Австралийской Службы Безопасности и Разведки, контрразведки Австралии),
- DST (контрразведки Франции до 2008-го года),
- DCRI (контрразведки Франции после 2008-го года),
- DGSE, Генерального директората внешней безопасности (разведки Франции),
- VSSE (голландская аббревиатура контрразведки Бельгии),
- SE (французская аббревиатура контрразведки Бельгии),
- AIVD (голландская аббревиатура разведки Нидерландов),
- CNI (испанская аббревиатура разведки Испании),
- STAPO (контрразведки Австрии до 2002-го года),
- BVT (немецкая аббревиатура контрразведки Австрии после 2002-го года),
- Финской полиции безопасности (разведки Финляндии до 2010-го года),
- Финской службы безопасности и разведки (разведки Финляндии после 2010-го года),
- FIS (швейцарской федеральной службы разведки),
- NIS (аббревиатура разведки Греции),
- Моссада,
- Службы общей разведки (разведки Саудовской Аравии),
- Директората общих расследований (контрразведки Саудовской Аравии),
- и Пакистанской межведомственной разведки.[2]

С другой стороны, эта книга содержит предельно личный рассказ об эффектах слежки на нашу семью в Советском Союзе и в США. И это как

---

[2] See: Law: Grooms (2020) and Richelson (1988).

Resume of "Metafolklore"

раз та сторона, которая, я думаю, особенно впечатляющая и о которой я хочу рассказать миру.

Поскольку я раздумывал, что могло послужить причиной пристального внимания со стороны ФБР, я также решил обнародовать аспекты моей политической философии и мировоззрения, которые ФБР могло посчитать потенциально «подрывными».

Некоторые из тем данной книги пересекаются с материалом другой моей книги, *Мечты Платона материализованы*. Тогда как *Мечты Платона* дает более систематическое освещение этих общих тем, системность организации материала в этой книге в определенном смысле вводит в заблуждение. Система отсутствует в том, как события разворачиваются перед нами в «тумане жизни». *Метафольклор* пытается передать естественный хаос ознакомления с совершенно незнакомыми аспектами жизни. В самом деле, очень мало что в моем предыдущем советском опыте могло подготовить меня к столкновению с американской культурой и, особенно, к жизни в аквариуме современной электронной слежки. Этот процесс открытия новой культуры и слежки я и пытаюсь среди прочего передать в *Метафольклоре*.

Материал, который я использую в книге, есть, в сущности, фольклор. В изучении фольклора я полагаюсь на методологию семантики, где смысл каждой фольклорной единицы раскрывается через интерпретацию в контексте.

Для того чтобы подобрать надлежащий интерпретационный контекст, я опираюсь на великих мыслителей прошлого. Я обсуждаю многие идеи великих философов и писателей, в особенности писателей 20-го столетия. В попытке найти поддержку в моем отношении к слежке я пытаюсь найти основание в мире идей. Например, в поисках аксиоматического обоснования прав я обращаюсь к религиозному основанию прав. Я обсуждаю мировые религии, чтобы найти связь между философией религии и правами. Я обращаюсь к правам как моральному вопросу и обсуждаю соотношение религии и этики с одной стороны и морали, и закона с другой.

Я также хотел бы заметить, что в своем анализе фольклора, я использую вероятностную (а не детерминистскую) модель реального мира. Во многих ситуациях в жизни мы можем только попытаться оценить вероятность того, что определенные причинно-следственные связи не являются простыми совпадениями. В этой книге каждый фольклорный элемент в заголовке фольклорной единицы, каждый Контекст или Метаконтекст сопровождается оценкой вероятности (PX = <индекс восприятия>) того, что наиболее очевидная интерпретация этого куска текста является реальной, а не мнимой. PX=1 означает, что эта вероятность составляет 10 процентов, PX=10 означает, что эта вероятность 100 процентов.

Такая вероятностная модель сочетается с психоаналитическим методом анализа отдельных фактов (ключевых слов, высказываний, ошибок по Фрейду). Попросту, люди говорят. Проанализировав эти разговоры, я пришел к выводу, что моя семья и я были почти постоянно под наблюдением в последние 30 с небольшим лет, которые мы находимся

18

Resume of "Metafolklore"

в этой стране. Толчком к такой слежке наиболее вероятно было мое политическое, «диссидентское» прошлое в Советском Союзе. По моему мнению, это признак того, что Америка быстро становится государством слежки. Моя семья и я просто были одними из первых, кто испытал эффект такой слежки.

Обсуждение слежки привело меня к общим философским и правовым вопросам прав человека. Я уделил внимание международным стандартам прав человека, как они прописаны в таких международных документах, как Всеобщая декларация прав человека. В частности, я остановился на вопросе фундаментальных прав и том, как они отражены в американском Биле о правах и концепции надлежащей правовой процедуры в конституции США. Я раздумывал о судьбе Четвертой поправки к конституции, которая была задумана отцами-основателями как ограничитель произвольной власти проведения обысков и изъятий. Обсуждение Четвертой поправки тесно связано с вопросами автономии и прайвеси как основам прав. В этом обсуждении я должен был уделить внимание американскому правовому стандарту разумного ожидания прайвеси, который является ключом к пониманию американской доктрины о том, где может быть применима Четвертая поправка. Правовая история электронной слежки привела меня к истории подавления диссидентов в США, как например «КОИНТЕЛПРО». Я также детально остановился на технологии двух наиболее мощных инструментов современной электронной слежки: подслушивании и видео-слежки. Я обсудил последствия современной слежки для общего социального контроля и того, как это может привести к электронному полицейскому государству и электронному тоталитаризму.

В конечном итоге, единственный способ избежать контролируемого сверху общества с полностью уничтоженным правом на прайвеси заключается в том, что широкая публика должна быть информирована о технологии современной слежки и о передовом крае правовой теории на ее счет.

Disclaimer

Disclaimer

This book is a fictionalized diary, which has grown out of the author's psychoanalytical dossier. Having such an origin the diary displays dignity, conduct, and speech indicative of the level of self-respect and appreciation of the formality and gravity of a situation common for psychoanalysis. While the narrator has drawn on events in his life, he has taken creative license with them and all content should be taken with a grain of salt.

Эта книга представляет собой беллетризованный дневник, который вырос из психоаналитического досье автора. Имея такое происхождение, этот дневник имеет достоинство, поведение и речь, характерные для уровня самоуважения и правильности понимания формальностей и серьезности ситуации обычные для психоанализа. В то время как ведущий повествование черпает из событий его жизни, он относится к этим событиям творчески, так что содержание книги должно восприниматься с известным скептицизмом.

Instead of an Epigraph

Instead of an Epigraph

In 1934, some deputies of the Congress of the party decided to remove Stalin from his position. They voted against him. After that Stalin took his steps. 1108 out of 1966 delegates of the Congress and 98 out of 139 members of the Central Committee were eliminated. (Soviet *Philosophical Encyclopedia*, "Cult of Personality.")

Nobody knows the count of votes. Just the numbers: 1108 out of 1966 — enough to impeach the President, and 98 out of 139 — enough to convict the President. But it was already too late.

The Word about the numbers spread. But He was after everybody who heard it.

It was a meltdown of the philosophical core. In 1917 they began to build their Super-Power station. Yes, they were the first to build it. They wanted Super-Power.

In 1934, it was already a meltdown in process with the Counterintel out of control. Everybody, who heard about it, was running in terror. However, it was already too late. He was after everybody who heard. Millions perished from the explosion by 1938. Nobody knows the exact count. Just the numbers: 98 out of 139.

He wanted to eliminate the memory. He was after everybody who could understand the numbers. He had almost succeeded. When I told the investigators after the arrest about it, they did not understand first. I explained them about the explosion. They were silent. The prosecutor did not know anything about nuclear physics either. But then he understood too. These were the magic numbers.

These numbers were opening the doors. "98 out of 139", I was saying, and was permitted to go. I was the only one permitted to leave my city in many years — as if after the Event in the whole place there had been enough oxygen left only for one flight.

They all, all who were on my way, in effect sent me to tell these numbers and warn. But it was already too late. I saw a meltdown in process — the Counterintel   was   out   of   control.

Notations

Notations

<Number>:: = <Ordinal number of the factual phrase from my universe> | <Ordinal number of the partially fictionalized phrase from the parallel universe> | <Ordinal number of the completely fictionalized phrase or of what "they are going to say is completely fictionalized">

PERIOD: <Period of time when a folklore unit was (first) encountered>

FRQ: <Frequency of use during the period>

EMOTION: <Emotional loading>

CONTEXT: <Context of the direct emotional reaction>

METACONTEXT-H: <Metacontext humanist perspective>

METACONTEXT-A: <Metacontext anthropological perspective>

METACONTEXT-P: <Metacontext psychological perspective>

METACONTEXT-J.A.A.: <Metacontext of the daughter Jane Alexandra Avakov>

METACONTEXT-J.L.A.: <Metacontext of the daughter Jessica Lina Avakov>

PX=<Perception index, 0 to 10. 0 — complete certainty of perception problems and/or paranoia or what "they are going to say is perception problems and/or paranoia"; 10 — complete factual certainty>

OPX=<Overall impression PX>

GENERAL CONTEXT: <General context of the diary>

XREF: <Cross reference>

<Номер>:: = <Последовательный номер фактической фразы из моего мира > | <Последовательный номер частично выдуманной фразы из параллельной вселенной > | <Последовательный номер полностью выдуманной фразы или «того, что они назовут полностью выдуманным»>

PERIOD: <Период времени, когда фольклорная единица была (впервые) встречена >

FRQ: <Частота использования в течение периода>

EMOTION: <Эмоциональная нагрузка>

CONTEXT: <Контекст непосредственной эмоциональной реакции>

METACONTEXT-H: <Метаконтекст-гуманистическая перспектива>

METACONTEXT-A: <Метаконтекст-антропологическая перспектива>

METACONTEXT-P: <Метаконтекст-психологическая перспектива>

METACONTEXT-J.A.A.: <Метаконтекст дочери Джейн Александры Аваков>

METACONTEXT-J.L.A.: <Метаконтекст дочери Джессики Лины Аваков>

PX=<Индекс восприятия, от 0 до 10. 0 — полная уверенность проблем с восприятием и/или паранойи или «что они назовут проблемами с восприятием и/или паранойей»; 10 — полная уверенность в фактической достоверности>

OPX=<Индекс восприятия общего впечатления PX>

GENERAL CONTEXT: <Общий контекст дневника>

XREF: <Перекрестная ссылка>

1. Analytic Ideal

1.   Analytic Ideal

"Folklore is the study of the unwritten aspects of society; it is the sum of the literature, material culture and customs of a society as transmitted in their oral tradition and by means of example and imitation."

"Three approaches to folklore.

Serious students of folklore by no means agree on the boundaries of their discipline but they tend to follow one of the three prevailing perspectives.

- The humanistic perspective (emphasis on the speaker). The humanistic folklorist sees the materials of folklore in large part as 'oral literature' and the folk as the artistic performers... Accordingly, he emphasizes the creative role of the narrator..., seeks information on his biography and personality, closely observes his interaction with his audience..."
- "The anthropological perspective (emphasis on cultural norms and values). The anthropological folklorist examines the materials of folklore using the hypotheses of the social sciences. He looks for cultural norms and values and predictable laws of behavior that form a consistent pattern in the ... society he has closely observed. Folklore for him is an aesthetic product of this society, mirroring its values and offering a projective screen that illuminates its fantasies."
- "The psychological-psychoanalytic perspective (emphasis on behavior). The psychological-psychoanalytic folklorist views the materials of folklore neither aesthetically nor functionally but behavioristically. Myths, dreams, jokes, and fairy tales express hidden layers of unconscious wishes and fears."[3]

«Фольклор, изучение неписьменного общества; это есть сумма литературы, материальной культуры и обычаев общества, передаваемых в их устной традиции и путем примера и имитации.»

«Три подхода к фольклору.

Серьезные исследователи фольклора никоим образом не соглашаются о границах их дисциплины; однако они имеют тенденцию следовать одной из трех преобладающих перспектив.

- Гуманистическая перспектива (упор на говорящем). Гуманистический фольклорист рассматривает материалы фольклора по большей части как «устную литературу» и «фолк» как артистических исполнителей… Соответственно он подчеркивает творческую роль говорящего, ищет информацию о его биографии и личности, близко наблюдает его взаимодействие с аудиторией…»
- «Антропологическая перспектива (упор на культурных

---

[3] Reference: Encyclopedia Britannica (1983)(1), v. 7, p. 461-462.

1. Analytic Ideal

нормах и ценностях). Антропологический фольклорист…
смотрит на культурные нормы и ценности и предсказуемые
законы поведения, которые составляют последовательный
шаблон в … обществе, близко им наблюдаемом. Фольклор
для него есть эстетический продукт этого общества,
отражающий его ценности и предлагающий экран, на
котором проецируются его фантазии.»

- «Психологически-психоаналитическая перспектива (упор на
  поведение). Психологически-психоаналитический
  фольклорист рассматривает материалы фольклора ни
  эстетически, ни функционально, но поведенчески. Мифы,
  мечты, шутки и сказки выражают скрытые уровни
  подсознательных желаний и страхов.»[4]

---

[4] Reference: Encyclopedia Britannica (1983)(1), v. 7, p. 461-462.

24

2. Preface

2.   Preface

1

"Why is he suffering? He could have written a book at least."

«Почему он страдает? Он мог бы, по крайней мере, написать книгу.»

[PX=10]

PERIOD: About 1993.

FRQ: Once.

EMOTION: Cool advice.

CONTEXT: That is what Vladimir Nabokov says about a hero in one of his books and what we discussed in our family circle.

Это то, что Владимир Набоков говорит о герое в одной из своих книг и что мы обсуждали в семейном кругу. [PX=10]

2

"The book is written around a set of observations, or 'Folklore Units,' accompanied by commentaries, 'Contexts' and 'Metacontexts.'"

«Эта книга написана вокруг набора наблюдений, или «фольклорных единиц», сопровождаемых комментариями, «Контекстами» и «Метаконтекстами»».

[PX=10]

PERIOD: About 1993.

FRQ: Once.

EMOTION: Calm planning.

CONTEXT: As Adam Smith once noted: "Every discourse proposes either barely to relate some fact, or to prove some proposition."[5] Exactly in this sense every Context/Metacontext either simply explains some observations or uses them to illustrate broader, abstract ideas. It is not accidental that I call commentaries Contexts or Metacontexts. It is known in the theory of semiotics (as it was introduced into modern philosophy by Charles Sanders Peirce) that any symbol (in this book, overheard phrase or conversation) acquires meaning through interpretation; the latter depends on context.[6] In this book I distinguish immediate situational context (or simply Context) and more general contexts (or Metacontexts). Moreover, I engage in "radical interpretation," which in philosophy of language means to set about investigating the meaning of utterances in some unknown language.[7]

Как Адам Смит однажды заметил: «Каждое обсуждение предлагает либо слегка коснуться какого-то факта, либо доказать какое-то утверждение»[8]

---

[5] Philosophy: Smith (1983), p.149; see also: Haakonssen (2006), Nadler (2002), Kim (1997), (1999), and (2009), Cottingham (2003), Hagberg (2010), D'Oro (2017), and Smith (1993).

[6] Philosophy: Peirce (1931-1958); see also: Misak (2004), Shook (2006), Fox (1995), Harris (2002), Kim (1997), (1999), and (2009), Cottingham (2003), Cahoone (2003), Almeder (1999), Malachowski (2013), Shand (2019), and Gutzmann (2021).

[7] Philosophy: Hale (1997), p. 175; see also: Hale (2017).

[8] Philosophy: Smith (1983), p.149; see also: Haakonssen (2006), Nadler (2002), Kim (1997), (1999), and (2009), Cottingham (2003), Hagberg (2010), D'Oro (2017), and Smith (1993).

2. Preface

Точно в этом смысле каждый Контекст/Метаконтекст либо просто объясняет некоторые наблюдения, либо использует их чтобы проиллюстрировать более широкие, абстрактные идеи. Не случайно я называю комментарии Контекстами или Метаконтекстами. Из теории семиотики известно (как это было привнесено в современную философию Чарльзом Сандерсом Пирсом), что любой символ (в этой книге, услышанная фраза или разговор) приобретает смысл через интерпретацию; последняя зависит от контекста.[9] В этой книге я различаю непосредственный ситуативный контекст (или просто Контекст) и более широкие контексты (или Метаконтексты). Более того, я вовлекаюсь в «радикальную интерпретацию», которая в философии языка означает поиск значения, произнесённого в некотором неизвестном языке.[10] [PX=10]

3
"The section 'Folklore of 1987' consists of a letter written to friends in the Soviet Union in 1987."
«Раздел «Фольклор 1987» состоит из писем, написанных друзьям в Советский Союз в 1987.»
 [PX=10]
PERIOD: About 1993.
FRQ: Once.
EMOTION: Calm retrospective.
CONTEXT: A copy of the letter was sent to Sakharov. It marked an important turning point in my perception of American life and in my attitude towards it.
        The letter of 1987 ("Folklore of 1987") was edited to remove the parts that seem inconsequential today.
        The material of this letter overwhelmed me in 1987 and exceeded my ability for immediate interpretation. Thus, there appeared a necessity for some additional analysis.

        Копия письма была послана Сахарову. Письмо ознаменовало важный поворотный момент в моем восприятии американской жизни и отношении к ней.
        Письмо 1987 («Фольклор 1987») было отредактировано с целью изъять части, которые представляются неважными сегодня.
        Материал этого письма переполнил меня в 1987 и превзошел мою способность в его немедленной интерпретации. Так появилась необходимость в некотором дополнительном анализе. [PX=10]

4
"I have a decidedly subjective perspective on folklore."
«У меня решительно субъективное отношение к фольклору.»

---

[9] Philosophy: Peirce (1931-1958); see also: Misak (2004), Shook (2006), Fox (1995), Harris (2002), Kim (1997), (1999), and (2009), Cottingham (2003), Cahoone (2003), Almeder (1999), Malachowski (2013), Shand (2019), and Gutzmann (2021).
[10] Philosophy: Hale (1997), p. 175; see also: Hale (2017).

2. Preface

[PX=10]
PERIOD: About 1993.
FRQ: Once.
EMOTION: Calm subjectivity.
CONTEXT: The letter has the imprint of a unique experience of an individual. I think that this diary transcends its seeming subjectivity and reflects some important sides to American life insufficiently described in the books of other writers.

Это письмо имеет отпечаток уникального индивидуального опыта. Я думаю, этот дневник выходит за рамки его кажущейся субъективности и отражает некоторые важные стороны американской жизни, недостаточно освещенные в книгах других авторов. [PX=10]

5
"I dare to write about things, which are ordinarily shielded by claims of 'privacy.'"
«Я отваживаюсь писать о вещах, обычно защищаемых заявлениями о «прайвеси».»
[PX=10]
PERIOD: About 1993.
FRQ: Once.
EMOTION: Calm consideration of privacy.
CONTEXT: There exists a notion that it is not "noble" to write about such a private sphere. But first of all, in the circle of my "important others," among people who know me, these are not so much secrets; in fact, one of the main ideas of the book is to show what may happen to a person who is deprived of privacy.

Существует представление, что «неблагородно» писать о вещах, касающихся частной жизни. Но, во-первых, в кругу моих «важных других», среди людей, которые знают меня, это не такие уж секреты; на самом деле, одна из главных идей этой книги — показать, что может случиться с человеком, чье прайвеси нарушено. [PX=10]

6
"Secondly, and perhaps more importantly, it is impossible to reach a wider audience with a work of literature if you do not sacrifice some of your privacy."
«Во-вторых, и, возможно, более важно: нельзя достичь более широкой аудитории, если в книге вы не пожертвуете части своего прайвеси.»
[PX=10]
PERIOD: About 1993.
FRQ: Once.
EMOTION: Calm sacrificing of privacy.
CONTEXT: Without such sacrifice there will be no book, no characters and no drama. Luigi Pirandello writes in his play *Six Characters in Search of an Author*: "And what is it, for a character — his drama? Every creature of fantasy and art, in order to exist, must have his drama, that is, a drama in which he may be a character and for which he *is* a character. This drama is the character's *raison d'être*, his vital function, necessary for his existence."[11]

27

2. Preface

Без такого пожертвования не было бы ни книги, ни действующих лиц, ни драмы. Луиджи Пиранделло пишет в своей пьесе *Шесть персонажей в поисках автора*: «И что это для персонажа — его драма? Каждое живое существо фантазии или искусства для того, чтобы существовать, должно иметь свою драму, то есть, драму, в которой оно может быть персонажем и для которого оно *есть* персонаж. Эта драма является его смыслом существования, его жизненно важной функцией, необходимой для его бытия.»[12] [PX=10]

METACONTEXT-H: With all this, a prevailing literary device in this book is understatement. I prefer to tell the story in restrained terms, consciously attributing less importance or conveying less passion than the subject would seem to demand, because the described events themselves are often dramatic enough.

При всем этом, преобладающий литературный прием этой книги есть преуменьшение. Я предпочитаю рассказывать эту историю в сдержанных тонах, сознательно прилагая меньшую важность событиям или передавая меньшую страстность, чем субъект, по-видимому, требует, потому что описываемые события сами по себе часто достаточно драматичны. [PX=10]

7

"I prefer to think about particularly outrages Folklore Units as phrases from a parallel universe."

«Я предпочитаю относиться к особенно возмутительным Фольклорным Единицам как к фразам из параллельной вселенной».

[PX=10]

PERIOD: About 1993.

FRQ: Once.

EMOTION: Calm introduction of "parallel universe."

CONTEXT: Wikipedia defines "parallel universe" as "alternative universes, worlds, realities and dimensions in fiction."[13]

Википедия определяет «параллельную вселенную» как «альтернативную вселенную, миры, реальности или измерения в беллетристике».[14] [PX=10]

8

"This diary is written as a 'Flow of Folklore' or 'flow of consciousness.' It is modeled as an anthropological study using some of the techniques of Freudian psychoanalysis."

«Этот дневник написан как «поток фольклора» или «поток сознания». Он смоделирован как антропологическое исследование, использующее

---

[11] Literature: Pirandello (1993), p. 234.

[12] Literature: Pirandello (1993), p. 234.

[13] Reference: Wikipedia, http://en.wikipedia.org/wiki/Parallel_universe_(fiction); see also: Philosophy: Loewer (2015).

[14] Reference: Wikipedia, http://en.wikipedia.org/wiki/Parallel_universe_(fiction); see also: Philosophy: Loewer (2015).

2. Preface

фрейдовский психоанализ».
[PX=10]
PERIOD: About 1993.
FRQ: Once.
EMOTION: Calm introduction of psychoanalysis.
CONTEXT: During the writing of this diary the approach of modern psychoanalysis was applied towards the description of an American group into which I was immersed.

The main ideas of modern psychology are introduced by Sigmund Freud as ideas of the unconscious, as the main subject of attention, and of association, as the main method of analysis of the unconscious.

According to Carl Gustav Jung's definition, unconscious is "...everything of which I know, but of which I am not at the moment thinking; everything of which I was once conscious but have now forgotten; everything perceived by my senses, but not noted by my conscious mind; everything which, involuntary and without paying attention to it, I feel, think, remember, want, and do; all the future things that are taking shape in me and will sometime come to consciousness: all this is the content of the unconscious."[15]

"Besides these we must include all more or less intentional repressions of ... thoughts and feelings. I call the sum of all these contents the 'personal unconscious.' But, over and above that, we also find in the unconscious qualities that are not individually acquired but are inherited, e.g., instincts as impulses to carry out actions from necessity, without conscious motivation. In this 'deeper' stratum we also find the *a priori*, inborn forms of 'intuition,' namely the *archetypes*... The instincts and the archetypes together form the 'collective unconscious'."[16]

Associations can be defined as the interconnections of ideas, perceptions, etc. according to affinity, coexistence, opposition and causal dependency. Free association in Freudian psychoanalysis: spontaneous ideas appearing in an individual.[17]

При написании данного дневника фрейдовский психоанализ был взят в качестве образца и был приложен к описанию американской группы, в которую был погружен автор.

Основополагающие идеи современной психологии — это введенные Фрейдом идеи подсознательного как основного предмета внимания и ассоциации как основного способа анализа подсознательного.

По Карлу Густаву Юнгу бессознательное это «...все то, о чем я знаю, но о чем в данный момент не думаю; все то, что хоть однажды я осознавал, но забыл теперь; все то, что воспринималось моими органами чувств, но не было зарегистрировано моей сознательной мыслью; все то, что невольно и без внимания я чувствую, думаю, помню, хочу и делаю; все будущие вещи, имеющие форму во мне и могущие однажды осознаться мною: все это и есть

---

[15] Psychology: Jung (1989)(2), p. 185.
[16] Ibid., p. 133.
[17] Psychology: Jung (1994), p. 124.

2. Preface

содержание бессознательного».[18]

«Помимо этого мы должны включить все более или менее умышленные подавления... мыслей и чувств. Я называю сумму этих подавленных содержаний «личностным бессознательным». Но, более того и прежде всего, мы также находим в бессознательном качества, которые являются не индивидуально приобретенными, а наследуемыми, т. е. инстинкты, как импульсы, выполняющие необходимые действия без сознательной потребности. В этом «глубоком» слое мы находим также архетипы... Инстинкты и архетипы совместно образуют «коллективное бессознательное»».[19]

Ассоциации могут быть определены как связь идей, восприятий и т. д. согласно сходству, сосуществованию, противоположности и причинной зависимости. Свободная ассоциация во фрейдовском психоанализе: спонтанные идеи, являющиеся человеку.[20] [PX=10]

9

"In this diary a great deal of attention is given to group psychology."
«В этом дневнике большое внимание уделяется психологии группы».
[PX=10]
PERIOD: About 1993.
FRQ: Once.
EMOTION: Calm introduction of group psychology.
CONTEXT: Freud notes: "In order to make a correct judgment upon the morals of groups, one must take into consideration the fact that when individuals come together in a group all their individual inhibitions fall away and all cruel, brutal, and destructive instincts, which lie dormant in individuals as relics of a primitive epoch, are stirred to find gratification."[21]

Фрейд отмечал: «Для правильного суждения о нравственности группы следует принять во внимание, что при совместном пребывании индивидов группы у них отпадают все индивидуальные тормозящие моменты и просыпаются для удовлетворения первичных позывов все жестокие, грубые, разрушительные инстинкты, дремлющие в отдельной особи как пережитки первобытных времен»[22] [PX=10]

10

"Possible aspects of this diary could include folklore, mass psychology, and anthropology."
«Возможные аспекты этого дневника могут включать фольклор, массовую психологию и антропологию».

---

[18] Psychology: Jung (1989)(2), p. 185.
[19] Ibid., p. 133.
[20] Psychology: Jung (1994), p. 124.
[21] Psychology: Freud (1993), p. 668; see also: Philosophy: Critchley (1998), McNeill (1998), Turner (2000)(1), Neu (2008), and Cottingham (2003).
[22] Psychology: Freud (1993), p. 668; see also: Philosophy: Critchley (1998), McNeill (1998), Turner (2000)(1), Neu (2008), and Cottingham (2003).

2. Preface

[PX=10]
PERIOD: About 1993.
FRQ: Once.
EMOTION: Calm introduction of anthropology.
CONTEXT: It should be noted that the unconscious sphere of an individual and a group has a very chaotic and ambiguous character. This diary also tries to explore some laws (in particular, laws of surveillance) in a social and cultural context. In this sense it enters the field of legal anthropology, which is defined as "the study of legal systems using the method and theory of cultural anthropology," which "is centered in the analysis of law as a phenomenon inseparable from cultural context, the agent-actors, language, history, and traditions of the society in which it operates."[23]

Следует заметить, что подсознательное индивидуума и группы носит очень хаотичный и многозначный характер. Этот дневник также пытается исследовать некоторые законы (в частности законы слежки) в социальном и культурном контексте. В этом смысле он вторгается в сферу правовой антропологии, которая определяется как «изучение правовых систем, используя метод и теорию культурной антропологии». Последняя «сосредоточена на анализе права как феномена неотрывного от культурного контекста, агентов-актеров, языка, истории и традиций общества, в котором оно действует».[24] [PX=10]

11
"I would like to underscore that what I am describing as phrases or conversations in Folklore Units not necessarily relate to me. I am just trying to candidly describe the free associations caused by what I heard."

«Я бы хотел подчеркнуть, что то, что я привожу в фольклорных единицах как фразы или разговоры, необязательно относится ко мне. Я просто пытаюсь честно передать свободные ассоциации, вызванные тем, что я слышал».

[PX=10]
PERIOD: About 1993.
FRQ: Once.
EMOTION: Calm introduction of hearsay.
CONTEXT: I also try to indicate the subjective degree of certainty in the folklore material by two ways: with the Perception Index, PX, 0 to 10 (0 — complete certainty of perception problems and/or paranoia; 10 — complete factual certainty) and by indicating the date and frequency of what I heard. This is "like that of the Amazonian language Matses, whose arsenal of verb forms obliges you not only to explicitly indicate the kind of evidence — personal experience, inference, conjecture or hearsay — on which every statement you make is based, but also to distinguish recent inferences from older ones and say whether the interval between

---

[23] Philosophy: Patterson (1996), p. 397; see also: Patterson (2003) and (2010), May (2010), Tasioulas (2020), Meierhenrich (2021), Kim (1997), (1999), and (2009), and Cottingham (2003).
[24] Philosophy: Patterson (1996), p. 397; see also: Patterson (2003) and (2010), May (2010), Tasioulas (2020), Meierhenrich (2021), Kim (1997), (1999), and (2009), and Cottingham (2003).

2. Preface

the inference and event was long or short."[25]

Я также пытаюсь указывать субъективную степень определенности фольклорного материала. Я делаю это двумя способами: с помощью индекса восприятия, PX, принимающего значения от 0 до 10 (0 — полная уверенность в наличии проблем восприятия и/или паранойи; 10 — полная уверенность в фактической достоверности), и указывая дату и частоту услышанного. Это «как язык амазонских индейцев Мацес, чей арсенал глагольных форм заставляет вас не только явно указывать на какого рода свидетельстве — личном опыте, умозаключении, догадке или услышанном разговоре — каждое утверждение основывается, но и различать недавние умозаключения от более старых и указывать был ли период времени между умозаключением и событием длинным или коротким».[26] [PX=10]

[25] Anthropology: The New York Times Book Review (September 4, 2010); see also: Deutscher (2010).
[26] Anthropology: The New York Times Book Review (September 4, 2010); see also: Deutscher (2010).

3. Early Background

3. Early Background

3.1 Family Origins. Enthusiasm for Economics and Philosophy

12
"I was born on September 14, 1954."
«Я родился 14 сентября 1954».
[PX=10]
PERIOD: Since 1954.
FRQ: Many times.
EMOTION: Calm message.
CONTEXT: The introduction to the date of birth.
Введение в день рождения. [PX=10]

13
"My name is Alexander Avakov. The family name, Avakov, is Armenian in origin — my father and my father's father were Armenian."
«Меня зовут Александр Владимирович Аваков. Моя фамилия армянского происхождения — мой отец и дед по мужской линии были армянами».
[PX=10]
PERIOD: Since 1954.
FRQ: Many times.
EMOTION: Proud introduction of family name.
CONTEXT: My grandfather changed his name from Armenian "Avakyan" to Russian sounding "Avakov" in the 1920s, when a Russian sounding name was considered more "progressive." My father's father, Ashot, was an Armenian. My father's mother, Elena, was Russian; her people were Don Cossacks. Her family was persecuted for being "kulaks" (rich peasants), and she was forced to resettle in the Caucuses where such persecution was less intense.

Мой дед по мужской линии поменял Авакян на Аваков в 1920-е годы, когда русское окончание считалось более прогрессивным. Его имя и отчество, Ашот Аракелович, были армянскими. Моя бабушка по мужской линии, Елена Павловна Иванова, русская, из донских казаков. Была раскулачена и вынуждена уехать на Кавказ, где притеснения раскулаченных были меньше. [PX=10]

3. Early Background

My grandmother, Elena, and grandfather, Ashot, beginning of the 1930s.
Моя бабушка, Елена Павловна, и дедушка, Ашот Аракелович, начало 1930-х годов.

3. Early Background

14

"My mother, Valentina, was a Russian from Leningrad."

«Моя мать, Валентина Алексеевна Платонова, из Ленинграда, русская».

[PX=10]

PERIOD: 1954.

FRQ: Many times.

EMOTION: Warm observation.

CONTEXT: I never knew my grandparents on mother's side. My grandfather's name was Alexei Platonov; my grandmother's name was Elizaveta. They died before I was born. As a child, my mother, Valentina, lived in Leningrad throughout the siege and by some miracle survived. During the siege this little schoolgirl read every classic of Russian literature to be found in the libraries. Her knowledge of Russian literature astonished American professors, who called her a phenomenal talent.

From my mother's family survived the siege only her mother, who during the siege worked as a tailor, and older sister, Ira, who was extinguishing firebombs on the roofs. All other relatives died from starvation during the first winter of the siege. The older brother, Vasiliy, who was the favorite of girls, was in the army and was killed in 1943 near Donetsk, while on a reconnaissance mission.

My Leningrad grandmother died in 1953. Both sisters happened to live long lives; the older sister died in her 90s, my mother died at 86.

Деда и бабушку с ее стороны я никогда не видел. Моего деда звали Алексей Гаврилович Платонов; бабушку звали Елизавета Ивановна. Они умерли до меня. Мать провела всю блокаду в Ленинграде и чудом осталась жива. Во время блокады она школьницей прочитала всю классическую русскую литературу, какая была в библиотеках. Она поражала знанием русской литературы американских профессоров. Они называли ее феноменом.

Из семьи моей мамы выжили блокаду только ее мать, которая во время блокады работала портной, и старшая сестра, Ираида Алексеевна, которая тушила зажигалки на крышах. Все остальные родственники умерли от голода в первую блокадную зиму. Старший брат, Василий Алексеевич, который был любимец девочек, был на фронте и погиб в 1943-м году под Донецком во время разведывательной операции.

Моя ленинградская бабушка умерла в 1953-м году. Обеим сестрам судьба уготовила длинные жизни; старшая сестра умерла, когда ей было 90 с лишним, моя мама умерла, когда ей было 86. [PX=10]

METACONTEXT-A: Culturally, I identify myself as Russian with Armenian influence. My genetic makeup, however, is little bit more complicated. My father's mother, Elena, had a Ukrainian mother. Americans are saying that the United States is a "melting pot" — Russia is a melting pot too.

По своей культуре я считаю себя русским с армянским влиянием. Мои генетические составляющие, однако, несколько сложнее. Мать моей бабушки по мужской линии, Елены Павловны, украинка. Американцы

3. Early Background

говорят, что США «плавильный котел» — Россия тоже плавильный котел. [PX=10]

15

"My grandparents on both sides were simple people without any higher education, but they were very distinguished, good people."

«Мои дедушка и бабушка с обеих сторон были простыми людьми без высшего образования, но были людьми выдающимися и хорошими».

[PX=10]

PERIOD: Since 1954.

FRQ: Many times.

EMOTION: Admiration.

CONTEXT: My grandparents were called strong people, people with a strong will to survive. I would like to add that they survived not compromising their basic goodness. My grandmother from father's side never in her life permitted herself to do anything that she considered wrong. For example, throughout her life she never even tasted vodka. In the early 1960s, when she was approximately 50 years old, she developed cancer and underwent radiation therapy. She never complained about her fate but continued to work and care for her family and grandchildren; perhaps precisely because of this strength of character, she lived to be 81 years old. My mother's family owes its survival of the starvation conditions associated with the Siege of Leningrad to my mother's parents, their selfless and irreproachable behavior.

Моих дедушек и бабушек называли сильными людьми, людьми с сильной волей к выживанию. Я бы добавил к этому, что они выживали, не переставая быть хорошими людьми. Моя бабушка по отцовской линии никогда не делала в жизни того, что считала непозволительным. Например, за всю свою жизнь не выпила водки ни разу. В начале 1960-х годов, когда ей было около 50, у нее был рак. Ее лечили радиацией. Она никогда не стонала о своей участи, работала, ухаживала за семьей, детьми и внуками и, может быть, именно благодаря своему несгибаемому характеру дожила до 81 года. Родителям моей мамы, их беззаветному и безупречному отношению, семья мамы обязана выживанию в голодном Ленинграде во время блокады. [PX=10]

16

"Both my mother and my father are extraordinarily talented people."

«Оба, моя мать и мой отец, очень талантливые люди».

[PX=10]

PERIOD: Since 1954.

FRQ: Many times.

EMOTION: Respect.

CONTEXT: When my mother graduated from school, she was awarded a silver medal. My parents both did very well at the Institute where they studied. When they met and got married, my mother, without hesitation, gave up her permit to live in Leningrad (which Leningraders very rarely do) and went to live with my father in

36

3. Early Background

Baku. My parents are both engineers by profession. My father, Vladimir, had always amazed people with his love and capacity for work. He obtained a master's degree at completion of the institute (university), candidate's degree (Ph.D.) and then a degree of Doctor of Science (a degree which existed in the U.S.S.R. for post-Ph.D. achievements). When I was in a high school, my father, who already had his Ph.D. by that time, was invited to make a speech in front of our class. He made a very good impression on my classmates. I remember him saying: "The most important thing in science is honesty."

Мать закончила школу с серебряной медалью. Родители очень хорошо учились в институте. Когда они встретились и поженились, моя мать без колебаний оставила прописку в Ленинграде (что ленинградцы очень редко делают) и переехала к отцу в Баку. Родители по профессии оба инженеры. Мой отец, Владимир Ашотович, поражал всегда всех, как человек фантастического трудолюбия. Он защитил кандидатскую, а потом докторскую. Когда я был в старших классах школы, отца, у которого уже была кандидатская степень, пригласили к нам в школу произнести речь перед нашим классом. Он произвёл очень хорошее впечатление на моих соучеников. Я помню, как отец сказал: «В науке самое главное — честность».
[PX=10]

3. Early Background

My mother, Valentina, 1953.
Моя мама, Валентина Алексеевна, 1953.

3. Early Background

My father, Vladimir, 1953.
Мой папа, Владимир Ашотович, 1953.

3. Early Background

17
"My favorite book in the early childhood was an encyclopedia."
«Одним из моих любимых чтений в ранние годы была энциклопедия».
[PX=10]
PERIOD: 1950s-1960s.
FRQ: Many times.
EMOTION: Cool observation.
CONTEXT:

- *The Great Soviet Encyclopedia*[27] contained many things, which were a source of thought for a young mind: from colorful illustrations of different animals, insects, and plants, to parameters of naval ships, to historical maps, to the sketches of the design of nuclear weapons. It had been published during the years of changing ideological attitudes — thus I was at once acquainted with the way articles were written in the final years of Stalin's cult and with the rehabilitation of the victims of Stalin during Khrushchev years.

- *Большая Советская Энциклопедия*[28] содержала многие вещи, служившие источником мысли для юного ума: от красочных иллюстраций различных животных, насекомых и растений, до параметров военных кораблей, исторических карт и схем устройства ядерного оружия. Энциклопедия была опубликована в годы менявшихся идеологических установок — таким образом, я одновременно ознакомился со статьями, написанными в последние годы сталинского культа личности и во время реабилитации жертв террора в хрущевские годы.

[PX=10]

---

[27] Reference: Great Soviet Encyclopedia (1949-1958).
[28] Reference: Great Soviet Encyclopedia (1949-1958).

3. Early Background

The end of the 1950s; reading Great Soviet Encyclopedia.
Конец 1950-х годов; читая Большую Советскую Энциклопедию.

3. Early Background

18
"Russia is a prison of nations."
«Россия — тюрьма народов».
[PX=10]
PERIOD: 1960s-1970s.
FRQ: Many times.
EMOTION: Cool observation.
CONTEXT: The political aspects of my ancestry are not as irreproachable but reflect the life of their country. My father's father was an old Bolshevik, a relative of one of the legendary 26 Baku Commissars, Bagdasar Avakyan. Contrary to what happened in many parts of Russia, where the Bolsheviks earned a reputation for ruthlessness executing those who did not support them, Bolsheviks of the Baku Commune were not so strict. The Cheka in Baku executed only two persons, both members of the Soviet caught in embezzling public funds. After losing the elections in the Baku Commune to Mensheviks and Right SRs in July 1918, Bagdasar and other 25 Baku Commissars fled to Krasnovodsk and were shot on the Trans-Caspian railway by the local SRs with the complicity of British troops.[29]

According to one metric my grandfather from father's side was born in 1905. But according to memories of some of his relatives in 1905, when their village in Nagorno-Karabakh was seeking refuge in caves from one of the episodic "massacres" (mini-genocides) of Armenians, he was already a 5-year old boy. My grandfather got involved with Bolsheviks before the Soviet power was established in Azerbaijan in 1920. He was never in opposition with the Party line and was never repressed. In the privacy of the family he used to throw around some pre-1917 Bolshevik slogans, like "Russia is a prison of nations," to which nobody except me seemed to pay attention. In 1941, when the war started, he evacuated a chemical plant to Sverdlovsk. In the winter of 1941/1942, he went back to Baku. When he reached Krasnovodsk, his all clothes were covered with lice; he burned his clothes in a campfire. During the war he had an exception from the military service as a middle-rank Party official in the rural areas of Azerbaijan. He lived to his very old age and died in 1985 in Baku. He was 80 or 85 years old by that time. He had Communist convictions to the end.

My great-grandmother from father's side, Gayané, lived with us when I was a child and I have fond memories of her. "Old grandmother", as I called her, was making "pita" from cornelian cherry, which she dried on the sun; we as children used to tear off pieces of this cornelian cherry "pita", which she tried to preserve for the winter; she chased us, but always good-naturedly. She died in 1967 from old age; I do not know what her age exactly was.

My father's mother joined the Party during World War II. She joined the party in 1942, when Germans were on brink of conquering Transcaucasia where they lived. My granddad upon learning of her intention to join the Party loudly objected. German army was shooting Jews and Communists. Should it be indeed considered foolishness? Was it good or bad? We can argue about that. As she

---

[29] See also: Reference: Wikipedia, http://en.wikipedia.org/wiki/26_Baku_Commissars.

3. Early Background

herself says, she joined the Party out of patriotic feelings. In this question I sympathized with my grandmother. As a long timer in the Party, she has become a trusted official and since the 1960s had been a chief of a secret section at Caspian Shipping Company in Baku. She was from a category of true believers. She had been a true believer in Communism, but it is remarkable that in the latter years, in the 1980s and 1990s in the U.S., she had become a true believer in the new ideology, adherents of which we all had become. She died in 1994, so God spared her of the full difficult history of Russia in the 1990s and of the turning point of the American-led NATO bombing of Yugoslavia in 1999.

My father joined the Party because issues concerning his work were decided at Party meetings. He had grown to be a trusted technical expert in Uralmash and the later years at this plant took part in developing its secret military-industrial plans.

It is true that neither my mother nor any of her forebears ever was a Party member. But, considering everything, it could be said that I come from a family of Communists.

With all this I must note that my father, because he was an extraordinarily talented scientist and a valuable professional, achieved a very unusual for the Soviet Union degree of political education. Even though he was first a technical specialist, he had interests in philosophy and had led a philosophical seminar for engineers at Uralmash. He always had a high level of independence in his political opinions, which he displayed more open than most of the people in the country would dare at the time. Many of his thoughts and attitudes have had a lasting impact on my ideological development.

Политические атрибуты моих предков не так безупречны и в них отразилась жизнь страны. Дед с отцовской линии был старым большевиком, родственником одного из Бакинских комиссаров, Багдасара Авакяна. В отличие от того, что происходило во многих частях России, где большевики завоевали репутацию жестоких палачей тех, кто был с ними не согласен, большевики бакинской коммуны не были так строги. Бакинское ЧК казнило только двух человек, обоих членов Совета, пойманных в присвоении общественных средств. После того, как они проиграли выборы в бакинской коммуне меньшевикам и правым эсерам в июле 1918, Багдасар и остальные 25 Бакинских комиссаров бежали в Красноводск и были расстреляны на Закаспийской железной дороге местными эсерами при содействии британской армии.[30]

По одним данным, мой дед по отцовской стороне родился в 1905-м году. Но по воспоминаниям некоторых родственников в 1905-м году, когда их деревня в Нагорном Карабахе скрывалась в пещерах от одной эпизодической «резни» (мини-геноцида) армян, дедушка уже был пятилетним мальчиком. Дед связался с большевиками до советизации Азербайджана,

---

[30] See also: Reference: Wikipedia, http://en.wikipedia.org/wiki/26_Baku_Commissars.

3. Early Background

происшедшей в 1920-м году. В оппозициях он не участвовал и репрессирован не был. В кругу семьи он имел обычай бросать некоторые большевистские лозунги, имевшие хождение до 1917-го года, такие как «Россия — тюрьма народов», на которые никто кроме меня не обращал внимание. В 1941-м году, когда началась война, он эвакуировал химический завод в Свердловск. Зимой 1941/1942 годов он вернулся в Баку. Когда он достиг Красноводска, вся его одежда кишела вшами; он сжег свои одежды в костре. Во время войны у него была бронь от службы в армии как у партийного работника среднего уровня в деревенских районах Азербайджана. Он дожил до очень преклонного возраста и умер в 1985-м году в Баку. К этому времени ему было 80 или 85 лет. Он оставался убежденным коммунистом до конца.

Моя прабабушка по отцовской линии, Гаяне Михайловна, жила с нами, когда я был ребенком, и у меня сохранились очень теплые воспоминания о ней. «Старая бабушка», как я ее называл, делала лаваш из кизила, который она сушила на солнце; мы детьми отрывали куски от кизилового лаваша, который она старалась сохранить на зиму; она гонялась за нами, но всегда добродушно. Она умерла в 1967-м году в преклонном возрасте; точного возраста ее смерти я не знаю.

Бабушка по отцовской линии вступила в партию во время отечественной войны. Она вступила в партию в 1942-м году, когда немцы были на пороге Закавказья, где они жили. Мой дед, узнав об ее намерении вступить в партию, громко возражал. Немецкая армия расстреливала евреев и коммунистов. Была ли это действительно глупость? Хорошо это или плохо? Мы можем спорить об этом. Как она сама говорила, она вступила в партию из патриотических соображений. Я симпатизировал в этом вопросе своей бабушке. Как член партии с большим стажем она стала доверенным официальным лицом и с 1960-х годов была главой особого отдела Каспийского пароходства в Баку. Она была из категории «по-настоящему верующих». Она была «по-настоящему верующей» в коммунизм, но примечательно, что в поздние годы, в 1980-е и 1990-е в США, она стала «по-настоящему верующей» в новую идеологию, приверженцами которой мы все стали. Она умерла в 1994-м году, так что Бог пощадил ее от знания всей трудной истории России в 1990-е годы и от поворотного момента американских бомбардировок Югославии в 1999-м году.

Отец мой вступил в партию, потому что рабочие вопросы решались на партсобраниях. Он вырос в доверенного технического эксперта на Уралмаше и поздние годы принимал участие в составлении засекреченных военно-индустриальных планов его развития.

Правда, мать и ее предки никогда членами партии не были. Но по балансу можно сказать, что я происхожу из семьи потомственных коммунистов.

При всем этом я должен заметить, что мой отец, благодаря тому что он был чрезвычайно талантливым ученым и ценным профессионалом, достиг весьма необычного для Советского Союза уровня политической грамотности.

3. Early Background

Хотя он был прежде всего техническим специалистом, у него были интересы в философии, и он вел философский семинар для инженеров на Уралмаше. Он всегда был очень независим в своих политических суждениях и выражал их более открыто, чем большинство людей осмеливались в его времена. Многие из его мыслей и отношений к вещам имели большое влияние на мое идеологическое развитие. [PX=10]

19

"My parents sent me to the English school in Baku. In 1964, when I was 10, we moved to Sverdlovsk."

«Родители отдали меня в английскую школу в Баку. В 1964-м году, когда мне было 10, мы переехали в Свердловск».

[PX=10]

PERIOD: 1961-1964.

FRQ: Once.

EMOTION: Sentimental introduction of formative years.

CONTEXT: Our home in Sverdlovsk was within a few hundred yards of the forest. During our whole Sverdlovsk period we used this as an opportunity for regular excursions into the woods: in the summer it was on bicycle, in the winter it was on cross-country skis. On the weekends it was usual to make especially long trips of up to 20 kilometers (12 miles) one way on a bicycle or 10 kilometers (6 miles) on skis.

Наш дом в Свердловске был в нескольких сотнях метров от леса. Во время всего нашего свердловского периода мы использовали это обстоятельство как возможность для регулярных экскурсий в лес: летом на велосипеде, зимой на лыжах. По выходным было обычным делом проделать 20 километров в одном направлении на велосипеде или 10 километров на лыжах. [PX=10]

3. Early Background

I, year 1962, at English school.
Я, 1962-й год, английская школа.

3. Early Background

20

"In Sverdlovsk, once again, I was enrolled in an English school."

«В Свердловске я опять попал в английскую школу».

[PX=10]

PERIOD: 1964-1971.

FRQ: Once.

EMOTION: Calm remembrance of good education.

CONTEXT: The school was very good and provided fine education on all subjects. Of all the students who were there at the time, our class was the strongest: we had five medal winners among us, and all the rest tried to keep up with them. My certificate of secondary education had one B and the rest A's.

В потоке наш класс был самым сильным: у нас было пять медалистов и все остальные тянулись за ними. В моем аттестате о среднем образовании была одна четверка, остальные — пятерки. [PX=10]

21

"In 1965, when I was 11, my grandmother gave me a reference book on international economics."

«В 1965-м году, когда мне было 11, моя бабушка подарила мне справочник по мировой экономике».

[PX=10]

PERIOD: 1965.

FRQ: Once.

EMOTION: Vested introduction to a life-time hobby.

CONTEXT: Every summer since we moved to Sverdlovsk, my younger brother, Andrei, and I had gone to Baku for vacations.

At one of the Baku vacations my grandmother made the gift of a reference book on international economics to me. At that age, gifts can have extremely serious repercussions: I memorized all the tables in the handbook and drew graphs for all of them. My father encouraged my new enthusiasm with leading questions. At his advice, I began to buy references and other books on Soviet and international economics.

In our home there was a kind of cult of books. The father of my grandmother Elena, although a Don Cossack, was also an agent for selling books. That contributed to the respect of books in our family. Before the Second World War my grandmother Elena worked as a librarian in Baku City Library. After the War, when it became possible to buy books, books appeared in our home. And I too became a member in good standing of this cult of books.

I made rapid progress, since I had to respond to my father's critical rejoinders. I conducted analyses and drew graphs. To this day, there is nothing that gives me greater satisfaction than getting my hands on an economics handbook with tables of numbers. I look at the numbers and see graphs before my eyes.

Каждое лето, с тех пор как мы переехали в Свердловск, мой младший брат Андрей и я ездили в Баку на каникулы.

47

3. Early Background

Во время одного из бакинских каникул моя бабушка и подарила мне справочник по мировой экономике. В таком возрасте подарки чреваты серьезными последствиями: я вызубрил все таблицы в справочнике и нарисовал для них всех графики. Отец поощрял мое новое увлечение наводящими вопросами. При его поддержке я стал покупать справочники и книги по советской и международной экономике.

У нас в доме был культ книг. Отец моей бабушки Елены Павловны, хотя и донской казак, был также агентом по распространению книг. Это внесло свою лепту в уважение к книгам в нашей семье. До войны моя бабушка Елена Павловна работала библиотекарем в бакинской городской библиотеке. После войны, когда стало возможным покупать книги, они появились у нас в доме. И я хорошо вписался в этот культ книг.

Я быстро шел вперед, потому что мне приходилось отвечать на критические реплики отца. Анализировал, чертил графики. По сей день для меня нет большего удовольствия, чем взять в руки экономический справочник с таблицами. Я смотрю на цифры и вижу перед глазами графики. [PX=10]

3. Early Background

Our family, between 1965 and 1967, the start of my interests in economics.
Наша семья, между 1965-м и 1967-м годами, начало моих интересов в экономике.

3. Early Background

22

"To understand economics, you must learn philosophy."

«Для экономики нужно знать философию».

[PX=10]

PERIOD: About 1965.

FRQ: Once.

EMOTION: Thankful memories of good advice.

CONTEXT: My father told me that to understand economics you must know philosophy. At that time in the Soviet Union "philosophy" primarily meant Marxism. I began to read the classics of Marxism. In 1966 when I was 12, I broke my arm playing basketball and, because I had to stay at home, I became even more introverted and spent more time with the classics.

Отец сказал, что для экономики нужно знать философию. В те годы в Советском Союзе «философия» означала, прежде всего, марксизм. Я стал читать классиков марксизма. В 1966-м году, в возрасте 12 лет, я сломал на баскетболе руку и от вынужденного сидения дома стал еще больше интровертом и читал классиков. [PX=10]

23

"My father would challenge me with questions that were far from orthodox."

«Отец задавал мне совсем не ортодоксальные вопросы».

[PX=10]

PERIOD: 1965-1971.

FRQ: Often.

EMOTION: Thankful memories.

CONTEXT: I quickly mastered Marxism:
- Marx/Engels[31];
- Lenin[32]
- and Plekhanov[33].

After that I went on to other philosophies that were available to me.

Я быстро освоился с марксизмом:
- Маркс/Энгельс[34];
- также Ленин[35]
- и Плеханов[36].

После этого я перешел к другой философии, какая была доступна. [PX=10]

24

"My interest in philosophy soon included 'opportunists'."

---

[31] Philosophy: Marx/Engels (1954-1981).

[32] Philosophy: Lenin (1958-1974).

[33] Philosophy: Plekhanov (1976).

[34] Philosophy: Marx/Engels (1954-1981).

[35] Philosophy: Lenin (1958-1974).

[36] Philosophy: Plekhanov (1976).

3. Early Background

«Мой интерес к философии вскоре включил «оппортунистов»».
[PX=10]
PERIOD: 1965-1975.
FRQ: Often.
EMOTION: Thankful memories.
CONTEXT: My grandfather managed to retain stenographic records of the party congresses and conferences of the early Soviet period. It included the speeches of such "renegades" as

- Bukharin,
- Zinovyev,
- Kamenev,
- and Rykov.

Мой дедушка сумел сохранить стенографические отчеты партийных конференций и съездов раннего советского периода. Они включали речи таких «ренегатов», как

- Бухарин,
- Зиновьев,
- Каменев,
- и Рыков.

[PX=10]

25
"I especially liked Trotsky."
«Мне особенно нравился Троцкий».
[PX=10]
PERIOD: About 1965-1975.
FRQ: Often.
EMOTION: Thankful memories.
CONTEXT: I liked

- Trotsky

for his clear thoughts, superior style and courage in the face of overwhelming odds, which he had demonstrated in the years of growing Stalin's tyranny.

- Троцкий

мне нравился за его ясное мышление, лучший стиль и смелость перед лицом превосходящего противника, которые он продемонстрировал в годы растущей сталинской тирании. [PX=10]

26
"I also had at hand the Bolshevik leaflets of the democratic revolution of 1905."
«У меня также были под руками тексты большевистских листовок демократической революции 1905».
[PX=10]
PERIOD: About 1965-1975.

3. Early Background

FRQ: Often.
EMOTION: Thankful memories.
CONTEXT: I valued the texts of
- the Bolshevik leaflets of the democratic revolution of 1905,

for their freshly sounding calls for freedom and democracy.

      Я ценил тексты
- Большевистских листовок революции 1905,

за их свежо звучавшие призывы к свободе и демократии. [PX=10]

27
"I had proceeded to non-Marxist philosophies."
«Я проделал путь к немарксистской философии».
[PX=10]
PERIOD: 1965-1975.
FRQ: Often.
EMOTION: Thankful memories.
CONTEXT: Among other books, that included:

- American enlightenment:
  - Jefferson[37],
  - Paine[38],
  - Franklin[39].

  This was inspired by the interest in America caused by detente. A collection of their works was printed in late 1960s - early 1970s.
- Constitutions of the countries of the world: Various books. I had a book about Japan where a full text of its constitution was given. I also went to a public library to read books with the texts of constitutions of different countries, which were published in the U.S.S.R.
- Sociology: A translated book of Shibutani, *Social Psychology*[40], was my first introduction to the western sociology.
- During my visits to Baku I loved to spend time with children and grandchildren of Valentina, a sister of my grandmother Elena. Valentina was very healthy. First, after their family was dispossessed for being "kulaks" (rich peasants) she worked in a coal mine carrying bags of coal on her back. She worked with Stakhanov, a

---

[37] Philosophy: Jefferson (1993); see also: Rakove (2020).
[38] Philosophy: Paine ([1776] 1989)(1), ([1776] 1989)(2), ([1791] 1989), ([1792] 1989), and ([1794] 1989).
[39] Philosophy: Franklin (1986).
[40] Sociology: Shibutani (1995).

3. Early Background

legendary working-class hero of the Five-Year Plans but did not like him because he was cursing too much. Then sisters Elena and Valentina moved to Transcaucasia. There Valentina fell in love and married to man with the last name Léva. He was a descendant of a French officer who participated in the Napoleonic invasion of Russia in 1812 but was captured and decided to stay in Russia. Valentina's husband belonged to gentry, graduated from a military school, was a professional officer, and took part in the Russian Civil War of 1917-1921 on the side of the Whites. He had spent his entire consecutive life in exile under administrative supervision in a small village in Azerbaijan and died in the 1970s. Valentina and her children moved to Baku in the 1960s. These people were very dear to me. I discussed with them Russian Civil War. They brought to me the news about Solzhenitsyn when he was first published in the beginning of the 1960s. I owe to them my first encounter with Nietzsche[41], whom was very difficult to find in the Soviet Union. Valentina died years later in her 90s. (It is interesting that years later, the descendants of the Old Bolshevik would move with Jews to America, while the descendants of the white guard officer would live in Russia.)

Среди прочего отмечу:

- Американских просветителей:
  - Джефферсона[42],
  - Пейна[43],
  - Франклина[44].

  Интерес к Америке был вызван разрядкой. Собрание сочинений мыслителей американского просвещения было напечатано в конце 1960-х - начале 1970-х годов.
- Конституции стран мира: разные книги.

  У меня была книга о Японии, где был приведен полный текст ее конституции. Я также посещал

---

[41] Philosophy: Nietzsche (1996), (2006)(1), (2), and (3), (2007)(1), (2), (3), (4), (5), and (6).
[42] Philosophy: Jefferson (1993); see also: Rakove (2020).
[43] Philosophy: Paine ([1776] 1989)(1), ([1776] 1989)(2), ([1791] 1989), ([1792] 1989), and ([1794] 1989).
[44] Philosophy: Franklin (1986).

3. Early Background

библиотеки для того, чтобы читать книги с текстами конституций разных стран.

- Социология: Переводная книга Шибутани, *Социальная психология*[45], была моим первым введением в западную социологию.

- Во время своих визитов Баку я любил проводить время с детьми и внуками Валентины Павловны, сестры моей бабушки Елены Павловны. Валентина Павловна была очень здоровой. Сперва после того, как они были раскулачены, она работала на угольной шахте, нося мешки с углем на спине. Она работала со Стахановым, но он ей не нравился, потому что слишком много матерился. Потом сестры Елена и Валентина перебрались в Закавказье. Там Валентина Павловна полюбила и вышла замуж за человека с фамилией Лева. Он был потомком французского офицера, принимавшего участие в наполеоновском вторжении в Россию в 1812-м году, но был захвачен в плен и решил остаться в России. Муж Валентины Павловны принадлежал к дворянству, окончил кадетский корпус, был профессиональным офицером и принял участие в гражданской войне на стороне белых. Он провел всю свою последующую жизнь в ссылке под административным надзором в маленькой азербайджанской деревне и умер в 1970-х годах. Валентина Павловна с детьми переехала в Баку в 1960-х годах. Эти люди были мне очень дороги. Я обсуждал с ними гражданскую войну. Они принесли мне известие о Солженицыне, когда он был впервые опубликован в начале 1960-х годов. Я обязан им своим первым знакомством с Ницше[46], которого было необыкновенно трудно достать в Советском Союзе. Валентина Павловна умерла много лет спустя в свои 90-е годы. (Интересно, что спустя годы потомки старого большевика переедут с евреями в Америку, тогда как потомки белогвардейского офицера будут жить в России.)

[PX=10]

28
"I read the books on the history of the World War II."

---

[45] Sociology: Shibutani (1995).
[46] Philosophy: Nietzsche (1996), (2006)(1), (2), and (3), (2007)(1), (2), (3), (4), (5), and (6).

3. Early Background

«Я также читал книги по истории Второй мировой войны».
[PX=10]
PERIOD: About 1965-1975.
FRQ: Often.
EMOTION: Thankful memories.
CONTEXT: The books about the history of the Second World War included:

* *The Correspondence among Roosevelt, Churchill and Stalin*[47]

that was a part of a standard digest of that generation.
The books

* *Strategy*[48]
* and *Grand Strategy*[49]

by British authors introduced us to the fundamentals of the modern war strategy.
We also read memoirs of German generals

* Guderian[50]
* and Halder[51].

Среди них:

* *Переписка между Рузвельтом, Черчиллем и Сталиным* [52]

которая была частью стандартного чтения поколения.
Книги

* *Стратегиа*[53]
* и *Большая стратегия*[54]

английских авторов приобщили меня к основам современной военной стратегии.
Мы читали мемуары немецких генералов

* Гудериана[55]
* и Гальдера[56].

[PX=10]

29
"We religiously listened to foreign radio stations."
«Мы аккуратно слушали зарубежные радиостанции».
[PX=10]
PERIOD: About 1965-1975.

---

[47] History: Ministry of Foreign Affairs of the U.S.S.R. (1986).

[48] Military: Hart (1991); compare: History: The Editors of Time-Life Books (1991).

[49] Military: Butler (1956-1972); compare: History: The Editors of Time-Life Books (1991).

[50] Military: Guderian (2008) and (2010); compare: History: The Editors of Time-Life Books (1991).

[51] Military: Halder (1968-1971); compare: History: The Editors of Time-Life Books (1991).

[52] History: Ministry of Foreign Affairs of the U.S.S.R. (1986).

[53] Military: Hart (1991); compare: History: The Editors of Time-Life Books (1991).

[54] Military: Butler (1956-1972); compare: History: The Editors of Time-Life Books (1991).

[55] Military: Guderian (2008) and (2010); compare: History: The Editors of Time-Life Books (1991).

[56] Military: Halder (1968-1971); compare: History: The Editors of Time-Life Books (1991).

3. Early Background

FRQ: Often.
EMOTION: Thankful memories.
CONTEXT: The regularly listened to:

- Voice of America,
- BBC,
- Deutsche Welle,
- Radio Canada,
- Radio Freedom;

we occasionally heard

- French radio,
- Israeli radio,
- Chinese radio,
- Japanese radio.

Although we did not always agree with the views of these radio stations, they were an important source of information keeping in check Soviet propaganda.

Мы часто слушали:

- Голос Америки,
- Би-Би-Си,
- Немецкую волну,
- Радио Канады,
- Радио Свободы;

иногда слушали

- французское радио,
- израильское радио,
- китайское радио,
- японское радио.

Хотя мы не всегда соглашались со взглядами этих радиостанций, они служили важным источником дополнительной информации, проверяющим советскую пропаганду. [PX=10]

30
"My interest in economics led me to the journals opening the window to the world."
«Мой интерес к экономике привел меня к журналам, открывающим окно в мир».
[PX=10]
PERIOD: About 1965-1975.
FRQ: Often.
EMOTION: Thankful memories.
CONTEXT: I subscribed to

- "The World Economy and International Relations"
- and "The U.S.A. and Canada."

Я подписывался на

56

3. Early Background

- «Мировую экономику и международные отношения»
- и «США и Канаду».

[PX=10]

31

"I read many interesting books on economics — too many of them to be presented here."

«Я читал много интересных книг по экономике — слишком много, чтобы перечислить их здесь».

[PX=10]

PERIOD: About 1965-1975.

FRQ: Often.

EMOTION: Thankful memories.

CONTEXT: There were tons of Soviet publications with the economic — primarily international — statistics. There were

- *Statistical Abstract of the United States 1968,*
- *U.N. Statistical Yearbook*
- Albert Vainstein, *People's Income in Russia and the U.S.S.R.*[57];
- Angus Maddison, *Economic Development in the West*[58];
- Denison, *Why the Growth Rates Differ?*[59].

I obtained *Statistical Abstract of the United States 1968* from a friend who got it from the American exhibition "Education in the United States." As far as *UN Statistical Yearbook*, I managed to get hold on the few issues of it in the public library and copied data from them.

Были тонны советских публикаций с экономической — в основном международной — статистикой. У меня также были

- *Статистический абстракт Соединенных Штатов 1968,*
- *Статистический ежегодник ООН,*
- Альберт Вайнштейн, *Народный доход России и СССР*[60];
- Ангус Мэддисон, *Экономическое развитие в странах запада*[61];
- Денисон, *Почему темпы роста отличаются?*[62].

Я заполучил *Статистический абстракт Соединенных Штатов 1968* от

---

[57] Economics: Vainstein (1971).
[58] Economics: Maddison (1964).
[59] Economics: Denison (1967).
[60] Economics: Vainstein (1971).
[61] Economics: Maddison (1964).
[62] Economics: Denison (1967).

3. Early Background

друга, взявшего его с американской выставки «Образование в Соединенных Штатах». Я также умудрялся получать доступ в библиотеке к нескольким имевшимся выпускам *Статистического ежегодника ООН*, и копировал данные из них. [PX=10]

32
"Literature consisted primarily of the regular school curriculum."
«Литература состояла в основном из обычного школьного курса».
[PX=10]
PERIOD: About 1965-1971.
FRQ: Often.
EMOTION: Thankful memories.
CONTEXT: But the interpretation of these works by the teacher of Russian literature was not orthodox — she encouraged us to write essays on the borders of ideologically permissible and to think beyond those limits. Among the major books were:

- Fonvizen[63],
- Pushkin[64],
- Griboyedov[65],
- Radishchev[66],
- Lermontov[67],
- Krylov[68],
- Belinsky[69],
- Gogol[70],
- Tyutchev[71],
- Fet[72],
- Nekrasov[73],
- Hertzen[74],
- Chernyshevsky[75][76],
- Ostrovsky[77],
- Turgenev[78],

[63] Literature: Fonvizen (1972).
[64] Literature: Pushkin (1978/48).
[65] Literature: Griboyedov (1972).
[66] Literature: Radishchev (1961).
[67] Literature: Lermontov (1989) and (2013).
[68] Literature: Krylov (2010).
[69] Philosophy: Belinsky (1948).
[70] Literature: Gogol (2010).
[71] Literature: Tyutchev (1976).
[72] Literature: Fet (1982).
[73] Literature: Nekrasov (1899).
[74] Literature: Hertzen (1976).
[75] Literature: Chernyshevsky (1989).
[76] Philosophy: Chernyshevsky (2002).
[77] Literature: Ostrovsky (1972).
[78] Literature: Turgenev (1956).

3. Early Background

- Goncharov[79],
- Dostoyevsky[80],
- Leo Tolstoy[81],
- Chekhov[82],
- Gorky[83],
- Blok[84],
- Bryussov[85],
- Yesenin[86],
- Mayakovsky[87],
- Sholokhov[88].

The consolidation of Stalin's totalitarian regime in the 1930s-1950s proved to be disastrous for Russian literature: I can mention almost no remarkable works of literature of that period which made it through to the school program. Some prominent writers died, some were imprisoned and effectively killed. The few who adapted to the situation saw the quality of their works reduced to a very low grade; one such writer who lived through the period alive and officially recognized, Mikhail Sholokhov, produced nothing which would remotely approach his

- *And Quiet Flows the Don*

written in the 1920s. Perhaps one talented exception was Alexey Tolstoy's

- *Peter the First*[89] (1929-1934; Stalin Prize in 1941).

Alexey Tolstoy was notable by his calls to insert the burning needles under the fingernails of captured Bolsheviks during the Civil War. He later became a convert to the Stalinist way of doing things partly out of personal convenience, partly out of conviction, as the nationalistic and Thermidorian tendencies of the regime had become more pronounced. I did not like *Peter the First* because of the not too subtle attempts of the author to justify Stalin's rule.

Our Russian language teacher did not pay much attention to the so-called "production roman" in the Soviet socialist realism of the 1930s-beginning of the 1950s. Instead, we studied quite a lot the new generation of the free-thinking Soviet poets of the 1960s:

- Robert Rozhdestvensky[90],
- Andrei Voznesensky[91],
- Yevgeniy Yevtushenko[92],

---

[79] Literature: Goncharov (1965).
[80] Literature: Dostoyevsky (1972).
[81] Literature: Tolstoy (1984).
[82] Literature: Chekhov (1974).
[83] Literature: Gorky (1960).
[84] Literature: Blok (1971).
[85] Literature: Bryussov (2005).
[86] Literature: Yesenin (2009).
[87] Literature: Mayakovsky (1965).
[88] Literature: Sholokhov (2010).
[89] Literature: Alexey Tolstoy (1956).
[90] Literature: Rozhdestvensky (1983).
[91] Literature: Voznesensky (1984).

3. Early Background

- Bella Akhmadulina[93].

We did not quite respect Rozhdestvensky for being too conformist. But we were very impressed by the rest. For example, we and our teacher liked very much Yevtushenko's *The Bratsk Station* for its rebellious spirit: "Even slaves of the ancient Egypt built pyramids," "The Bratsk Station is another pyramid," and "We are not slaves, slaves are silent." We repeated the words from Yevtushenko's *The Heirs of Stalin*: "…to double, and treble, the sentries guarding this slab, and stop Stalin from ever rising again and, with Stalin, the past."[94]

Но интерпретация этих работ учителем русской литературы не была обычной — она поощряла нас писать эссе на границах идеологически дозволенного и думать за пределами этих границ. Среди основных книг были:

- Фонвизин[95],
- Пушкин[96],
- Грибоедов[97],
- Радищев[98],
- Лермонтов[99],
- Крылов[100],
- Белинский[101],
- Гоголь[102],
- Тютчев[103],
- Фет[104],
- Некрасов[105],
- Герцен[106],
- Чернышевский[107][108],
- Островский[109],
- Тургенев[110],

---

[92] Literature: Yevtushenko (1987).
[93] Literature: Akhmadulina (1997).
[94] Literature: Translated by George Reavey at www.poemhunter.com.
[95] Literature: Fonvizen (1972).
[96] Literature: Pushkin (1978/48).
[97] Literature: Griboyedov (1972).
[98] Literature: Radishchev (1961).
[99] Literature: Lermontov (1989) and (2013).
[100] Literature: Krylov (2010).
[101] Philosophy: Belinsky (1948).
[102] Literature: Gogol (2010).
[103] Literature: Tyutchev (1976).
[104] Literature: Fet (1982).
[105] Literature: Nekrasov (1899).
[106] Literature: Hertzen (1976).
[107] Literature: Chernyshevsky (1989).
[108] Philosophy: Chernyshevsky (2002).
[109] Literature: Ostrovsky (1972).
[110] Literature: Turgenev (1956).

3. Early Background

- Гончаров[111],
- Достоевский[112],
- Лев Толстой[113],
- Чехов[114],
- Горький[115],
- Блок[116],
- Брюсов[117],
- Есенин[118],
- Маяковский[119],
- Шолохов[120].

Консолидация сталинского тоталитарного режима в 1930-е – 1950-е годы оказалась катастрофической для русской литературы: Я не могу вспомнить почти никаких сколько-нибудь замечательных литературных работ этого периода, которые попали в школьную программу. Некоторые из значительных писателей умерли, некоторые попали в лагеря и были, по существу, убиты. Немногие из тех, кто приспособились, заплатили за это падением качества своих работ до очень низкого уровня; один такой писатель, Михаил Шолохов, проживший через этот период и получивший официальное признание, не написал за это время ничего отдаленно приближающегося к его более раннему

- *Тихому Дону*

написанному в 1920-е годы. Возможно, одно талантливое исключение составляет роман Алексея Толстого

- *Петр Первый*[121] (1929-1934; Сталинская премия 1941-го года).

Алексей Толстой был примечателен своими призывами пытать схваченных во время гражданской войны большевиков калеными иглами под ногти. Он позднее стал поклонником сталинских подходов к вещам отчасти для личного удобства, отчасти по убеждению, по мере того как националистические и термидорианские тенденции режима становились более явными. Мне не нравился *Петр Первый*, потому что он откровенно пытался оправдывать сталинское правление.

Наш учитель русского языка не уделял много внимания так называемому «производственному роману» советского социалистического

---

[111] Literature: Goncharov (1965).
[112] Literature: Dostoyevsky (1972).
[113] Literature: Tolstoy (1984).
[114] Literature: Chekhov (1974).
[115] Literature: Gorky (1960).
[116] Literature: Blok (1971).
[117] Literature: Bryussov (2005).
[118] Literature: Yesenin (2009).
[119] Literature: Mayakovsky (1965).
[120] Literature: Sholokhov (2010).
[121] Literature: Alexey Tolstoy (1956).

3. Early Background

реализма 1930-х – начала 1950-х годов. Вместо этого мы изучали советских поэтов нового поколения 1960-х годов:

- Роберта Рождественского[122],
- Андрея Вознесенского[123],
- Евгения Евтушенко[124],
- Беллу Ахмадулину[125].

Мы не вполне уважали Рождественского за то, что он был чересчур конформист. Но мы были под большим впечатлением от остальных. Например, мы и наш учитель очень любили *Братскую ГЭС* Евтушенко за ее мятежный дух: «Прямо, открыто говорю это, Братская ГЭС, я, египетская пирамида», and «Мы не рабы, учителка, Рабы не мы...». Мы повторяли слова из поэмы Евтушенко *Наследники Сталина*: «...удвоить, утроить у этой стены караул, чтоб Сталин не встал и со Сталиным — прошлое».[126] [PX=10]

33
"At school, we also had an extended course in English language literature."
«В школе также был усиленный курс английского языка».
[PX=10]
PERIOD: About 1965-1971.
FRQ: Often.
EMOTION: Thankful memories.
CONTEXT: English language books included:

- *Beowulf*[127],
- Geoffrey Chaucer[128],
- William Shakespeare[129],
- Jonathan Swift[130],
- Robert Burns[131],
- Lord Byron[132],
- Edgar Poe[133],
- William Thackeray[134],
- Charles Dickens[135],
- Henry Longfellow[136],

---

[122] Literature: Rozhdestvensky (1983).
[123] Literature: Voznesensky (1984).
[124] Literature: Yevtushenko (1987).
[125] Literature: Akhmadulina (1997).
[126] Literature: Translated by George Reavey at www.poemhunter.com.
[127] Literature: Crossley-Holland (1999).
[128] Literature: Chaucer (1993)(1) and (2).
[129] Literature: Shakespeare (1980)(1), (1980)(2), (1980)(3), and (1993).
[130] Literature: Swift (1993).
[131] Literature: Burns (2006).
[132] Literature: Byron (2008).
[133] Literature: Poe (1995).
[134] Literature: Thackeray (1979).
[135] Literature: Dickens (1979), (1993), and (2011).
[136] Literature: Longfellow (1980).

3. Early Background

- Walt Whitman[137],
- Mark Twain[138],
- O. Henry[139],
- Jack London[140],
- John Galsworthy[141],
- Rudyard Kipling[142],
- Theodore Dreiser[143],
- Ernest Hemingway[144],
- Graham Greene[145],
- Ray Bradbury[146].

Среди книг на английском языке были:
- *Беовульф*[147],
- Джефри Чосер[148],
- Уильям Шекспир[149],
- Джонатан Свифт[150],
- Роберт Бернс[151],
- Лорд Байрон[152],
- Эдгар По[153],
- Уильям Теккерей[154],
- Чарльз Диккенс[155],
- Генри Лонгфелло[156],
- Уолт Уитмен[157],
- Марк Твен[158],
- О. Генри[159],

---

[137] Literature: Whitman (2011).
[138] Literature: Twain (1993) and (1995).
[139] Literature: O. Henry (1994).
[140] Literature: London (2003).
[141] Literature: Galsworthy (2008).
[142] Literature: Kipling (1980).
[143] Literature: Dreiser (2000).
[144] Literature: Hemingway (1987) and (1995)(3).
[145] Literature: Greene (1992).
[146] Literature: Bradbury (2000).
[147] Literature: Crossley-Holland (1999).
[148] Literature: Chaucer (1993)(1) and (2).
[149] Literature: Shakespeare (1980)(1), (1980)(2), (1980)(3), and (1993).
[150] Literature: Swift (1993).
[151] Literature: Burns (2006).
[152] Literature: Byron (2008).
[153] Literature: Poe (1995).
[154] Literature: Thackeray (1979).
[155] Literature: Dickens (1979), (1993), and (2011).
[156] Literature: Longfellow (1980).
[157] Literature: Whitman (2011).
[158] Literature: Twain (1993) and (1995).
[159] Literature: O. Henry (1994).

3. Early Background

- Джек Лондон[160],
- Джон Голсуорси[161],
- Редьярд Киплинг[162],
- Теодор Драйзер[163],
- Эрнест Хемингуэй[164],
- Грэм Грин[165],
- Рэй Брэдбери[166].

[PX=10]

34

"There were literature books outside of the regular school curriculum."

«Были книги за пределами школьного курса».

[PX=10]

PERIOD: About 1965-1971.

FRQ: Often.

EMOTION: Thankful memories.

CONTEXT: Among the books outside of the school program, I was deeply impressed by

- Novikov-Priboy's *Tsusima*[167]

that contains a painful account of how corruption, negligence, mismanagement, lack of transparency, and plain mediocracy led to the devastating defeat in Russo-Japanese War (and ultimately to the Russian revolution of 1905).

I, as most of our generation at that time, was very impressed by novels and novellas of

- Vasil Bykov[168],

who wrote with great talent and moral courage about the tragic days of the Second World War.

I read with great interest

- Stefan Zweig's *Fouche*[169]

about the head of French secret police during the Great French Revolution and Napoleonic times, making obvious parallels between the horrors of revolutionary terror during the French Revolution of 1789 and the Russian Revolution of 1917. Other books, which were not in the school curriculum, but which left a deep mark in my school years, were

- Alexander Solzhenitsyn's *One Day in the Life of Ivan*

---

[160] Literature: London (2003).

[161] Literature: Galsworthy (2008).

[162] Literature: Kipling (1980).

[163] Literature: Dreiser (2000).

[164] Literature: Hemingway (1987) and (1995)(3).

[165] Literature: Greene (1992).

[166] Literature: Bradbury (2000).

[167] Literature: Novikov-Priboy (2005).

[168] Literature: Bykov (1972) and (1981).

[169] Literature: Zweig (2010).

3. Early Background

Denisovich[170],
- and Mikhail Bulgakov's *The Master and Margarita[171]*
- and *White Guard[172]*.

Среди книг за пределами школьного курса я был под большим впечатлением от
- *Цусимы[173]* Новикова-Прибоя.

Эта книга содержала болезненный отчет о том, как коррупция, халатность, ошибки управления, недостаток гласности и обыкновенная посредственность привели к сокрушительному поражению в Русско-японской войне (и, в конечном итоге, к русской революции 1905).

Как и большинство моего поколения, я был очень впечатлен повестями и рассказами
- Василя Быкова[174],

который писал с большим талантом и моральной смелостью о трагических днях Второй мировой войны.

Мы читали с большим интересом
- *Фуше* Стефана Цвейга[175]

о главе французской тайной полиции в период Великой французской революции и в наполеоновские времена, делая очевидные параллели между ужасами революционного террора во время Французской революции 1789 и русской революции 1917. Другие книги, которые не были в школьном курсе, но оставили глубокий отпечаток в моей памяти, были
- *Один день Ивана Денисовича[176]* Александра Солженицына,
- *Мастер и Маргарита[177]* Михаила Булгакова
- и его же *Белая гвардия[178]*.

[PX=10]

35

"It should also be mentioned that, in my school and university years, I was intensely impressed by Andrei Tarkovsky's films and Taganka Theater."

«В мои школьные и университетские годы я также находился под большим влиянием фильмов Андрея Тарковского и театра на Таганке».

[PX=10]

PERIOD: About 1965-1975.

---

[170] Literature: Solzhenitsyn (1988).
[171] Literature: Bulgakov (1997).
[172] Literature: Bulgakov (2008).
[173] Literature: Novikov-Priboy (2005).
[174] Literature: Bykov (1972) and (1981).
[175] Literature: Zweig (2010).
[176] Literature: Solzhenitsyn (1988).
[177] Literature: Bulgakov (1997).
[178] Literature: Bulgakov (2008).

3. Early Background

FRQ: Often.
EMOTION: Thankful memories.
CONTEXT: I was an enthusiastic spectator at Taganka Theater during our family visits to Moscow. I had known by heart Taganka's plays with Yuriy Lyubimov as the stage director and Vladimir Vysotsky, Alla Demidova, and Valery Zolotukhin as the leading actors

- *The Good Person of Szechwan,*
- *10 Days that Shook the World,*
- *Antiworlds,*
- *Pugachev,*
- *Listen!,*
- *Comrade, believe,*
- and *Hamlet.*

I also was hypnotized by Tarkovsky's films

- *Andrei Rublev,*
- *Solaris,*
- and *The Mirror.*

Я с энтузиазмом посещал театр на Таганке во время наших семейных визитов в Москву. Я знал наизусть постановки Юрия Любимова в этом театре с Владимиром Высоцким, Аллой Демидовой и Валерием Золотухином в главных ролях спектаклей

- *Добрый человек из Сезуана,*
- *10 дней, которые потрясли мир,*
- *Антимиры,*
- *Пугачев,*
- *Послушайте!,*
- *Товарищ, верь,*
- и *Гамлет.*

Я также был загипнотизирован фильмами Тарковского

- *Андрей Рублев,*
- *Солярис,*
- и *Зеркало.*

[PX=10]

36
"I understood Marxism in my own way."
«Марксизм я понял по-своему».
[PX=10]
PERIOD: About 1965-1975.
FRQ: Once.
EMOTION: Proud memories of originality.
CONTEXT: This, however, did not prevent me, right up through advanced university courses, from creating a small furor every time it came to discuss the

3. Early Background

classics. The instructors didn't like to tangle with me — I knew the original sources a great deal better than they did.

My critical attitude has proved to be quite intellectually stimulating. I remember myself taking social science courses — be they on Marxist philosophy, the latest Five-Year Plan, or international situation, — busy critically analyzing what was being said from the podium while everybody around was taking a nap. That is one of my most vivid memories of the years at school and in university: I am busy thinking in a hall full of sleeping people.

Это не мешало мне вплоть до последнего курса университета делать маленький фурор всякий раз, когда нужно было обсуждать классиков марксизма. Преподаватели предпочитали со мной не связываться — я знал источники несравненно лучше.

Мое критическое отношение было очень интеллектуально стимулирующим. Я помню себя во время занятий по социальным наукам — будь то марксистская философия, последний пятилетний план или международное положение, — занятым критическим анализом того, что говорилось с трибуны, в то время как все вокруг меня дремали. Это на самом деле — одно из моих самых ярких воспоминаний школы и университета: я занят мыслями в зале полном спящими людьми. [PX=10]

3.2   At the University

37
"Only mathematicians are able to do anything in economics."
«Только математики делают что-то в экономике».
[PX=10]
PERIOD: About 1971.
FRQ: Once.
EMOTION: Good memories of thoughtful advice.
CONTEXT: In 1971, on my father's advice, I enrolled in the school of mathematics and mechanics of Ural State University. After my third year, I specialized in mathematical economics.

In the university, I had ignored most of the lectures and engaged in self-education by books. I had devoted most of my time to fanatical studying of economics and economic statistics. Needless to say, the inadequacy of the Soviet economic system was abundantly clear to me.

В 1971-м году, по совету отца, я пошел на матмех Уральского государственного университета. После третьего курса я специализировался по математической экономике.

В университете я игнорировал большинство лекций и занимался самообразованием по книгам. Я посвящал большинство своего времени

3. Early Background

фанатичному изучению экономики и экономической статистики. Не стоит упоминания, что неадекватность советской экономической системы была предельно ясна мне. [PX=10]

3. Early Background

The beginning of the 1970s during one of the visits to Baku. My father and my aunt, Ludmila, — witnesses of my studies of the economics.

Начало 1970-х годов во время одного из визитов в Баку. Мой отец и моя тетя, Людмила, — свидетели моих занятий экономикой.

69

3. Early Background

38

"The books read during the university years had not differed much from the books read during school years."

«Книги, прочитанные в университетские годы, не отличались сильно от книг, прочитанных в школьные годы».

[PX=10]

PERIOD: 1971-1975.

FRQ: Often.

EMOTION: Good memories.

CONTEXT: Three things may be worth mentioning:

- The title, which I selected for the essay at the entrance exam to the university, was from the words of Andrei Voznesenky, "All progresses are reactionary if a human being is destroyed."
- During my years in the university, I had read many translated western books on the mathematical economics.
- These had been the years of experimentation with modern fiction writers of the 20th century. Some of the names of authors read during that period of time which come to mind are:
  - Proust[179],
  - Beckett[180],
  - Joyce[181],
  - Ionesco[182],
  - Kafka[183].

But somehow, I do not remember these authors very much if I am thinking about the most influential reading in my life. I usually remember the writings, which were particularly interesting for me to read in the connection with something happening in my life. The modernistic writers were part of my life only in a sense that I knew they were famous, and perhaps tried to connect with their "modern" aura and make impression on somebody else.

Три вещи достойны упоминания:

- Тема сочинения, которую я выбрал при

---

[179] Literature: Proust (1993).
[180] Literature: Beckett (1993).
[181] Literature: Joyce (1993).
[182] Literature: Ionesco (1960).
[183] Literature: Kafka (1993).

3. Early Background

поступлении в университет, была озаглавлена словами Андрея Вознесенского, «Все прогрессы реакционны, если рушится человек».

- В годы университета я читал много переводных западных книг по математической экономике.
- Это были годы экспериментов с модернистскими писателями 20-го столетия. Авторы, читаемые в этот период, имена которых сейчас приходят на память:

  - Пруст[184],
  - Беккет[185],
  - Джойс[186],
  - Ионеско[187],
  - Кафка[188].

Но каким-то образом это не те писатели, о которых я думаю, как о самых значительных по влиянию на мою жизнь. Я обычно помню книги, которые особенно интересовали меня в связи с определенными событиями моей жизни. Модернистские писатели были частью моей жизни только в смысле, что я знал, что они знамениты, и, может быть, пытался быть причастным к их «современной» ауре и произвести впечатление на кого-нибудь.

[PX=10]

39

"Only God has power over a human."

«Только Бог властен над человеком».

[PX=10]

PERIOD: About June — July 1975.

FRQ: Once.

EMOTION: Admiration of friend's determination.

CONTEXT: After our fourth year, at the student military muster, one of my friends, Yura Yudkevich, refused to take the military oath of allegiance. When his turn came, he pointed his automatic rifle at the ground and said that only God had power over a man and that for this reason he refused to take the military oath of allegiance. At first our military instructors took fright and dismissed the class, not knowing what to do. Then they sent students from the schools of journalism, history, and philosophy on Yura. But he had little trouble dealing with them, since they really

---

[184] Literature: Proust (1993).
[185] Literature: Beckett (1993).
[186] Literature: Joyce (1993).
[187] Literature: Ionesco (1960).
[188] Literature: Kafka (1993).

3. Early Background

didn't have much of a grip on journalism, history, or philosophy. Everybody at the muster was talking about it. It was not for nothing that Yura was a talented mathematician — he had been able to find the most vulnerable point to strike. Many other students began to say that they would have joined Yura in refusing to take the oath if his turn had come earlier (his family name was at the end of alphabet and we were called up to take the oath in alphabetical order). Seeing that they were losing control of the situation, our authorities sent Yura off to a psychiatric hospital, although it was obvious to everyone that there was absolutely nothing wrong with him. Gossip about this affair refused to die and continued throughout the autumn following the muster.

После четвертого курса на военных сборах мой друг, Юра Юдкевич, отказался принимать военную присягу. Когда очередь дошла до него, он опустил автомат на землю и сказал, что только Бог властен над человеком и что поэтому он отказывается принимать военную присягу. Наши вояки оторопели сначала и распустили занятие, не зная, что делать. Потом они напустили на Юру студентов с факультетов журналистики, истории и философии. Юра с ними очень легко обходился, потому что они толком не знали ни журналистики, ни истории, ни философии. Сборы загудели разговорами. Недаром Юра был талантливый математик — он задел за живое. Многие стали говорить, что тоже не стали бы принимать присягу, будь Юра раньше по списку.

Видя, что дело выходит из-под контроля, наши власть предержащие отправили Юру в психиатрический госпиталь, хотя всем было очевидно, что он абсолютно здоров. Пересуды от этого не кончились и продолжались всю осень после сборов. [PX=10]

3.3   *"Subversive Activities": Psychological Motivator and Convictions*

40
"My friend had done exactly what our best teachers and parents had taught us."
«Мой друг сделал то, чему нас учили хорошие учителя и родители».
[PX=10]
PERIOD: December 10, 1974 — November 28, 1975.
FRQ: Once.
EMOTION: Enthusiasm.
CONTEXT: As for me, even in my schooldays it was clear to me that the greater world around us was not living according to the truth. And there already existed historical precedents for what honorable people should try to do in such situations. I had lived through all my days at the university almost to the end in the secret hope that the students would do something against the government. And I had already almost given up hope. As in Andrei Tarkovsky film *The Sacrifice*, my friend showed that with a sacrifice something, otherwise impossible, becomes achievable.[189]

3. Early Background

Что касается меня, уже со школы было ясно, что большой мир живет не по правде. Всем были известны исторические прецеденты того, что честные люди могут пытаться делать в аналогичной ситуации. Я прожил почти весь университет в тайной надежде увидеть, как студенты сделают что-нибудь антиправительственное. И я уже почти разочаровался ждать. Как в фильме Андрея Тарковского *Жертвоприношение*, мой друг показал, что, пожертвовав чем-то, можно достичь того, что иначе представляется недостижимым.[190] [PX=10]

METACONTEXT-A: Many people in the Soviet Union did not understand my ideological motivations. We lived better than 99% of the Soviet people. We were at the maximum level that one could achieve on an honest salary, without access to closed distributors or having an illegal private business. My grandfather received an access to an entry-level closed distributor as an Old Bolshevik only when he already retired. Nobody else in our family has ever had access to closed distributors. My father drank vodka with guys from the senior echelons of the Sverdlovsk regional Communist party and KGB, including the head of the Sverdlovsk regional KGB. My fate was to express publicly what people of the Soviet political elite often thought privately. (Incidentally, this attitude, which values noticing "that not everything is perfect in the Danish Kingdom,"[191] is the key to understanding my opinions in the later life in the United States. And again, it often puts me at odds with other 99% of the (former) Soviet immigrant population.)

Многие люди в Советском Союзе не понимали моих идеологических мотивов. Мы жили лучше, чем 99% советских людей. Мы были на максимуме того, что можно было достичь на честную зарплату, без доступа к закрытым распределителям или нелегального бизнеса. Мой дедушка получил касание к начального уровня закрытому распределителю как старый большевик только когда он ушел на пенсию. Никто другой в нашей семье никогда не пользовался распределителями. Мой отец пил водку с ребятами из высшего эшелона руководства компартии и КГБ свердловской области, включая главу КГБ Свердловской области. Мне было уготовано судьбой выразить публично то, что люди советской политической элиты часто выражали в частном порядке. (Кстати, это отношение к действительности, которое замечает, что «не все в порядке в датском государстве»[192], есть ключ к моим мнениям в позднем периоде жизни в Америке. И вновь, это часто ставит меня в противоречие с 99% других (бывших) советских иммигрантов.) [PX=10]

41

"On the other hand, it was very possible to understand all this extremely well and still not do anything much beyond telling a political joke to one's friends."

---

[189] See: Philosophy: Sytsma (2016).

[190] See: Philosophy: Sytsma (2016).

[191] I prefer this reverse translation from the Russian text of *Hamlet* to the exact quote from Shakespeare: "Something is rotten in the state of Denmark."

[192] I prefer this reverse translation from the Russian text of *Hamlet* to the exact quote from Shakespeare: "Something is rotten in the state of Denmark."

3. Early Background

«С другой стороны, можно все прекрасно понимать, но не выходить за рамки политического анекдота в кругу друзей».
[PX=10]
PERIOD: About 1971-1975.
FRQ: Once.
EMOTION: Calming down.
CONTEXT: In order to overcome the fear that held sway over everyone, something additional was required — what I call here a psychological motivator. And eventually I found my psychological motivator.

Для того, чтобы преодолеть страх, который всеми владел, нужен был еще какой-то фактор — то, что я называю психологическим мотивом. У меня такой психологический мотив нашелся. [PX=10]

42
"I was suffering from unrequited love."
«Я был неудачно влюблен».
[PX=10]
PERIOD: About 1974-1975.
FRQ: Once.
EMOTION: Ups and downs.
CONTEXT: My attempts to come out of age in this situation were laughingly inadequate: I tried to write poems. I made a rule that every Monday I had to present a new poem to the girl whom I loved. That exercise had continued for about one year.

Мои попытки повзрослеть были до смешного неадекватны: я пытался писать стихи. Я взял за правило представлять новое стихотворение девочке, в которую я был влюблен, каждый понедельник. Это занятие продолжалось примерно год. [PX=10]

43
"In the cause of this I acquainted with many modern poets, both Soviet and foreign."
«По ходу дела я познакомился с многими современными поэтами, как советскими, так и зарубежными».
[PX=10]
PERIOD: About 1974-1975.
FRQ: Once.
EMOTION: Ups and downs.
CONTEXT: In terms of the books read, we can add:

- Russian modern poetry — where I could get hold of it
  - Mandelstam[193],
  - Akhmatova[194],

---

[193] Literature: Mandelstam (1967).

3. Early Background

- - Tsvetaeva[195],
  - Okudzhava[196],
  - Georgy Ivanov[197].
- Foreign modern and modernistic poetry — and lots of it from
  - *Novyi mir (New World)[198]*,
  - *Inostrannaia literature (Foreign Literature)[199]*.

В список прочитанных книг следовало бы добавить:

- Русскую современную поэзию — где я мог ее найти
  - Мандельштам[200],
  - Ахматова[201],
  - Цветаева[202],
  - Окуджава[203],
  - Георгий Иванов[204].
- Зарубежную современную и модернистскую поэзию — и много ее из
  - *Нового мира[205]*,
  - *Иностранной литературы[206]*.

[PX=10]

44

"...Beauty exists, but is not really present in the world ..."

«…Прекрасное существует, но его нет…»

[PX=10]

PERIOD: December 10, 1974 — November 28, 1975.

FRQ: Once.

EMOTION: Sadness.

CONTEXT: And the whole thing came crashing down around my eyes right at the time of the events I have just described. Disappointment in love is a very powerful emotion when you are 20 years old. I will not spend a great deal of time describing

---

[194] Literature: Akhmatova (1967).
[195] Literature: Tsvetaeva (1980.
[196] Literature: Okudzhava (1989).
[197] Literature: Ivanov (1994).
[198] Literature: *Novyi mir (New World)*.
[199] Literature: *Inostrannaia literature (Foreign Literature)*.
[200] Literature: Mandelstam (1967).
[201] Literature: Akhmatova (1967).
[202] Literature: Tsvetaeva (1980.
[203] Literature: Okudzhava (1989).
[204] Literature: Ivanov (1994).
[205] Literature: *Novyi mir (New World)*.
[206] Literature: *Inostrannaia literature (Foreign Literature)*.

3. Early Background

my state of mind, but will merely cite an excerpt from a letter written by Zhukovsky to Gogol "On the Poet and his Current Significance" (1848), which perfectly describes my thinking at the time[207]:

> "...Beauty exists, but is not really present in the world, since it, so to speak, appears to us solely in order to disappear, to speak to us, to invigorate, renew our soul — but we cannot touch it, nor inspect it, nor grasp it; it has neither name nor form... Thus, it is easy to understand why it is nearly always associated with sadness — however, this is not the kind of sadness that leads to depression, but rather, because it is so ephemeral, so inexpressible, so ineffable, it gives rise to a sort of creative, sweet, somewhat vague aspiration. Beauty is only what does not exist — during those moments of anxious and vivifying emotion, you experience a desire not for what actually exists and lies before you, but for something better, mysterious, remote, you aspire to unite with it, with that which cannot exist in the world, but which somewhere exists for your soul alone. And this aspiration is one of the ineffable proofs of immortality: if this were not the case, why is it that when we achieve pleasure, what we feel is neither complete nor clear? No! The sadness we experience at such moments convincingly demonstrates that beauty is not at home here, that it is only a transient messenger telling us of something better: it is the enchanting longing for one's fatherland, the dark memory of what was lost, sought and in time attained in Edam..."

Thus, I was personally unhappy, exactly as was required. I began to analyze the "meaning of my life."

Моя влюбленность закончилась полным крахом как раз к моменту описываемых событий. Несчастье — сильное чувство в 20 лет. Не буду долго описывать свои настроения, а приведу лишь отрывок из письма Жуковского Гоголю «О поэте и современном его значении» (1848), которое соответствует моей тогдашней настроенности[208]:

> «...Прекрасное существует, но его нет, ибо оно, так сказать, нам является единственно для того, чтобы исчезнуть, чтобы нам сказаться, оживить, обновить душу — но его ни удержать, ни разглядеть, ни постигнуть мы не можем; оно не имеет ни имени, ни образа... весьма понятно, почему почти всегда соединяется с ним грусть — но грусть, не приводящая в уныние, а животворная, сладкая, какое-то смутное стремление: это происходит от его скоротечности, от его невыразимости, от его необъятности. Прекрасно только то, чего нет — в эти минуты тревожно-живого

---

[207] Literature: Zhukovsky ([1848] 1981).
[208] Literature: Zhukovsky ([1848] 1981).

чувства стремишься не к тому, чем оно произведено и что перед тобою, но к чему-то лучшему, тайному, далекому, что с ним соединяется и чего в нем нет, но что где-то, и для одной души твоей, существует. И это стремление есть одно из невыразимых доказательств бессмертия: иначе отчего бы в минуту наслаждения не иметь полноты и ясности наслаждения? Нет! Эта грусть убедительно говорит нам, что прекрасное здесь не дома, что оно только мимопролетающий благовеститель лучшего; оно есть восхитительная тоска по отчизне, темная память об утраченном, искомом и со временем достижимом Эдеме...»

Итак, я был несчастлив, что и требовалось. Я начал анализировать «смысл жизни» для самого себя. [PX=10]

45

"It is worth noting that any action having ethical implications, and morality in general, probably does not exist before we are faced with some formative events in our life."

«Необходимо заметить, что любое действие, имеющее этические последствия, и мораль в целом, вероятно, не существуют до того, как мы оказываемся лицом к лицу с какими-то формирующими нас событиями жизни».

[PX=10]

PERIOD: December 10, 1974 — November 28, 1975.

FRQ: Once.

EMOTION: Thankful memories of right decision point.

CONTEXT: It is not that we do not know what the "right," moral thing, is — as, somehow, we do (even though I am not sure that this because of some theological seminars or their left-wing equivalents). We formulate our real moral position when we experience some conflicting impulses at the crucial moments of life and make a moral choice. A path to personal maturity may be surrounded by very ambiguous feelings and the initial preference for what might become a fate of person and a decisive turn in the genesis of his personality may be very slight.[209]

Не то, что мы не знаем, «что такое хорошо», что есть моральное действие — поскольку мы каким-то образом это знаем (хотя я не уверен, что это имеет место в силу каких-то теологических семинаров или их левых эквивалентов). Мы формулируем наши действительные моральные позиции, когда мы испытываем противоречивые импульсы в критические моменты жизни и делаем этический выбор. Путь к личному совершенствованию может быть окружен двойственными чувствами и первоначальное предпочтение тому, что может стать судьбой человека и определяющим фактором в формировании его личности, может быть очень незначительным.[210] [PX=10]

---

[209] See: Philosophy: Schneider (2017).
[210] See: Philosophy: Schneider (2017).

3. Early Background

46

"At this particular moment of my life, it seemed to me that if I did something nonconformist, I would be on the right track, that I would be doing what my education and upbringing had prepared me for. This story would be 'good' as long as there is a 'happy end.'"

«В этот момент моей жизни мне представлялось, что если я совершу нечто нонконформистское, то я буду на правильном пути, совершу то, чему я был подготовлен всем своим образованием и воспитанием. Эта история будет «счастливой», если она будет иметь «счастливый конец»».

[PX=10]
PERIOD: December 10, 1974 — November 28, 1975 and later.
FRQ: Once.
EMOTION: Optimism.
CONTEXT: A remarkably coincidental thing has been noted in one commentary to Derrida:

> "For a decision to be worthy of the name, it must be more than the simple determinative subsumption of a case under a rule. Looking up the rule for the case and applying the rule is a matter for administration rather than ethics. Ethics begins where the case does not entirely correspond to any rule, and where the decision has to be taken without subsumption. A decision worthy of its name thus takes place in a situation of radical *indecision* or of undecidability of the case in question in terms of any rules for judging it. The decision must therefore involve a measure of *invention*, and that invention entails both an uncertainty and the affirmative projection of a future. A decision is like a performative which has both to perform and to invent the rules, according to which it might, after the event of its performance, be received as 'happy'."[211]

Замечательно сходная мысль была выражена в одном из комментариев к Дерриде:

> «Для того, чтобы решение было достойно своего имени, оно должно быть больше простого детерминистского вывода для конкретного случая в соответствии с общим правилом. Искать правила и применять правила есть дело администрации, а не этики. Этика начинается там, где обстоятельства не вполне соответствуют никакому правилу и где решение должно быть принято самостоятельно. Решение, достойное своего имени, таким образом, происходит в ситуации радикальной неопределенности или невозможности принять его на основе никаких правил. Решение должно, таким образом, иметь долю изобретательности и такое

---

[211] Philosophy: Bennington (1998), p. 556; see also: Direk (2014).

3. Early Background

изобретение подразумевает как неопределенность, так и положительную проекцию в будущее. Решение должно дать импульс как сделать нечто, так и изобрести правило, в соответствии с которым оно может после его претворения рассматриваться как «счастливый конец»»[212]

[PX=10]

47

"The first problem can be paraphrased as a problem of will."

«Первая проблема может быть сформулирована как проблема воли».

[PX=10]

PERIOD: December 10, 1974 — November 28, 1975.

FRQ: Once.

EMOTION: Determination.

CONTEXT: The problem was that I was aware that I almost certainly would have to answer to the Committee for State Security (*Komitet Gosudarstvennoy Bezopasnosti* in Latin transliteration, commonly known in the West by its acronym, KGB) for my actions.

"Will is the capacity to choose an action, and then to bring to bear the internal effort necessary to perform it. A specific act consists not merely of consciousness and activity per se. In performing an act of will, the individual overcomes the power of his immediate needs and impulsive desires: the appropriate concomitant of an act of will is not 'I want to,' but 'I should' or 'I must,' the awareness of the values to be achieved by the action. An act of will includes the making of a decision, often accompanied by a conflict of desires (act of choice) and its implementation."[213]

But this was not all.

Я отдавал себе отчет, что мне скорее всего придется отвечать перед КГБ за свои поступки.

«Воля, способность к выбору деятельности и внутренним усилиям, необходимым для ее осуществления. Специфический акт, несводимый к сознанию и деятельности как таковой. Осуществляя волевое действие, человек противостоит власти непосредственно испытываемых потребностей, импульсивных желаний: для волевого акта характерно не переживание «я хочу», а переживание «надо», «я должен», осознание ценностной характеристики цели действия. Волевое действие включает принятие решения, часто

---

[212] Philosophy: Bennington (1998), p. 556; see also: Direk (2014).

[213] Reference: Soviet Encyclopedia (1991), v. 1, p. 243.

сопровождающееся борьбой мотивов (акт выбора), и его реализацию»[214]

Но это не все. [PX=10]

48

"In a totalitarian state, family members serve as hostages guaranteeing the behavior of the individual. For this reason, everything is vastly more complicated than simply the problem of will."

«В тоталитарном государстве родственники служат заложниками за поведение индивидуума. Поэтому все гораздо сложнее, чем только проблема воли».

[PX=10]
PERIOD: December 10, 1974 — November 28, 1975.
FRQ: Once.
EMOTION: Overpowering God's will.
CONTEXT: Carl Jung comments disparagingly on the fact that "modern man is proud of what he considers his self-control and the omnipotence of his will"[215].

Many years later I listened to a discussion of Dietrich Bonhoeffer, German Lutheran pastor and theologian, who was also a participant in the German resistance movement and was executed by hanging in April 1945 for his involvement in the assassination plot against Adolf Hitler. It was said that Boenhoeffer was not perfect: he was a pacifist, yet he participated in a potentially murderous plot; but "sometimes you have to do what is right and then set your prayers."

I did not sense that the lives of any of my relatives would be in danger. I did not even expect that they would oppose what I was about to do — if anything I had every reason to believe that they would admire my actions. But, at the same token, I could expect some consequences for our family. To the degree that we were not living in Stalin's times and nobody would have to sacrifice his life, I was ready to take responsibility for my actions. And, as Bonhoeffer famously put it himself: "Action springs not from thought, but from a readiness for responsibility." In this sense, big influence on Bonhoeffer was his acquaintance with authenticity and vigor of certain churches in America.[216] Still, because I would probably disrupt the normal comfort of our lives and put us at odds with the authorities, there were moral problems with my actions.[217]

Jung further argues that "true moral problems begin where the criminal code leaves off, their solutions seldom, if ever, depend on precedent, still less on formulae or sermons. True moral problems grow out of conflict of duties. He who trusts others as little as himself, will never reach a decision at all, if it is not the

---

[214] Reference: Soviet Encyclopedia (1991), v. 1, p. 243.
[215] Psychology: Jung (1989), p. 26.
[216] See: Philosophy: Goff (2010).
[217] See: Philosophy: Miller-McLemore (2012).

3. Early Background

result of what common law calls an 'act of God.' In all such cases, unconscious authority puts an end to doubts. This authority can either be described as 'God's will,' or as an 'act of uncontrollable natural forces'."[218]

"The Englishman talks about free will," said the Indian saint Shri Ramakrishna. "But those who have realized God are aware that free will is mere appearance. In reality, man is the machine and God its operator. Man is the carriage and God its Driver."[219]

Юнгу принадлежит пренебрежительное высказывание о том, как современный человек гордится тем, что он считает своим самоконтролем и всемогуществом своей воли[220].

Много лет спустя я слышал обсуждение Дитриха Бонхеффера, немецкого лютеранского пастора и теолога и участвовал в немецком сопротивлении. Он был казнен через повешение в апреле 1945-го года за участие в покушении на Адольфа Гитлера. Было сказано, что Бонхеффер не был совершенным: он был пацифистом и все же он принял участие в потенциально убийственном заговоре; но «иногда нужно делать то, что необходимо, и потом замаливать свои грехи».

Я не склонен был думать, что мои родственники будут в опасности. Я даже не ожидал, что они станут возражать против того, что я собирался сделать — если на то пошло, у меня были все основания полагать, что они скорее восхитятся моими действиями. Но, в то же время, я мог ожидать некоторых последствий для нашей семьи. В той степени, в которой мы не жили в сталинские времена и никто не должен был пожертвовать своей жизнью, я готов был понести ответственность за свои действия. И, как Бонхеффер сформулировал это сам: «Действия происходят не от мыслей, а от готовности взять на себя ответственность». В этом смысле большое влияние на Бонхеффера оказало его знакомство с аутентичностью и энергией определенных американских церквей.[221] Все же, поскольку я, вероятно, нарушил бы нормальный комфорт наших жизней и противопоставил нас властям, в моих действиях существовали моральные проблемы.[222]

Юнг далее говорит, что «реальные моральные проблемы все начинаются там, где заканчивается уголовный кодекс, их решения редко или никогда не зависят от прецедентов, еще менее от рецептов или заповедей. Реальные моральные проблемы вырастают из конфликтов обязанностей. Тот, кто верит другим также мало, как себе, никогда не может достигнуть решения вообще, если только оно не было результатом того, что общее право называет «актом Бога». Во всех таких случаях бессознательный авторитет кладет конец сомнениям. Можно описать этот авторитет либо как «волю Бога», либо как

[218] Psychology: Jung (1989), p. 25-26.
[219] Anthropology: Campbell (1991)(3), p. 507.
[220] Psychology: Jung (1989), p. 26.
[221] See: Philosophy: Goff (2010).
[222] See: Philosophy: Miller-McLemore (2012).

3. Early Background

«акт неконтролируемых природных сил»».[223]

«Англичанин говорит о свободе воли», сказал индийский святой Шри Рамакришна. «Но те, кто понял Бога, знают, что свобода воли всего лишь внешнее проявление. В действительности, человек есть машина, и Бог управляет ей. Человек — это повозка, и Бог ее водитель».[224] [PX=10]

49

"Finding in myself, after some self-analysis and vacillation, such unconscious self-justifying authority, I started my 'subversive activities'."

«Найдя в себе после некоторого самоанализа и колебаний такой оправдывающий бессознательный авторитет, я начал свою «подрывную деятельность»».

[PX=10]

PERIOD: December 10, 1974 — November 28, 1975.

FRQ: Once.

EMOTION: Pride of making the decision to start "subversive activities."

CONTEXT: My "subversive activity" consisted of two distinct periods: the first, preliminary, on December 10, 1974, and second, more serious, in October-November 1975, after my friend, Yura Yudkevich, demonstrated the effectiveness of sacrifice.

I started from writing "Freedom to Political Prisoners!" on the pedestal of the monument to Lenin on the Square of the Year 1905 on December 10, 1974. (On December 10, 1948, the General Assembly of the United Nations adopted the Universal Declaration of Human Rights.) Many people saw it during the morning traffic, and it had been a subject of discussions in the city for some time. It was the time soon after the overthrow of democratically elected government of Salvador Alliende in Chile when the media had been full with the news about people thrown into concentration camps by the new military junta of general Pinochet. One of our family acquaintances said, "Why did not our government pretend that the slogan on the monument to Lenin was about Chile?" But no, our city authorities made immediate efforts to destroy the slogan and everybody understood — it was about our Soviet political prisoners.

In October-November 1975 I began writing on walls slogans like
- "Freedom to Political Prisoners!",
- "Down with the dictatorship of bureaucracy!",
- "Down with the KGB — the Soviet Gestapo!"

Later, in addition to writing such slogans on the walls, I began to distribute in the University
- speeches of Trotsky from his time in the opposition in the 1920s (the stenographic records of which I got from my grandfather)
- and my leaflets.

---

[223] Ibid., p. 25-26.

[224] Anthropology: Campbell (1991)(3), p. 507.

3. Early Background

For my own existence, these actions were as essential as breathing or eating.

Моя «подрывная деятельность» состоит из двух различных периодов: первый, предварительный, 10 декабря 1974 и второй, более серьезный, в октябре-ноябре 1975, после того как мой друг Юра Юдкевич продемонстрировал эффективность жертвоприношения.

Я начал с того, что 10 декабря 1974 написал «Свободу политзаключенным!» на пьедестале памятника Ленину на площади 1905-го года. (10 декабря 1948-го года ООН приняло Всеобщую декларацию прав человека.) Многие люди видели лозунг утром по дороге на работу, и он на какое-то время стал предметом разговоров в городе. Дело было вскоре после свержения демократически избранного правительства Сальвадора Альенде в Чили. Средства массовой информации были полны новостями о людях, брошенных в концентрационные лагеря новой военной хунтой генерала Пиночета. Одна из наших знакомых сказала, «Почему наши власти не сделали вид, что это о Чили?» Но власти нашего города предприняли немедленные меры для уничтожения лозунга пескоструйными аппаратами, и все поняли — речь о наших советских политических заключенных.

В октябре-ноябре 1975 я стал писать на стенах лозунги такие как

- «Свободу политзаключенным!»,
- «Долой диктатуру бюрократии!»,
- «Долой КГБ — советское гестапо!»

Позднее, в дополнение к написанию лозунгов на стенах, я начал распространение в университете

- речей Троцкого из его времени в оппозиции в 1920-х годах (стенографические записи этих речей я получил от деда)
- и моих листовок.

Для самого моего существования это было также важно, как дышать или есть. [PX=10]

METACONTEXT-A: Every family or social group has its myths. As *Encyclopedia Britannica* notes: "Myths set the pattern for theoretical as well as practical instruction."[225]

"In the long view of the history of mankind, four essential functions of mythology can be discerned. The first and most distinctive — vitalizing all — is that of eliciting and supporting a sense of awe before the mystery of being."[226] "The second function of mythology is to render a cosmology, an image of the universe that will support and be supported by this sense of awe before the mystery of a presence and the presence of a mystery."[227] "A third function of mythology is to support the current social order, to integrate the individual organically with his group."[228] "The fourth function of mythology is to initiate the individual into the

---

[225] Reference: Encyclopedia Britannica (1983)(1), v. 12, p. 795.
[226] Anthropology: Campbell (1991)(2), p. 519.
[227] Ibid.

3. Early Background

order of realities of his own psyche, guiding him toward his own spiritual enrichment and realization."[229] In my case, the fourth function was the most pronounced. Joseph Campbell notes: "In the context of a traditional mythology, the symbols are presented in socially maintained rites, through which the individual is required to experience... certain insights, sentiments, and commitments. In what I am calling 'creative' mythology, on the other hand, this order is reversed: the individual has had an experience of his own — of order, horror, beauty, or even mere exhilaration — which he seeks to communicate through signs; and if his realization has been of a certain depth and import, his communication will have the value and force of living myth — for those, that is to say, who receive and respond to it of themselves, with recognition, uncoerced."[230]

From my childhood I have known the myth of my grandfather, an Old Bolshevik and revolutionary. Some accidental events triggered the replay of that myth. As Joseph Campbell writes, "We are to enter the play sphere of the festival, acquiescing in a game of belief, where fun, joy, and rapture rule in ascending series. The laws of life in time and space — economics, politics, and even morality — will thereupon dissolve. Whereafter, re-created by that return to paradise before Fall, before the knowledge of good and evil, right and wrong, true and false, belief and disbelief, we are to carry the point of view and spirit of man the player (Homo ludens) back into life; as in the play of children, where, undaunted by the banal actualities of life's meager possibilities, the spontaneous impulse of the spirit to identify itself with something other than itself for the sheer delight of play, transubstantiates the world — in which, actually, after all, things are not quite as real or permanent, terrible, important, or logical as they seem."[231]

And this is only the beginning of my story. Are there reasons to think that taking a certain stance on the nature of time could undermine our intuitive belief in human freedom? The answer, it seems, is "yes," but the most compelling reasons are not the traditional ones.[232] "Very deep," wrote Thomas Mann at the opening of his mythologically conceived tetralogy, *Joseph and His Brothers*, "is the well of the past. Should we not call it bottomless?" And then he observed: "The deeper we sound, the further down into the lower world of the past we probe and press, the more do we find that the earliest foundations of humanity, its history and culture, reveal themselves unfathomable."[233]

В каждой семье или социальной группе есть свои мифы. Как пишет *Энциклопедия Британника*: «Мифы устанавливают как теоретический, так и практический стандарт поведения».[234]

«В длинной истории человечества могут быть различены четыре

[228] Ibid., p. 520.
[229] Ibid., p. 521.
[230] Anthropology: Campbell (1991)(1), p. 4.
[231] Anthropology: Campbell (1987), p. 28-29.
[232] Philosophy: Dyke (2013), p. 545.
[233] Literature: Mann (1968), v. 1.
[234] Reference: Encyclopedia Britannica (1983)(1), v. 12, p. 795.

главные функции мифологии. Первая и наиболее различимая — дающая жизнь всему — это создание и поддержка ощущения трепета перед мистикой бытия».[235] «Вторая функция мифологии заключается в том, чтобы дать космологию, картину мира, которая будет поддерживать и будет поддержанной ощущением трепета перед мистикой присутствия и присутствием мистики».[236] «Третья функция мифологии заключается в том, чтобы поддержать существующий социальный порядок, органично вписать индивидуума в его группу».[237] «Четвертая функция мифологии заключается в том, чтобы приобщить индивидуума к порядку вещей в его собственной психике, направить его к его собственному духовному обогащению и реализации».[238] В моем случае четвертая функция была наиболее ярко выражена. Джозеф Кэмпбелл отмечает: «В контексте традиционной мифологии символы представлены социально поддерживаемыми ритуалами, через которые индивидуум должен испытать … определенные прозрения, ощущения и обязательства. В том, что я называю «творческой» мифологией, с другой стороны, этот порядок обращен вспять: индивидуум должен испытать на своем собственном опыте — порядок, ужас, красоту или простое веселье — которые он старается передать через знаки; и, если его реализация была определенной глубины и воспринята вовнутрь его самого, его передача будет иметь ценность и силу живого мифа — для тех, кто, так сказать, получают и отвечают на это сами, с признательностью, непринуждённо».[239]

С моего детства я знал миф моего деда, старого большевика и революционера. Какие-то случайные события вызвали переигровку этого мифа. Как Джозеф Кэмпбелл пишет, «Мы входим в сферу фестивальной игры, соглашаясь на игру веры, где развлечение, радость и экстаз правят балом в восходящей последовательности. Законы жизни в пространстве и времени — экономики, политики и даже морали — здесь растворяются. После этого, воссозданные возвращением в рай перед греховным падением, до знания о добре и зле, правильном и неправильном, истинном и ложном, вере и безверии, нам предстоит вынести точку зрения и дух человека играющего обратно в жизнь; как в игре детей, в которой, не устрашенные банальными реальностями скромных возможностей жизни, спонтанный импульс духа сливается с чем-то отличным от него самого во имя радости игры, трансцендирует мир — в котором, в действительности, в конечном итоге, вещи вполне реальны или постоянны, ужасны, важны или логичны как они и кажутся».[240]

И это только начало моей истории. Существуют ли причины думать, что, заняв определенную позицию в вопросе о сущности времени, мы можем

---

[235] Anthropology: Campbell (1991)(2), p. 519.
[236] Ibid.
[237] Ibid., p. 520.
[238] Ibid., p. 521.
[239] Anthropology: Campbell (1991)(1), p. 4.
[240] Anthropology: Campbell (1987), p. 28-29.

85

3. Early Background

подорвать нашу интуитивную веру в человеческую свободу? Ответ представляется как «да», но самые убедительные доводы нетрадиционны.[241] «Очень глубок», пишет Томас Манн в начале своего мифологически зачатого четверокнижья, *Иосиф и его братья*, «колодец прошлого. Не должны ли мы назвать его бездонным?» И затем он отмечает: «Чем глубже звучит звук колодца, чем дальше в нижний мир прошлого мы заглядываем, тем больше мы находим, что самые ранние основы человечества, его истории и культуры открываются нам бездонными и непроницаемыми».[242] [PX=10]

50
"The leaflets were actually more interesting than the slogans, which I wrote on walls, or the speeches of Trotsky."
«Листовки на самом деле были более интересными, чем лозунги, которые я писал на стенах, или речи Троцкого».
[PX=10]
PERIOD: October — November 1975.
FRQ: Once.
EMOTION: High inspiration.
CONTEXT: In the autumn of 1975 I had distributed leaflets devoted to each of four topics of leaflets with an equal number of 120-125 each (about 500 leaflets in total):

- "This is Our History in Brief,"
- "Do You Know What Kind of Country You Live in?,"
- "You Must be Aware of Your Power and Your Role,"
- "Do You Want to Avoid a Nuclear Catastrophe?"

In general terms the leaflets had been written in my head since my school days. It was easy enough to type them out. Stylistically the leaflets were modeled on the Bolshevik leaflets of the democratic revolution of 1905, which I got from my grandfather.

(During my trial some of the frightened witnesses told the stories on how they burned the copies of leaflets after they realized what is in them. Others apparently retained the leaflets — there are reports that some of these leaflets resurfaced in Sverdlovsk years later during "glasnost" and "perestroika".

In America, I have continued the tradition of leaflets by sending for free my books on surveillance and economic statistics to my friends and acquaintances. Some of my American addressees have been similarly frightened. One of my contacts, after receiving a book through Amazon.com, emailed me special "no thanks," tore some pages from the book, put the book into recycling, told me to "downsize my ego," and asked me to take them off the mailing list.

On philosophical aspects of attempts to exercise freedom of speech see also: John Milton's treatise, *Areopagitica*[243], Mitchell S. Green's essay, *Speech Acts*[244],

---

[241] Philosophy: Dyke (2013), p. 545.
[242] Literature: Mann (1968), v. 1.
[243] Philosophy: Milton (1993)(1); see also: Milton (1993)(2), (3), and (4).
[244] Philosophy: Green (2010); see also: Dancy (2015).

3. Early Background

and Donald Davidson's philosophy on theories of action, mind and language[245].)

Осенью 1975-го года я распространил четыре типа листовок, примерно 120-125 каждой (всего около 500 листовок):
- «Вот наша история вкратце»,
- «Задумываетесь ли Вы в какой стране живете?»,
- «Вы должны осознать свою силу и свою роль»,
- «Хотите ли Вы избежать ядерной катастрофы?»

В общих чертах эти листовки были в моей голове со школьных лет. Было достаточно просто их напечатать. Стилистически листовки были смоделированы с большевистских листовок демократической революции 1905-го года, которые я получил от своего деда.

(Во время суда некоторые из испуганных свидетелей рассказывали истории о том, как они жгли листовки после того, как они поняли, что в них. Другие, по всей видимости, сохранили их — были сообщения, что некоторые из этих листовок всплыли в Свердловске позднее, в годы «гласности» и «перестройки».

В Америке я продолжил традицию листовок, посылая бесплатно мои книжки по слежке и экономической статистике моим друзьям и знакомым. И вновь некоторые из моих американских адресатов были напуганы. Один из моих контактов, после получения книги через Амазон, послал мне электронное письмо, в которой он написал «спасибо, не надо». Он сообщил мне, что вырвал некоторые страницы из книги, положил книгу в мусор, сказал мне, чтобы я «уменьшил свое Его», и попросил меня исключить его из списка адресатов для рассылки книг.

О философских аспектах попыток использовать свою свободу слова смотри также: трактат Джона Мильтона, *Ареопагитика*[246], эссе Митчелла С. Грина, *Поступки со свободой слова*[247] и философию Дональда Дэвидсона по теории действий, ума и языка[248].) [PX=10]

51
"Bearing in mind the potential reaction of the KGB, I composed the leaflets mainly by piecing together excerpts from official Soviet sources."
«Имея в виду возможную реакцию КГБ, листовки были по большей части сделаны из выдержек из официальных советских изданий».
[PX=10]
PERIOD: October — November 1975.
FRQ: Once.
EMOTION: High inspiration.
CONTEXT: The fact that my leaflets were composed from citations from official

---

[245] Philosophy: Evnine (1999) and Lepore (2013).
[246] Philosophy: Milton (1993)(1); see also: Milton (1993)(2), (3), and (4).
[247] Philosophy: Green (2010); see also: Dancy (2015).
[248] Philosophy: Evnine (1999) and Lepore (2013).

3. Early Background

Soviet sources and in great part even from the works of Lenin, Marx, and Engels made them particularly effective. If they were construed from anti-Soviet sources printed abroad (for example, from the literature of the publishing house "Posev"[249]), they would have been brushed aside as a vulgar anti-Soviet propaganda. But being a compendium of citations from quasi-religious authorities, they produced a magic effect. I had never met any Soviet person, who would disagree with the contents of these leaflets; to some degree that would include also the KGB investigators who dealt with my case. When I was telling fellow prisoners in the "Investigatory Prison" the content of my leaflets, that made a great impression on them. I remember them saying: "There will be a revolution." What made the leaflets "anti-Soviet" was not the sources, which any Soviet citizen accustomed to respect (or almost any, with the exception of a small slice of advanced intelligentsia in Moscow and Leningrad), but the combination of citations and the conclusions, which were contrary to the government line. At that moment of history (in the mid-1970s), the official ideology of Communist totalitarianism completely outlived itself and Soviet society was ripe for the kind of analysis suggested in these leaflets. By a remarkable coincidence, a decade later, starting from 1985, Mikhail Gorbachev did, what I wrote in 1975. And despite what somebody can say about Gorbachev's reforms in Russia now, at the time those reforms had almost universal support in the Soviet society.

I am unable to reconstruct the first leaflet completely, since I do not have the appropriate sources at hand: from these I will cite only the short excerpts that I can remember. The other three leaflets were compiled from sources that are available in the U.S. and it was possible to reconstruct their complete texts. While I was typing and distributing the leaflets, they went through several revisions involving slight variations in the text. The versions I give here are the ones that stand out in my memory.

Тот факт, что мои листовки были написаны из комбинаций цитат из официальных советских источников и, в большой доле, даже из цитат Ленина, Маркса и Энгельса, делало их особенно эффективными. Если бы они были составлены из антисоветских источников, напечатанных заграницей (как например, из литературы издательства «Посев»[250]), они были бы

---

[249] The "Posev" publishing house was run by NTS (The National Alliance of Russian Solidarists) as a means of publishing anti-Soviet literature. NTS was a Russian anticommunist organization founded in 1930 by a group of young Russian anticommunist White emigres in Belgrade, Serbia. During the Cold War it had active support of Western intelligence services and smuggled anticommunist literature to the Soviet Union. See: https://en.wikipedia.org/wiki/National_Alliance_of_Russian_Solidarists#Publications.

[250] Издательство «Посев» управлялось НТС (Народно-Трудовым Союзом российских солидаристов) с целью публикации антисоветской литературы. НТС была российской антикоммунистической организацией, основанной в 1930-м году группой молодых русских антикоммунистических белых эмигрантов в Белграде, Сербия. Во время холодной войны НТС пользовался активной поддержкой западных разведок и скрытно переправлял антикоммунистическую литературу в Советский Союз. См.: https://en.wikipedia.org/wiki/National_Alliance_of_Russian_Solidarists#Publications.

3. Early Background

отброшены как вульгарная антисоветчина. Но будучи собраны из цитат из религиозно почитаемых авторитетов, они производили магический эффект. Я никогда не встречал ни одного советского человека, который был бы не согласен с содержанием этих листовок; до некоторой степени это касалось даже следователей КГБ, которые были заняты моим делом. Когда я рассказывал заключенным в Следственном Изоляторе содержание своих листовок, это их очень впечатляло. Помню, как они говорили: «Будет революция». То, что делало эти листовки «антисоветскими», были не источники, которые каждый советский человек привык уважать (или почти каждый, за исключением тонкого слоя продвинутой интеллигенции в Москве и Ленинграде), но компоновка цитат и выводы, которые шли вразрез с правительственной линией. В этот момент истории (в середине 1970-х годов), официальная идеология коммунистического тоталитаризма полностью изжила себя, и советское общество было готово к такого сорту анализа, который был предложен в этих листовках. По примечательному совпадению, десять лет спустя, начиная с 1985-го года, Михаил Горбачев и в самом деле сделал то, что я написал в 1975-м году. И несмотря на то, что некоторые могут говорить о горбачевских реформах в России сейчас, в то время эти реформы пользовались почти всеобщей поддержкой в советском обществе.

Первую листовку я не могу полностью восстановить, потому что у меня нет соответствующих первоисточников; для нее я приведу только короткие отрывки. Остальные три листовки были из источников, доступных в США и можно было восстановить их полный текст. В ходе напечатания и распространения листовок они протерпели несколько редакций. Я привожу здесь версию, которая больше всего врезалась мне в память. [PX=10]

3.4   Leaflet: "This is Our History in Brief"

52
"This is Our History in Brief."
«Вот наша история вкратце».
[PX=10]
PERIOD: October — November 1975.
FRQ: Once.
EMOTION: High inspiration.
CONTEXT: The leaflet "This is Our History in Brief" was composed, with one exception, of quotes from the Collected Works of Marx and Engels. These quotations included:

- From Engels's work *Anti-Dühring*, "It is… the law of division of labor that lies at the basis of division into classes. But this does not prevent this division into classes from being carried out by means of violence and robbery, trickery and fraud. It does not prevent the ruling class, once having the upper hand, from consolidating its power at the expense of the working class, from

89

turning its social leadership into an exploitation of the masses."[251]

- From the article on the "Cult of Personality" in *The Philosophical Encyclopedia*, "...at the XVIIth Congress of the All-Union Communist Party (Bolsheviks) in 1934, it occurred to certain delegates to replace Stalin in the post of General Secretary. After the Congress, Stalin took his own measures eliminating more than half of the participants of the XVIIth Congress: 1108 of the 1966 delegates. 98 of the 139 members and candidates for membership in the Central Committee were liquidated."[252]

- From Marx and Engels' *German Ideology*, "The more the normal form of intercourse of society, and with it the conditions of the ruling class, develop their contradiction to the advanced productive forces, and the greater the consequent discord within the ruling class itself as well as between it and the class ruled by it, the more fictitious, of course, becomes the consciousness which originally corresponded to this form of intercourse (i. e., it ceases to be the consciousness corresponding to this form of intercourse), and the more do the old traditional ideas of these relations of intercourse, in which actual private interests, etc., etc., are expressed as universal interests, descend to the level of mere idealizing phrases, conscious illusion, deliberate hypocrisy. But the more their falsity is exposed by life, and the less meaning they have for consciousness itself, the more resolutely are they asserted, the more hypocritical, moral and holy becomes the language of this normal society."[253]

And other quotes from Marx and Engels.[254]

Эта листовка была полностью из цитат, с одним исключением, из *Собрания сочинений Маркса и Энгельса*. Среди цитат были:

- Из *Анти-Дюринга* Энгельса, «... в основе деления на классы лежит разделение труда. Это, однако, отнюдь не исключало применения насилия, хищничества, хитрости и обмана при образовании классов и не мешало господствующему классу, захватившему власть, упрочивать свое положение за счет трудящихся классов и превращать руководство обществом в эксплуатацию масс».[255]

- Из статьи «Культ личности» в *Философской энциклопедии*, «...в дни XVII съезда ВКП(б) (1934) у некоторых делегатов

---

[251] Philosophy: Engels (1969), p. 334; see also: Marx/Engels (1954-1981).
[252] Philosophy: Philosophical Encyclopedia (1960-1970), v. 3, p. 116.
[253] Philosophy: Marx/Engels (1976), v. 5, p.293.
[254] Philosophy: Marx/Engels (1954-1981).
[255] Philosophy: Engels (1969), p. 334; see also: Marx/Engels (1954-1981).

возникла мысль о смещении Сталина с поста генерального секретаря. ... После съезда Сталин принял свои меры, уничтожив более половины участников XVII съезда: 1108 из 1966 делегатов. Из 139 членов и кандидатов в члены ЦК, избранных на XVII съезде, погублено 98 человек».[256]

- Из *Немецкой идеологии* Маркса и Энгельса, «Чем больше форма общения данного общества, а, следовательно, и условия господствующего класса, развивают свою противоположность по отношению к ушедшим вперед производительным силам, чем больше вследствие этого раскол в самом господствующем классе, как и раскол между ним и подчиненным классом, — тем неправильней становится, конечно, и сознание, первоначально соответствовавшее этой форме общения, т. е. оно перестает быть сознанием, соответствующим этой последней; тем больше прежние традиционные представления этой формы общения, в которых действительные личные интересы и т. д. и т. д. формулированы в виде всеобщих интересов, опускаются до уровня пустых идеализирующих фраз, сознательной иллюзии, умышленного лицемерия. Но чем больше их лживость разоблачается жизнью, чем больше они теряют свое значение для самого сознания — тем решительнее они отстаиваются, тем более лицемерным, моральным и священным становится язык этого образцового общества».[257]

И другие цитаты из Маркса и Энгельса.[258] [PX=10]

3.5   Leaflet: *"Do You Know What Kind of Country You Live in?"*

53
"Do You Know What Kind of Country You Live in?"
«Задумываетесь ли Вы в какой стране живете?»
[PX=10]
PERIOD: October — November 1975.
FRQ: Once.
EMOTION: High inspiration.
CONTEXT: The leaflet "Do You Know What Kind of Country You Live in?" was a quotation, slightly abridged to allow it to fit in the leaflet, from the article on "Fascism" from the Soviet *Philosophical Encyclopedia*.

Эта листовка была цитатой — с некоторыми сокращениями для того,

[256] Philosophy: Philosophical Encyclopedia (1960-1970), v. 3, p. 116.
[257] Philosophy: Marx/Engels (1976), v. 5, p.293.
[258] Philosophy: Marx/Engels (1954-1981).

3. Early Background

чтобы уместить ее в размер листовки — из статьи «Фашизм» из советской *Философской энциклопедии.* [PX=10]

METACONTEXT-A: You live in a country where power is held by a flagrant terrorist dictatorship of the most reactionary, most chauvinistic state capitalism. The distinguishing feature of this regime, compared to other regimes of military dictatorship, personal power, Bonapartism, etc., is its use of an all-encompassing state-political machine, including a system of mass organizations, and a widespread ideological machine, supplemented by a system of mass terror to coerce the masses. The state makes extensive use of pseudo revolutionary and pseudo socialist slogans and various forms of organization of the masses to camouflage its totalitarian coercion.

The decline and lack of development of democratic and parliamentary forms of political life, the contradiction between the degree of ideological organization and the level of mass culture, the use of the "latest" methods to mobilize old mass prejudices — all these are characteristic components of the soil on which this regime flourishes.

This regime unites political coercion with extremely intense ideological compulsion.

Exploiting and exacerbating historical prejudices, the regime foists on the mass consciousness its own ideology, stereotypes (chauvinism, militarism, a cult of force, etc.), and attempts to create a new, or regenerate, an active system of ideological and ritual compulsion. This regime has deliberately abandoned all claims to having a scientific basis, and draws a sharp distinction (not only in propaganda, but in practice) between the system of "useful" knowledge and convictions (useful, that is, to the state), and the "decomposing objectivism" of scientific thinking, suitable only for official purposes.

Claiming a "historical" rationale for their opinions, the state ideologists refer to a canonization by ruling ideas in Hegel. In actuality, the regime has selected from this theoretical legacy only what has proved to be useful for influencing mass consciousness: it has accepted the reactionary systems of the past only in their "practical-mass" significance. What it needs most of all is an ideology of the "herd mentality" type and this it has constructed from the material at hand. The basic components of the regime's ideology are the doctrine of the totalitarian state and of aggressive chauvinism.

The totalitarian state is depicted in the ruling ideology as the highest and most universal form of the life of society. By subordinating or encompassing all other forms of social organization, the state identifies itself with "society" and "the people;" social institutions, groups, and individuals have the right to exist only as organs and components of this universal whole. For the regime, society is the end, individuals are the means, and all of life consists of the use of individual means for social ends. For an adherent of the regime, the state is everything and nothing human or spiritual is of value outside of the state. In actuality, this regime that acts in the name of the "people" uses the unity of the people and the party as a justification for the totalitarian state system, for which the highest source of power

3. Early Background

are the leaders who purport to embody the will and spirit of the people. In the extremely centralized state machine, in which each agency answers only to its superior agency, there is no separation of powers; legislation and enforcement of "laws," legal and extralegal terror, administrative and ideological compulsions are all concentrated in the same hands. The doctrine of the totalitarian state excludes autonomy in any area or values of social life — religion, morality, art, family, etc. — everything is subject to state control and regulation. In the prevailing doctrine, there is no room for the individual outside the state organization: a person exists only as a "person of the state," as a possession of the current, i. e., totalitarian, social machine. The ideas of the individual's inalienable rights, freedom, and free competition of ideas, etc. are rejected out of hand by the regime. There is no freedom of thought in the state; there are simply correct thoughts, incorrect thoughts, and thoughts that need to be eradicated.

The wave of aggressive chauvinism, which the state has elevated to the level of state policy and which it uses as a lash against extensive segments of the population, is one of the most important phenomena of the ideological climate in the country. In the official ideology, such defective aspects of the national self-consciousness as ethnic limitations, prejudices, inferiority complexes, etc., are transformed into active factors of mass propaganda and policy. The psychosocial structures associated with the lowest levels of social consciousness are brought to the surface of the ideology. The slogan "unity of the people and the party," of totally organized political machine, serves at least three functions: 1) it provides a rationale for "class peace" and the integration of society, in opposition to the "visible enemy;" 2) it supports the psychological affirmation of the level of society which the regime has turned into its chief source support; 3) it justifies the enslavement of other peoples. The freedom and existence of separate individuals of other states is not seen as having value and is considered only from the standpoint of their "usefulness" to this state and its ideology.

The militarization of all social relations, including ideological ones, is a characteristic trait of the regime. The regime needs a state of tension and creates this state, since it fosters maintenance of discipline and military-command methods of management and demands repudiation of class and individual interests and self-renunciation in the name of the fiction of the people's unity. Fixation on the constant "struggle," which is furthermore a struggle against a "visible" enemy, i. e., one who is obvious to the man in the street, and even personified internally and externally (alien ethnic group, foreign state) has become a way of life.

Acting to repress democratic movements, the regime at the same time widely advertises its ideology as "revolutionary" and "socialist." The most immediate goal of slogans of this type involves eliminating representative government, constitutional freedom and the rights of the individual and thus strengthening the totalitarian state. Totalitarian "socialism" as opposed to a formal, parliamentary, legal system, sets itself up as a kind of informal, unstructured, system based, not on law, but on the "will of the people," the totalitarian mechanism of the "people's" state and court. Socialism, if you consider it from a technical point

3. Early Background

of view, is the principle of the civil service. Ultimately, every worker assumes the status of a civil servant.

The culmination of the whole system of ideology and political relations characteristic of the regime is the cult of the leaders, the bearers of absolute, supreme power.

Regarding the structure and methods of influencing mass consciousness, the ideology of the regime may be classified as a system of religious (cult) relations. This is precisely the way many of the regime's founders and ideologist saw it. The cult-like nature of the ideological system of the regime is defined not by the statements or ideals of its adherents, but by such traits as the universal mythologism of its doctrine, channeling the emotions and — more broadly — the subconscious of the masses by means of an extensive system of ritual acts (symbolic processions, meetings, hymns, etc.) and a charismatic type of leadership. A peculiarity of this regime as an ideological system is its highly developed political cult, such as is typical of the ancient religions (clear sanctification of the power of the authorities, and social community, as opposed to the personalism and cosmopolitism of Christianity).

This totalitarian regime represents a centralized-hierarchical system of antidemocratic dictatorship, realized through an apparatus of mass political and ideological compulsion and terror. The most important components of the structure of the regime are the ruling party — the unity of the political organization of the regime, subordinating to its control or directly swallowing up the organs of state control, and a broad range of organizations with many million members — professional, youth, women's, athletic, etc. The system of women's, charitable, athletic, scientific and other unions is intended to disseminate the regime's influence in all spheres of social life. Another support of the regime is the system of specialized organs of terror: the secret police, informers, censors, closed courts, and political camps.

The ruling party, as the central link in the political mechanism of the regime differs from ordinary parties not only by virtue of its orientation, but also in the structure of its activity. Subjugating its millions of members to strictly centralized ideological and political control, the party virtually makes them into moral collaborators in the actions of the ruling clique; while any influence of the organized party-member masses on the directors of the regime is excluded. It is not the "party that rules" in such a system, but rather a narrow clique, united by ambition, fanaticism, and suspicion, rules the people and nation through the party and the mass organizations it controls. This function of the party in many respects explains its broad-based social composition, but this is far from an index of the extent to which various groups participate in control of the regime.

The state mechanism of the regime at its highest levels is actually and formally merged with the apex of the party hierarchy, the legal institutions are simply a screen for the totalitarian regime. Having eliminated popular representation, division of powers, and any kind of open political conflict (the sole internal form of this is the endless intrigues within the ruling clique) in the course of

3. Early Background

seizing power, the regime has retained, expanded and included in its system the civil-service-bureaucratic executive apparatus, military, and police organizations. At the same time the state machine is intentionally "ideologized," and has been declared the expression of the universal spirit of "people," and not of any particular group interests.[259]

ЗАДУМЫВАЕТЕСЬ ЛИ ВЫ В КАКОЙ СТРАНЕ ЖИВЕТЕ?

Вы живете в стране, где у власти открытая террористическая диктатура наиболее реакционного, наиболее шовинистического государственного капитализма. Особенностью этого режима, по сравнению с режимами военной диктатуры, личной власти, бонапартизма и других, является осуществление насилия над массами через всеобъемлющую государственно-политическую машину, включающую систему массовых организаций и разветвленный аппарат идеологического воздействия, дополняемых системой массового террора. Государство широко использует псевдореволюционные и псевдосоциалистические лозунги и формы организации масс для маскировки тотального насилия.

Упадок и неразвитость демократически-парламентских форм политической жизни, противоречия между степенью идеологической организованности и уровнем культуры масс, «новейшие» средства мобилизации старых массовых предрассудков — характерные элементы почвы, на которой растет режим.

Этот режим соединяет политическое насилие с чрезвычайно интенсивным идеологическим принуждением.

Используя и подогревая исторически сложившиеся предрассудки, режим навязывает массовому сознанию свои идеологические стереотипы (шовинизм, милитаризм, культ силы и т. д.), стремится заново создать или возродить активную систему идейного и ритуального принуждения. Этот режим нарочито отказывается от претензий на научность своей идейной опоры, резко разграничивая (не только в пропаганде, но и на практике) систему «полезных» (для государства) знаний и убеждений от «разлагающего объективизма» научного мышления, пригодного лишь для служебных целей.

Претендуя на «историческое» обоснование своих взглядов, идеологи государства ссылаются на сакрализацию государственной идеи у Гегеля. На деле из теоретического наследия режим отобрал лишь то, что оказалось пригодным для воздействия на массовое сознание; реакционные системы прошлого он взял лишь в их «практически-массовом» значении. Он нуждается, прежде всего, в идеологии «стадного» типа и конструирует ее из подручного материала. Составными частями идеологии режима являются доктрины тоталитарного государства и агрессивного шовинизма.

Тоталитарное государство изображается в господствующей

---

[259] Philosophy: Philosophical Encyclopedia (1960-1970), v. 5, p. 304-307.

95

3. Early Background

идеологии высшей и универсальной формой общественной жизни. Подчиняя себе или включая в себя все прочие формы социальной организации, государство отождествляет себя с «обществом», «народом»; социальные институты, группы, личности имеют право существовать лишь как органы и элементы этого универсального целого. Для режима общество — цель, индивиды — средство, и вся жизнь состоит в использовании индивидов для социальных целей. Для приверженца режима все в государстве и ничто человеческое и духовное не имеет ценности вне государства. На деле от имени «народа» выступает режим, для которого единство народа и партии служат оправданием тотальной государственной системы, где высшим источником власти выступают вожди, якобы воплощающие волю и дух народа. В строжайше централизованной государственной машине, в которой каждый орган отвечает лишь перед вышестоящим, отсутствует разделение властей, а законодательство и исполнение «законов», судебный и внесудебный террор, административное и идейное принуждение сосредоточились в одних руках. Доктрина тоталитарного государства исключает автономность каких-либо сфер или ценностей общественной жизни — религии, морали, искусства, семьи и т. д.; все подлежит государственному контролю и регулированию. В господствующей доктрине нет места для личности вне государственной организации; человек существует лишь как «государственный человек», как принадлежность наличной, т. е. тоталитарной, социальной машины. Идеи неотъемлемых прав личности, свободы и борьбы мнений и т. д. режим отвергает с порога. В государстве не существует свободного состояния мыслей. Просто имеются мысли правильные, мысли неправильные и мысли, подлежащие искоренению.

Волна агрессивного шовинизма, возведенного режимом в ранг государственной политики и захлестнувшего широкие слои населения, — одно из наиболее важных явлений идеологического климата в стране. В официальной идеологии ущербные моменты национального самосознания — этническая ограниченность, предубеждения, комплекс неполноценности и т. д. — превращаются в активные факторы массовой пропаганды и политики. Социально-психологические структуры, связанные с низшими уровнями общественного сознания, выводятся на поверхность идеологии. Лозунг «единства народа и партии», тотально организованных политически, выполняет по меньшей мере три функции: 1) обосновывает «классовый мир» и интеграцию общества, противостоящего «зримому врагу», 2) обеспечивает психологическое самоутверждение того слоя, который режим превратил в главную массовую опоры, 3) оправдывает порабощение других народов. Свобода и существование отдельных личностей, других государств не представляют ценности и рассматриваются лишь под углом зрения из «пользы» для этого государства и его идеологии.

Милитаризация всех общественных, в том числе идеологических отношений — характерная черта режима. Режим нуждается в обстановке

96

3. Early Background

напряженности и создает эту обстановку, поскольку она содействует поддержанию дисциплины и военно-командных способов управления, требует отказа от классовых и индивидуальных интересов, самоотречения во имя фикции народного единства. Установка на постоянную «борьбу», притом борьбу со «зримым», т. е. очевидным для обывателя, даже персонифицированным внутренним и внешним врагом (инородная этническая группа, чужое государство) стала образом жизни.

Выступая душителем демократических движений, режим в то же время широко рекламирует свою идеологию как «революционную» и «социалистическую». Ближайшая цель лозунгов такого типа состоит в том, чтобы, ликвидировав народное представительство, конституционные свободы и права, возвышать тоталитарное государство. Тоталитарный «социализм» противопоставляет формальной, парламентской, юридической системе некий неформальный, бесструктурный, опирающийся не на закон, а на «волю масс, народа», тоталитарный механизм «народного» государства, суда. Социализм, если рассматривать его технической точки зрения, — это принцип чиновничества. В конечном счете, каждый рабочий приобретает статус чиновника,

Венцом всей системы идеологических и политических отношений, характерных для режима, является культ вождей, носителей абсолютной верховной власти.

По структуре и способам воздействия на массовое сознание идеология режима может быть отнесена к определенной системе религиозных (культовых) отношений. Именно так рассматривали режим многие его создатели и идеологи. Культовый характер идеологической системы режима определяется не заявлениями и стремлениями его проповедников, а такими ее чертами, как универсальный мифологизм доктрины, канализация эмоций и — шире — подсознания масс через разветвленный механизм ритуальных действий (символические шествия, съезды, гимны и т. д.), харизматический тип лидерства. Особенностью режима как идеологической системы служит ярко выраженный политический культ, присущий более древним религиям (непосредственная сакрализация власти вождей, социальной общности, противостоящая персонализму и космополитизму христианства).

Тоталитарный режим представляет собой централизованно-иерархическую систему антидемократической диктатуры, осуществляемой через аппарат массового политического и идеологического принуждения и террора. Важнейшими элементами структуры режима выступают правящая партия — единственная политическая организация режима, подчиняющая своему контролю или прямо поглощающая органы государственного управления, и широкие по составу массовые многомиллионные организации — профсоюзные, молодежные, женские, спортивные и другие. Система женских, благотворительных, спортивных, научных и других союзов призвана провести влияние режима во все сферы общественной жизни.

97

3. Early Background

Другую опору режима составляет система специализированных органов террора: тайная полиция, осведомители, цензоры, закрытые суды, политические лагеря.

Правящая партия, являющаяся центральным звеном политического механизма режима, отличается от обычных партий не только по ориентации, но и по структуре своей деятельности. Подчиняя строго централизованному идейно-политическому контролю миллионы своих членов, партия делает их практическими и моральными соучастниками действий правящей клики; при этом какое-либо влияние партийно-организованной массы на руководство режимом исключено. Не «партия правит» в такой системе, а через партию и контролируемые ею массовые организации правит народом и страной узкая клика, сплоченная честолюбием, фанатизмом, подозрительностью. Эта функция партии во многом объясняет ее широкий социальный состав, но это еще никоим образом не говорит о степени участия соответствующих групп в управлении режимом.

Государственный механизм режима в высших своих инстанциях фактически и формально сливается с верхушкой партийной иерархии, законодательные институты являются простым прикрытием тоталитарного режима. Ликвидировав в ходе захвата власти представительность, разделение властей и всякую открытую политическую борьбу (единственной внутренней ее формой являются нескончаемые интриги внутри правящей клики), режим сохранил, расширил и включил в свою систему чиновничье-бюрократический исполнительный аппарат, военную и полицейскую организации. В то же время государственная машина нарочито «идеологизирована», и она объявлена выразителем общего «народного» духа, а не чьих-либо групповых интересов.[260] [PX=10]

3.6   Leaflet: "You Must Be Aware of Your Power and Your Role"

54
"You Must be Aware of Your Power and Your Role."
«Вы должны сознать свою силу и свою роль».
[PX=10]
PERIOD: October — November 1975.
FRQ: Once.
EMOTION: High inspiration.
CONTEXT: The leaflet "You Must be Aware of Your Power and Your Role" was about the role of intelligentsia and was made with citations from Lenin.

Эта листовка говорит о роли интеллигенции и составлена из цитат Ленина. [PX=10]
METACONTEXT-A:

---

[260] Philosophy: Philosophical Encyclopedia (1960-1970), v. 5, p. 304-307.

98

3. Early Background

"Power [is] no longer measured in material terms. [It is] not gifts of nature or chance, like oil, or gold, or even population. Rather [it is] victories of human spirit: the ability to transform an idea into a reality."[261]

A small stratum of the intelligentsia constitutes the "nerves" of the country's gigantic organism, being the intellectual force that no state can do without. The property of the intelligentsia is knowledge, talents, organizational and management skills. And this is what determines its weight in society. The ability to express widely understood class interests, to awaken and develop the self-awareness of all classes of society - this property is organically inherent in the intelligentsia. "Always and everywhere the leaders of a certain class were its progressive, most intelligent representatives"[262]. "The intelligentsia is called the intelligentsia because most consciously, most decisively and most accurately reflects and expresses the development of class interests and political groupings throughout society"[263].

"Educated people, in general, the 'intelligentsia' cannot but rebel against the wild police oppression of absolutism, poisoning thought and knowledge"[264].

The liberal movement takes place "with the outstanding role of students and intellectuals"[265]. "In the old days, only the intelligentsia was revolutionary in Russia"[266]. With the complete lack of rights of the entire people and the rule of "remarkably organized, ideologically united"[267] bureaucracy, public discontent and protest inevitably manifest itself only in "society", universities, the press, where significant forces of the democratic and liberal intelligentsia are concentrated.

Representatives of the intelligentsia "closely observe and personally feel the powerlessness and oppression of the people"[268]. The interests of the intelligentsia as a "professional" stratum, which by its very position in society is a supporter of democratic freedoms and an enemy of all obscurantism and despotism, corresponds to "intelligentsia's democracy." Various forms of opposition on the part of the intelligentsia stem from the intransigence of the dictatorship "with the interests of social development, with the interests of the intelligentsia in general"[269]. With this are associated the manifestations of dissatisfaction among the intelligentsia[270], clashes of educated people with the "dictatorship of bureaucracy", protests of individual representatives or groups of the intelligentsia, connected, for example, for a doctor - with the interests of "medical business", for a statistician - with the interests of statistics. The conflict between the intelligentsia and the ruling camp is based on the intransigence of

---

[261] Philosophy: Servan-Schreiber (1967), p. 33.
[262] Philosophy: Lenin (1958-1974), v. 4, p. 316.
[263] Ibid., v. 7, p. 343.
[264] Ibid., v. 2, p.454.
[265] Ibid., v. 23, p. 398.
[266] Ibid., v. 10, p. 281.
[267] Ibid., v. 7, p. 345.
[268] Ibid., v. 4, p. 238.
[269] Ibid., v. 5, p. 333.
[270] Ibid., v. 5, p. 330.

3. Early Background

the dictatorship "with whatever independence, honesty, independence of conviction, pride of real knowledge"[271], inherent in the intelligentsia.

Possessing knowledge and culture, the intelligentsia is primarily interested in political freedom. "If people performing certain public functions will be valued not for their official position, but for their knowledge and merits, then does this not logically inevitably lead to freedom of public opinion and public control? ... Doesn't this fundamentally undermine those privileges ... of the ranks, by which only the dictatorship is held?[272]

The intelligentsia "took on the role of publicists, orators and political leaders always and everywhere, in all European revolutions"[273].

Only the intelligentsia develops and formalizes socio-reformist and revolutionary programs, relying on the "broad collective experience of mankind"[274].

ВЫ ДОЛЖНЫ ОСОЗНАТЬ СВОЮ СИЛУ И СВОЮ РОЛЬ

«Сила более не измеряется в материальных терминах. Она не в дарах природы или удаче, таких как нефть, или золото, или даже население. Она в победах человеческого духа: способности превращать идеи в реальность».[275]

Немногочисленный слой интеллигенции составляет «нервы» гигантского организма страны, являясь той интеллектуальной силой, без которой не может обойтись ни одно государство. Достоянием интеллигенции являются знания, таланты, навыки организации и управления. И именно это определяет ее вес в обществе. Способность выражать широко понятые классовые интересы, пробуждать и развивать самосознание всех классов общества — это свойство органически присуще интеллигенции. «Всегда и везде вождями известного класса являлись его передовые, наиболее интеллигентные представители»[276]. «Интеллигенция потому и называется интеллигенцией, что всего сознательнее, всего решительнее и всего точнее отражает и выражает развитие классовых интересов и политических группировок во всем обществе»[277].

«Образованные люди, вообще «интеллигенция» не может не восставать против дикого полицейского гнета абсолютизма, травящего мысль и знание»[278].

Либеральное движение происходит «при выдающейся роли учащихся и интеллигентов»[279]. «В старые времена в России была революционной одна только интеллигенция»[280]. При полном бесправии всего

---

[271] Ibid., v. 5, p. 327.
[272] Ibid., v. 5, p. 328.
[273] Ibid., v. 9, p. 133-134.
[274] Ibid., v. 11, p. 134-135.
[275] Philosophy: Servan-Schreiber (1967), p. 33.
[276] Philosophy: Lenin (1958-1974), v. 4, p. 316.
[277] Ibid., v. 7, p. 343.
[278] Ibid., v. 2, p.454.
[279] Ibid., v. 23, p. 398.

народа и господстве «замечательно организованной, идейно сплоченной»[281] бюрократии общественное недовольство и протест неизбежно проявляются только в «обществе», университетах, печати, где сосредоточены значительные силы демократической и либеральной интеллигенции.

Представители интеллигенции «близко наблюдают и на себе лично чувствуют бесправие и угнетение народа»[282]. Интересам интеллигенции как «профессионального» слоя, являющегося по самому своему положению в обществе сторонником демократических свобод и врагом всякого мракобесия и деспотизма, соответствует «интеллигентская демократия». Различные формы оппозиции со стороны интеллигенции вытекают из непримиримости диктатуры «с интересами общественного развития, с интересами интеллигенции вообще»[283]. С этим связаны проявления недовольства интеллигенции[284], столкновения образованных людей с «диктатурой чиновничества», протесты отдельных представителей или групп интеллигенции, связанные, например, для врача — с интересами «врачебного дела», для статистика — с интересами статистики. В основе конфликта интеллигенции с правящим лагерем лежит непримиримость диктатуры «с *какой бы то ни было* самостоятельностью, честностью, независимостью убеждений, гордостью настоящего знания»[285], присущими интеллигенции.

Обладая знаниями и культурой, интеллигенция заинтересована, прежде всего, в политической свободе. «Если люди, исполняющие те или иные общественные функции, будут цениться не по своему служебному положению, а по своим знаниям и достоинствам, то разве это не ведет логически неизбежно к свободе общественного мнения и общественного контроля? ... Разве это не подкапывает в корне те привилегии... чинов, которыми только и держится» диктатура?[286]

Интеллигенция «брала на себя роль публицистов, ораторов и политических вождей всегда и везде, во все европейские революции»[287].

Только интеллигенция вырабатывает и оформляет социально-реформаторские и революционные программы, опираясь на «широкий коллективный опыт человечества»[288]. [PX=10]

3.7   Leaflet: *"Do You Want to Avoid a Nuclear Catastrophe?"*

55

---

[280] Ibid., v. 10, p. 281.
[281] Ibid., v. 7, p. 345.
[282] Ibid., v. 4, p. 238.
[283] Ibid., v. 5, p. 333.
[284] Ibid., v. 5, p. 330.
[285] Ibid., v. 5, p. 327.
[286] Ibid., v. 5, p. 328.
[287] Ibid., v. 9, p. 133-134.
[288] Ibid., v. 11, p. 134-135.

3. Early Background

"Do You Want to Avoid a Nuclear Catastrophe?"
«Хотите ли Вы избежать ядерной катастрофы?»
[PX=10]
PERIOD: October — November 1975.
FRQ: Once.
EMOTION: High inspiration.
CONTEXT: About 80% of the leaflet "Do You Want to Avoid a Nuclear Catastrophe?" was quotes. I remember the remaining 20% simply because I composed it. The first three sentences in the leaflet were mine (see the text of the leaflet).

Then there followed quotes from the U.S. and Japanese constitutions. There was one exception — paragraph 13 — "No agitation for overthrow of the existing order must be considered grounds for criminal prosecution, if it is not connected to specific acts of violence," which was taken from a 1956 decision of the U.S. Supreme Court, according to which members of the U.S. Communist Party were released from prison.

The paragraph containing the definition of due process of the law is taken from a decision of the U.S. Supreme Court.

The last paragraph, which follows the enumeration of human rights, and the slogans are mine.

In general, over the intervening years, the leaflet has not grown as outdated as might have been expected.

Эта листовка состояла на 80% из цитат. Я помню остальные 20% очень хорошо как раз потому, что они были написаны мной. Первые три предложения листовки были мои (сравните с приложенным текстом листовки).

Затем следовали цитаты из американской и японской конституций. Было одно исключение — параграф 13 — «Никакая агитация за свержение существующего строя...», который был взят из решения Верховного суда США 1956-го года, в соответствии с которым были освобождены из тюрем представители американской коммунистической партии.

Параграф с определением надлежащей правовой процедуры взят из решений Верховного суда США.

Последний параграф, который следует за перечислением прав человека, и лозунги — мои.

В целом, листовка за прошедшие годы устарела не так сильно, как можно было ожидать. [PX=10]
METACONTEXT-A: If this is to be achieved all people must be respected as individuals. That's right — as individuals! If history has taught us anything, then this means that:

No one must be deprived of life, liberty or property without due process of the law.

The executive, legislative, and judicial authorities must be

3. Early Background

separate and have equal powers.

The people must not be prevented from enjoying any of the fundamental human rights.

All of the people must be equal under the law and there must be no discrimination in political, economic or social relations because of race, nationality, creed, sex, social status or family origin.

People must have the inalienable right to choose their public officials and to dismiss them. Universal adult suffrage must be guaranteed with regard to the election of public officials. In all elections, secrecy of the ballot must not be violated. A voter must not be answerable, publicly or privately, for the choice he has made.

Each person must have the right of peaceful petition.

Each person must have the right to sue for redress in case he has suffered damage through illegal act of any public official.

No person must be held in bondage of any kind. Involuntary servitude, including as punishment for crime, must be prohibited.

Freedom of thought and conscience must not be violated.

Freedom of religion must be guaranteed to all. There must be separation of religion (and Atheism) and state.

Freedom of assembly and association, as well as speech, press and all forms of expression must be guaranteed. No censorship must be maintained, nor must the secrecy of any means of communication be violated.

No agitation for overthrow of the existing order must be considered grounds for criminal prosecution, if it is not connected to specific acts of violence.

Academic freedom must be guaranteed.

The right of workers to organize and to bargain and act collectively must be guaranteed.

The right to own or to hold private property must be inviolable.

There must be no violation of the freedom to leave the country and to renounce one's citizenship.

No person must be apprehended except upon warrant issued by a competent judicial officer which specifies the offense with which the person is charged.

No person must be arrested or detained without being at once informed of the charges against him or without the immediate privilege of counsel; nor must he be detained without adequate cause; and upon demand of any person such cause must be immediately shown in open court in his presence and the presence of his counsel.

The right of all persons to be secure in their homes, papers and effects against entries, searches and seizures must not be impaired except upon warrant issued for adequate cause and particularly describing the place to be searched and things to be seized. Each search or seizure must

3. Early Background

be made upon separate warrant issued by a competent judicial officer.

The infliction of torture and cruel or unusual punishment must be absolutely forbidden.

Due process of the law must be understood to mean a speedy and public trial or quasi-judicial hearing by an impartial tribunal. During this hearing the accused must have full opportunity to learn the charges against him, to present evidence, and to examine all witnesses, and must have the right of compulsory process for obtaining witnesses on his behalf at public expense. At all times he must have the assistance of competent counsel who must, if the accused is unable to secure the same by his own efforts, be assigned to his use by the state.

No person must be compelled to testify against himself. Confession made under compulsion, torture or threat, or after prolonged arrest or detainment must not be admitted as evidence. No person must be convicted or punished in cases where the only proof against him is his own confession.

No person must be held criminally liable for an act which was lawful at the time it was committed, or of which he has been acquitted, nor must he be placed in double jeopardy.

Any person, in case he is acquitted after he has been arrested or detained, must have the right to sue the state for redress as provided by law.[289]

Of course, all of this is just a dream so long as people are being incarcerated in prisons, and camps, and psychiatric hospitals because of their convictions. In order to create a foundation for these changes, the productive forces must be emancipated. The areas of service, trade, small, medium, and non-strategic large industries must be denationalized. ... Agriculture must be put into private hands. The country must be freed from the burden of backbreaking military expenditure. If this is to be achieved freedom must be given to our "friends." The constituent republics of the Soviet Union and possibly the Autonomous Republics as well must be granted the true right to leave the Union.

All these changes are not possible while the conservative forces of the state — the KGB, the police, the Army — are intact.

In other words:

> Amnesty to political prisoners!
> Down with the KGB — the Soviet Gestapo!
> Down with the dictatorship of bureaucracy!
> Long live freedom of speech and mass media!
> To the workers — the right to strike; to the peasants — a new NEP (New Economic Policy); to the universities — autonomy!

---

[289] Law: *The Constitution of Japan* and *The Constitution of the United States*.

3. Early Background

Down with Great Russian and Soviet chauvinism!
Long live internationalism!
Long live freedom of assembly and association!
...
All power to elected Soviets!
Long live the revolution!

ХОТИТЕ ЛИ ВЫ ИЗБЕЖАТЬ ЯДЕРНОЙ КАТАСТРОФЫ?

Но для этого все люди должны уважаться как личности. Да — уважаться как личности! Если история нас чему-нибудь учит, то это означает, что:

Никто не должен быть лишен свободы, жизни или имущества без надлежащей правовой процедуры.

Исполнительная, законодательная и судебная власти должны быть разделены и уравновешены в правах.

Люди не должны быть препятствуемы в использовании своих основных прав человека.

Все люди должны быть равны перед законом и не должны подвергаться дискриминации в политическом, экономическом и социальном отношениях по мотивам расы, религии, пола, социального положения, а также происхождения.

Люди должны обладать неотчуждаемым правом выбирать и смещать своих государственных представителей. Всеобщее тайное избирательное право должно быть гарантировано. Избиратель не должен быть ответственен в общественном или частном порядке за свой выбор.

Каждый человек должен иметь право обращаться с петицией.

Каждый человек должен иметь право на возмещение ущерба за незаконные действия общественных лиц.

Никто не должен содержаться в рабстве. Принудительный труд, в том числе в наказание за преступление, должен быть запрещен.

Свобода мысли и совести не должна нарушаться.

Свобода религии должна быть гарантирована. Религия и атеизм должны быть отделены от государства.

Свобода собраний и ассоциаций, так же как свобода слова, печати и всех форм выражения мнений должна быть гарантирована. Никакая цензура не должна допускаться, тайна любых способов частного общения не должна нарушаться.

Никакая агитация за свержение существующего строя не должна считаться основанием для уголовного преследования, если она не связана с конкретными актами насилия.

Академическая свобода должна быть гарантирована.

Право на забастовки должно быть гарантировано.

Право владения частной собственностью не должно нарушаться.

3. Early Background

…

Свобода выезда для всех за границу и свобода отказа от своего гражданства не должны нарушаться.

Никто не может быть задержан, иначе, как на основании выданного компетентным работником органов юстиции приказа, в котором указано преступление, являющееся причиной задержания.

Никто не должен быть арестован без указания обвинений или без немедленного доступа к адвокату; по требованию арестованного он должен быть немедленно представлен открытому суду в своем присутствии и присутствии адвоката.

Право всех людей на неприкосновенность жилища и документов против всех вторжений, обысков и изъятий не должно нарушаться иначе как на основании судебного ордера, изданного с достаточным основанием и конкретно указывающим место, подлежащее обыску, и предметы, подлежащие изъятию.

Пытки и жестокие или необычные наказания должны быть категорически запрещены.

Под надлежащей правовой процедурой должно пониматься быстрое и открытое судебное или квази-судебное разбирательство. В ходе него обвиняемый должен иметь полную возможность ознакомиться с обвинениями, представить доказательства, подвергнуть перекрестному опросу свидетелей; он должен иметь право обязательного доступа к своим свидетелям за общественный счет. Во всех случаях обвиняемый должен иметь доступ к компетентному адвокату, которого, если обвиняемый не может обеспечить себе сам, должно назначать государство.

Никто не должен быть принуждаем давать показания против самого себя. Признание, сделанное по принуждению, под пыткой или под угрозой либо после неоправданно длительного ареста или содержания под стражей, не должно рассматриваться как доказательство. Никто не должен быть осужден или подвергнут наказанию в случаях, когда единственным доказательством против него является его собственное признание.

Никто не может быть привлечен к уголовной ответственности за действие, которое было законным в момент его совершения или в отношении которого он был оправдан. Равным образом никто не может быть дважды привлечен к уголовной ответственности за одно и то же преступление.

В случае оправдания судом после ареста или задержания каждый должен иметь право предъявить государству иск о возмещении ущерба.[290]

Конечно, все это нереально, пока людей сажают за их убеждения в тюрьмы, лагеря и психиатрические больницы. Для того чтобы у этих перемен была база, производительные силы должны быть раскрепощены. Сфера

---

[290] Law: *The Constitution of Japan* and *The Constitution of the United States*.

3. Early Background

услуг, торговля, малая, средняя и нестратегическая крупная промышленность должны быть денационализированы. … Сельское хозяйство должно быть передано в частные руки. Страна должна быть освобождена от бремени непосильных военных расходов. Для этого свобода должна быть предоставлена нашим «друзьям». Союзные, а возможно и автономные, республики должны получить реальное право выхода из «союза».

Все эти перемены невозможны пока не сломлены консервирующие силы государства: КГБ, милиция, армия.

Иными словами:

Амнистия политзаключенным!

Долой КГБ — советское гестапо!

Долой диктатуру бюрократии!

Да здравствует свобода слова и средств массовой информации!

Рабочим — право на забастовки, крестьянам — новый нэп, университетам — автономию!

Долой великорусский и великосоветский шовинизм! Да здравствует интернационализм!

Да здравствует свобода собраний и ассоциаций!

…

Вся власть выборным советам!

Да здравствует революция!

[PX=10]

3.8 *Investigation and Trial. Encounter with the Committee for State Security (KGB)*

56

"It would have been better if he were a drunkard."

«Лучше бы он пил».

[PX=10]

PERIOD: Soon after November 28, 1975.

FRQ: Once.

EMOTION: Outrage and confusion.

CONTEXT: When I was busy with my "subversion", I felt inspired, and I understood that this was my hour of destiny.

When I was apprehended on November 28, 1975, I was first detained by a regular policeman. While we were waiting for the KGB to arrive, he looked at my slogans on the wall. One of them read: "Down with the KGB — Soviet Gestapo!" The policeman sorrowfully said: "You will become acquainted with Gestapo now". Soon I was loaded into a police car and driven to a preliminary detention center, where I spent the first 24 hours.

The facts of the case were clear and the formal order for my arrest signed

107

3. Early Background

by a prosecutor soon followed. The same day the KGB arrived for the search of our apartment. My family remembers one moment when the KGB agents came for the search and saw my books. One of them said: "It would have been better if he were a drunkard."[291]

Пока я был занят своей «подрывной деятельностью», я испытывал вдохновение и мне было понятно, что это мой звездный час.

Когда меня все-таки поймали 28 ноября 1975-го года, меня сначала задержал обычный милиционер. Пока мы ждали прибытия КГБ, он рассматривал мои лозунги на стене. Один из них был: «Долой КГБ — советское гестапо!» Милиционер грустно заметил: «Ты сейчас познакомишься с гестапо». Вскоре меня погрузили в милицейский воронок и отвезли в центр предварительного заключения, где я провел первые 24 часа.

Фактическая сторона последнего этапа моей деятельности была ясна и формальный приказ о моем аресте, подписанный прокурором, вскоре последовал. В тот же день КГБ прибыло для обыска нашей квартиры. Моим родным запомнился один момент. Когда кэгэбэшники приехали с обыском и увидели мои книги, один из них сказал: «Лучше бы он пил».[292] [PX=10]

57
"The worst moment was when the door slams behind you for the first time."
«Самый тяжелый момент — когда за тобой первый раз с треском захлопывается камера».
[PX=10]
PERIOD: November 28, 1975 and after.
FRQ: Once.
EMOTION: Depressing testing moment.
CONTEXT: It is also terribly hard because you cannot communicate with your family and friends and have no lawyer.

After the preliminary detention I was transferred to a cell in an "Investigatory Prison". An old prison guard greeted me with the words that I was an enemy of the people and that at Stalin's time I would be shot. In fact, even before the peak of Stalin's terror, in the relatively vegetarian 1920s, people were shot for much less radical slogans and programs than in my leaflets. But it was late Soviet times.

(For those who think that the 1920s were good, because when you shot

---

[291] See: History: Solzhenitsyn (1968) and (1973); and Law: Perrault (1969), Hingley (1970), Deacon (1972), Barron (1974), Central Intelligence Agency (1979), Suvorov (1982), Barron (1983), Suvorov (1984), Shevchenko (1985), Richelson (1986), Dziak (1988), Costello (1989), Andrew (1990), Deriaben (1990), Glantz (1990), Costello (1994), Smith (1996), Ruud (1999), West (1999), Weinstein (2000), Schecter (2002).

[292] See: History: Solzhenitsyn (1968) and (1973); and Law: Perrault (1969), Hingley (1970), Deacon (1972), Barron (1974), Central Intelligence Agency (1979), Suvorov (1982), Barron (1983), Suvorov (1984), Shevchenko (1985), Richelson (1986), Dziak (1988), Costello (1989), Andrew (1990), Deriaben (1990), Glantz (1990), Costello (1994), Smith (1996), Ruud (1999), West (1999), Weinstein (2000), Schecter (2002).

3. Early Background

people there was "order", I have to disappoint them — it was the times of fear: see the film *Abode*, by the book of Zakhar Prilepin with the same name[293]. It depicts executions even for minor violations in Solovetsky Special Purpose Camp, a primary political camp of the 1920s. Alexander Solzhenitsyn in *Gulag Archipelago* writes about Solovki the same[294].

In the book *Kremlin Wives* of Larisa Vasilyeva[295], there is a story of how an Old Bolshevik woman responded to a request of an SR woman, whom she knew before the 1917 revolution, to pass a note from the prison. Board of the Cheka did not want to shoot her, but they were overridden by Zinovyev, who insisted that this Old Bolshevik woman should be shot for this transgression.

In the beginning of the1930s, an Old Bolshevik Ryutin wrote a platform with the call for intraparty democracy. According to Edvard Radzinsky in his book *Stalin*, on the Politburo meeting in 1932 — long before the outburst of terror after the assassination of Kirov in 1934 — Stalin demanded that Ryutin be shot[296]. Eventually he was shot. He was a legendary person in the party; my grandfather was telling me about him.

What "order" can justify these lost lives?)

The prison cell was small. I made detailed drawings with the measurements of the cell, but papers were confiscated by the prison administration. Time distorts memory, yet as far as I remember the size of the cell was approximately 10ft. x 17ft., with the ceiling at 8ft. The window was closed by a special shield so that no sun light came to the cell. Artificial light was on round the clock. No noises from the outside reached the cell either. Unlike in the American prisons, the door was not iron barred, but was made from solid steel. In the door there was a peephole for prison guards and a small window that could be opened for the delivery of food. Food in the investigatory prison was bad. But a person can get used to anything.

When I arrived to the KGB headquarters in Sverdlovsk on "Prospect Lenina 17", I was already psychologically in better shape than after the prison doors slammed behind me in the first night. As I walked in, several KGB officers encircled me and started to slap and push me from different directions (later in Afghanistan and Iraq Americans would call this initial "softening up" of the prisoners); but it could not be even called "beating" — I think the intent was more psychological than physical in nature. I weathered this initial assault well and after a few seconds KGB officers stopped, throwing a phrase on me that I was "paranoid like all fanatics." After that initial incident KGB people never touched me again and, contrary to the popular myth, there was no torture. But I did not at the time whether torture would be used, especially in the beginning, and that added certain internal tension. Reading the American reports from the age of the war on terror I

---

[293] Literature: Prilepin (2014).
[294] History: Solzhenitsyn (1973).
[295] History: Vasilyeva (1993).
[296] History: Radzinsky (1997).

3. Early Background

realized that KGB only tried a little bit of "sleep deprivation": many times, I was called for the interrogations during the night. During the daytime, I was not allowed to sleep, so I remember myself during the investigation as always wanting to sleep. (Sleep deprivation is not considered torture. Mossad is using it, the CIA is using it...)

In the prison I was kept in a cell, where there was one other person — you can guess whom he was working for — and he kept trying to talk politics with me. No doubt it was the work of the KGB.

Prison guards told me that I was seating in the same cell where Powers was kept. (Francis Gary Powers (August 17, 1929 – August 1, 1977) – often referred to as simply Gary Powers – was an American pilot whose Central Intelligence Agency U-2 spy plane was shot down by surface-to-air missile over Sverdlovsk while flying a reconnaissance mission over Soviet Union airspace, causing the 1960 U-2 incident. In the 2015 Steven Spielberg's movie *Bridge of Spies*, dramatizing the negotiations to repatriate Powers, he is portrayed by Austin Stowell, with Tom Hanks starring as negotiator James Donovan.[297])

Most probably the prison guards were referring to the time after Powers' capture, before his transfer to Moscow. Unlike it is depicted in the Spielberg's movie, there was no water on the floor of this cell. But there was another thing, which Americans have difficulty imagining, — there were myriads of bed bugs in the cell. Thankfully, I did not have phobias against the insects (as some American high-profile prisoners during the war on terror).

The cell was dirty. I had spent a lot of time and effort cleaning my cell. But at the time I finished, I was transferred to another similar cell — there were several cells like this on this floor. The prison guards probably decided to use me for cleaning these cells but managed just to kill once and for all the desire to clean the cell.

I was accused under Article 70 of the Criminal Code of the Russian Republic of the Soviet Union: Anti-Soviet Agitation and Propaganda. The KGB was incriminating me:

- Writing of the slogans on the walls;
- Distributing Trotsky's speeches;
- And distributing of the leaflets.

There was no question as to who had done all these things in the university. The KGB had indisputable evidence for most points of the indictment. I was arrested with the instruments I used to write the slogans on the walls of the university. During the search of our family apartment, they found the typewriter I used for typing up Trotsky's speeches and my leaflets, as well as the stenographic records of the Trotsky's speeches and the sources of the leaflets. A criminological expertise confirmed that the typewriter was used to type the Trotsky's speeches and the leaflets.

The KGB also tried to prove that I wrote "Freedom to Political Prisoners!"

---

[297] https://en.wikipedia.org/wiki/Francis_Gary_Powers.

3. Early Background

on the monument to Lenin on the 1905 Square but failed to provide anything except circumstantial evidence of that. The kind of thing the KGB was able to demonstrate was that the slogan on the monument to Lenin was written by a person with the handwriting identical to mine, and that I could write it with my instruments. Having lacked the hard-proof the KGB investigators never doubted that I was the person who wrote on the Lenin's monument, but they concentrated on the leaflets.

Although torture was not used, I suspect that some truth serum could have been used, because I recollect that at some point of the investigation, I became uncharacteristically open about my political views. For interrogations I was transported every day from the jail to the KGB building on Lenin Prospekt in the center of Sverdlovsk. Before starting of the interrogation sessions, I was usually given a dinner from the cafeteria in the KGB building. The Prosecutor responsible for the supervision over the KGB in Sverdlovsk region was usually present when I ate the dinner, checked my condition, and exchanged a few phrases with me. I could have been given the truth serum with a dinner. According to Wikipedia, SP-117, the truth serum, which the KGB widely and effectively uses, has no taste, smell, color or immediate side-effects.[298] But on this last point about the use of truth serum I may be mistaken — I could know for fact only bed bugs in my prison cell. On the balance the use of truth serum in my case should be assessed as probable though not definite.

As I later had learned, in parallel to interrogating me, the KGB also interrogated other people. My parents recalled that one of the interrogators was a nice good person, another was a bad one. I felt pity for my parents when I heard this — I think my parents were little bit naïve: it was probably a game of "good policeman" — "bad policeman".

Let us summarize types of interrogation techniques and interrogation strategies used by the KGB in my case.

According to the classification from the CIA's *Kubark Counterintelligence Interrogation Manual,* Chapter IX, *The Coercive Counterintelligence Interrogation of Resistant Sources[299]*, the types of interrogation techniques are as follows.

TYPE OF INTERROGATION TECHNIQUE	SHORT DESCRIPTION FROM THE CIA'S MANUAL	USED / NOT USED

---

[298] Reference: Wikipedia, http://en.wikipedia.org/wiki/Truth_serum.
[299] KUBARK was a U.S. Central Intelligence Agency cryptonym for the CIA itself.

3. Early Background

Coercion	Coercive procedures are designed not only to exploit the resistant source's internal conflicts and induce him to wrestle with himself but also to bring a superior outside force to bear upon the subject's resistance.[300]	Not used in a sense of torture; used in general sense.
Arrest	The manner and timing of arrest can contribute substantially to the interrogator's purposes. "What we aim to do is to ensure that the manner of arrest achieves, if possible, surprise, and the maximum amount of mental discomfort in order to catch the suspect off balance and to deprive him of the initiative."[301]	Used
Detention	If, through the cooperation of a liaison service or by unilateral means, arrangements have been made for the confinement of a resistant source, the circumstances of detention are arranged to enhance within the subject his feeling of being cut off from the known and the reassuring, and of being plunged into the strange.[302]	Used

---

[300] Law: The Central Intelligence Agency (2012), p. 82.
[301] Ibid., p. 85.
[302] Ibid., p. 86.

3. Early Background

Deprivation of Sensory Stimuli	The chief effect of arrest and detention, and particularly of solitary confinement, is to deprive the subject of many or most of the sights, sounds, tastes, smells, and tactile sensations to which he has grown accustomed.[303]	Used
Threats and Fear	The threat of coercion usually weakens or destroys resistance more effectively than coercion itself.[304]	Used
Debility	For centuries interrogators have employed various methods of inducing physical weakness: prolonged constraint; prolonged exertion; extremes of heat, cold, or moisture; and deprivation or drastic reduction of food or sleep.[305]	Some of it was used

---

[303] Ibid., p. 87.
[304] Ibid., p. 90.
[305] Ibid., p. 92.

3. Early Background

Pain	Lawrence E. Hinkle observes, "The sensation of pain seems to be roughly equal in all men, that is to say, all people have approximately the same threshold at which they begin to feel pain, and when carefully graded stimuli are applied to them, their estimates of severity are approximately the same. … Yet… when men are very motivated… they have been known to carry out rather complex tasks while enduring the most intense pain."[306]	Not used
Heightened Suggestibility and Hypnosis	Hypnosis is frequently called a state of heightened suggestibility, but the phrase is a description rather than a definition. Merton M. Gill and Margaret Brenman state, "The psychoanalytic theory of hypnosis clearly implies, where it does not explicitly state, that hypnosis is a form of regression." And they add, "…induction [of hypnosis] is the process of bringing about a regression, while the hypnotic state is the established regression." It is suggested that the interrogator will find this definition the most useful.[307]	Not used. But if you define it as an induced regression, this is open to discussion.

[306] Ibid., p. 93.
[307] Ibid., p. 96.

114

3. Early Background

Narcosis	Drugs are no more the answer to the interrogator's prayer than the polygraph, hypnosis, or other aids.[308]	Probably used in the form of truth serum.

As far as the overall strategy that the KGB interrogation used in my case, I can try to summarize it using the classification of the CIA's *Guide to Clandestine Operations*, Chapter 3, sub-chapter *Interrogation Techniques*. (It is possible that they had one (or one major) tactic. To me as not a professional it looked like they used a multitude of tactics. I may be mistaken.)

INTERROGATION STRATEGY	SHORT DESCRIPTION FROM THE CIA'S MANUAL	USED / NOT USED
Direct Approach	It is the questioning of the source without using any approach at all.[309]	Not used
Emotional Approach	A technique, which consists of playing upon the emotions of the source in order to bring out the desired information.[310]	Not used
File and Dossier Approach	A technique, which is normally used in conjunction with the "We know all" approach. The interrogator prepares a dossier containing all available information obtained from records and documents concerning the source.[311]	Used
Futility Approach	A technique used to make believe that it is useless to resist interrogation.[312]	Used
Good Samaritan Approach	It refers to the sincere and valid offer of help and	Not used

---

[308] Ibid., p. 99.
[309] The Central Intelligence Agency (2011), p. 67.
[310] Ibid.
[311] Ibid.
[312] Ibid., p. 68.

	assistance that is made to the source.[313]	
Incentive Approach	A technique, which basically rewards the source for his cooperation, but it must enforce positive behavior.[314]	Used
Kindred Soul Approach	A technique, which involves elicitation during conversation.[315]	Not used
Mutt and Jeff (Friend and Foe)	Use of this technique requires the use of two experienced interrogators who are both convincing actors. Basically, the two interrogators will display opposing personalities and attitudes towards the source.[316]	Used
Provocative Approach	This approach is designed to induce the subject to defend his position, to state his creed, or to attempt to correct a wrong impression.[317]	Used
"We Know All" Approach	A technique, which may be used along with the File and Dossier Approach or by itself. Careful arrangement of the documents within the dossier may give impression of containing more data than is actually there.[318]	Used

Тяжело, что нет общения с родными и друзьями, нет адвоката.

После предварительного заключения меня перевели в СИЗО

---

[313] Ibid.
[314] Ibid., p. 68-69.
[315] Ibid., p. 69.
[316] Ibid.
[317] Ibid., p. 70.
[318] Ibid.

3. Early Background

(«Следственный изолятор»). Престарелый тюремщик приветствовал меня словами, что я враг народа и что при Сталине меня бы расстреляли. И в самом деле, даже до пика сталинского террора, в относительно вегетарианские 1920-е годы людей расстреливали за гораздо менее радикальные призывы и программы, чем в моих листовках. Но на дворе были поздние советские времена.

(Тех, кто думает, что 1920-е годы были хорошими годами, потому что, когда вы расстреливаете людей, царит «порядок», должен разочаровать — это были времена страха: смотрите фильм *Обитель*, по одноименной книге Захара Прилепина[319]. Он описывает казни даже за малейшие нарушения в Соловецком лагере особого назначения, главном политическом лагере 1920-х годов. Александр Солженицын в *Архипелаге Гулаге* пишет о Соловках то же самое[320].

В книге *Кремлевские жены* Ларисы Васильевой[321] рассказана история о том, как старая большевичка откликнулась на просьбу эсерки, которую она знала со времен до революции 1917-го года, передать записку из тюрьмы на волю. Коллегия ЧК не хотела ее расстреливать, но Зиновьев вмешался и настоял на том, чтобы эту старую большевичку расстреляли за это прегрешение.

В начале 1930-х годов, старый большевик Рютин написал платформу с призывом к внутрипартийной демократии. По словам Эдварда Радзинского в его книге *Сталин*, на заседании Политбюро в 1932-м году — задолго до взрыва террора после покушения на Кирова в 1934-м году — Сталин потребовал, чтобы Рютина расстреляли[322]. В конечном итоге он был расстрелян. Он был легендарным человеком в партии; мой дедушка рассказывал мне о нем.

Какой «порядок» может оправдать эти потерянные жизни?)

Камера была маленькой. Я сделал детальные зарисовки камеры с ее размерами, но мои бумаги были конфискованы тюремным начальством. Время искажает память, и все же, насколько я помню, размер камеры был приблизительно 3 x 5 метров, с потолком на расстоянии 2.5 метра. Окно было закрыто специальным щитом, так что солнечный свет не проникал в камеру. Искусственное освещение было включено 24 часа в сутки. Звуки извне не проникали в камеру. В отличие от американских тюрем, дверь была не решетчатой, а была сплошная, из стали. В двери был глазок для надзирателей и откидное окошко для раздачи еды. Еда в следственном изоляторе была плохая. Но человек привыкает.

Когда я прибыл в свердловскую штаб-квартиру КГБ на «Ленина 17», я был уже в психологически лучшей форме, чем когда тюремные двери

---

[319] Literature: Prilepin (2014).
[320] History: Solzhenitsyn (1973).
[321] History: Vasilyeva (1993).
[322] History: Radzinsky (1997).

117

3. Early Background

захлопнулись за мной в первую ночь. Когда я входил, несколько офицеров КГБ окружили меня и стали толкать с разных сторон (позднее в Афганистане и Ираке американцы назовут это первоначальным «смягчением» заключенных); но это даже не может быть названо «избиением» — я думаю, намерение было более психологическим, чем физическим. Я устоял перед этим первоначальным наскоком и после нескольких секунд офицеры КГБ перестали это делать, бросив фразу, что я «параноик, как и все фанатики». После этого первого инцидента кэгебэшники никогда больше не трогали меня и, вопреки бытовавшему мифу, не было пыток. Но я не знал, будут ли использоваться пытки, особенно в начале, и это добавляло определенного внутреннего напряжения. Читая американские отчеты времен борьбы с террором, я осознал, что КГБ только применяло немного «лишения сна»: много раз меня вызывали на допросы в середине ночи. В течение дня спать не разрешалось, так что я помню, что во время следствия я всегда хотел спать. (Лишение сна не считается пыткой. Моссад использует его, ЦРУ использует его …)

Меня содержали в камере, где был еще только один человек — понятно кто, «наседка», — который все время пытался разговаривать со мной о политике.

Тюремщики сказали мне, что я сидел в той же камере, в которой содержался Пауэрс. (Фрэнсис Гэри Пауэрс (17 августа 1929 – 1 августа 1977) – которого часто называют просто Гэри Пауэрсом – был американским пилотом, работавшим на ЦРУ, чей шпионский самолет У-2 был сбит ракетой земля-воздух над Свердловском во время разведывательного полета над СССР, вызвав международный инцидент 1960-го года. В фильме Стивена Спилберга 2015-го года *Шпионский мост*, экранизирующем переговоры по возвращению Пауэрса в США, его играет популярный американский актер Остин Стауэлл, с Томом Хэнксом, играющим ведущего переговоры Джеймса Донована.[323])

Скорее всего, тюремщики говорили о времени после поимки Пауэрса, до его перевода в Москву. В отличие от того, как это изображено в фильме Спилберга, на полу этой камеры не было воды. Но было нечто другое, что американцам трудно вообразить, — мириады клопов. Хорошо, что у меня не было фобий против насекомых (как у некоторых важных американских заключенных времен борьбы с террором).

Камера была грязной. Я затратил много времени и усилий для того, чтобы ее почистить. Но в тот момент, когда я закончил, меня перевели в другую аналогичную камеру — на этом этаже было несколько таких камер. Тюремщики видимо захотели использовать меня для очистки этих камер, но лишь отбили у меня раз и навсегда желание чистить камеру.

Мне вменялась статья 70-я Уголовного кодекса РСФСР, антисоветская агитация и пропаганда. КГБ инкриминировало мне:

---

[323] https://en.wikipedia.org/wiki/Francis_Gary_Powers.

3. Early Background

- Написание лозунгов на стенах;
- Распространение речей Троцкого ;
- И распространение листовок.

Не было вопросов, кто, где и как сделал эти вещи в университете. КГБ имело неоспоримые доказательства по большинству пунктов Обвинительного заключения. Я был арестован с инструментами, которые я использовал для написания лозунгов. Во время обыска в квартире была обнаружена пишущая машинка, которую я использовал для напечатания речей Троцкого и листовок, так же, как и стенографические записи речей Троцкого, и источники листовок. Криминологическая экспертиза подтвердила, что пишущая машинка была использована для напечатания речей Троцкого и листовок.

КГБ также пыталось доказать, что я написал «Свободу политзаключенным!» на памятнике Ленину на площади 1905-го года, но не смогло представить ничего, кроме косвенных доказательств. Вещи, которые КГБ смогло доказать, было то, что лозунг на памятнике Ленина был написан человеком с подчерком идентичным моему, и что я мог написать его своими инструментами. Не имея твердых на то доказательств, следователи КГБ никогда не выражали сомнения, что я написал на памятнике Ленину, но они сконцентрировались на листовках.

Хотя пытки не применялись, я подозреваю, что «сыворотка правды», вызывающая на откровенность, могла быть использована, потому что я помню, что в какой-то момент следствия я стал необычно открыт о своих политических взглядах. Для допросов меня перевозили каждый день из СИЗО в здание КГБ на проспекте Ленина в центре Свердловска. Перед началом допросов мне обычно давали обед из кафетерия в здании КГБ. Прокурор по надзору над КГБ Свердловской области обычно присутствовал при моем обеде, удостоверялся в моем состоянии и обменивался несколькими фразами со мной. Мне могли давать «сыворотку правды» с обедом. По данным Википедии, СП-117, сыворотка правды, которую КГБ широко и эффективно использовало, не имеет вкуса, запаха, цвета и быстрых посторонних последствий.[324] Но по этому последнему вопросу об использовании сыворотки правды я могу ошибаться — я точно знаю только о клопах в моей камере. Хорошо взвесив все обстоятельства своего дела, я должен оценить использование сыворотки правды как вероятное, но не определенное.

Как я позднее узнал, что параллельно с моими допросами шли допросы других людей. Мои родители вспоминали, что один из следователей был хорошим человеком, другой — плохим. Я почувствовал жалость к своим родителям, когда я услышал это, — я думаю, мои родители были немного наивны: скорее всего, это была игра в «хорошего полицейского» — «плохого полицейского».

Постараемся просуммировать методы дознания и тактики допросов,

---

[324] Reference: Wikipedia, http://en.wikipedia.org/wiki/Truth_serum.

3. Early Background

которые в моем случае использовало КГБ.

Методы дознания в соответствии с классификацией ЦРУ как это описано в *Контрразведывательном руководстве по допросам Кубарка*[325], в Главе IX, *Принудительный контрразведывательный допрос людей, проявляющих сопротивление*, приведены ниже.

МЕТОД ДОЗНАНИЯ	КОРОТКОЕ ОПИСАНИЕ ИЗ РУКОВОДСТВА ЦРУ	ИСПОЛЬЗОВАН / НЕ ИСПОЛЬЗОВАН
Принуждение	Принудительные процедуры призваны не только эксплуатировать внутренние конфликты допрашиваемого и побудить его бороться с самим собой, но и привлечь превосходящую внешнюю силу против сопротивления допрашиваемого.[326]	Не использовалось в смысле пыток; использовалось в общем смысле слова.
Арест	Манера и время ареста могут значительно способствовать целям допрашивающих. «Мы добиваемся того, чтобы гарантировать, чтобы манера ареста была, по возможности, неожиданной и с максимальным душевным дискомфортом для подозреваемого и должна вывести его из состояния равновесия и лишить инициативы».[327]	Использован

---

[325] КУБАРК это криптограмма Центрального Разведывательного Управления для самого ЦРУ.
[326] Law: The Central Intelligence Agency (2012), p. 82.
[327] Ibid., p. 85.

120

3. Early Background

Задержание	Если, при посредстве наших агентов или нами самими сделаны приготовления для содержания в заключении упорствующего человека, обстоятельства его задержания подготавливаются таким образом, чтобы усилить в задержанном чувство оторванности ото всех, кого он знает, и усилить ощущение брошенности в необычное.[328]	Использовано
Лишение сенсорных стимулов	Основной эффект при аресте и задержании, в особенности в одиночном заключении, заключается в том, чтобы лишить человека многих или большинства цветоощущений, звуков, вкусов, запахов или осязательных чувств, к которым он привык.[329]	Использовано
Угрозы и страхи	Угроза физического принуждения обычно ослабляет или разрушает сопротивление более эффективно, чем само принуждение.[330]	Использованы

---

[328] Ibid., p. 86.
[329] Ibid., p. 87.
[330] Ibid., p. 90.

3. Early Background

Ослабление	В течение столетий допрашивающие применяли различные методы, приводящие к физическому ослаблению: продолжительное связывание; продолжительное растягивание; экстремальное тепло, холод или влажность; и лишение или резкое сокращение еды или сна.[331]	Часть этого была использована
Боль	Лоуренс Э. Хинкл замечает, «Ощущение боли представляется примерно одинаковым для всех людей, т. е., все люди имеют примерно одинаковый предел, за которым они начинают ощущать боль, и когда это аккуратно им градуируется, их оценки силы боли примерно одинаковы. ... И все же,... когда люди очень мотивированы, ... они могут выполнять довольно сложные задачи, испытывая очень интенсивную боль».[332]	Не использовалась

---

[331] Ibid., p. 92.
[332] Ibid., p. 93.

Повышенная внушаемость и гипноз	Гипнозом часто называют состоянием повышенной внушаемости, но эта фраза есть скорее описание, чем определение. Мертон М. Гилл и Маргарет Бренман пишут, «Психоаналитическая теория гипноза ясно предполагает, даже если она явно не говорит, что гипноз есть форма регрессии». И они добавляют, «…вызов [гипноза] есть процесс вызова регрессии, тогда как гипнотическое состояние есть установившаяся регрессия». Утверждается, что допрашивающий найдет это определение наиболее полезным.[333]	Не использовались. Но если определить гипноз как вызванную регрессию, это откроет путь к обсуждению и некоторым вопросам.
Наркоз	Медикаменты есть более ответ на нужды допрашивающего, чем детектор лжи, гипноз или другие вспомогательные инструменты.[334]	Вероятно, использовался в форме сыворотки правды

Общие стратегии допросов, использованные КГБ в моем случае, могут быть просуммированы с использованием классификации ЦРУ в его *Руководстве по секретным операциями*, Глава 3, подраздел *Тактики допросов*. (Возможно, у них была одна (или одна основная) тактика. Мне как непрофессионалу казалось, что у них набор тактик. Я могу ошибаться.)

ТАКТИКА	КОРОТКОЕ	ИСПОЛЬЗОВАНА /

---

[333] Ibid., p. 96.
[334] Ibid., p. 99.

3. Early Background

ДОПРОСА	ОПИСАНИЕ ИЗ РУКОВОДСТВА ЦРУ	НЕ ИСПОЛЬЗОВАНА
Прямая тактика	Это допрос без всякой тактики	Не использована
Эмоциональная тактика	Это тактика, которая состоит в игре на эмоциях допрашиваемого с целью получить требуемую информацию.[335]	Не использована
Тактика досье	Эта тактика, которая обычно используется вместе с тактикой «Мы все знаем». Допрашивающий подготавливает досье, содержащее всю имеющуюся информацию, полученную из записей и документов о допрашиваемом.[336]	Использована
Тактика «бессмысленно сопротивляться»	Эта тактика используется для того, чтобы заставить допрашиваемого поверить, что бессмысленно сопротивляться.[337]	Использована
Предложение помощи	Это относится к искренним и справедливым предложениям помощи, которое делается допрашиваемому.[338]	Не использована
Поощряющий подход	Это тактика, которая, по существу, поощряет допрашиваемого к сотрудничеству и	Использована

---

[335] Ibid.
[336] Ibid.
[337] Ibid., p. 68.
[338] Ibid.

	должна укрепить положительное поведение.[339]	
Тактика «родственные души»	Это тактика, которая включает похвалу во время разговора.[340]	Не использована
Тактика «хороший полицейский» — «плохой полицейский»	Использование этой тактики предполагает двух опытных допрашивающих, которые оба убедительные актеры. В сущности, эти двое допрашивающих должны играть в два противоположных характера и противоположных отношения к допрашиваемому.[341]	Использована
Провокационная тактика	Эта тактика предназначена для того, чтобы заставить допрашиваемого защищать свою позицию, сформулировать свою веру или попытаться исправить ложное впечатление.[342]	Использована
Тактика «Мы знаем все»	Эта тактика может быть использована вместе с тактикой досье или сама по себе. Аккуратное размещение документов в досье может создать впечатление, что в нем содержится больше данных, чем на самом деле.[343]	Использована

---

[339] Ibid., p. 68-69.
[340] Ibid., p. 69.
[341] Ibid.
[342] Ibid., p. 70.

3. Early Background

[PX=10]

58
"Strange as it may seem, the stumbling block was my refusal to acknowledge my guilt."
«Камнем преткновения, как ни странно, оказалось непризнание мною вины».
[PX=10]
PERIOD: After November 28, 1975.
FRQ: Once.
EMOTION: Stubbornness.
CONTEXT: In Anglo-Saxon jurisprudence this is a question of "pleading guilty."
In the Soviet system the meaning of this is less clear-cut and has more symbolic, moralistic connotation, which I prefer to translate as a question of "acknowledging one's guilt."

At that time, I didn't know that the Moscow dissidents considered the point of not acknowledging guilt in the political trials to be very important. Nevertheless, out of some sort of general considerations, I simply did not want to say that I was guilty. I had the feeling that this issue could hold up the whole investigation indefinitely. They threatened me with a sentence of 7 years of hard labor and 5 years of exile. (Several years later, I found out that these same terms had been mentioned to my relatives, by the head of the Sverdlovsk Region KGB, Kornilov). I understood that I would not get out for 12 years, when I would be 33. That upset me very much, but I continued to hold out. I didn't acknowledge my guilt and I didn't express repentance.

В англосаксонском праве «признание вины» есть чисто технический юридический вопрос. В советской системе его значение было менее ясно и имело более символические, моралистические коннотации.

Я ничего не знал о том, что московские диссиденты почитали этот вопрос очень важным. Тем не менее, из каких-то общих соображений, мне не хотелось говорить, что я виноват. У меня было такое чувство, что на этом вопросе застопорилось все следствие. Мне упоминали срок в семь лет строгого режима с пятью годами ссылки. (Несколько лет спустя я узнал, что такую же цифру, «7 и 5», якобы назвал в кругу родственников глава Свердловского областного КГБ Корнилов). Я понял, что выйду 12 лет спустя, в 33 года. Это меня расстроило, но все же я продолжал держаться на своем, не признавая вины и не раскаиваясь. [PX=10]

59
"—   What blatant anti-Soviet propaganda!
—   He's quoting Lenin! That's Lenin!"
«—   Это что за антисоветчина!
—   Это Ленин, Ленин.»

---

[343] Ibid.

3. Early Background

[PX=10]
PERIOD: About November 1975 — March 1976.
FRQ: Once.
EMOTION: Outrage and confusion.
CONTEXT: The investigators passed the time by going over Marxist theory with me. They were clearly astonished by my knowledge of the original sources. At one point the public prosecutor supervising the KGB of the Sverdlovsk Region came to the interrogation. He began to read my leaflet on the role of the intelligentsia (see leaflet: "You Must be Aware of Your Power and Your Role"). His eyebrows gradually rose and finally he blurted out in disgust: "What blatant anti-Soviet propaganda!" The investigator whispered: "He's quoting Lenin! That's Lenin!"

Следователи коротали время, проезжаясь со мной по теории марксизма. Их явно поражало мое знание источников. Как-то на допрос пришел прокурор по надзору над КГБ Свердловской области. Он начал читать листовку о роли интеллигенции (см. листовку: «Вы должны осознать свою силу и свою роль»). Брови у него медленно поднимались и наконец он с негодованием бросил: «Это что за антисоветчина!». Следователь зашептал: «Это Ленин, Ленин». [PX=10]

60
"Finally, after a month's investigation they sent me for a forensic psychiatric examination, which was obligatory for prosecution of especially dangerous state crimes (i.e., it was obligatory for Article 70: Anti-Soviet Agitation and Propaganda)."

«В конце концов, через месяц следствия меня отправили на судебно-психиатрическую экспертизу, которая была обязательна для обвинений в особо опасных государственных преступлениях (т. е. была обязательна и для 70-й статьи, антисоветской агитации и пропаганды).»

[PX=10]
PERIOD: About December 1975.
FRQ: Once.
EMOTION: Caution.
CONTEXT: At the examination, the chief physician of the hospital told me straight out that if I didn't acknowledge my guilt, they wouldn't even let me into the courtroom, but would send me to the psychiatric hospital. The other prisoners told me (possibly at the instigation of the KGB) that I would be sent to the psychiatric prison in Kazan for especially dangerous criminals from which no one ever left alive. They cited the example of the head of a small underground "Party" who had been sent there from Sverdlovsk not long before I arrived. This prospect scared me, and I agreed to acknowledge my guilt on the points of the indictment where the KGB had indisputable evidence. I should say that at the age of 21, I had a very poor idea of the actual nature of one or another of the punishments that might await me. All this was shrouded in secrecy in the Soviet Union in general, and in the Sverdlovsk region, which was under a special KGB regime, even more so.

It is worth noting that the final psychiatric diagnosis was laughable: it

127

3. Early Background

stated something like "psychopathic personality — interested in social sciences."

(Because the theory and diagnosis of personality disorders occur within prevailing cultural expectations, their validity is contested by some experts based on invariable subjectivity. They argue that the theory and diagnosis of personality disorders are based strictly on social, or even sociopolitical and economic considerations.[344] This vulnerability to political conditions was exploited to absurdity in the former Communist countries.)

На экспертизе главный врач больницы прямо сказал, что, если я не признаю себя виновным, меня даже не выпустят в зал суда и отправят в психиатрическую больницу. Мне рассказали другие заключенные (возможно, с подачи КГБ), что это будет психиатрическая тюрьма в Казани для особо опасных преступников, из которой не выходят. Они привели пример руководителя небольшой подпольной «партии», которого отправили туда из Свердловска незадолго до меня. Такая перспектива меня напугала, и я согласился признать себя виновным по пунктам обвинительного заключения, где КГБ имело неоспоримые доказательства. Надо сказать, что в свои 21 я очень плохо представлял себе реальность тех или иных кар, которые могли меня ожидать. Все это было покрыто секретностью в Советском Союзе вообще, а в Свердловской области, где действовал специальный режим КГБ, особенно.

Стоит заметить, что окончательный психиатрический диагноз был смешным: он говорил о том, что у меня «психопатическая личность», потому что я «интересуюсь социальными науками».

(Поскольку теория и диагностирование расстройств личности существуют в пределах преобладающих культурных ожиданий, их правильность подвергается сомнению некоторыми экспертами на основе их неизбежной субъективности. Такие эксперты говорят, что теория и диагностирование расстройств личности основываются всецело на социальных, даже социально-политических и экономических соображениях.[345] Эта уязвимость по отношению к политическим условиям эксплуатировалась до предела в бывших социалистических странах.) [PX=10]

61
"The University 'Komsomol' (Communist Youth) organization resisted the orders to expel me."
«Комсомольская организация университета противилась приказам исключить меня».
[PX=10]
PERIOD: About December 1975 — 1976.
FRQ: Once.
EMOTION: Admiration.

---

[344] See: Reference: Wikipedia, http://en.wikipedia.org/wiki/Personality_disorder.
[345] See: Reference: Wikipedia, http://en.wikipedia.org/wiki/Personality_disorder.

3. Early Background

CONTEXT: According to the investigation materials I read before the trial, the KGB sent a short letter to the university saying: "A. is accused of Anti-Soviet Agitation and Propaganda. Take measures." That was supposed to be followed by my expulsion from "Komsomol" and then from the university. But the primary "Komsomol" organization rejected the orders of KGB for my expulsion during the first reading of the proposed resolution. This was a courageous act by my fellow-students. It was unheard of in the Soviet Union of the time that "Komsomol" would disobey the KGB. At that point of the investigation I detected that KGB started to be inclined to give a milder punishment than "7 plus 5" they initially were talking about. It would mean that KGB noticed that my case caused some sympathy among otherwise ordinary Soviet students and reacted by trying to mitigate the effect of some protest, which could have been caused by excessively severe punishment.

But you need not to be carried away with this. Some of my friends were asked during interrogations by the KGB how probable were the student riots as a result of my arrest. You should to be clear that any "student riots" in a totalitarian state like the Soviet Union were complete fantasy. Many years later some people in America tried to measure my influence over my fellow students by asking what my nickname among the students was. In the high school I did not have any nickname at all; in the university I had a nickname "chief". But this is completely inconsequential, and this line of thought is totally misleading. My actions, more than anything, were simply the statement of my personal convictions.

Being the statement of personal beliefs is one aspect of my actions. There is also another. From judicial point of view my actions were "attempts with worthless means" — no way I could achieve the tasks outlined in the slogans. In a democratic state if you distribute small number of leaflets nobody notices you. But thanks to the "agitation and propaganda" of the Soviet state my actions had become known the whole Sverdlovsk Region. Plus, my friends did a good job telling their acquaintances about the content of the leaflets. There were other dissidents in Soviet prisons in that period. And as it has happened before in the times of Russian history without freedom of expression, together they did one thing important for the course of history — they undermined the moral authority of the obsolete state system. The actions had become the "attempts with worthwhile means".

По материалам следствия, которые я прочитал перед судом, КГБ послало короткое письмо в университет, в котором говорилось «Александр Аваков обвиняется в антисоветской агитации и пропаганде. Принять меры». За этим должно было последовать мое исключение из комсомола и затем из университета. Но первичная комсомольская организация отвергла требование о моем исключении в первом чтении резолюции. Это был смелый поступок моих сотоварищей. Было неслыханно, чтобы в Советском Союзе комсомол не подчинился КГБ. В этот момент следствия я заметил, что КГБ начало склоняться к более мягкому наказанию, чем «7 плюс 5», о которых они первоначально говорили. Это могло означать, что КГБ заметило, что мое дело вызвало какую-то симпатию со стороны в остальном обыкновенных советских студентов и отреагировало попыткой смягчить протестный эффект, который мог бы быть вызван чересчур суровым наказанием.

3. Early Background

Но следует увлекаться этим. Некоторых из моих друзей спрашивали на допросах в КГБ, насколько вероятными они считают студенческие волнения в результате моего ареста. Нужно ясно осознавать, что думать о каких-либо «студенческих волнениях» в таком тоталитарном государстве как Советский Союз полнейшая фантазия. Много лет спустя некоторые люди в Америке пытались понять степень моего влияния на моих сотоварищей по учебе, спрашивая какое у меня было прозвище. В школе у меня не было никакого прозвища; в университете меня звали «шефом». Но это совершенно ничего не означало и это направление мысли абсолютно бесплодно. Мои действия более чем что-либо были просто заявлением о моих личных убеждениях.

То, что мои действия были прежде всего заявлением о своих личных убеждениях, было всего лишь одним их аспектом. Был и другой. С юридической точки зрения мои действия были «попыткой с негодными средствами» — я никоим образом не мог достигнуть целей своих лозунгов. В демократическом государстве, если вы распространите небольшое количество листовок, никто на вас не обратит внимания. Но, благодаря «агитпропу» советского государства о моих действиях узнала вся Свердловская область. Плюс, мои друзья проделали хорошую работу, рассказывая знакомым о содержании листовок. В это время в советских тюрьмах сидели и другие диссиденты. И, как это случалось и в другие периоды российской истории, когда не было свободы самовыражения, вместе они делали одну важную вещь для дальнейшего хода истории — они подрывали моральный авторитет устаревшей государственной системы. Действие обернулось в «попытку с годными средствами». [PX=10]

62
"Before the trial, they promised me that they would let me go, if I wrote an article for the newspaper about the harmful influence of Western radio stations."
«Перед судом мне пообещали, что меня выпустят, если я напишу статью в газету о вредном влиянии западных радиостанций».
[PX=10]
PERIOD: About January — March 1976.
FRQ: Once.
EMOTION: Caution.
CONTEXT: I was seduced by their promises. My desire to get out of jail as fast as possible was very strong. I believed that I had already accomplished a lot with what I have done with my leaflets and slogans. I promised to write the article.

Я поддался обещаниям. Желание побыстрей выйти из тюрьмы было очень велико. Я считал, что и так сделал достаточно своими листовками и лозунгами. Я пообещал написать статью. [PX=10]

63
"At the trial, I was sentenced to a year and a half in a stringent-security camp (the article of the Criminal Code stipulates from 6 months to 7 years of stringent-security and/or from 2 to 5 years of exile)."

3. Early Background

«На суде мне дали полтора года с отбыванием срока в лагере строгого режима (статья Уголовного кодекса говорила о шести месяцах до семи лет строгого режима и/или от двух до пяти лет ссылки)».
[PX=10]
PERIOD: March 11-13, 1976.
FRQ: Once.
EMOTION: Disappointment.
CONTEXT: The fact that, in prosecuting a "Marxist", the authorities were putting themselves in an uncomfortable position may have played a role in my relatively lenient sentence. At the trial I acknowledged my guilt on all the counts of the indictment where I considered the evidence indisputable. I refused to acknowledge the general assertion of the indictment that I had called for the armed overthrow of Soviet power. The latter was not consistent with my principles.

В относительно мягком приговоре роль могло сыграть и то обстоятельство, что, судя «марксиста», власти ставили себя в неудобное положение. На суде я признал себя виновным по всем пунктам обвинения, кроме одного. Я отказался взять на себя, что я призывал к вооруженному свержению Советской власти. Это не отвечало моим взглядам. [PX=10]

64
"After the trial, my truce with the KGB ended on its own."
«После суда мое перемирие с КГБ кончилось само собой».
[PX=10]
PERIOD: After March 13, 1976.
FRQ: Once.
EMOTION: Relief of better outcome.
CONTEXT: The KGB brought me an article text to sign that I couldn't stomach. It was full of Soviet journalistic clichés. Everything about the article was false. Even the language was false. I understood that if I knuckled under, I would never again be free of the KGB. I protested and made many changes and corrections in the article. They never contacted me again about it. As far as I know, the article was never published. Probably the corrected variant smacked excessively of the intelligentsia. No one said a word about shortening my sentence.

At first, after the trial, it was mulled that I would spend my year and a half at works in the "Investigatory Prison". I was briefly transferred to a common cell with a few dozen other prisoners. I told other prisoners about my sentence by Article 70 (which made me a rare bird) and told them about the content of my leaflets (about which they got very excited). I felt compassion for other prisoners and quickly started to write for them different legal documents and petitions. Apparently, the latter was not something which the authorities liked very much, and after about a week I was sent back to a solitary confinement.[346] I was told I would

---

[346] Of course, in this, and many other similar cases, I do not know exactly what was going on in the heads of the authorities and how the decisions were made. But, if I had a discussion in a relaxed and friendly setting, that is how I would have answered on the questions what I thought about it.

3. Early Background

be sent to a labor camp.

Just before I was sent to the camp, the "Investigatory Prison" authorities had their revenge. From the solitary confinement I was sent to the prison sauna. This was supposedly a regular procedure, but this time they switched on very hot water and steam. It was very difficult to breath, and I was afraid to have a heart attack. I tried to alert prison guards, but they did not hear or did not want to hear me. These were the only few minutes during all my imprisonment when I was actually afraid for my life. I managed to find a place in the corner of the sauna where there was relatively cool air. I was young, in good sport form, my heart was strong, and I managed through this experience.

Soon I was already in transit in a railroad carriage called "Stolypin"[347] to an unknown and undeclared camp.

Мне принесли такой текст статьи на подпись, что меня всего покоробило. Она была полна советскими газетными штампами. Все в этой статье было не то и не так. Язык был лживый. Я понял, что, если сейчас пойду на поводу, мне никогда не освободиться от КГБ. Я запротестовал и внес много исправлений в статью. Со мной прекратили контакты на эту тему. Насколько я знаю, статья никогда не была напечатана. Вероятно, исправленный вариант был чересчур интеллигентным. О досрочном освобождении не могло быть и речи.

Сначала после суда речь шла о том, что я проведу мои полтора года на работах в СИЗО. Меня на короткое время перевели в общую камеру с несколькими десятками других заключенных. Я рассказал моим сокамерникам о своем приговоре по 70-й статье (что сделало меня редкой птицей), и поведал им содержание моих листовок (из-за чего они пришли в необыкновенное воодушевление). Я испытывал сочувствие к другим заключенным и очень скоро стал писать для них разные юридические документы и петиции. По всей видимости, последнее не очень понравилось властям, и примерно через неделю меня вернули в одиночку.[348] Мне было объявлено, что меня отправят в исправительно-трудовой лагерь.

Накануне моей отправки в лагерь власти СИЗО возымели свою месть. Из одиночки меня отправили в тюремную баню. Это должна была быть обычная процедура, но в этот раз они включили очень горячую воду и пар. Было очень трудно дышать, и я боялся, что мне станет плохо с сердцем. Я пытался подать сигналы тюремщикам, но они не слышали или не хотели слышать меня. Это были несколько минут за все время моего тюремного заключения, когда я и в самом деле испугался за свою жизнь. Мне удалось

---

[347] This railroad wagon, called in the name of the tsarist prime minister who invented it, has existed in Russia through all the regime changes since the beginning of 20th century. It is similar to a regular passenger railroad carriage; the major difference is that it has steel prison cells inside.

[348] Конечно, в этом, и во многих других похожих случаях, я не знаю, что в точности происходило в головах властей и как принимались решения. Но, если бы у меня был разговор в непринужденной и дружественной обстановке, так я бы отвечал на вопросы, что я думаю об этом.

найти место в углу бани, где был относительно холодный воздух. Я был молод, в хорошей спортивной форме, мое сердце было сильным, и я прошел через это испытание.

Вскоре я уже был на этапе в «столыпине»[349] по направлению к неизвестному и необъявленному лагерю. [PX=10]

65
"I had read many books in the prison during the investigation."
«Я прочитал много книг в тюрьме во время следствия».
[PX=10]
PERIOD: December 1975 — March 1976.
FRQ: Often.
EMOTION: Good memories.
CONTEXT: The major one was of the Icelandic Nobel prizewinner Haldor Laxness:

- Literature: Laxness, *World Light*[350].

Главной была книга исландского нобелевского лауреата Халдора Лакснесса:

- Лакснесс, *Свет мира*[351].

[PX=10]

3.9   At the Camp: My Horizons Expand

66
"I ended up in camp 37 in the Perm region."
«Я попал в 37-й лагерь в Пермской области».
[PX=10]
PERIOD: 1976-1977.
FRQ: Once.
EMOTION: Excitement of new times.
CONTEXT: The very existence of this corrective labor colony (CLC), like that of several other analogous places of incarceration under the aegis of the KGB (as opposed to the Ministry of Internal Affairs) was secret. The fact is that the criminal codes of all the Union republics stipulated that convicts be sentenced to incarceration on the territory of this republic. The camp held people from all over

---

[349] Этот железнодорожный вагон, названный так по имени царского премьер-министра, который изобрел его, просуществовал в России через все режимы с начала 20-го столетия. Он похож на обычный пассажирский вагон; основное различие в том, что внутри он имеет стальные тюремные клетки.
[350] Literature: Laxness (1969).
[351] Literature: Laxness (1969).

3. Early Background

the Soviet Union. Previously the KGB camps had been in the Mordovian Autonomous SSR, but, at the time I am writing about, almost all prisoners convicted of "especially dangerous state crimes" had been transferred to the Perm region, to CLC 35, 36, and 37. Only a small female camp remained in Mordovia.

Само существование этой ИТК (исправительно-трудовой колонии) — как и нескольких других аналогичных мест заключения под эгидой КГБ (а не МВД) — было секретом. Дело в том, что уголовные кодексы всех союзных республик предписывали отбывание наказаний на территории этих республик. В лагере же были люди со всего Союза. Раньше такие лагеря КГБ были в Мордовской АССР, но к моменту моего рассказа почти всех заключенных за «особо опасные государственные преступления» перевели в Пермскую область, в ИТК 35, 36 и 37. В Мордовии оставалась только маленькая женская зона. [PX=10]

67
"The camp was modern."
«Лагерь был очень современный».
[PX=10]
PERIOD: 1976-1977.
FRQ: Once.
EMOTION: Curious acquaintance with electronic surveillance.
CONTEXT: According to the other prisoners, the older camps had towers with soldiers and there the prisoners could exchange words with the soldiers. An opaque wall with electronic alarms surrounded our grounds. There were no towers. The idea was to exclude harmful contact between the soldiers and prisoners and to use instead specially trained officers ("re-educators").

From inside the perimeter of the camp we could see a tower of a nearby mine. The prisoners of the camp entertained themselves with a rumor that in the case of an emergency we all would be shot and thrown down this mine.

In the run-up to the 2014 Winter Olympics in Sochi, Russia, BBC showed a documentary of their correspondents in Russia. One of these correspondents traveled to Perm region to abandoned former camp 36, which was a museum. I have to say that our camp 37 looked more modern, neater, and, at the same time, more electronic-surveillance-capable.

I had one visitation during my stay in the camp. I could spend 48-hours with my mother and grandmother who came to the camp for this occasion. During their visit, we were confined in a closed room with apparent privacy. Mindful of possible eavesdropping, I tried to scratch writings of sensitive information on a piece of chocolate. Many years later, I learned that my sense of privacy with such writing was illusory. On the ceiling of the room there was a sprinkler (fire extinguisher). As I read in American literature on covert closed-circuit television (CCTV), sprinklers (fire extinguishers) are especially convenient for putting pinhole CCTV cameras.[352]

---

[352] See: Law: Kruegle (1995), p. 320; also: Grau (1993), p. 47-10 through 47-11.

3. Early Background

По рассказам заключенных, в более старых лагерях были вышки с солдатами и там заключенные могли перекинуться словами с солдатами. Территорию нашего лагеря окружала глухая стена с электронной сигнализацией. Никаких вышек. Идея заключалась в том, чтобы исключить вредные контакты солдат с заключенными и предоставить контакты специально тренированным офицерам («воспитателям»).

Изнутри лагеря мы могли видеть вышку близлежащей шахты. Заключенные лагеря развлекали себя слухами, что в случае чрезвычайного положения нас всех расстреляют и бросят в эту шахту.

Перед зимними олимпийскими играми 2014-го года в Сочи Би-Би-Си показало документальный фильм своих корреспондентов в России. Один из этих корреспондентов проделал путешествие в Пермскую область в покинутый 36-й лагерь, в котором был музей. Я должен сказать, что наш 37-й лагерь выглядел более современным, чистым и, в то же время, более подготовленным к электронной слежке.

Мне было разрешено одно свидание за время моего пребывания в лагере. Я провел 48 часов с моей мамой и бабушкой, которые прибыли в лагерь по этому случаю. Во время их визита нам была отведена закрытая комната с видимым соблюдением прайвеси. Опасаясь возможного подслушивания, я пытался нацарапать текст с какой-то информацией на куске шоколада. Много лет спустя я узнал, что мое ощущение прайвеси было иллюзорным. На потолке комнаты был противопожарный разбрызгиватель. Как я прочитал в американской литературе по скрытым замкнутым телевизионным системам слежения, противопожарные разбрызгиватели очень удобны для установки скрытых телевизионных линз. Такие телевизионные линзы из-за своего маленького размера именуются в американской технической литературе «линзами размером с булавочную головку».[353] [PX=10]

68
"The total number of people in the camp fluctuated during my stay there from 30 to 55, including 20-25 imprisoned for anti-Soviet agitation and propaganda."
«Общее число человек в лагере колебалось в период моего пребывания от 30 до 55, в том числе 20-25 человек за антисоветскую агитацию и пропаганду».
[PX=10]
PERIOD: 1976-1977.
FRQ: Once.
EMOTION: Calm observation of the situation in the camp.
CONTEXT: The average person's ideas about political prison camps in the U.S.S.R. are not completely accurate. The Soviet Union did not acknowledge the political status of the prisoners (an acknowledgment which, by the way, some of the prisoners tried to compel through hunger strikes).

---

[353] See: Law: Kruegle (1995), p. 320; also: Grau (1993), p. 47-10 through 47-11.

3. Early Background

Обывательское представление о политических лагерях в СССР не совсем верно. Советский Союз не признавал политического статуса заключенных (чего, кстати, некоторые из них пытались добиться голодовками). [PX=10]

69
"There were 'students' and 'soldiers' in this camp."
«В лагере были «студенты» и «солдаты»».
[PX=10]
PERIOD: 1976-1977.
FRQ: Once.
EMOTION: Friendly introduction.
CONTEXT: In addition to violators of Article 70: Anti-Soviet Agitation,
- "students",
there were violators of Article 64: Treason,
- "soldiers".
The term "soldiers" came from the fact that Article 64 was used to prosecute soldiers who had run away from military units stationed abroad. Among the "soldiers" were actual soldiers and a number of spies (or double agents or triple agents — no one knew precisely whom they were working for). None of these spies had been soldiers, but instead were officers or diplomats. In general, there was no contact between the "students" and the "soldiers." The "soldiers" had no particular convictions and typically worked for the Ministry of Internal Affairs or the KGB.

70-я статья, антисоветская агитация и пропаганда («студенты»), была разбавлена 64-й статьей, изменой родине («солдаты»). Слово «солдаты» пошло от того, что 64-ю статью давали военнослужащим, бежавшим из расположения частей, расквартированных заграницей. На самом деле среди «солдат» были и настоящие солдаты и было несколько шпионов (или двойных шпионов, или тройных шпионов — никто точно не знал, на кого они работают). Шпионы были на самом деле никакими не солдатами, а офицерами и дипломатами. Вообще большого контакта между «студентами» и «солдатами» не было. У «солдат» не было никаких особенных убеждений, и они обычно работали на опера (МВД) или КГБ. [PX=10]

70
"The freedom of speech in the camp makes you feel like in the British Parliament."
«Все открыто выражали свои взгляды — было ощущение, что ты очутился в английском парламенте».
[PX=10]
PERIOD: 1976-1977.
FRQ: Once.
EMOTION: Excitement.
CONTEXT: In my case, the KGB operatives turned out to be poor psychologists. In the camp I encountered other people who had views analogous to my own.

3. Early Background

Everyone expressed his views openly. You must remember the atmosphere of fear in the Soviet Union of that time in order to understand the contrast between the camp and "freedom in the outside world." My recent experience with the investigation and my acknowledgment of guilt and initial readiness to sign the newspaper article lay like a heavy weight on my conscience. I shared my experience with the other prisoners and very openly acknowledged that I had behaved badly at the trial. I began to try to prove that there would never be a repetition of such weakness with the KGB. I gradually became very uncompromising and went from being a moderate anti-Soviet to being an extreme anti-Soviet.

В моем случае работники КГБ оказались плохими психологами. В лагере я столкнулся с другими людьми, придерживающимися аналогичных со мною взглядов. Все говорили открыто. Надо представить себе запуганную атмосферу тогдашнего Союза, чтобы понять контраст с «волей». Недавний эпизод на следствии с признанием мною вины и готовностью написать статью висели тяжелым грузом на моей совести. Поделившись своим опытом с другими заключенными, я особенно остро осознал неприглядность своего поведения на суде. Я стал стараться доказать, что повторной слабости с КГБ не будет. Постепенно я стал очень непримиримым и из умеренного «студента» сделался крайним антисоветчиком. [PX=10]

71
"I took advantage of the ambiguity present in the camp and as soon as I arrived and behaved as if I were in a political camp."
«Двусмысленность лагеря я воспринял в свою пользу и по прибытии с этапа повел себя, как и полагается в политическом лагере».
[PX=10]
PERIOD: 1976-1977.
FRQ: Once.
EMOTION: Excitement.
CONTEXT: The camp was clean — there were no bed bugs here. But there were other issues with living conditions.

There was no hunger in the camp — there was always unlimited amount of bread available, but the quality of the rest of food could be desired to be better. There was a cumulative effect from bad quality food: it is one thing to eat this food once and it is completely different thing to eat it day after day, month after month. In this there was something from the film *Battleship Potemkin*. On the New Year Day of 1977, we with my friends had a little banquet: we had one can of "Breakfast of Tourist" («Завтрак туриста»). It seemed unbelievably delicious at the time. After I ended my prison term, I bought exactly this kind of can of "Breakfast of Tourist" — it turned out to be repellent, almost not eatable.

As soon as I arrived, I participated in a protest against the quality of our beds (and those who protested were granted an improvement in their beds). There were other hunger strikes for various reasons, in which I also participated. There were always meetings, strikes, and hunger strikes going on. The officers who were

3. Early Background

"re-educating" us had a tough time of it. They were deluged with questions and demands for improvements on general checks of the prisoners.

Surprisingly enough, life goes on even in a concentration camp. Most of my friends were young guys. Like all people of our age, we could enjoy good weather sitting outside, trade jokes, lough, and be in good spirits.

Лагерь был чистым — здесь не было клопов. Но были другие вопросы с условиями проживания.

В лагере не было голода — всегда было неограниченное количество хлеба, но качество остальной еды оставляло желать лучшего. Плохая еда имеет накопительный эффект на вас: одно дело поесть такую еду однажды и совсем другое дело есть ее день изо дня, месяц за месяцем. В этом было что-то от фильма *Броненосец «Потемкин»*. На Новый год 1977-го года у нас с моими друзьями был праздник: у нас была одна консервная банка «Завтрака туриста». Она показалась тогда необычайно вкусной. По окончании моего заключения я купил точно такую консерву «Завтрака туриста» — она оказалась ужасной, почти несъедобной.

Сходу своего прибытия в лагерь я принял участие в акции протеста из-за плохих кроватей (и те, кто участвовал в акции, добились улучшения кроватей). Потом были другие голодовки по разному поводу, в которых я тоже принял участие. Все время происходили какие-то митинги, забастовки, голодовки. Офицерам, «воспитывавшим» нас, приходилось туго. Их забивали вопросами и требованиями на поверках.

На удивление, жизнь продолжается даже в концлагере. Большая часть моих друзей были молодые ребята. Как и все в нашем возрасте мы могли радоваться хорошей погоде сидя «на улице», шутить и быть в хорошем настроении. [PX=10]

72
"When I was in the camp, I found common ground with nationalists from all over the U.S.S.R."
«Во время пребывания в зоне я нашел общий язык с националистами всех мастей».
[PX=10]
PERIOD: 1976-1977.
FRQ: Once.
EMOTION: Excitement.
CONTEXT: This was because my "program" included a call for the right to secede from the Soviet Union (see leaflet "Do You Want to Avoid a Nuclear Catastrophe?"). Among these nationalists were

- Ukrainians,
- Armenians,
- Moldavians,
- Lithuanians,
- and one Estonian.

138

3. Early Background

Many interesting people —

- journalists,
- historians,
- philologists,
- diplomats,
- and military personnel

— had been sentenced for violations of Article 70.

Generally, the camp was surprisingly civilized. There was a good library. From time to time a book shop on a car had come to the camp and suggested to us a wide array of books on socio-political subjects: from philosophy and economics to demography, history, and semiotics. The books that were brought to be sold at our camp were difficult to find outside (or in the "greater world" as we called it). We, the prisoners, hungrily consumed and discussed these books. That was even more surprising if you consider that people in our camp could be easily be eliminated if they were put into camps with regular criminals. I often got the impression that we were the actors of the sci-fi novel of a Swedish author Per Wahlöö, *Murder on the Thirty-First Floor*[354]. In this book it is described a society of the future in some unnamed country where the population is brain-washed by one media corporation. On the 31st floor of the building of this corporation seat honest journalists who publish their own version of the magazine in which they create alternative narrative "the way it is supposed to be". This magazine is then distributed to other 30 floors of the company as the example of what and how you should not cover the news. (Perhaps there exists a more plausible explanation. During terror of Stalin's years there had been nothing riskier than being in the political leadership. So, this leadership acquired certain caution towards political fortunes. May be, having that precariousness of political fortunes in mind, they did not want to be too brutal towards today's political outsiders.)

Это было в силу частей своей «программы», призывавших к праву выхода из Союза (см. листовку «Хотите ли Вы избежать ядерной катастрофы?»). Среди этих националистов были

- украинские,
- армянские,
- молдавские,
- литовские,
- и один эстонец.

По 70-й статье сидели многие интересные люди:

- журналисты,
- историки,
- филологи,
- дипломаты,
- и военные.

---

[354] Literature: Wahlöö (1966).

3. Early Background

В целом лагерь был на удивление цивилизованным. В нем была хорошая библиотека. Время от времени в лагерь приезжала книжная лавка и предлагала нам широкий выбор книг на социально-политические темы: от философии и экономики до демографии, истории и семиотики. Книги, которые привозили на продажу в лагерь, не так легко было найти на свободе (или в «большой зоне», как мы ее называли). Мы, заключенные, жадно набрасывались на эти книги и обсуждали их. Все это было тем более удивительно, потому что ничего не стоило бы уничтожить этих людей, если бы их поместили в лагеря с обычными уголовниками. Я часто думал, что мы были похожи на действующих лиц научно-фантастической новеллы шведского автора Пера Валё, *Гибель 31-го отдела*[355]. В этой книге описывается общество будущего в некой непоименованной стране, где населению промывает мозги одна медиа компания. На 31-м этаже здания этой корпорации сидят честные журналисты, которые публикуют свою версию журнала, в котором они дают свое описание событий «таким образом, как это должно быть». Этот журнал потом распространяется на остальные 30 этажей компании как пример того, о чем и как нельзя писать. (Возможно, существует более правдоподобное объяснение. В годы сталинского террора не было ничего более рискованного, чем быть в политическом руководстве. Так что это руководство научилось определенной осторожности по отношению к политической фортуне. Может быть, имея в виду эту ненадежность политической фортуны, они не хотели быть чересчур жестокими по отношению к сегодняшним политическим оппонентам.) [PX=10]

73
"My closest friends in the labor camp were: one Armenian, one Lithuanian, Moldovan Gimpu, Russian Dmitry Mikheyev, and Ukrainian Dolishniy."
«Моими ближайшими друзьями в лагере были: один армянин, один литовец, молдаванин Гимпу, русский Дмитрий Михеев и украинец Долишний».
[PX=10]
PERIOD: 1976-1977.
FRQ: Once.
EMOTION: Friendly.
CONTEXT: By the time of writing of this book I did not remember the names of the Armenian and Lithuanian guys. Gimpu was a high-ranking Komsomol official until he had a sports trauma, after which he had many operations and started to think deeply about his political philosophy. Dmitry Mikheyev was a physics Ph.D. student at Moscow State University when he conducted in the university an ill-fated debate "Social Ideals". He had spent six years in prison. Later, he immigrated to the United States and worked for Hudson Institute. Dolishniy died from ill health after the end of the prison term, during his exile in Siberia. All people mentioned, except Russians (that is, except Mikheyev and me), were nationalists by their political convictions. Mikheyev and I thought

---

[355] Literature: Wahlöö (1966).

3. Early Background

very simply: there would not be a chance for freedom in Russia as long as there was an empire.

К моменту написания этой книги я не помнил имен армянина и литовца. Гимпу был высокопоставленным функционером Комсомола пока он не получил спортивную травму, после которой он перенес много операций и стал думать о «смысле жизни». Дмитрий Михеев работал над кандидатской по физике в МГУ, когда он провел в университете дебаты «Социальные идеалы». Он провел шесть лет в заключении. Позднее он иммигрировал в США и работал в Гудзоновском институте. Долишний умер во время ссылки в Сибири. Все эти люди, кроме русских — Михеева и меня, были националистами по своим политическим убеждениям. Михеев и я рассуждали очень просто: не будет шанса для свободы в России, пока существует империя. [PX=10]

74

"Those convicted of violating Article 70 would be allowed to emigrate from the Soviet Union."
«Мне сказали другие заключенные, что все осужденные по 70-й статье могут уехать из Союза».
[PX=10]
PERIOD: 1976.
FRQ: Once.
EMOTION: Revelation.
CONTEXT: Other prisoners told me that. This was a complete surprise to me. I thought about this quite a bit. Several times I was put into solitary confinement for organizing strikes. Once it was 40-degrees below zero and the temperature in solitary dropped to 32 Fahrenheit. You were sent to solitary without any warm clothes and I got chilled to the bone and couldn't stop shaking. At that point I decided, "I will leave this country and get my whole family out." For some, reason, I kept thinking, especially, about my younger brother, who was still a schoolboy.

Это было полным сюрпризом для меня. Я много над этим думал. Несколько раз я сидел в штрафном изоляторе за организацию забастовок. Однажды был 40-градусный мороз и температура в штрафном изоляторе упала до нуля по Цельсию. В штрафном изоляторе полагается быть без верхней одежды, и я замерз до костей, меня всего трясло. Тогда я решил: «Из этой страны надо уезжать и вывести всех родных». Особенно я почему-то думал о своем младшем брате, который тогда учился в школе. [PX=10]

75

"You will be under surveillance in the West all your life."
«Ты будешь под слежкой на западе всю жизнь».
[PX=10; OPX=1]
PERIOD: 1976.
FRQ: Once.
EMOTION: Friendly warning.

3. Early Background

CONTEXT: A former military attaché told me this — the fact to which I did not pay much attention at the time.

Это сказал мне бывший военный атташе — то, на что я тогда не обратил большого внимания. [PX=10; OPX=1]

76
"My behavior in the camp made the authorities uneasy."
«Мое поведение в лагере внушало беспокойство начальству».
[PX=10]
PERIOD: Leading to April 1977.
FRQ: Once.
EMOTION: Caution.
CONTEXT: The investigator on my case came from Sverdlovsk. He called me in and, staring at the ground, as if he himself were ashamed of what he was saying, he told me that I had deceived the KGB, and they had given me too short a sentence. He then announced that if I wanted to continue my studies at the university, I would have to inform on my friends. Appalled, I absolutely refused. This was the last time I ever saw a KGB agent in his official capacity. My relationship with the KGB had been defined once and for all.

Из Свердловска приехал следователь по моему делу. Он вызвал меня и, смотря глазами в пол и как бы сам стыдясь того, что говорит, стал объяснять, что я обманул КГБ и что они дали мне слишком маленький срок. Он продолжил это заявлением, что, если я хочу закончить учебу в университете, то должен буду давать информацию на своих друзей. Возмущенный, я наотрез отказался. Это был последний случай, когда я видел кэгэбиста при исполнении служебных обязанностей. Мои отношения с КГБ были раз и навсегда определены. [PX=10]

77
"A special regime prisoner — to the head of the column. One step aside — the guards open fire without a warning."
«Заключенный особого режима — во главу колонны. Один шаг в сторону — конвой стреляет без предупреждения».
[PX=10]
PERIOD: About April 1977.
FRQ: Once.
EMOTION: Loud warning.
CONTEXT: A month before my sentence was up, I was taken back to the prison in Sverdlovsk, as a prisoner "showing no signs of rehabilitation." On the way back to Sverdlovsk, the convoy referred to me not merely as a "stringent regime prisoner" (who I technically was) but as a "special regime" prisoner. There were four levels of severity of the prison camp regime in the U.S.S.R.:
- "common" (the least severe),
- "reinforced,"
- "stringent,"

3. Early Background

- and "special" (the most severe).

The idea that I had earned myself the maximum-security designation in the Soviet labor camp code filled me with pride.

За месяц до конца срока меня перевели обратно в Свердловский изолятор, как «не ставшего на путь исправления». По дороге обратно в Свердловск конвой называл меня уже не заключенным строгого режима, а особого режима. В СССР существовало четыре уровня режима в лагерях:

- «общий» (наименее суровый),
- «усиленный»,
- «строгий»,
- и «особый» (наиболее суровый).

Мысль о том, что я заработал себе самый суровый режим советского исправительно-трудового кодекса, наполняла меня гордостью. [PX=10]

78

"I was carrying a heavy pack containing books bought with the money I had earned."

«Я тащил на себе тяжеленный рюкзак с купленными на заработанные деньги книгами».

[PX=10]

PERIOD: About April 1977.

FRQ: Once.

EMOTION: Good memories.

CONTEXT: The main books from the camp were:

- Structuralism: A good introduction to structuralist thinkers was published in the U.S.S.R. I bought the book at a prison bookstore. Structuralism made large impression on me.
- Sociology:
  - George Mead[356],
  - Weber[357],
  - Durkheim[358],
  - and Fromm[359]

  became interesting for me after studying a book
  - *American Sociology*

  (translated from English and with the subtitle: "Only for public libraries").

---

[356] Sociology: Mead (1967).
[357] Sociology: Weber (1976), (1978), and (1993).
[358] Sociology: Durkheim (1993).
[359] Sociology: Fromm ([1942] 1989); see also: Philosophy: Fromm (2019) and (2021).

3. Early Background

Главные книги из лагеря были:

- Структурализм: Это было хорошее введение к структуралистским мыслителям, опубликованное в СССР. Я купил эту книгу в тюремном книжном ларьке. Структурализм произвел большое впечатление на меня.
- Социология:
  - Джордж Мид[360],
  - Вебер[361],
  - Дюркгейм[362],
  - и Фромм [363]
  — эти социологи заинтересовали меня после того, как я изучил книгу
  - *Американская социология*
  (в переводе с английского и с подзаголовком: «Только для библиотек»).

[PX=10]

79

"In Sverdlovsk, they tried to brainwash me, but nothing came of it: my convictions had been strengthened in camp."

«В Свердловске меня принялись обрабатывать, но все это уже было ни к чему — я закалился в своих взглядах в лагере».

[PX=10]

PERIOD: About April — May 1977.

FRQ: Once.

EMOTION: Pride in one's convictions.

CONTEXT: Then an incident occurred, which I suspect was instigated by the KGB. A prisoner who shared my cell (guess who he was working for?) picked a fight with me. In response I declared myself to be on a hunger strike (I wrote a report to the Supreme Soviet that I was thus protesting the Gestapo methods of the KGB) and spent the last 2 weeks until my sentence was over alone in a cell (there was a regulation that prisoners on hunger strikes must be isolated completely, and this regulation was observed by the prison administration).

Sometime into my two-week hunger strike the prison authorities started to force feed me. For that I was fastened to a chair, a tube was inserted through my nose, and some liquid food was pumped through the tube (very much like many years later Guantanamo prisoners were forced-fed during their hunger strike). It was not the most pleasant experience in my life, but I was young and healthy, and,

---

[360] Sociology: Mead (1967).
[361] Sociology: Weber (1976), (1978), and (1993).
[362] Sociology: Durkheim (1993).
[363] Sociology: Fromm ([1942] 1989); see also: Philosophy: Fromm (2019) and (2021).

3. Early Background

unlike some Guantanamo prisoners, did not have any bad side-effects from being force-fed. The prison doctors and nurses were sympathetic to a political prisoner like me, and, on the balance, I was quite OK. (After the completion of my prison term, it was known to many people that I was on that hunger strike and some of them told me that I was playing with death. I remember my surprise at these words. I did not feel like that, even though I lost quite a bit of weight during this hunger strike — as far as I remember I weighted around 50 kg or 110 pounds by the end, being of the height 180 centimeters or 6 feet. I thought of it more like of being on a diet.)

I left the prison on May 28, 1977, having served my entire sentence.

Тогда произошёл инцидент, который, я подозреваю, был инсценирован КГБ. Уголовник, который сидел со мной в камере («известно кто»), подрался со мной. В ответ я объявил голодовку (написал заявление в Верховный Совет, что таким образом протестую против гестаповских методов КГБ) и оставшиеся две недели до конца срока был в камере один (было правило, что голодающий должен быть в полном одиночестве, и это правило тюремным начальством соблюдалось).

В какой-то момент этой двухнедельной голодовки меня стали насильно кормить. Для этого меня привязывали к стулу, резиновая трубка всовывалась мне в нос, и какого-то рода питательный раствор закачивался через нос в желудок (очень похоже на то, как много лет спустя кормили заключенных Гуантанамо во время их голодовки). Это было не из самых приятных ощущений моей жизни, но я был молод и здоров и, в отличие от некоторых заключенных Гуантанамо, не имел никаких плохих посторонних последствий от того, что меня насильно кормили. Тюремные доктора и сестры симпатизировали такому политическому заключенному как я, и в целом я чувствовал себя нормально. (После того, как мой тюремный срок закончился, оказалось, что многие люди знали, что я объявлял голодовку, и некоторые из них говорили мне, что я играл со смертью. Я помню мое удивление от этих слов. Я так не считал, хотя и потерял много в весе за время голодовки — насколько я помню, я весил около 50 кг к концу, при росте в 180 см. Для меня это было скорее похоже на то, как если бы я был на диете.)

Вышел из тюрьмы 28 мая 1977-го года, отбыв весь срок. [PX=10]

80
"I felt that I found authentic existence."
«Я чувствовал, что нашел неподдельное существование».
[PX=10]
PERIOD: About April — May 1977.
FRQ: Once.
EMOTION: Eureka.
CONTEXT: overall, I can say that my time in the camp was the time I felt myself the freest. People who are at liberty are not truly free. This is hard to understand. The philosopher who comes closest of all to understanding this is Heidegger, who

3. Early Background

said that a person could feel himself to be free even in prison. Compare also:

"For ... Martin Heidegger, a sense of authentic existence is given to each person when he realizes his true subjectivity, which his life in the world and his social transactions so often conceal. Authentic existence is often contrasted with cosmic anxiety — *i.e.*, anxiety of a deep and far-reaching kind to which the antidote is to find oneself and one's freedom in a total commitment to what is called the ground of Being."[364]

По сей день мне представляется, что самым свободным человеком я чувствовал себя в лагере. На воле люди не свободны. Это трудно объяснить. Из философов это лучше всех понял Хайдеггер , который говорил, что человек может чувствовать себя свободным и в тюрьме.

«По ... Мартину Хайдеггеру, смысл неподдельного существования дается каждому человеку, когда он реализует свою настоящую субъективность, которую его жизнь в мире и его социальные взаимодействия так часто маскируют. Неподдельное существование часто контрастируется с космическим беспокойством — *т. е.*, беспокойством глубокого и далеко идущего типа, противоядием к которому является обнаружение самого себя и своей свободы в тотальном посвящении себя тому, что называется основанием Бытия».[365]

[PX=10]

---

[364] Reference: Encyclopedia Britannica (1983)(1), v. 15, p. 597; see also: Philosophy: Dreyfus (2005), Guignon (2007), Turner (2000)(1), Cahoone (2003), and Wrathall (2013).
[365] Reference: Encyclopedia Britannica (1983)(1), v. 15, p. 597; see also: Philosophy: Dreyfus (2005), Guignon (2007), Turner (2000)(1), Cahoone (2003), and Wrathall (2013).

3. Early Background

In the United States, the FBI openly doubted that I was convicted according to the Article 70, "Anti-Soviet Agitation and Propaganda". And people, who do not like my political views, call me "Pinocchio", that is the person who lies; one such episode on December 28, 2021 moved me to cite the following email, which I received from one of my friends in Russia on June 21, 2018:

В США, ФБР открыто ставило под сомнение тот факт, что я был осужден по 70-й Статье, «Антисоветская агитация и пропаганда». И люди, которым не нравятся мои политические взгляды, называют меня «Пиноккио», т. е. человеком, который лжет; один такой эпизод 28 декабря 2021-го года подвинул меня процитировать следующее электронное письмо, которое я получил от одного моего друга в России 21 июня 2018-го года:

Здравствуй Саша!
Случайно нашел следующую страничку о тебе. https://ru.openlist.wiki/Аваков_Александр_Владимир ович_(1954)

Аваков Александр Владимирович (1954) [править формуляр]

- **Дата рождения:** 1954 г.
- **Место рождения:** Аз.ССР, Баку
- **Пол:** мужчина
- **Национальность:** русский
- **Гражданство (подданство):** СССР
- **Социальное положение:** учащийся
- **Образование:** Н/высшее (Уральский ГУ)
- **Профессия / место работы:** студент 5 курса Уральского ГУ
- **Место проживания:** г. Свердловск

- **Дата ареста:** 28 ноября 1975 г.

3. Early Background

- **Осуждение:** 12 марта 1976 г.
- **Осудивший орган:** Свердловский облсуд
- **Статья:** 70 ч.1 УК РСФСР
- **Приговор:** 1 г. 6 м.
- **Место отбывания:** Пермские лагеря

- **Источники данных:** БД "Жертвы политического террора в СССР"; НИПЦ "Мемориал", Москва

3. Early Background

3.10   *After the Camp: Life Got More Dangerous and More Interesting*

81

"Because I showed no signs of being 'rehabilitated,' I was placed under administrative supervision."

«««Не встав на путь исправления», я получил после лагеря административный надзор».

[PX=10]

PERIOD: About May 1977 — May 1978.

FRQ: Once.

EMOTION: Anger at extrajudicial punishment.

CONTEXT: This is an extrajudicial punishment, which meant that I had to remain at home between 8 p.m. and 6 a.m., and that I had to report to the police once a month.

Эта внесудебная мера наказания заключалась в том, что я должен был находиться дома с 8 вечера до 6 утра, и должен был отмечаться раз в месяц в милиции. [PX=10]

82

"Because of this restriction, the only job I could get was as a mail carrier. After a year, the administrative supervision was terminated, and I began to work as a computer programmer."

«По причине надзора я смог устроиться работать только почтальоном. Через год надзор кончился, и я устроился программистом».

[PX=10]

PERIOD: About 1977-1978.

FRQ: Once.

EMOTION: Outrage at restrictions.

CONTEXT: A computer programmer is the profession, at which I still work to this day.

Профессия программиста осталась у меня по сей день. [PX=10]

3. Early Background

Our family in 1977, after the camp. From left to right: my brother, me, my mother, my grandmother, and my father.
Наша семья в 1977-м году, после лагеря. Слева направо: мой брат, я, моя мама, моя бабушка и мой отец.

3. Early Background

83

"You are denied the right to serve in the Soviet Army due to your behavior."

«Вы лишены права служить в Советской армии за свое поведение».

[PX=10]

PERIOD: About 1979.

FRQ: Once.

EMOTION: Relief.

CONTEXT: Neither my brother nor I had to serve in the Army — they gave us "white tickets" (exemptions). (I was called in before the military commissariat (draft board) and just when I was sure that I was going to be drafted, they informed me that I was "denied the right to serve in the Soviet Army due to my behavior").

Ни я, ни мой брат в армию не попали — нам выдали белые билеты. (Меня вызвали в военкомат и, когда я уже думал, что меня забирают в армию, сказали, что я «лишен права служить в Советской армии за свое поведение».)

[PX=10]

84

"My life only began in earnest after the camp."

«Моя жизнь по-настоящему только и началась после лагеря».

[PX=10]

PERIOD: 1977-1981.

FRQ: Many times.

EMOTION: Inspiration.

CONTEXT: If you do not count petty inconveniences, overall, it was not so bad. My entire family was behind me. We found certain advantages in the position in which we found ourselves. The period after my release and before our emigration was one of the most interesting and best periods of my life. For this I am beholden first and foremost to our friends.

The intellectual life of that period was inspired by very intense communications with two main my university friends, Sergey Gladkov and Saveli Goldberg; sometimes, we were joined by a third our university friend, Timofeyev (Tim). These friends had been checked by the events after my arrest — they did turn away from our family and had provided a lot of support for my parents during my imprisonment. It happened that parents of one of the two main friends, Sergey Gladkov, vacated an apartment for their children. So, at this apartment we spent most of our discussion time, in which also took part the younger brother and sister of that my friend, Alesha and Natasha, and his uncle, Sanya, a promising nuclear physicist. My younger brother, Andre, also took part; sometimes, we were joined by my brother's girlfriend, Zina Gruzdeva, — his future wife, and by yet another our university friend, Tim. All the participants were highly educated, at the ages 20-27; the uncle was little older at about 30 years old. We dined together, had some drinking — as, I suppose, is usual in similar situations — and exchanged impressions about books read, music loved, films seen, and had intense discussions on all issues political, social, philosophical, and problems of morality and life in general.

3. Early Background

I have an educated suspicion that all the time we had been closely monitored by the KGB. In fact, some members of our circle confessed to us that they were called for "conversations" with the KGB. I do not blame them for those "conversations". First of all, under the circumstances of the times it was all but impossible to refuse from taking part in those "conversations". Second, I have complete confidence in honesty of these members of our circle and trust that they tried to defend our interests in front of the KGB officers. Of course, the news of such "conversations" added to our caution and forced us to be mindful of open provocations. But, having open eyes on all this, I am tremendously grateful to all members of our circle for one of the most intellectually stimulating periods in my life and for the sense of true comradery.

I have to say that I had not experienced any consequence for me personally as the result of my participation in our circle. There was just one suspicious incident when I was struck by a car while crossing a street near the place where our meetings took place. I had a concussion, lost consciousness and had to spent several days in a hospital. On one hand, this may sound like a KGB hand as it is quite skillful in operations intended to "warn, but not to kill", and probably considered me too hard-code "dissident" to deal in any other way. On the other hand, I am not sure I can play the victim in this case as it could be simply the result of my absent-mindedness while crossing the street.

Если не считать маленькие неудобства, в целом было не так плохо. Все мои родственники были на моей стороне. Мы нашли определенные плюсы в создавшемся положении. Этот период до нашей эмиграции — один из самых интересных и светлых за прожитые мною годы. В этом заслуга прежде всего друзей.

Интеллектуальная жизнь этого периода была вдохновлена очень тесным общением с двумя главными моими университетскими друзьями, Сергеем Гладковым и Савелием Гольдбергом; иногда к нам присоединялся также третий наш университетский друг, Тимофеев (Тим). Эти друзья были проверены событиями после моего ареста — они не отвернулись от нашей семьи и очень помогали моим родителям в период моего тюремного заключения. Так сложилось, что родители одного из двух главных моих друзей, Сергея Гладкова, оставили квартиру своим детям. И в этой квартире мы проводили большую часть своих дискуссий, в которых участвовали младшие брат и сестра этого моего друга, Алеша и Наташа, и его дядя, Саня, многообещающий физик-ядерщик. Мой младший брат, Андрей, также принимал участие; иногда к нам присоединялись девушка моего брата, Зина Груздева, — его будущая жена, а также еще один наш университетский друг, Тим. Все участники были высоко образованы, в возрасте 20-27; дядя был немного старше, чем остальные, в возрасте около 30 лет. Мы вместе обедали, немного выпивали — что, я думаю, обычно в таких ситуациях — и обменивались впечатлениями о прочитанных книгах, любимой музыке, просмотренных фильмах и пускались в интенсивные обсуждения по всем

3. Early Background

вопросам политическим, социальным, философским и проблемам нравственности и жизни вообще.

У меня есть оправданное подозрение, что все время за нами пристально следило КГБ. На самом деле некоторые участники нашего кружка признавались, что их вызывали на «собеседования» в КГБ. Я не осуждаю их за участие в этих «собеседованиях». Во-первых, при обстоятельствах того времени было практически невозможно отказаться от участия в таких «собеседованиях». Во-вторых, я полностью доверяю честности этих участников нашего кружка и верю, что они пытались защищать наши интересы перед офицерами КГБ. Конечно, сообщения о таких «собеседованиях» добавляли нам осторожности и заставляли избегать открытых провокаций. Но, имея открытые глаза на все это, я чрезвычайно благодарен всем участникам нашего кружка за один из самых интеллектуально стимулирующих периодов моей жизни и за настоящее товарищество.

Должен сказать, что я не испытывал никаких последствий для себя лично в результате своего участия в нашем кружке. Был только один подозрительный инцидент, когда я был сбит машиной при переходе улицы недалеко от места наших встреч. У меня было сотрясение мозга, я потерял сознание и должен был провести несколько дней в госпитале. С одной стороны, это может звучать как рука КГБ, поскольку эта организация очень умеет проводить операции, предназначенные «предупредить, но не убить», и, вероятно, рассматривала меня как слишком убежденного «диссидента», чтобы иметь дело со мной иным образом. С другой стороны, я не уверен, что могу представлять себя как жертву в этом случае, поскольку он мог быть просто результатом моей рассеянности при переходе улицы. [PX=10]

METACONTEXT-A: Many years later, in America, one Czech woman, after reading my book, said that what I did was "stupid" and that I was an "idiot." I beg to disagree. In the ideologically sterile atmosphere of the Soviet Union, the very appearance of a person convicted for a political offense was eventful and had profound effect on thousands of people who encountered me or knew my story.

Among the people who were receptive to my story or ideas were not only prisoners and ordinary people, or friends who knew me, but also unknown educated ones. Thus, when, after the end of my prison sentence, I met the Rector of the Ural State University asking if there were any possibilities for me to complete my university education, I encountered a very friendly person. His answer was negative, but you feel the attitude of a person who is talking to you. The Rector was very polite, his eyes were burning. Perhaps he was familiar with the ideas of my leaflets. He was clearly delighted to meet "that student" who wrote "these leaflets".

What I did was the result of many facets of education and grasp of the needs of people, though, it was in many aspects subconscious and for me it has taken years to fully understand the rational kernel in my behavior.

Vladimir Voinovich described in one of his books his conversation with a woman-dissident who was once imprisoned in the Soviet Union and was getting

3. Early Background

ready for the next prison term. The woman told him that she hated the revolutionaries who led to the revolution of 1917. Voinovich replied that she would be one of the revolutionaries if she lived in the 19th century.[366] That is a very exact observation. Over the last 200 years, Russia has known relatively free periods and periods of repressive police regime. During the repressive periods of Russian history, there were people who committed acts that seemed to be destined for defeat, but which were nevertheless very important for movement of life forward. In 1849, Fyodor Dostoyevsky was arrested for his involvement in the Petrashevsky Circle, a secret society of utopians that also functioned as a literary discussion group. He was condemned to death (which was commuted to incarceration in the last moment of the mock execution) for merely reading the letter of Belinsky to Gogol.[367] "Revolutionaries" or "dissidents" is a peculiar Russian form of how the nation thought in the periods when open political movements or even political freedom of speech were impossible.

Много лет спустя в Америке одна чешка, после чтения моей книги сказала, что то, что я сделал было глупостью, а я — идиот. Позволю себе не согласиться. В идеологически стерильной атмосфере Советского Союза просто даже появление человека, осужденного за политическое преступление, было событием, которое оказывало сильное воздействие на тысячи людей, вступавших со мной в контакт или знавшим мою историю.

Среди людей, которые были восприимчивы к моей истории или идеям, были не только заключенные и обыкновенные люди, или друзья, которые знали меня, но также и образованные незнакомые мне люди. Так, когда, после окончания моего тюремного срока, я встретился с ректором Уральского Государственного Университета, пытаясь выяснить есть ли какая-то возможность для меня закончить свое высшее образование, я обнаружил в нем очень дружелюбно расположенного человека. Его ответ был отрицательным, но вы чувствуете отношение человека, разговаривающего с вами. Ректор был очень вежлив, его глаза горели. Возможно, он был знаком с идеями моих листовок. Ему реально импонировало повстречать «того студента», который написал «эти листовки».

То, что я сделал, было результатом многих аспектов образования и понимания того, что было нужно людям, хотя во многих аспектах это было подсознательным, и мне потребовались годы, чтобы понять рациональное зерно в моем поведении.

Владимир Войнович описывает в одной из своих книг разговор с женщиной-диссидентом, которая была уже в тюрьме в Советском Союзе и готовилась к новой посадке. Женщина говорила ему, что ненавидит

---

[366] *Anti-Soviet Soviet Union*, in: Literature: Voinovich (1995), v. 4, p. 205-206.
[367] See: https://en.wikipedia.org/wiki/Fyodor_Dostoyevsky, https://en.wikipedia.org/wiki/Petrashevsky_Circle, and "Open Lesson with Dmitry Bykov. 'Misunderstood Nekrasov'" [Открытый урок с Дмитрием Быковым. 'Непонятый Некрасов'] at https://www.youtube.com/watch?v=YtA6kcSZkUo.

3. Early Background

революционеров, которые привели к революции 1917-го года. Войнович ответил, что она была бы одним из революционеров, если бы она жила в 19-м веке.[368] Это очень точное замечание. За последние 200 лет Россия знала относительно свободные периоды и периоды репрессивного полицейского режима. В репрессивные периоды русской истории были люди, которые совершали поступки, по всей видимости, обреченные на поражение, но, тем не менее, очень важные для продвижения жизни вперед. В 1849-м году, Федор Достоевский был арестован за участие в кружке Петрашевцев, секретном утопическом обществе, которое также функционировало как литературный дискуссионный клуб. Он был осужден к смертной казни (которая была заменена на тюремное заключение в последний момент инсценированной казни) только за чтение письма Белинского к Гоголю.[369] «Революционеры» или «диссиденты» это специфически русская форма, в которой думала нация, в периоды, когда открытые политические движения или даже политическая свобода слова были невозможны. [PX=10]

85

"It should be stated that after my arrest, society (the people around us) split with regard to our family: some friends turned away from us, and others remained."

«Надо сказать, что после моего ареста общество раскололось по отношению к нашей семье: одни друзья отвернулись от нас, другие остались».

[PX=10]
PERIOD: 1977-1981.
FRQ: Many times.
EMOTION: Enthusiasm.
CONTEXT: Those friends who remained revealed themselves to us in a new and better light. They did not talk about God, but they believed in God. Our friends created a completely extraordinary atmosphere around us. We lived an intense spiritual life in a kind of intellectual magnetic field that was clearly delineated from the rest of the milieu surrounding us. After the camp, I became vastly more confident and creative in my convictions and everyone forgot that I had once been a "Marxist."

Те друзья, кто остались, раскрылись с новой, лучшей стороны. Они не говорили о Боге, но они верили в Бога. Друзья создали совершенно необычную обстановку вокруг нас. Мы жили напряженной духовной жизнью в резко выделяющемся из окружающей среды нонконформистском магнитном поле. Мои взгляды после лагеря стали гораздо более умеренными и творческими, и все забыли, что я был когда-то «марксистом». [PX=10]

86

---

[368] *Anti-Soviet Soviet Union*, in: Literature: Voinovich (1995), v. 4, p. 205-206.
[369] See: https://en.wikipedia.org/wiki/Fyodor_Dostoyevsky, https://en.wikipedia.org/wiki/Petrashevsky_Circle, and "Open Lesson with Dmitry Bykov. 'Misunderstood Nekrasov'" [Открытый урок с Дмитрием Быковым. 'Непонятый Некрасов'] at https://www.youtube.com/watch?v=YtA6kcSZkUo.

3. Early Background

"I had read intensely in this period."

«Я много читал в этот период».

[PX=10]

PERIOD: 1977-1981.

FRQ: Many times.

EMOTION: Enthusiasm.

CONTEXT: The main books I read in this period were:

- Anthropology:
  - Lévi-Strauss[370].

  Lévi-Strauss was, in my eyes, a colorful representative of structuralism. I knew Lévi-Strauss very well.

- Sociology:
  - Sorokin[371].

  Sorokin received his reference for additional reading from the book describing forcible emigration of intellectuals from Russia in 1922 and from the book about the history of philosophy in Russia in yearly 1920's.

- Theorists of the separation of powers and law:
  - Polybius[372],
  - Cicero[373],
  - Hobbes[374],
  - Locke[375],
  - Montesquieu[376].

  The question, that concerned me, was: why America had managed to avoid cataclysms in its 200-year history. A dissenting Soviet academic historian introduced me to Polybius and Cicero. There was a good book about Montesquieu with massive citations accompanied by commentaries published in the U.S.S.R. The analogous books about Hobbes and Locke followed.

- Encyclopedists:
  - Voltaire[377],
  - Diderot[378],

---

[370] Anthropology: Lévi-Strauss (1963), (1967), (1968), (1969), (1973)(1) and (2), (1977), (1978), (1981), (1982), (1986), (1987)(1), (2), and (3), (1995), (1996)(1), (2), and (3), and (1997).

[371] Sociology: Sorokin (1970) and (1992).

[372] History: Polybius (1979-1993); see also: Marincola (2007).

[373] Philosophy: Cicero (1970) and (1991); see also: Griffin (2009), Ackerman (2012), Ormand (2012), and Atkins (2021).

[374] Philosophy: Hobbes (1985).

[375] Philosophy: Locke (1988) and (1993).

[376] Philosophy: Montesquieu (1993).

[377] Philosophy: Voltaire (1988) and (1994).

3. Early Background

- - Rousseau[379].

These are the best companions of any free thinkers under authoritarian rule. A book of selected chapters from French Encyclopedia was published in the Soviet Union.

- Liberal theory of the 19th century:
  - - Mill[380].

Liberal political theory seemed universal and most contemporary. Mill was in a book with heavy citations.

- History of philosophy:
  - - Russell[381].

This was a window into western perspective on philosophy. It was published in Russia.

- Renaissance thinkers:
  - - Erasmus[382].

The correspondence between Erasmus and Luther had a magical attraction. Erasmus did not look suspicious to the Soviet censors — it was published.

- American pragmatists:
  - - James[383].

Psychological aspects of philosophy in pre-revolutionary publications of James sounded like eureka.

- Critique of the enlightenment:
  - - Ortega y Gasset[384].

Anything that could give an answer to the question, "When did all this madness start?" was interesting. Acquaintance was made through a book of commentaries published in the U.S.S.R.

- Theory of cognition:
  - - Husserl[385].

This philosophy sounded like a mathematical justification to "the other possibilities" in this "hopeless" life. The theory of cognition was not deemed particularly subversive in the late Soviet Union.

- Existentialism:
  - - Jaspers[386].

---

[378] Philosophy: Diderot (1992).
[379] Philosophy: Rousseau (1993)(1), (2), and (3).
[380] Philosophy: Mill (1987) and (1993).
[381] Philosophy: Russell (1996).
[382] Philosophy: Erasmus (1987) and (1993).
[383] Philosophy: James (1994).
[384] Philosophy: Ortega y Gasset (1941), (1957), (1962), (1963), (1967), (1975), and (1986).
[385] Philosophy: Husserl (1982).

3. Early Background

I was attracted to it because it was written in a comparatively clear style for existentialism. I acquainted with Jaspers from a special "critical" book.

- Religious existentialism:
  - Marcel[387].

It sounded like a good idea to unite religion with the modern philosophy. There was a good book about Marcel published in the Soviet Union.

- Classical philosophy:
  - Kant[388],
  - Hegel[389].

There was a collection of Hegel's works published in the U.S.S.R. — Soviet establishment did take him seriously. As far as Kant — it was the philosophy of a person who understood the spirit of mathematics, which is the foundation of modern science; besides, Kant was a good person — he had a good attitude towards human rights. There was a collection of Kant's works published in the U.S.S.R.

- Early renaissance political philosophy:
  - Machiavelli[390].

My attitude towards Machiavelli was ambivalent: I was attracted to his deep thoughts about statesmen, but was troubled by his cynicism.

- "Dark language" philosophies:
  - Heidegger[391],
  - Sartre[392].

I did not like philosophers whose style I considered difficult for understanding; for that reason I avoided spending too much time reading Heidegger and Sartre, but I had to acknowledge the originality of some of their ideas when they were clearly formulated — usually by commentators.

- Psychology:
  - Freud[393].

In the late period of my Soviet life, I acquainted with Freud from the pre-revolutionary publications and

---

[386] Philosophy: Jaspers (1954), (1956), (1989), (1993), (1994), and (1995).
[387] Philosophy: Marcel (1995).
[388] Philosophy: Kant (1963-1966), (1994), and (1996).
[389] Philosophy: Hegel (1977), (1991), (1993), and (1995).
[390] Philosophy: Machiavelli (1993).
[391] Philosophy: Heidegger (1977) and (1993)(1) and (2).
[392] Philosophy: Sartre (1965) and (1993).
[393] Psychology: Freud (1962-1975).

3. Early Background

publications of 1920's.

- Understanding the human nature:
  - Adler[394].

  Trying to understand Adler from the Soviet commentaries.

- Analysis of constitutions of the countries of the world: There was a good book with the analysis of the work of different constitutions published in 1970's.

- Administrative law of the U.S.: I carefully studied the book about American administrative law — that is where I learned about the Freedom of Information Act.

- The most devastating critique of Marxism:
  - Popper[395].

  There was a big book published in the Soviet Union with detailed "critique" of Popper, which was accompanied by much more convincing big citations from Popper's works. After reading Popper I became his ardent follower. I became highly critical of Hegel and shied away from
  - Plato[396].

  Popper argued forcefully that Plato, in the *Republic*, laid down the vision of society, which, through a philosophical tradition including Hegel, led to totalitarianism. Both Plato and Hegel regained themselves somewhat in my eyes in the later life.

- Journals: After the camp I dramatically increased my subscription to include
  - "Questions of Philosophy,"
  - "Questions of History,"
  - "Foreign Military Review,"
  - "Questions of Statistics,"
  - and various "referential journals" on economics.

- Report to the Club of Rome:
  - Meadows[397].

  That report from the point of view of non-economic scientists introduced us to the problems of environment and limits to growth.

- U.N.-sponsored report prepared under the guidance of a Nobel prizewinner in economics:

---

[394] Philosophy: Adler (2021).
[395] Philosophy: Popper (1979), (1989), (1991), and (1992).
[396] Philosophy: Plato (1996); see also: Plato (1993)(1) and (2).
[397] Economics: Meadows (1972).

3. Early Background

       ▪   Leontief[398].

This was a study about scenarios of the world economic growth in the next 100 years taking into account resource constraints.

- Literary existentialism: We all (I mean our friends and our family) had read
  - *The Plague* by Albert Camus[399]

during the outbreak of anthrax after an accident in Sverdlovsk biological weapons laboratory in 1979.

- Among regular books:
  - Faulkner[400],
  - Hemingway[401],
  - Anatole France[402],
  - Remarque[403],
  - Bitov[404],
  - Čapek[405],
  - Ovchinnikov[406],
  - Amiradjibi[407],
  - Astafyev[408],
  - Márquez[409],
  - Vonnegut[410],
  - Fallada[411],
  - Böll[412].

We were mesmerized by Faulkner's language and the fact that he was American; but looking from the socialist soil we were able to penetrate into the depth of his descriptions only to a limited degree. In that period, I read books by Hemingway which were different from his regular apolitical works: *Farewell to Arms*, *For Whom the Bell Tolls*, — they had especial meaning in the Soviet context. We, young guys, were curious about the views of Anatole France on the role of love in the

---

[398] Economics: Leontief (1977).
[399] Literature: Camus (1991).
[400] Literature: Faulkner (1984)(1), (2), and (3), (1993), and (2006).
[401] Literature: Hemingway (1995)(1) and (2).
[402] Literature: France (1909).
[403] Literature: Remarque (1998)(1) and (2).
[404] Literature: Bitov (1980).
[405] Literature: Čapek (1974-1977).
[406] Literature: Ovchinnikov (2008).
[407] Literature: Amuradjibi (1993).
[408] Literature: Astafyev (1982).
[409] Literature: Márquez (1971) ; see also: Philosophy: Nuccetelli (2010).
[410] Literature: Vonnegut (1969).
[411] Literature: Fallada (1990).
[412] Literature: Böll (1989)(1) and (2), (1995), and (2000).

3. Early Background

human society and history in his *Penguin Island*. We absolutely adored Erich Maria Remarque, especially unbeatable, hilarious humor of *The Black Obelisk* and Parisian romantics of *Arch of Triumph*. Among the short stories of Andrey Bitov especially memorable was *The Trip to Armenia*, describing the genocide of Armenians. Russian intelligentsia has always had nostalgia for British Magna Carta conservatism — so we read Čapek 's *Travel to England* and Ovchinnikov's *Roots of an Oak Tree*. Amiradjibi's book *Data Tutashkhia*, about a person in the pre-revolutionary Russia going against the government out of moral principles, was one of the most memorable fiction books of the period for me. We also loved Astafyev at that time for his realistic descriptions of collectivization and the war. The magical reality of Gabriel Garcia Márquez is beautiful without any politics; but we also noticed some parallels between the conditions of life in Columbia and the U.S.S.R. We were easily convinced by the anti-war attitude of Kurt Vonnegut's *Slaughterhouse-Five*. We were greatly impressed by Hans Fallada's description of pre-Nazi Germany; we could easily identify ourselves with the heroes of *Everybody Dies Alone*, husband and wife posting leaflets in the war-time Berlin after the death of their son at the front until their inevitable capture by Gestapo. This novel of Fallada was read and reread many times in our family — it hit too close to home. Heinrich Böll was an important symbol of new Germany for us; his description of the war from the point of view of regular people — as well as his sympathy for social dissidents — appealed to us.

- In poetry and songs,
  - Vladimir Vysotsky[413]
  struck a chord in the years after the prison camp.
- These years coincided with another masterpiece of
  - Andrei Tarkovsky, *Stalker*,
  which we all saw with extreme attention.

Основными книгами, прочитанными мною в этот период, были:

- Антропология:

---

[413] Literature: Vysotsky (1995).

3. Early Background

- Леви-Стросс[414].

Леви-Стросс был в моих глазах красочным представителем структурализма. Я хорошо его знал.

- Социология:
    - Сорокин[415].

Я получил ссылку на Сорокина из книги, описывающей насильственную высылку интеллектуалов из России в 1922-м году, и из книги об истории философии в России в начале 1920-х годов.

- Теоретики разделения властей и теории права:
    - Полибий[416],
    - Цицерон[417],
    - Гоббс[418],
    - Локк[419],
    - Монтескье[420].

Вопрос, интересовавший меня, был: почему Америка умудрилась избежать русских катаклизмов за все свои 200 лет. С Полибием и Цицероном меня познакомил диссидентствующий советский историк академик. Хорошая книга о Монтескье, с обширными цитатами и комментариями, была издана в СССР. За ней последовали аналогичные книги о Гоббсе и Локке.

- Энциклопедисты:
    - Вольтер[421],
    - Дидро[422],
    - Руссо[423].

Эти философы — лучший попутчик свободомыслия при любом авторитарном режиме. Книга избранных глав из Французской энциклопедии была издана в Советском Союзе.

- Либеральная теория 19-го века:

---

[414] Anthropology: Lévi-Strauss (1963), (1967), (1968), (1969), (1973)(1) and (2), (1977), (1978), (1981), (1982), (1986), (1987)(1), (2), and (3), (1995), (1996)(1), (2), and (3), and (1997).

[415] Sociology: Sorokin (1970) and (1992).

[416] History: Polybius (1979-1993); see also: Marincola (2007).

[417] Philosophy: Cicero (1970) and (1991); see also: Griffin (2009), Ackerman (2012), Ormand (2012), and Atkins (2021).

[418] Philosophy: Hobbes (1985).

[419] Philosophy: Locke (1988) and (1993).

[420] Philosophy: Montesquieu (1993).

[421] Philosophy: Voltaire (1988) and (1994).

[422] Philosophy: Diderot (1992).

[423] Philosophy: Rousseau (1993)(1), (2), and (3).

3. Early Background

- Милль[424].

Либерализм представлялся универсальным и очень современным. Я нашел книгу с обширными цитатами из Милля.

- История философии:
  - Рассел[425].

Эта книга была окном в западный взгляд на историю философии. Она была опубликована в России.

- Мыслители возрождения:
  - Эразм Роттердамский[426].

Переписка между Эразмом Роттердамским и Лютером имела магическое притяжение. Эразм Роттердамский не представлялся подозрительным для советских цензоров — книга была опубликована.

- Американские прагматики:
  - Джеймс[427].

Психологические аспекты философии Джеймса звучали как эврика. Дореволюционная публикация.

- Критика эпохи просвещения:
  - Ортега и Гасет[428].

Все, что могло дать ответ на вопрос, «Когда началось это безумие?» было интересным. Познакомился через книгу комментариев, опубликованную в СССР.

- Теория познания:
  - Гуссерль[429].

Философия Гуссерля звучала как математическое доказательство существования «других возможностей» в этой «безнадежной» жизни. Теория познания не казалась особенно подрывной в позднем Советском Союзе.

- Экзистенциализм:
  - Ясперс[430].

Меня привлекала философия Ясперса своим сравнительно ясным для экзистенциализма стилем. Я познакомился с ней из специальной

---

[424] Philosophy: Mill (1987) and (1993).
[425] Philosophy: Russell (1996).
[426] Philosophy: Erasmus (1987) and (1993).
[427] Philosophy: James (1994).
[428] Philosophy: Ortega y Gasset (1941), (1957), (1962), (1963), (1967), (1975), and (1986).
[429] Philosophy: Husserl (1982).
[430] Philosophy: Jaspers (1954), (1956), (1989), (1993), (1994), and (1995).

3. Early Background

«критической» книги.

- Религиозный экзистенциализм:
  - Марсель[431].

Идея соединить религию с современной философией звучала хорошо. Книга о Марселе была опубликована в Советском Союзе.

- Классическая философия:
  - Кант[432],
  - Гегель[433].

Собрание сочинений Гегеля было опубликовано в СССР — советский истеблишмент не принимал его всерьез. Что касается Канта — это была философия человека, который понимал дух математики, являющейся основанием современной науки. Кроме того, Кант был хорошим человеком — он хорошо относился к правам человека. Собрание сочинений Канта было опубликовано в СССР.

- Политическая философия раннего ренессанса:
  - Макиавелли[434].

Мое отношение к Макиавелли было двойственным: меня привлекали его глубокие наблюдения о государственных политиках, но настораживал некий цинизм.

- Философии «темных языков»:
  - Хайдеггер[435],
  - Сартр[436].

Я не любил философов, чей стиль было трудно понять. По этой причине я избегал больших усилий на чтение Хайдеггера и Сартра, но я должен был признать оригинальность некоторых их идей, когда они были ясно сформулированы — обычно комментаторами.

- Психология:
  - Фрейд[437].

В поздний период моей советской жизни я познакомился с Фрейдом из дореволюционных публикаций и публикаций 1920-х годов.

- Понимание человеческой природы:

---

[431] Philosophy: Marcel (1995).
[432] Philosophy: Kant (1963-1966), (1994), and (1996).
[433] Philosophy: Hegel (1977), (1991), (1993), and (1995).
[434] Philosophy: Machiavelli (1993).
[435] Philosophy: Heidegger (1977) and (1993)(1) and (2).
[436] Philosophy: Sartre (1965) and (1993).
[437] Psychology: Freud (1962-1975).

3. Early Background

- Адлер[438].

Пытаясь понять Адлера из советских комментариев.

- Анализ конституций стран мира:
  Хорошая книга с анализом работы конституций стран мира была опубликована в 1970-х годах.
- Административное право США:
  Я внимательно изучил книгу об американском административном праве — там я узнал о Законе о свободе доступа к информации.
- Наиболее разрушительная критика марксизма :
  - Поппер[439].

Большая книга с детальным «анализом» Поппера была опубликована в Советском Союзе. Она сопровождалась большими цитатами из Поппера, которые звучали очень убедительно. После чтения этой книги я стал большим поклонником Поппера. Я стал очень критично относиться к Гегелю и избегал Платона. Поппер убедительно аргументировал, что Платон в *Республике*

  - Платон[440].

заложил основы видения общества, которое, через философскую традицию, включающую Гегеля, привела к тоталитаризму. Гегель и Платон реабилитировали себя в моих глазах в более поздний период моей жизни.

- Журналы: После лагеря я резко увеличил свою подписку, включив в нее
  - «Вопросы философии»,
  - «Вопросы истории»,
  - «Зарубежное военное обозрение»,
  - «Вопросы статистики»
  - и различные «реферативные журналы» по экономике.
- Доклад Римскому клубу:
  - Медоуз[441].

Этот доклад ученых не-экономистов был введением в проблематику окружающей среды и пределов роста.

- Доклад под эгидой ООН, подготовленный под

---

[438] Philosophy: Adler (2021).
[439] Philosophy: Popper (1979), (1989), (1991), and (1992).
[440] Philosophy: Plato (1996); see also: Plato (1993)(1) and (2).
[441] Economics: Meadows (1972).

руководством лауреата Нобелевской премии по экономике:

- Леонтьев[442].

Это было исследование о сценариях мирового экономического роста на ближайшие 100 лет, принимая во внимание ограниченные ресурсы.

- Литературный экзистенциализм: Мы все (я имею в виду наших друзей и нашу семью) прочли
  - *Чуму* Альбера Камю[443]

во время эпидемии сибирской язвы после аварии в свердловской лаборатории биологического оружия в 1979-м году.

- Среди обычных книг:
  - Фолкнер[444],
  - Хемингуэй[445],
  - Анатоль Франс[446],
  - Ремарк[447],
  - Битов[448],
  - Чапек[449],
  - Овчинников[450],
  - Амираджиби[451],
  - Астафьев[452],
  - Маркес[453],
  - Воннегут[454],
  - Фаллада[455],
  - Белль[456].

Нас всех гипнотизировал язык Фолкнера и тот факт, что он был американцем; но, смотря с социалистической почвы, мы могли постичь глубину его описаний только в ограниченной степени. В этот период я прочитал книги Хемингуэя, отличные от его обычных аполитичных

---

[442] Economics: Leontief (1977).
[443] Literature: Camus (1991).
[444] Literature: Faulkner (1984)(1), (2), and (3), (1993), and (2006).
[445] Literature: Hemingway (1995)(1) and (2).
[446] Literature: France (1909).
[447] Literature: Remarque (1998)(1) and (2).
[448] Literature: Bitov (1980).
[449] Literature: Čapek (1974-1977).
[450] Literature: Ovchinnikov (2008).
[451] Literature: Amuradjibi (1993).
[452] Literature: Astafyev (1982).
[453] Literature: Marquez (1971) ; see also: Philosophy: Nuccetelli (2010).
[454] Literature: Vonnegut (1969).
[455] Literature: Fallada (1990).
[456] Literature: Böll (1989)(1) and (2), (1995), and (2000).

3. Early Background

работ: *Прощай оружие, По ком звонит колокол,* — они имели особое звучание в советском контексте. Нам молодым ребятам было любопытно мнение Анатоля Франса на роль любви в человеческом обществе и истории в его *Острове пингвинов*. Мы абсолютно обожали Эриха Мария Ремарка, особенно его неунывающий, заразительный юмор *Черного обелиска* и парижскую романтику *Триумфальной арки*. Среди коротких рассказов Андрея Битова особенно запомнилось *Путешествие в Армению*, описывающее геноцид армян. Русская интеллигенция всегда имела ностальгию по английскому консерватизму *Хартии вольностей* — поэтому мы читали *Путешествие в Англию* Чапека и *Корни дуба* Овчинникова. Одна из самых запомнившихся книг этого периода была книга Амираджиби *Дата Туташхия*, о человеке в дореволюционной России, вступившем в конфликт с государством из моральных соображений. Мы также любили Астафьева за его реалистическое описание коллективизации и войны. Магическая реальность Габриэля Гарсиа Маркеса красива без всякой политики; но мы замечали некоторые параллели между условиями жизни в Колумбии и СССР. Нас легко убедил антивоенный пафос Курта Воннегута в *Бойне номер пять*. Мы были под большим впечатлением от описания пренацистской Германии у Ганса Фаллады; мы легко отождествляли себя с героями *Каждый умирает в одиночку*, мужем и женой, разбрасывающими листовки в Берлине военного времени после гибели их сына на фронте до их неизбежной поимки гестапо. Эта новелла Фаллады была прочитана и перечитана в нашей семье много раз — она была слишком близка к сердцу. Генрих Белль был для нас важным символом новой Германии; его описание войны с точки зрения обыкновенных людей находило отклик, так же как его симпатия к социальным диссидентам.

- В поэзии и песнях,
    - Владимир Высоцкий [457]
вызывал глубокий отклик в душе после лагеря.

---

[457] Literature: Vysotsky (1995).

3. Early Background

- Эти годы совпали с другим шедевром
  - Андрея Тарковского, *Сталкер*,
который мы смотрели с предельным вниманием.

[PX=10]

87

"The presence of my brother and I, the young rebels, combined with the prestige of my father, a Doctor of Science, created a very strong nonconformist symbiosis and evoked unusual sympathy."

«Мы, молодые бунтари, в соединении с авторитетом отца, доктора наук, представляли очень сильный нонконформистский симбиоз и вызывали необыкновенные симпатии».

[PX=10]

PERIOD: 1977-1981.

FRQ: Once.

EMOTION: Enthusiasm and inspiration.

CONTEXT: It is amazing how many people expressed their support. Not only educated people, but simple ones as well. The regime itself gave us additional publicity mentioning my name at city and regional political seminars as an example of ideological "enemy".

Удивительно, какое количество людей выражали свое хорошее отношение. Не только образованные, но и простые люди. Сам режим давал нам дополнительную рекламу, упоминая нас в городских и областных политических семинарах как идеологических «врагов». [PX=10]

88

"It is true that we had to be very careful and constantly analyze the people around us for signs that someone might be an agent provocateur."

«Правда, приходилось быть очень осторожными и все время анализировать окружающих на предмет того, кто из них мог быть провокатором».

[PX=10]

PERIOD: 1977-1981.

FRQ: Once.

EMOTION: Cooling of enthusiasm.

CONTEXT: This spoiled the atmosphere of trust that otherwise surrounded us. We always had waited for a provocation from somebody who would try to look like our "friend." As a precaution, we tried to analyze the psychology and ideology of our contacts very attentively.

Это отравляло доверительную в остальном атмосферу вокруг нас. Мы всегда ждали провокации от кого-нибудь, кто мог попытаться выглядеть нашим «другом». В качестве предосторожности мы пытались анализировать психологию и идеологию людей, вступающих с нами в контакт, очень внимательно. [PX=10]

89

3. Early Background

"In general, the KGB relied more on the traditional secret police work than on technical surveillance."

«В целом КГБ полагалось более на традиционные методы полицейской работы, чем на техническую слежку».

[PX=10]

PERIOD: 1975-1981.

FRQ: Many times.

EMOTION: Balanced observation.

CONTEXT: There was almost no visible "tail", except for the first few days after my arrest when plain-cloth policemen took guard near our home. Due to our long Sovict life, we had a good guess who, by virtue of their social positions or responsibilities, would watch us. Policemen, party members, the housing superintendent, and a manager at work were the first suspects. I think that technical surveillance was not then very developed in the Soviet Union. From our parents' Moscow contacts, we knew that telephone could be used as a "room surveillance" device to overhear what was said in that room. A funny episode happened at our apartment after the completion of my prison sentence. On one day, we heard beeping from the ventilation shaft at our kitchen. A kitchen in the Soviet Union was a place of "particular interest," because most of confidential unofficial discussions families held at kitchen tables. Obviously, the bugging equipment malfunctioned on that day and that was a mishap in the KGB's operations. Other than that, we have not noticed any signs of technical surveillance. Even if the KGB was involved in it, they kept professional silence well and there was no "cross-communication" with the public (not what necessarily can be said about their American counterparts).

Почти не было заметного «хвоста», за исключением первых нескольких дней после моего ареста, когда люди в штатском охраняли наш дом. Благодаря нашей долгой советской жизни мы имели хорошее представление, кто, в силу своего социального положения или обязанностей, должен был наблюдать за нами. Милиционеры, члены партии, старшие по дому и начальники на работе были первыми, кого мы должны были опасаться. Я думаю, техническая слежка не была очень развита в Советском Союзе. От знакомых наших родителей в Москве мы знали, что телефон мог использоваться как устройство для прослушки комнаты. Смешной эпизод случился у нас дома после окончания моего тюремного срока. В один прекрасный день мы услышали гудки из вентиляционной шахты у нас на кухне. Излишне говорить, что кухня в Советском Союзе представляла особый интерес, потому что наиболее конфиденциальные частные разговоры семьи вели за кухонным столом. Очевидно подслушивающее устройство вышло из строя в тот день, и это было неприятной аварией в работе КГБ. Кроме этого случая мы не замечали никаких признаков технической слежки. Даже если КГБ занималось ею, оно хорошо хранило свою профессиональную тайну, и не было утечки информации посторонним людям (что необязательно можно сказать об их американских аналогах). [PX=10]

90

3. Early Background

"During the period after my release from the camp and before our emigration, my brother and I adapted to our situation better than our parents did."

«В период после моего выхода из лагеря и до отъезда, мы с братом адаптировались к ситуации лучше, чем родители».

[PX=10]

PERIOD: 1977-1981.

FRQ: Once.

EMOTION: Appreciation.

CONTEXT: Right up until the time we went abroad my brother and I continued to work. My father and mother had a harder time than we did, because they had a high social position before my arrest. Ultimately, my parents were compelled to leave their jobs. They were left with dramatically fewer friends than my brother and me.

До самого отъезда заграницу мы продолжали работать. Отцу с матерью пришлось труднее, чем нам, потому что они имели перед моим арестом заметное социальное положение. В конце концов, родители вынуждены были покинуть работу. У них осталось несравненно меньше друзей, чем у нас с братом. [PX=10]

91

"Although I had begun to think about emigration while I was still in the camp, the first one to mention it was my father."

«Хотя я думал об эмиграции еще в лагере, первым заговорил об этом отец».

[PX=10]

PERIOD: 1977.

FRQ: Once.

EMOTION: Enthusiasm of convergence in evaluation of situation.

CONTEXT: One time my father and I took a walk and he expressed this idea to me.

Как-то мы пошли погулять, и он высказал мне эту мысль. [PX=10]

92

"We would like to immigrate to any capitalist country."

«Мы хотим выехать в любую «капстрану»».

[PX=10]

PERIOD: 1977.

FRQ: Once.

EMOTION: Admiration at the boldness of the step.

CONTEXT: My father went to the Office of Visas and Registration and submitted a petition saying that we wanted to immigrate to "any capitalistic country." We were told that the only way for us to emigrate is to obtain an invitation from Israel.

For generations, from 1922 until the start of détente in the beginning of the 1970s, emigration from the Soviet Union had not been allowed at all. In the 1970s-1980s, in the pre-Gorbachev period, without much fanfare, limited emigration from the U.S.S.R. resumed. Several distinct categories of people could emigrate. The biggest category had been Jews, up to 50-60 thousand per year in the 1970s; with the start of the Soviet invasion of Afghanistan and the

3. Early Background

general deterioration of relations with the U.S. in the 1980s, these numbers dropped to about 5 thousand per year. Other categories, in descending order of number of emigrants, had been Germans, Armenians, Greeks, Pentecostals, and political dissidents. The latter, smallest, category primarily consisted of those who were imprisoned for Anti-Soviet Agitation and Propaganda or Article 70 of the Criminal Code of Russian Soviet Federative Socialist Republic (the number of the article in criminal codes of other constituent republics of the Soviet Union was slightly different, something like Article 69, 68, etc.). The number of political dissidents allowed to emigrate had been no more than several people annually. The Soviet government was very discrete with its own population about any of the categories allowed to leave. Most of Soviet people had usually known about some Jews emigrating and the standard official line for public consumption had been that only emigration to Israel was allowed. Very often dissidents had been allowed to emigrate with Israeli invitations from fictitious relatives in Israel.

Through our Moscow Jewish friends, we solicited and received an Israeli invitation. The first time we were refused. Then my parents, brother and I, requested permission to go abroad three more times. Twice we were refused for several reasons: we weren't Jewish, we lived in a "closed" city, my father had a security clearance, and the invitation (from friends) was not from close relatives. Nevertheless, the mere hypothetical possibility that some day we would leave was emancipating for us. We began to speak and think more openly and thus hastened our own departure. They had to find a way to defuse us, only this time all of us: either they had to put us all in prison or let us all leave.

Отец пошел в ОВИР и написал заявление, что мы хотим выехать «в любую капстрану». Нам сказали, что единственный способ выехать, это получить приглашение из Израиля.

На протяжении поколений, с 1922-го года до начала разрядки в начале 1970-х годов, эмиграция из Советского Союза была совершенно закрыта. В 1970-х-1980-х годах, в до-горбачевский период, без особых фанфар, возобновилась эмиграция из СССР. Было несколько определенных категорий людей, которым было разрешено эмигрировать. Наибольшей категорией были евреи, до 50-60 тысяч которых эмигрировали в год в 1970-х годах; с началом советского вторжения в Афганистан и общим ухудшением отношений с США в 1980-х годах, эти цифры упали до примерно 5 тысяч в год. Другими категориями, в убывающем порядке числа эмигрантов, были немцы, армяне, греки, пятидесятники и политические диссиденты. Последняя, наименьшая, категория в основном состояла из тех, кто был осужден за антисоветскую агитацию и пропаганду или Статью 70-ю Уголовного кодекса РСФСР (номер статьи слегка варьировался в уголовных кодексах других союзных республик, что-то вроде Статьи 69, 68, и т. д.). Число политических диссидентов, которым разрешалось уехать, было не более нескольких человек в год. Советское

171

3. Early Background

правительство не афишировало у своего населения о существовании любых из этих категорий, которым разрешалось выехать. Большинство советских людей обычно знало о каких-то эмигрирующих евреях, и обычная официальная позиция была, что эмиграция в Израиль — это единственная разрешенная эмиграция. Очень часто диссидентам разрешалось эмигрировать по приглашениям от фиктивных родственников в Израиле.

Через наших московских еврейских друзей мы запросили и получили израильское приглашение. В первый раз нам отказали. Потом мои родители, мой брат и я подавали прошение о разрешении выехать заграницу еще три раза. Дважды нам было отказано по совокупности причин: мы — не-евреи, мы живем в закрытом городе, мой отец имеет доступ к секретности и приглашение (от друзей) не от близких родственников. Тем не менее сама гипотетическая возможность когда-либо уехать была для нас эмансипирующей. Мы более открыто говорили и думали, тем самым приближая развязку. Нас должны были как-то обезвредить, только на этот раз всех хором: либо всех посадить, либо отпустить. [PX=10]

METACONTEXT-A: While we tried to emigrate, we received a visit from one of Sverdlovsk regional Communist party secretaries. He was a man of approximately my father's age, perhaps slightly younger. He tried to convince us not to emigrate saying: "Everything will change soon".

I am not sure how valid was that advice. A couple of years later, the Soviet KGB chief Yuri Andropov became General Secretary. Andropov tried to govern using repressions. During his rule, the last pre-Gorbachev campaign of arrests according to Article 70 ("Anti-Soviet Agitation and Propaganda") had taken place. If we decided to stay in the country, we would have been among the first candidates for the arrests.

Nevertheless, the visit was remarkable. It is difficult even for us, who knew the Soviet system inside out, to make definite sense of it. The regional party secretary could have reasonable suspicion that our apartment was wiretapped by the KGB. One possible interpretation of the visit would be that it was entirely just a clever trick by the KGB. Another interpretation would be that it was a genuine gesture by the regional party secretary. If the latter has some truth, he was going for some conscious risk for his career. Then the visit showed that some high-ranking party officials were already thinking about abandoning the Communist totalitarian system.

Пока мы пытались эмигрировать нам нанес визит один из районных секретарей Свердловска. Он был человеком приблизительно возраста моего отца, может быть слегка моложе. Он пытался убедить нас не эмигрировать, говоря: «Скоро все изменится».

Не уверен насколько правильным был его совет. Пару лет спустя глава КГБ Юрий Андропов стал генеральным секретарем. Андропов пытался управлять, опираясь на репрессии. Во время его правления произошла последняя кампания арестов по 70-й статье («Антисоветская агитация и

3. Early Background

пропаганда») пре-Горбачёвского периода. Если бы мы решили оставаться в стране, мы были бы в числе первых кандидатов на арест.

Тем не менее этот визит был примечателен. Даже для нас, знавших советскую систему насквозь, трудно придать ему определенный смысл. Районный секретарь партии имел полные основания подозревать, что наша квартира подслушивалась КГБ. Одна интерпретация визита была бы, что он весь был лишь хитрым трюком КГБ. Другая была бы, что визит был неподдельным жестом районного секретаря. Если последнее имеет какую-то долю истины в себе, он определенно шел на осознанный риск для своей карьеры. Тогда визит демонстрировал, что некоторые высокопоставленные прсдставители партии уже думали об уходе от тоталитарной коммунистической системы. [PX=10]

93
"You can go now."
«Вы можете ехать».
[PX=10]
PERIOD: November 7, 1977.
FRQ: Once.
EMOTION: Gratitude.
CONTEXT: By the Soviet rules you could emigrate only if you have permission of your parents. My grandfather first refused to give us permission for emigration. On the 60th anniversary of the October Revolution of 1917 he came from Baku to visit us. In the middle of the holiday night, when everybody was asleep, there was a loud knock in the door of our apartment — our community policeman came to check-in. He went unceremoniously through all the rooms with a flashlight in his hands and made sure that I was at my bed (according to the rules of my administrative supervision I was supposed to be at home from evening till morning). The rudeness of this police visit had a great impression on my grandfather, who before then had some illusions about special treatment for "the family of old Bolshevik," especially on the eve of "the great holiday." After that incident he said that we had his permission to emigrate.

По советским правилам вы могли эмигрировать только если вы имели разрешение своих родителей. Мой дедушка сначала отказывался дать нам разрешение на эмиграцию. На 60-ю годовщину Октябрьской революции он приехал к нам в гости из Баку. В середине ночи, когда все спали, раздался громкий стук в дверь нашей квартиры — наш участковый милиционер пришел с проверкой. Он бесцеремонно прошел через все комнаты, подсвечивая перед собой фонариком, и убедился, что я в своей кровати (по правилам моего административного надзора я должен был быть дома с вечера до утра). Грубость милиционера произвела большое впечатление на моего деда, который до этого имел какие-то иллюзии об особом отношении к «семье старого большевика», особенно накануне «великого праздника». После этого инцидента он сказал, что дает нам разрешение на эмиграцию. [PX=10]

3. Early Background

My grandfather in 1977, giving us the permission to emigrate.
Мой дедушка в 1977-м год, давая нам разрешение на эмиграцию.

3. Early Background

94

"Our first attempt to emigrate by Israeli papers was in 1978; we received permission to emigrate in 1981 from the third attempt."

«Наша первая попытка эмигрировать по израильской визе была в 1978-м году; мы получили разрешение на выезд в 1981-м году».

[PX=10]

PERIOD: 1978-1981.

FRQ: Once.

EMOTION: Suspense.

CONTEXT: 1980 was a troubled time for our family and me. Before the New Year of the 1980 the Soviet Union invaded Afghanistan (too much vodka in the Politburo). The U.S. put its strategic nuclear forces on high alert. The price of gold on the world markets increased several times in anticipation of a war. Soon Sakharov was arrested. In the summer of that year Vysotsky died. In the United States a bitter campaign was happening between Carter and Reagan. But suddenly, in August of 1981 we were granted permission to emigrate as, after Afghanistan, the country was being 'cleansed' of suspicious elements.

I think we were lucky in our attempts to emigrate also to a large degree because our family was united — there was no ideological conflict of "fathers and sons" (to many examples of which I got acquainted in the camp). Family can be a big force.

We proceeded to the U.S. by the way of Vienna, Austria and Rome, Italy.

1980-й год был тревожным временем для нашей семьи и меня. Перед Новым годом 1980 Советский Союз вторгся в Афганистан (слишком много водки в Политбюро). США привели свои стратегические ядерные силы в состояние повышенной боевой готовности. Цена золота на мировых рынках увеличилась в несколько раз в ожидании войны. Вскоре Сахаров был арестован. Летом того же года умер Высоцкий. В Соединенных Штатах происходила яростная предвыборная борьба между Картером и Рейганом. Но неожиданно, в августе 1981-го года нам дали разрешение на выезд, когда после Афганистана страну очищали от подозрительных элементов.

Мне думается, что нам посчастливилось преуспеть в наших попытках эмигрировать также в немалой степени потому, что наша семья была едина — не было идеологического конфликта «отцов и детей» (с многими примерами которого я познакомился в лагере). Семья может быть большой силой.

Мы последовали в США через Вену, Австрия и Рим, Италия.

[PX=10]

95

"I should mention one important aspect of this period: I got married."

«Я должен упомянуть одно важное обстоятельство: я женился».

[PX=10]

PERIOD: 1981.

3. Early Background

FRQ: Once.
EMOTION: Happiness.
CONTEXT: I fell in love often but usually without the end result. Some girls I was in love with either were afraid to have anything to do with me or mistakenly believed that they could "reeducate" me — with them my contacts had not been long. With two girls, Sveta and Ira, who worked in the same programmer's company as me, I had developed quite extensive and long relationships. I was telling them "stories" about the history of the Soviet Union, helping occasionally to carry some heavy purchases to the dormitory where they lived, visited them in the dormitory, had bicycle trips together to the forest, entertained them with music recordings, and, when my parents were not at home, I invited them once to our home and prepared a dinner for them — in short, we were good friends. The three of us even had spent a four-week vacation in Crimea together. The two girls were young and pretty, but my heart belonged to another girl, who also worked in our programmer's company. The name of that girl was Lina. When I had a chance, I did not hesitate to ask Lina to marry me.

According to the laws of the Soviet Union, if you were marrying in a city, you had a 30-day waiting period; but if you were marrying in a village, that could be done immediately. Lina's sister, Lydia Ivanova, was a head of her village administration. Mindful of the possible KGB interference, I kept our plans in close secret and decided to use the opportunity presented by Lina's travel to her sister and marry in their village.

We had a romantic jolty flight on board of a small biplane to the remote Ural village of Malaya Tavra. There we had a wedding ceremony in front of two witnesses. A dinner that followed was very modest. Who knew then that many years later, we would be in America and would be blessed with our 25th, 30th, and 40th wedding anniversaries with excellent wine and food on the table in good restaurants and, what is more important, we would be surrounded by our children and many good friends.

We got married on June 22, 1981. Soon, on the 2nd of July, there was Lina's birthday. On that day I bought all the roses that I could find in our city's bazaar, spending on them all my one month's salary. We put the roses into a bathtub with water and they indeed occupied the entire bath.

This was while we were waiting for our emigration documents. It was a real risk, since, according to the Visa Office rules of that time, changes in family status during issuance of documents could serve as a pretext for refusing permission. I was betting on the fact that if they were letting us go, then it was not because our dossiers were in proper order but quite the opposite. And I was right — we were granted permission to emigrate. However, at the age of 27, it seemed to me that permission to emigrate came sadistically soon after my wedding. Since my wife had not been registered in our emigration documents, according to bureaucratic logic, she had to wait until she was invited.

Я влюблялся часто, но обычно без конечного результата. Некоторые девочки или боялись иметь со мной дело или ошибочно полагали, что меня можно перевоспитать — с ними мои контакты не продолжались долго. С двумя

3. Early Background

девочками, Светой и Ирой, которые работали в той же программистской компании, что и я, у меня сложились достаточно прочные и длительные отношения. Я рассказывал им «байки» из истории Советского Союза, иногда помогал поднести какие-то тяжелые покупки к общежитию, в котором они жили, посещал их в общежитии, ездил с ними на велосипеде в лес, развлекал музыкальными записями, и, когда родителей не было дома, пригласил их однажды к нам домой и приготовил обед — короче мы были хорошими друзьями. Мы втроем даже провели четырехнедельный отпуск вместе в Крыму. Эти две девочки были молодые и красивые, но мое сердце принадлежало другой девочке, которая тоже работала в нашей программистской компании. Ее имя было Лина. Когда у меня представилась возможность, я не раздумывал и предложил Лине выйти за меня замуж.

По законам Советского Союза, если вы собирались жениться, вы должны были пройти через 30-дневный выжидательный период; но, если вы женились в деревне, это могло быть сделано немедленно. Линина сестра, Лидия Ивановна Иванова, была главой сельской администрации в их деревне. Опасаясь возможного противодействия со стороны КГБ, я держал свои планы при себе и решил воспользоваться представившейся возможностью в связи с путешествием Лины к ее сестре и жениться в деревне.

У нас был романтический полет с ухабами на маленьком кукурузнике в отдаленное уральское селение Малая Тавра. Там у нас была маленькая свадебная церемония при двух свидетелях. Последовавший обед тоже был очень скромным. Кто бы знал, что много лет спустя мы будем в Америке, и будем иметь возможность отпраздновать наши 25-ю, 30-ю и 40-ю годовщины свадьбы с отличным вином и едой, в хороших ресторанах и, что особенно важно, мы будем окружены нашими детьми и многими хорошими друзьями.

Мы поженились 22-го июня 1981-го года. Вскоре, 2-го июля, был Линин день рождения. В этот день я скупил все розы, какие были на нашем городском базаре, потратив на это месячную зарплату. Мы положили розы в ванну, и они заняли всю ванну.

Это происходило в то время, как мы были в подаче документов на эмиграцию. Это был риск, поскольку по правилам ОВИРа изменения в семейном положении могли служить основанием для отказа. Я рассчитывал, что если нам на самом деле дадут разрешение на выезд, то это будет не потому, что у нас идеальное досье, а как раз наоборот. И я был прав — нам дали разрешение. Однако, в возрасте 27-ми лет, мне казалось, что разрешение на эмиграцию пришло садистски скоро после нашей женитьбы. Поскольку Лина не была в наших поданных документах, по бюрократической логике она должна была остаться и ждать приглашения с моего нового постоянного места жительства. [PX=10]

96
"My parents and I left the Soviet Union in October 1981, before the Soviet 'Constitution Day'."

177

3. Early Background

«Мои родители и я покинули Советский Союз в октябре 1981-го года, перед Днем конституции».
[PX=10]
PERIOD: October 1981.
FRQ: Once.
EMOTION: Enthusiasm before discovery of the new world.
CONTEXT: Then my wife came, then my brother. Then my brother's wife and his son came. Every one of us was only allowed to take to emigration two suitcases. We tried to send the rest of our belongings by train, but they were stopped at the border and returned to our relatives.

Потом приехала Лина, потом мой брат. Потом жена брата с их сыном. Каждому из нас было разрешено покинуть страну с двумя чемоданами. Багаж с другими вещами, которые мы пытались отправить поездом, был возвращен нашим родственникам. [PX=10]

97

"In hindsight, of all the material possessions we left behind I regret only losing our large book library, which we had to sell to pay 'Tax for the Refusal from the Soviet Citizenship' and for visas."
«Задним числом из всех материальных атрибутов, которые мы оставили позади, я больше всего жалею нашу большую библиотеку, которую нам пришлось отдать, чтобы заплатить за отказ от советского гражданства и за визы».
[PX=10]
PERIOD: About 1981.
FRQ: Once.
EMOTION: Regret.
CONTEXT: I would estimate that our library in Sverdlovsk plus the library in Baku had easily 10,000 books, some of them rare editions.

Я оцениваю, что наша библиотека в Свердловске плюс библиотека в Баку легко набирала 10-20 тысяч экземпляров, некоторые из них редкие издания. [PX=10]

98

"I want to register as Avakov."
«Я хочу записаться Аваковым».
[PX=10]
PERIOD: About 1982-1983.
FRQ: Once.
EMOTION: Sympathy.
CONTEXT: After the emigration to the United States of the immediate families of our parents, me, and my brother, came for a visit my grandmother. Then my grandmother emigrated to the U.S. After these relatives, my friends[458] visited us.

---

[458] Sergey Gladkov and Saveli Goldberg; later Misha Pahomov and, after him, his brother Andrei Pahomov.

178

3. Early Background

Then my aunt[459], her husband[460] and their daughter[461] emigrated. Then another aunt[462] came for a visit. One of my friends in the Soviet Union[463] joked that he also wanted to register as Avakov.

После эмиграции в Соединенные Штаты семей родителей, меня и моего брата, приехала в гости моя бабушка. Потом моя бабушка эмигрировала в США. После этих родственников нам в гости приезжали мои друзья[464]. Затем эмигрировали моя тетя[465], ее муж[466] и их дочь[467]. Затем другая тетя[468] приезжала к нам в гости. Один из моих друзей в Союзе[469] пошутил, что он тоже хочет зарегистрироваться Аваковым. [PX=10]

99

"In the emigration we were exposed to the books that were unavailable in the Soviet Union."
«В эмиграции нам представилась возможность прочитать книги недоступные в Советском Союзе».
[PX=10]
PERIOD: 1981-1987.
FRQ: Often.
EMOTION: Good memories.
CONTEXT: The main books of the period were (some authors have continued to be read and in the following years):

- History of Stalin's purges:
  - Solzhenitsyn[470].
  Gulag Archipelago was, of cause, the major impression.
- The main other must-reads:
  - Zinovyev[471],
  - Ayhenvald[472],
  - Zamyatin[473],
  - *Metropol*[474],

---

[459] Lyudmila.
[460] Zaven Tumasov.
[461] Anastasia.
[462] Nadia Lubkova.
[463] Sasha Abramzon.
[464] Сергей Львович Гладков и Савелий Исаакович Гольдберг; позднее Михаил Геннадьевич Пахомов и после него его брат Андрей Геннадьевич Пахомов.
[465] Людмила Ашотовна Авакова.
[466] Завен Сергеевич Тумасов.
[467] Анастасия Сергеевна Тумасова.
[468] Надежда Семеновна Лубкова.
[469] Саша Абрамзон.
[470] History: Solzhenitsyn (1973) and (1968).
[471] Philosophy: Zinovyev (1976), (1979), and (1981).
[472] Philosophy: Ayhenvald (1984).
[473] Literature: Zamyatin (1973).

3. Early Background

  - Aksenov[475],
  - Pasternak[476],
  - Veresayev[477],
  - Nabokov[478],
  - Terts[479],
  - Mann[480].

Zinovyev and Zamyatin are of classical anti-Soviet genre. Literary almanac *Metropol* and Aksenov appear too specific for that period of existence of the Soviet Union. Ayhenvald's book, *Don Quixote on Russian Soil*, is more ambiguous and in the long run more interesting. It was very interesting to read *Pushkin in Life* of Veresayev, which was difficult to get in the Soviet Union. Nabokov and Pasternak are of cause classics. We liked the intellect of the former dissident Sinyavskiy/Terts in his works *Walks with Pushkin, In the Shadow of Gogol*, and *"The Fallen Leaves" of Rozanov*. It was a pleasure to read *Joseph and his Brothers* by Thomas Mann, which was difficult to find in the Soviet Union.

- Personalism:
  - Berdyayev[481].

For me, Berdyayev was a missing link between the debates of Russian intelligentsia of the beginning of 20th century and contemporary events — I was fortified in my thoughts about the "modern-day Bolsheviks." I also appropriated as mine the idea that a religious person may reject religious orthodoxy if the later contradicts the freedom of philosophical inquiry.

Главными книгами этого периода были (некоторые авторы были читаемы и в последующие годы):

- История сталинских чисток:

---

[474] Literature: *Metropol* (1979).

[475] Literature: Aksenov (1980)(1) and (2), (1981), (1983), (1985), (1986), (1991), (1992), (2001), and (2003)(1) and (2).

[476] Literature: Pasternak (1958).

[477] Literature: Veresayev (1970).

[478] Literature: Nabokov (1967), (1975), (1976), (1978)(1) and (2), (1983)(1) and (2), (1985), (1987), (1989)(1), (2), and (3), (1995), (1998)(2), and (2007).

[479] Literature: Terts (1967), (1975), (1980), (1981), (2001), and (2002).

[480] Literature: Mann (1968).

[481] Philosophy: Berdyayev (1955), (1972), and (1983); see also: (1989), (1990)(1) and (2), (1993)(A) and (B), (1993)(2), (1994)(A), (B), (C), and (D), (2000)(A), (B), and (C), (2006), (2007)(A), (B), and (C), (2009), and (2014)(A) and (B).

3. Early Background

- ▪ Солженицын[482].

Архипелаг ГУЛАГ был, конечно, главным впечатлением.

- • Другие книги из обязательного чтения:
  - ▪ Зиновьев[483],
  - ▪ Айхенвальд[484],
  - ▪ Замятин[485],
  - ▪ *Метрополь[486]*,
  - ▪ Аксенов[487],
  - ▪ Пастернак[488],
  - ▪ Вересаев[489],
  - ▪ Набоков[490],
  - ▪ Терц[491],
  - ▪ Манн[492].

Книги Зиновьева и Замятина принадлежат к классическому антисоветскому жанру. Литературный альманах *Метрополь* и книги Аксенова представляются специфическими для того периода существования Советского Союза. Книга Айхенвальда, *Дон Кихот на русской почве*, более двусмысленна и в длительной перспективе более интересна. Было очень интересно читать книгу *Пушкин в жизни* Вересаева, которую было трудно достать в Советском Союзе. Набоков и Пастернак, конечно, классики. Нам нравился интеллект бывшего диссидента Синявского/Терца в его работах *Прогулки с Пушкиным*, *В тени Гоголя* и *«Опавшие листья» Розанова*. Было большое удовольствие читать книгу *Иосиф и его братья* Томаса Манна, которую было не достать в Советском Союзе.

- • Персонализм:
  - ▪ Бердяев[493].

---

[482] History: Solzhenitsyn (1973) and (1968).
[483] Philosophy: Zinovyev (1976), (1979), and (1981).
[484] Philosophy: Ayhenvald (1984).
[485] Literature: Zamyatin (1973).
[486] Literature: *Metropol* (1979).
[487] Literature: Aksenov (1980)(1) and (2), (1981), (1983), (1985), (1986), (1991), (1992), (2001), and (2003)(1) and (2).
[488] Literature: Pasternak (1958).
[489] Literature: Veresayev (1970).
[490] Literature: Nabokov (1967), (1975), (1976), (1978)(1) and (2), (1983)(1) and (2), (1985), (1987), (1989)(1), (2), and (3), (1995), (1998), and (2007).
[491] Literature: Terts (1967), (1975), (1980), (1981), (2001), and (2002).
[492] Literature: Mann (1968).

3. Early Background

Для меня Бердяев был утерянным звеном между дебатами русской интеллигенции начала 20-го столетия и современными событиями — я был укреплен в своих мыслях о «большевиках наших дней». Я также перенял как свою его идею, что религиозный человек может отвергать религиозную догматику, если последняя противоречит свободе философского исследования.

[PX=10]

100

"In the 1980s, we had the opportunity to acquaint ourselves with the films of Tarkovsky, which we had not seen before."
«В 1980-х годах у нас была возможность посмотреть фильмы Тарковского, которые мы не видели до того».
[PX=10]
PERIOD: 1981-1987.
FRQ: Often.
EMOTION: Good memories.
CONTEXT: We had a chance to see the first full-featured film of Tarkovsky from the 1960s,

- *Ivan's Childhood.*

We also saw two last films of Andrei Tarkovsky,

- *Nostalgia* (1983)
- and *The Sacrifice* (1986).

These films were created by Tarkovsky when he already left the Soviet Union and they struck us as parallel to our fate and way of thinking.

У нас была возможность посмотреть первый полнометражный фильм Андрея Тарковского, снятый в 1960-х годах,

- *Иваново детство.*

Мы также посмотрели два последних фильма Тарковского,

- *Ностальгия* (1983)
- и *Жертвоприношение* (1986).

Эти фильмы были сняты Тарковским когда он уже покинул Советский Союз, и они поразили нас параллелями с нашей судьбой и образом мыслей. [PX=10]

101

"All of us — my wife, my parents, my brother, and I — began to live in the United States with a very positive attitude toward this country and its 'right wing.'"
«Мы все — Лина, родители, брат и я — начинали вживание в Америку при

---

[493] Philosophy: Berdyayev (1955), (1972), and (1983); see also: (1989), (1990)(1) and (2), (1993)(A) and (B), (1993)(2), (1994)(A), (B), (C), and (D), (2000)(A), (B), and (C), (2006), (2007)(A), (B), and (C), (2009), and (2014)(A) and (B).

3. Early Background

очень положительном отношении к этой стране и с «правого крыла».
[PX=10]
PERIOD: About 1981-1987.
FRQ: Once.
EMOTION: Sympathy and solidarity.
CONTEXT: For example, we supported Reagan with all our hearts. When I see certain current right-wingers in Russia, I understand them very well — I myself was like that at one time.

Мы, например, были всей душой за Рейгана. Когда я вижу некоторых нынешних российских западников, я их понимаю — я сам был таким в известный период своей жизни. [PX=10]

4.1 First Steps in America. Fog over New York

4.   Folklore of 1987

4.1   First Steps in America. Fog over New York

102

"Please don't remove these papers from the table, don't discuss their content, and don't put a lamp on or near the table."

«Просьба, со стола бумаги не поднимать, вслух содержание не обсуждать, на стол и к столу ламп не ставить».

[PX=10]

PERIOD: March 17, 1987. Day I began these notes.

FRQ: Once.

EMOTION: Calmly.

CONTEXT: I wrote this for my family when I started these papers. [PX=10; OPX=5]

METACONTEXT-A: As I later learned, my caution was warranted. The way a lamp becomes a surveillance device is called "closed-circuit TV" (CCTV). But was my lamp really CCTV? This question in isolation illuminates only paranoia.

Как я позднее узнал, моя осторожность имела основания. Способ, через который лампа становится орудием слежки, называется «замкнутой телевизионной системой для слежения». Была ли моя лампа подключена к таковой? Сам по себе этот вопрос — только иллюстрация к паранойе. [PX=7; OPX=1]

103

"—   I do not quite like the taste of American chicken. They say it is grown with hormones.

—   I do not believe it.

—   And the peaches are not as delicious as the ones in the Soviet Union.

—   These are perfectly good peaches."

«—   Мне не вполне нравится вкус американских цыплят. Говорят, их растят на гормонах.

—   Я не верю в это.

—   И персики не такие вкусные как в Советском Союзе.

—   Это замечательные персики».

[PX=10]

PERIOD: Around 1982.

FRQ: Several times.

EMOTION: Natural observations and resistance.

CONTEXT: My wife expressed her first slight disappointments with food amid American gastronomical abundance. I did not want to believe there was anything wrong with "my America" even at this level. It would be a funny story if we were not talking about so seriously held convictions.

Лина выражает свои первые легкие разочарования едой посреди

4.1 First Steps in America. Fog over New York

американского гастрономического изобилия. Мне не хотелось верить, что в «моей Америке» что-то было не так даже на таком уровне. Это было бы смешно, когда бы ни было так грустно. [PX=10]

METACONTEXT-P: "And then we have one from England who, I don't know — has a diseased mind!" (*The Daily Show with Jon Stewart*, May 29, 2012.) [PX=10; OPX=1]

METACONTEXT-P: Within the psychological trajectory of my life, the period when my hormones were the strongest coincided with the times when sublimation was the maximum. This was characteristic of the certain strata of the Soviet intelligentsia. But American culture is much more pragmatic and basic. In it, this kind of adaptation would be considered extremely impractical and would usually be called "neurotic".

В психологической траектории моей жизни период, когда мои гормоны играли сильнее всего, совпадает с временем сильнейшей сублимации. Это было характерно для определенного слоя советской интеллигенции. Но американская культура гораздо более прагматичная и базовая по своему характеру. В ней такого рода адаптация будет рассматриваться как предельно непрактичная и будет обычно называться «невротичной». [PX=10]

104

"—   Were you a member of the Communist Party?
—   At the age of 21 I dissociated myself from the Communist ideology and its totalitarian practices."

«—   Были ли Вы членом коммунистической партии?
—   В возрасте 21-го года я отмежевался от коммунистической идеологии и тоталитарной коммунистической практики».
[PX=10]

PERIOD: October — November 1981.
FRQ: Once.
EMOTION: Calmly.
CONTEXT: This was my answer in the American Consulate in Rome, Italy during filling of the U.S. immigration papers.

Это мой ответ на вопрос в американском консулате в Риме, Италия во время заполнения иммиграционных бумаг. [PX=10]

107

"It would have been better if you hadn't come here."
«Лучше бы вы сюда не приезжали вообще».
[PX=10]

PERIOD: 1984-1986.
FRQ: Once.
EMOTION: Jocular tone.
CONTEXT: Said by a successful emigrant about the attitudes of Americans (after having drunk a moderate amount of wine).

Сказано преуспевающим эмигрантом об отношении американцев

4.1 First Steps in America. Fog over New York

(после умеренного количества выпитого вина). [PX=10; OPX=9]

METACONTEXT-A: New immigrants who were members of the intelligentsia are the first to distinguish this invisible message written on the sky and have the most hope that the mirage will disappear beyond the corner of the next house.

Новые иммигранты интеллигентного типа быстрее всех различают эту невидимую надпись на небе и больше всех надеются, что мираж растает за углом следующего дома. [PX=10; OPX=9]

108

"Funny, we're taught in school that America's the great melting pot."

«Смешно, но нас учили в школе, что Америка — плавильный котел».

[PX=10]

PERIOD: 2001-2012.

FRQ: Once.

EMOTION: Half-serious.

CONTEXT: That was the response of my daughter J.A.A. to this place in my diary. This was the first sign of disagreement between me and my daughters about this writing.

As Herodotus writes in *The History*: "According to the Persians best informed in history, the Phoenicians began to quarrel."[494]

Это была реакция моей дочери J.A.A. на это место в моем дневнике. И это был первый признак разногласий о написанном между мной и моими дочерями.

Как пишет Геродот в своей *Истории*: «По сведениям персов, наиболее осведомленных в истории, финикийцы начали спорить между собой».[495] [PX=10]

METACONTEXT-J.A.A.: (Later, the metaphor "melting pot" was amended to "fruit salad" so as not to connote a big brownish blob, according to my 6th grade teacher.) Always, the words say that this diversity is a wonderful, wonderful thing. Emotions? Not so much.

(Позднее метафора «плавильный котел» была заменена на «фруктовый салат» так чтобы не вызывать ассоциаций с большим коричневым варевом, как объяснил мой учитель в 6-м классе.) В любом случае говорили, что это разнообразие замечательная вещь. Эмоции? Их немного. [PX=10]

109

"You must not be quiet, you must be more aggressive, and you must project your confidence."

«Вы не должны быть тихим, вы должны быть более агрессивным, вы должны излучать уверенность».

[PX=10]

---

[494] History: Herodotus (1993), p. 1; see also: Marincola (2007).

[495] History: Herodotus (1993), p. 1; see also: Marincola (2007).

4.1 First Steps in America. Fog over New York

PERIOD: 1982-1987.

FRQ: Frequently, in numerous variations.

EMOTION: Typically, in the form of well-meaning advice, sometimes in a tone of irritation, as if toward someone who has not done his homework well.

CONTEXT: All "honorable" immigrants suffer at first from their "sense of honor" and "modesty" and appear to the American to be slightly retarded.

Все «честные» иммигранты страдают поначалу от «честности», «скромности» и выглядят в глазах американцев слегка дебилами. [PX=10; OPX=9]

METACONTEXT-A: In contrast, some of the more simpleminded people, used to some form of illegal business in the Soviet Union, feel themselves right at home. The overall lifestyle is clearly hostile to the one of the academic types. Cheapness and vulgarity are the watchword. (Aggressiveness leads to far too many consequences.)

По контрасту некоторые из «одесситов» чувствуют себя, как рыбы в воде. Общий стиль жизни ярко враждебен «академичности». Дешевость и вульгарность — лозунг. (У «агрессивности» есть более отдаленные последствия.) [PX=10; OPX=9]

110

"It's not a matter of being aggressive, but of being extroverted. American culture loves extraverts."

«Это не вопрос агрессивности, а экстровертности. Американская культура любит экстравертов».

[PX=10]

PERIOD: 2001-2012.

FRQ: Once.

EMOTION: Seriously.

CONTEXT: J.A.A. comments again.

J.A.A. снова комментирует. [PX=10]

111

"I wonder how much these different perspectives toward these 'well-meaning' bits of wisdom come from the collision of two different sets of cultural norms."

«Меня занимает, насколько эти две точки зрения на такие «благонамеренные» мудрости происходят из двух различных наборов культурных норм».

[PX=10]

PERIOD: 2001-2012.

FRQ: Once.

EMOTION: Seriously.

CONTEXT: J.L.A. adds.

Добавляет J.L.A. [PX=10]

METACONTEXT-J.L.A.: Do those formerly of the Soviet Union intelligentsia view such aggressiveness as being indicative of "simple-minded people" because the aggressive expression of their intellectual pursuits was dangerous and forbidden by those controlling society? Conversely, how much of such a push for outspokenness and the promoting of oneself come from and contribute to the perspective held by much of the world that Americans are pushy, loud, and obnoxious with no regard or consideration for the citizens of the rest of the world?

Является ли взгляд советской интеллигенции, что такая агрессивность есть проявление «простых людей», вызванным тем, что агрессивное выражение их интеллектуальных занятий было опасным и запрещенным теми, кто контролировал общество? И наоборот, насколько такой напор на откровенность и саморекламу подогревает взгляд большинства остального мира, что американцы напористы, громки и наглы безо всякого уважения к гражданам остального мира? [PX=10]

112
"Despite disagreements with my children, I greatly appreciate their input."
«Несмотря на разногласия с моими детьми я очень ценю их вклад в разговор».
[PX=10]
PERIOD: 2001-2012.
FRQ: Once.
EMOTION: Seriously.
CONTEXT: Aeschylus *The Suppliant Maidens*: "Thank you, dear children, for these modest prayers."[496]

Просительницы Эсхила: «Спасибо, дорогие дети, за эти скромные молитвы».[497] [PX=10]

113
"In a public opinion poll, nations of the West were asked 'Do you believe in God?' Americans were the most likely to answer affirmatively (90 percent)."
«По проведенным в западных странах опросам общественного мнения на вопрос «Верите ли Вы в Бога?» больше всех дали утвердительный ответ американцы (90 процентов)».
[PX=9]
PERIOD: 1982-1983.
FRQ: Once.
EMOTION: With pride in America.
CONTEXT: From a newspaper. First reaction was positive. But then you notice that they talk about God, but they do not believe in God.
Из газет. Первая реакция положительная. Но затем вы замечаете, что они говорят о Боге, но не верят в Бога. [PX=10; OPX=9]
METACONTEXT-A: Now I think that if you want to get rid of some idea you should cause it to be generally accepted. Very often you can see only the empty shell of religion, which means nothing.

---

[496] Literature: Aeschylus (1993)(1), p. 8.
[497] Literature: Aeschylus (1993)(1), p. 8.

4.1 First Steps in America. Fog over New York

Сейчас думаю: если хочешь расправиться с какой-то идеей, сделай ее общепринятой. Очень часто можно видеть лишь пустую, ничего не значащую скорлупу. [PX=10; OPX=9]

METACONTEXT-H: This was important for me. Though I was not a churchgoer, I came to America being under the strong influence of religious ideas, especially regarding family life and morality. Looking backward, many of the events in the early years in the U.S. cannot be adequately understood without taking this into account.

Это было важно для меня. Хотя я не ходил в церковь, я приехал в Америку, будучи под сильным влиянием религиозных идей, особенно в отношении семьи и морали. Глядя назад, многие события ранних лет в США не могут быть адекватно осмысленны, не беря этого во внимание. [PX=10]

114

"I regard all this 'mass psychology' stuff with skepticism. Unfortunately."
«Я отношусь к такой «массовой психологии» со скептицизмом. К сожалению».
[PX=9]
PERIOD: 2001-2012.
FRQ: Once.
EMOTION: Skepticism.
CONTEXT: J.A.A. reacts.
Реагирует J.A.A. [PX=10]

115

"I don't consider the above evaluation of the polling results as 'mass psychology' stuff but rather a philosophical consideration of what happens to things that we value in our [western/industrial/developed] society."
«Я считаю такую оценку опросов общественного мнения не «массовой психологией», а скорее философским наблюдением о том, что случается с ценностями в нашем (западном/индустриальном/развитом) обществе».
[PX=9]
PERIOD: 2001-2012.
FRQ: Once.
EMOTION: Seriously.
CONTEXT: J.L.A. adds.
Добавляет J.L.A. [PX=10]

METACONTEXT-J.L.A.: As an example, on the more physical and substantive level consider what happens with trends in fashion/music/art/etc. The hegemonic forces in each realm determine not only the actions and perceptions of its own dominion but also the reactions and rebellions against itself. Consequently, every fad has a half-life and as its popularity grows so does the demand and need for another to take its place; people are always on the hunt for the "next big thing" not last week's big thing.

В качестве примера этого на более физическом и существенном уровне мы можем взять тенденции в моде/музыке/искусстве/и т. д.

4.1 First Steps in America. Fog over New York

Основные силы в каждой из этих областей определяют не только действия и восприятия в своих сферах, но и реакции и бунты против самих себя. Следовательно, каждая из этих мод имеет период полураспада и по мере того, как ее популярность растет, также растет и спрос на и необходимость в другой моде вместо нее, люди всегда гонятся за «следующей большой вещью», а не за вчерашней. [PX=10]

METACONTEXT-H: For me belief in God, which I observed in Americans, is, of course, an incontrovertible one. Most of Americans are sincere in this belief; it is not just a fad for them. I think they would eagerly subscribe by the sentiment expressed by a Jewish philosopher Maimonides in the *Commentaries on the Mishnah*: "Man needs to subordinate all his soul's powers to thought... and to set his sight on a single goal: the perception of God... I mean, knowledge of Him, in so far as that lies within man's power."[498]

Для меня вера в Бога, которую я наблюдаю в американцах, есть, конечно, бесспорная вещь. Большинство американцев искренни в этой вере; это не просто мода для них. Думаю, они с радостью подписались бы под мнением, выраженном еврейским философом Маймонидом в его *Комментарии к Мишне*: «Человек должен подчинить все силы его души мыслям ... и остановить свой взгляд на единственной цели восприятия Бога... Я имею в виду знание о Нем в той степени насколько это в человеческой власти».[499] [PX=10]

116
"God bless America."
«Благослови Бог Америку».
[PX=10]
PERIOD: All the time.
FRQ: Many times.
EMOTION: Chauvinistic pride.
CONTEXT: Another staple of American mass psychology is the appropriation of God. The President of the United States routinely finishes his speeches with the words: "God bless America," as if God is the property of the United States and not the God of mankind. Conversely, anybody who is not "100-percent American," in the sense that he has exposure to other cultures, according to this nationalistic distortion of Christianity is declared a "Satan."

Другой штамп американской массовой психологии это попытка монополизировать Бога. Президент США часто заканчивает свои речи со словами: «Благослови Бог Америку», как если бы Бог был собственностью Соединенных Штатов и не был Богом человечества. И наоборот, любой, кто не является «100-процентным американцем» в том смысле, что у него есть знание о других культурах, в соответствии с националистическим искажением христианства объявляется «Сатаной». [PX=10]

METACONTEXT-A: But if you tell Americans about this, they would be quite

---

[498] Philosophy: Seeskin (2005), p. 167; see also: Leaman (1999)(2) and Frank (2003).
[499] Philosophy: Seeskin (2005), p. 167; see also: Leaman (1999)(2) and Frank (2003).

4.1 First Steps in America. Fog over New York

surprised.

This lack of self-examination is nothing new for humankind. Epictetus writes in *The Discourses*: "Of all the faculties, you will find not one which is capable of contemplating itself."[500]

Но если вы скажете это американцам, они будут очень удивлены.

Этот недостаток самоанализа не ново для людей. Эпиктет пишет в *Беседах*: «Из всех людей вы не найдете ни одного способного к пониманию самого себя».[501] [PX=10]

METACONTEXT-H: If someone is following his or her truly conscientious Super-Ego, if he is trying his best to analyze any pressing problem, then he quickly comes into conflict with the ideological myths of mass culture. If, in addition, he is well-informed, educated, articulate and makes a strong case for the proper position of a controversial issue (as opposed to popular one), his position is not given credit, instead he is merely dismissed as being "smart Satan" or "super Satan." To be colloquially called "Satan" is a kind of punishment. As Freud wrote in his essay about mass psychology *Group Psychology and the Analysis of the Ego*, "Conscience is the dread of society"[502]. This is also a remarkable insight into why someone who follows his conscience can be subjected to all sorts of punishment by society. (At least as far as liberties to publish controversial opinions, I find support in a new philosophical field of applied ethics.[503])

Если кто-то следует своему действительно совестливому Супер-Эго, если пытается наилучшим образом анализировать любую насущную проблему, то он или она быстро окажутся в конфликте с идеологическими мифами массовой культуры. Если, в дополнение, он хорошо информирован, образован, ясно выражает свои мысли и хорошо аргументирует правильную позицию в спорном вопросе (в противоположность популярной позиции), его точке зрения не дается признание, а наоборот его просто отметают как «умного Сатану» или «супер-Сатану». Быть всуе названным «Сатаной» есть своего рода наказание. Как заметил Фрейд в своем эссе по массовой психологии *Психология группы и анализ человеческого «Я»*, «Совесть есть ужас общества».[504]. Это также проницательный взгляд на то, почему те, кто следуют велению своей совести, могут подвергаться разнообразным наказаниям со стороны общества. (По крайней мере, по вопросу о свободе публиковать спорные мнения я нашел поддержку в новой области прикладной этики.[505]) [PX=10]

---

[500] Philosophy: Epictetus (1993), p. 99; see also: Long (1999)(2).

[501] Philosophy: Epictetus (1993), p. 99; see also: Long (1999)(2).

[502] Psychology: Freud (1993); see also: Philosophy: Critchley (1998), McNeill (1998), Turner (2000)(1), Neu (2008), and Cottingham (2003).

[503] Philosophy: Frey (2003); see also: LaFollette (2004), Frederick (1999), Jamieson (2001), Light (2003), Boxill (2003), Shafer-Landau (2007)(1) and (2), Davis (2014), and Lippert-Rasmussen (2017).

[504] Psychology: Freud (1993); see also: Philosophy: Critchley (1998), McNeill (1998), Turner (2000)(1), Neu (2008), and Cottingham (2003).

[505] Philosophy: Frey (2003); see also: LaFollette (2004), Frederick (1999), Jamieson (2001), Light (2003), Boxill (2003), Shafer-Landau (2007)(1) and (2), Davis (2014), and Lippert-Rasmussen

4.1 First Steps in America. Fog over New York

117 From the Parallel Universe
"Hello, girl!"
«Привет, девочка!»
[PX=10]
PERIOD: December 1981 — January 1982.
FRQ: Once.
EMOTION: Suggestive tone.
CONTEXT: At the very beginning of my life in America, I was looking for New York University. This university is adjacent to Washington square. And here this was said behind my back. I turned around and was convinced that I was being addressed. I felt a mixture of disgust, the desire to punch someone in the nose. I limited my response to quickening my pace.

В самом начале моей американской жизни, я однажды искал Нью-йоркский университет. Этот университет находится по соседству с площадью Вашингтона. И здесь это было сказано мне в спину. Я обернулся и был уверен, что обращались ко мне. Я чувствовал смесь отвращения и желания дать в морду. Ограничился тем, что убыстрил свой шаг. [PX=10; OPX=5]

118
"Around NYU, Washington Square, West Village, we used to joke the guys were 'assumed gay until proven straight.'"
«Вокруг Нью-йоркского университета, площади Вашингтона, Вест Вилледжа, мы обычно шутили, что «существует презумпция, что парни геи, если не доказано обратное»».
[PX=10]
PERIOD: 2001-2012.
FRQ: Once.
EMOTION: Seriously.
CONTEXT: J.A.A. comments.
Комментирует J.A.A. [PX=10]

119
"There is something strange about this restaurant. Only men visit it. But there are no fights among them, everybody is very polite."
«Было что-то странное в этом ресторане. Только мужчины посещали его. Но не было никаких драк, все были очень вежливы.»
[PX=10]
PERIOD: 2001-2012.
FRQ: Once.
EMOTION: Calm consideration.
CONTEXT: This was a symptomatic story told by one of our acquaintance, a married couple, also immigrants from the Soviet Union. Their son's first job in New York was of a waiter in a restaurant. About a month after starting his job, he told

(2017).

this to his parents.

Эту весьма симптоматичную историю рассказали нам одни наши знакомые, тоже иммигранты из Советского Союза. Первой работой их сына в Нью-Йорке было занятие официантом в ресторане. Примерно через месяц после начала работы он рассказал это своим родителям. [PX=10]

120
"Thus, appeared a new theme — homosexuality in America."
«Так появилась новая тема — гомосексуализм в Америке.»
PERIOD: December 1981 — January 1982.
FRQ: Once.
EMOTION: Seriously.
CONTEXT: I would need to describe the first reactions to homosexuality of people coming from the Soviet Union.

The first reaction (at least in my case) was neutral. If confronted, I would consider it a personal issue, and, remembering the programs of the "Voice of America", which I had heard in Russia, I would consider tolerant attitude to homosexuality even the issue of human rights. But as the scale of homosexuality in America had become apparent, it caused some resistance. With more passing time, as gay and lesbian lobby had become more aggressive, the resistance had grown. In all treatments of this issue, homosexuality seemed to be an indicator of the last stage of moral decay. Ancient Rome came to mind.

Activists for gay rights do not to realize how deep-sited the taboo against homosexuality is in people with traditional sexual orientation and coming from more traditional societies, like the Soviet Union. Even watching public displays of kisses and affection in gay couples causes strong negative feelings in straight people. But it is more than just raw emotions. It causes a lot of "theoretical considerations."

The following is an example of such theorizing.

"Family taboos can be of different kinds and combinations. Claude Lévi-Strauss describes different systems of passing genes implemented through different systems of taboos, provides their mathematical classification and argues logically that different systems of taboos are in the foundation of different civilizations.[506] Thus in *Parenthood Revisited* he says: 'The first imperative of a human society is to reproduce itself, to maintain itself over time. Every society therefore possesses a rule of filiation defining how each new member belongs to the group; a kinship system determining the way that relations will be classified, as kin by blood or by marriage; and rules stipulating whom a person can and cannot marry.'[507] The kinship systems and taboo rules of different societies in history varied widely. Anthropologists know societies that allowed even incest and pedophilia.

---

[506] Anthropology: Lévi-Strauss (1963), (1967), (1968), (1969), (1973)(1) and (2), (1977), (1978), (1981), (1982), (1986), (1987)(1), (2), and (3), (1995), (1996)(1), (2), and (3), and (1997).
[507] Anthropology: Lévi-Strauss (2013).

4.1 First Steps in America. Fog over New York

Anyone who wants to find depictions of a wide range of weird societies with kinship and taboo systems different from ours need not look further than Sigmund Freud's *Totem and Taboo*.[508]

The Christian kinship and taboo system are very similar to Judaic and Islamic ones, but is different from other systems. Lévi-Strauss — who is not a racist by any stretch of imagination — however, points out that this Judeo-Christian-Islamic system of taboos proved to have more vital capacity.

Montesquieu's attitude toward homosexuality, which has started a trend in the West since the Enlightenment, was that homosexuality should not be criminalized because it anyway contradicts human nature.[509]

Homosexuality has achieved more and more acceptance in the West in the last 300 years, especially in recent decades. The struggle for ever greater degrees of legalization of homosexuality in the Western societies is often depicted as the struggle for human rights of our times and likened to the struggle for civil rights of the black Americans. It is worth noting in this regard that the notion of segregation of races is a Puritanical one and was not shared by Christians in Latin America, as well as by Islam and Communism (to the degree we can consider Communism a religious system).

It is important to realize that what is happening now in the West and some countries of Latin America with respect to homosexuality is not shared by the oldest modern religion, Judaism (at least by its predominant Conservative and Orthodox synagogues), more conservative Christians of Africa, Muslims, Eastern Orthodox Christians, and peoples of Confucian tradition. We are basically talking about a minority of humankind experimenting with greater rights for homosexuals.

The movement towards more liberal attitudes to homosexuality is not associated with human rights by most people in the world. (See, for example, the fundamental reference book *International Human Rights in Context: Law, Politics, Morals*[510] published by Oxford University Press. Somebody called gay rights "post-human rights." I am all for "human rights," but I have grave doubts about "post-human rights.")

On the contrary, prohibition against homosexuality is a deep cultural one. Taboo against homosexuality is one of the basic rules of family life, which has a history of thousands of years in Judeo-Christian-Islamic tradition, and for a good reason. The fact that some branches of Western Christianity are now dismantling this taboo only causes puzzlement in much of the rest of the world.

Sigmund Freud, in his groundbreaking *Three Essays on the Theory of Sexuality* (1905)[511], talks about perversion as a condition existing primarily in children before they achieve mature sexual attitudes.

---

[508] Psychology: Freud (1962-1975), v. 13.
[509] Philosophy: Montesquieu (1993).
[510] Law: Steiner (1996).
[511] Psychology: Freud (1962-1975), v. VII.

4.1 First Steps in America. Fog over New York

There is a wide variety of perversions through which people may go in the process of their sexual development. Homosexual tendencies may be one of them. (Freud classifies them as "inversions," the type of perversions constituting deviations in respect of the sexual object[512]. By Freud the different type of deviations in respect of the sexual object is characterized by having sexually immature persons and animals as sexual objects[513].) Some people never overcome their perversions and complete transition to mature sexual attitudes. Nowadays, Freud is not very popular. May be one of the reasons he is not very popular is that he assumes there exists a norm in sexual behavior. Modern Western theories say that there is no perversion in sex and that everything humans do in sexual sphere is a norm. It is very strange indeed to insist that everything that humans do is a norm. That insistence flies in the face not just of morality and all religions in the world but also of law and the very organization of the civilized society."

I think from this sample the reader gets the taste of these theoretical reactions. I had to give it here because I am a man of theory who immediately tries to conceptualize any problem in life. At least this theoretical exercise is the honest expression of my cultural shock from the collision with non-traditional sexual culture in America. The reader can imagine what kind reaction homosexuality causes until today in most of the population of the former Communist countries.

Мне надо будет остановиться на первых реакциях на гомосексуализм людей, прибывающих из Советского Союза.

Первая реакция (по крайней мере в моем случае) была нейтральной. Если бы меня заставили высказать свое отношение, я бы сказал, что это личный вопрос, и, помня передачи «Голоса Америки», которые я слышал в России, я бы посчитал терпимое отношение к гомосексуализму даже вопросом прав человека. Но в той степени, в какой масштаб гомосексуализма в Америке становился все более очевидным, это стало вызывать некоторое сопротивление. По мере того, как больше времени проходило, и как лобби гомосексуалистов и лесбиянок становилось более агрессивным, это сопротивление возрастало. При всех рассмотрениях вопроса гомосексуализм представлялся как последняя стадия морального упадка. Древний Рим приходил на ум.

Активисты за права геев не осознают, насколько глубоко сидит табу против гомосексуализма у людей с традиционной сексуальной ориентацией и прибывающих из более традиционных обществ, таких как Советский Союз. У людей с обычной ориентацией даже смотреть на публичные чувственные поцелуи геев очень неприятно. Но речь не только о непосредственных эмоциях. Это вызывает много «теоретических размышлений».

Вот пример таких размышлений.

---

[512] Ibid., p. 136-148.
[513] Ibid., p. 148-149.

195

4.1 First Steps in America. Fog over New York

«Семейные табу могут быть разного рода и разных комбинаций. Клод Леви-Стросс описывает разные системы передачи генов, осуществляемые через разные системы табу, дает их математическую классификацию и развивает систему логических аргументов о том, что разные системы табу лежат в основе разных цивилизаций.[514] Так в *Родительстве в новом рассмотрении* он говорит: «Первая задача человеческого общества заключается в том, чтобы воспроизвести себя, поддержать себя во времени. Каждое общество, следовательно, правило принадлежности, определяющее как каждый новый индивидуум принадлежит к группе; систему родства, определяющую способ классификации отношений, как родство по крови или браку; и правила, определяющие на ком человек может или не может жениться.»[515] Системы родства и правила табу разных обществ в истории широко варьировались. Антропологи знают общества, которые разрешали даже инцест и педофилию. Любому, кому захотелось бы познакомиться с широким набором странных обществ с системами родства и табу, отличными от наших, достаточно почитать работу Зигмунда Фрейда *Тотем и табу*.[516]

Христианская система родства и табу очень схожа с таковой иудаизма и ислама, но отличается от других систем. Леви-Стросс — который не расист ни в какой степени — однако, отмечает, что иудео-христианско-исламская система табу доказало свою большую жизнеспособность.

Отношение к гомосексуализму Монтескье, которое дало начало тенденции на Западе со времен эпохи Просвещения, заключалось в том, что гомосексуализм не должен быть криминализован, поскольку он в любом случае противоречит человеческой природе.[517]

Гомосексуализм достигал все большей приемлемости на Западе в последние 300 лет, особенно в последние десятилетия. Борьба за все большую легализацию гомосексуализма в западных обществах часто описывается как борьба за права человека нашего времени и сравнивается с борьбой за гражданские права черных американцев. В этой связи стоит заметить, что сегрегация по расам — это пуританская идея, и она не разделялась христианами в Латинской Америке, так же как не разделялась исламом и коммунизмом (в той степени, в какой можно считать коммунизм религиозной системой).

Важно осознавать, что то, что сейчас происходит на Западе

---

[514] Anthropology: Lévi-Strauss (1963), (1967), (1968), (1969), (1973)(1) and (2), (1977), (1978), (1981), (1982), (1986), (1987)(1), (2), and (3), (1995), (1996)(1), (2), and (3), and (1997).

[515] Anthropology: Lévi-Strauss (2013).

[516] Psychology: Freud (1962-1975), v. 13.

[517] Philosophy: Montesquieu (1993).

4.1 First Steps in America. Fog over New York

и в некоторых странах Латинской Америки в отношении гомосексуализма, не разделяется старейшей из современных религий, иудаизмом (по меньшей мере в ее основных консервативных и ортодоксальных синагогах), более консервативными христианами Африки, мусульманами, православными и людьми конфуцианской традиции. Мы, в сущности, говорим о меньшинстве человечества, экспериментирующем с большими правами для гомосексуалистов.

Движение в сторону более либерального отношения к гомосексуализму не ассоциируется большинством людей в мире с правами человека. (См., например, фундаментальный справочник *Международные права человека в контексте: Право, политика, мораль*[518], опубликованную издательством Оксфордского университета. Некоторые называют права геев «пост-права человека». Я полностью за «права человека», но у меня большие сомнения «пост-правах человека».)

Наоборот, запрет на гомосексуализм глубоко коренится в культуре. Табу против гомосексуализма является одним из главных правил семейной жизни, которое опирается на многотысячелетнюю историю в иудео-христианско-исламской традиции, и на серьезных основаниях. Тот факт, что некоторые ветви западного христианства сейчас разрушают это табу, вызывает только недоумение у большей части остального мира.

Зигмунд Фрейд в своей основополагающей работе *Три эссе о теории сексуальности* (1905)[519], говорит об извращении, как о состоянии, существующем в основном у детей до того, как они достигают зрелых сексуальных отношений. Существуют множество извращений, через которые люди могут проходить в процессе своего сексуального развития. Гомосексуальные тенденции могут быть одними из них. (Фрейд классифицировал их как «инверсии», тип извращений, состоящих в отклонении от сексуального объекта[520]. По Фрейду другими типами отклонений в отношении сексуального объекта является замена сексуального объекта на сексуально незрелых людей или животных[521].) Некоторые люди никогда не перерастают своих извращений и не совершают перехода к взрослым сексуальным отношениям. Сегодня Фрейд не очень популярен. Возможно, одна из причин, по которой он не очень популярен, заключается в том, что он предполагал, что существует норма в сексуальном поведении. Современные западные теории говорят, что не существует извращений в сексе и что все, что люди делают в сексуальной сфере, есть норма. И в самом деле очень странно считать, что все, что люди делают, есть норма. Настаивать на этом

---

[518] Law: Steiner (1996).
[519] Psychology: Freud (1962-1975), v. VII.
[520] Ibid., p. 136-148.
[521] Ibid., p. 148-149.

4.1 First Steps in America. Fog over New York

значит противоречить не только морали и всем на свете религиям, но также закону и самой организации цивилизованного общества.»

Я думаю, на этом примере читатель получает впечатление об этих теоретических реакциях. Мне нужно было воспроизвести их здесь, потому что я человек теории, который немедленно пытается осознать любую проблему в жизни. По крайней мере, это теоретическое упражнение дает честное выражение моему культурному шоку от столкновения с нетрадиционной сексуальной культурой в Америке. Читатель может представить какую реакцию гомосексуализм по сей день вызывает у населения бывших коммунистических стран. [PX=10]

METACONTEXT-H: I must admit that the situation is more complex in life than it might be inferred from these theoretical considerations. Any such considerations must be subservient to purely human side of this issue. So, in the following years, I have grown to be also aware of the balancing considerations to the issue of homosexuality. I think I have always been tolerant to homosexuals on a personal level; yet, I have had and still have serious concerns about the moral side of homosexuality. But I have grown to be more appreciative of the role homosexuals can have in a society. I have noticed that very often the objective situation of gays in society, where they are subjected to pressure, leads them to be open-minded, clever, and interesting about certain political and philosophical questions. For example, I think that Glenn Greenwald, who first broke Snowden story about the NSA transgressions, is a great reporter.[522] The fact that he is a gay may have been highly informative to his reasoning. I have only admiration and highest respect for him as a journalist, public figure, and dissident.

Должен признаться, что ситуация более сложна в жизни, чем может показаться из этих теоретических соображений. Любые такие соображения должны быть подчинены чисто человеческим. Так, в последующие годы я также осознал балансирующие стороны гомосексуализма. Я думаю, я всегда был терпим к гомосексуализму на персональном уровне; и все же, у меня были и остаются серьезные сомнения о моральной стороне гомосексуализма. Но я стал более ценить ту роль, которую гомосексуалисты могут играть в обществе. Я стал замечать, что очень часто объективное положение геев в обществе, где они подвергаются давлению, делает их более открытыми размышлениям, умными и интересными по отношению к определенным политическим и философским вопросам. Например, я думаю, что Гленн Гринвальд, который первым опубликовал историю Сноудена о нарушениях закона и прав человека Агентством Национальной Безопасности, выдающийся репортер.[523] Тот факт, что он гей, могло быть очень важным для логики его размышлений. У меня нет ничего, кроме восхищения и высочайшего

---

[522] See: Law: Greenwald (2006), (2008), and (2011); see also Greenwald's contribution to: Griffiths (2014).
[523] See: Law: Greenwald (2006), (2008), and (2011); see also Greenwald's contribution to: Griffiths (2014).

4.1 First Steps in America. Fog over New York

уважения к нему как журналисту, общественному деятелю и диссиденту. [PX=10]

121
"I can't help but emotionally react to such a comment. It upsets and angers me."
[PX=10]
PERIOD: 2001-2012.
FRQ: Once.
EMOTION: Anger.
CONTEXT: My daughter J.L.A. reacts to my writings. [PX=10]
METACONTEXT-J.L.A.: Such a perspective seems blatantly ignorant and prejudiced although I realize that it is a product of different cultural and familial values. Homosexuality the term, and therefore the concept, only entered our common consciousness with the Oscar Wilde trial. Evaluating any civilization by only one characteristic and without context is inherently flawed and a perversion of literary metonym. [PX=10]

122
"If this excuses me, I should note that this was my first reaction to the open display of homosexuality in New York. Unlike today's America, the old Soviet Union had no open homosexuality."
[PX=10]
PERIOD: 2001-2012.
FRQ: Once.
EMOTION: Calm consideration.
CONTEXT: I see certain truth in what J.L.A. is saying; but I think there is also some truth in what I was trying to say. As Sophocles writes in *Antigone*:
> "Lord, if your son has spoken to the point
> you should take his lesson. He should do the same.
> Both sides have spoken well."[524] [PX=10]

123
"— You are too independent. This sphere is very political. It might be better for you just to find some well-paid job as a computer programmer.
— The atmosphere is changing now. Look at what is happening — Reagan came to power."
«— Вы слишком независимы. Эта область очень политическая. Было бы лучше, если бы Вы нашли какую-нибудь хорошо оплачиваемую работу компьютерным программистом.
— Атмосфера сейчас меняется. Смотрите, что происходит — Рейган пришел к власти».
[PX=10]
PERIOD: December 1981 — January 1982.
FRQ: Once.

---

[524] Literature: Sophocles (1993)(3), p. 167.

4.1 First Steps in America. Fog over New York

EMOTION: Friendly advice.
CONTEXT: In the beginning of my life in America, I visited a few New York universities. In one of them I talked to a prominent economist, a Nobel Prize laureate in economics. I asked him for assistance in finding a job as a research economist in international economics. He was very helpful and gave me practical advice. But one of his remarks, which I cite by memory here, puzzled me at the time. His friend, a famous mathematician, who was present during the conversation, agreed. As a Reagan supporter I was unable to appreciate the comment.

В начале моей американской жизни я посетил несколько нью-йоркских университетов. В одном из них я разговаривал с известным экономистом, лауреатом Нобелевской премии. Я попросил его помощи в нахождении работы в качестве исследователя экономиста по международной экономике. Он старался помочь и дал мне практический совет. Но одно из его замечаний, которое я цитирую здесь по памяти, тогда мне показалось удивительным. Его друг, знаменитый математик, присутствовавший при разговоре, согласился с ним. Как сторонник Рейгана я был не в состоянии оценить по достоинству это замечание. [PX=10]

METACONTEXT-H: As I tried to find my way among the great and powerful people of America, perhaps the words of Plutarch from *The Lives of the Noble Grecians and Romans* would be fitting:
"Whom shall I set so great a man to face?
Or whom oppose? Who's equal to the place?"[525]

В моих попытках найти дорогу среди великих и влиятельных людей Америки, возможно, слова Плутарха из *Жизней благородных греков и римлян* были бы подходящими:
«Кого из людей должен я счесть столь великими, чтобы предстать перед ними?
И кому противостоять? Кто из них достоин своего места?»[526]
[PX=10]

124
"Don't wear jeans at work!"
«Не носите джинсы на работу».
[PX=10]
PERIOD: August 1982; variations 1982-1986
FRQ: Literally, once; allegorically, many times.
EMOTION: Scornful.
CONTEXT: My first day working as a computer programmer in America. The same thing, when I was looking for work. They told me I was a bad programmer.

Мой первый день работы программистом в Америке. То же самое — при поисках работы. Мне говорили, что я плохой программист. [PX=10; OPX=9]

---

[525] Literature: Plutarch (1993), p. 1.
[526] Literature: Plutarch (1993), p. 1.

4.1 First Steps in America. Fog over New York

METACONTEXT-H: There's nothing new under the Sun. Émile Zola wrote back in the 19th century: "I went to many places in my search for work, it didn't matter what they were. I was received with hostility; I understood that it was no good to be poorly dressed. They told me that I wrote badly and was not fit for anything. I believed them and left, ashamed that I had dared to take up the time of these honorable people, intruding on them with my mind and my will."[527]

Ничто не ново под Луной. Эмиль Золя: «Я обошел множество учреждений в поисках места, все равно какого. Меня принимали очень нелюбезно; я понял, что нельзя быть бедно одетым. Мне говорили, будто я плохо пишу, ни к чему не пригоден. Я верил им на слово и уходил, стыдясь, как мне могло прийти в голову отнимать время у этих честных людей, навязывать им свой ум и свою волю».[528] [PX=10]

125

"Twenty-five years later, jeans aren't work clothes, unless you are blue collar... or an IT guy."

«Двадцать-пять лет спустя джинсы — не рабочая одежда, если только вы не чернорабочий… или программист».

[PX=10]
PERIOD: 2001-2012.
FRQ: Once.
EMOTION: Respectful.
CONTEXT: J.A.A. comments.

Комментарии J.A.A. [PX=10]

126

"It is a rather obvious point for Americans."

«Это очевидное замечание для американцев».

[PX=10]
PERIOD: 2001-2012.
FRQ: Once.
EMOTION: Seriously.
CONTEXT: It was not for me at the time.

Это не для меня. [PX=10]

METACONTEXT-A: George Eliot *Middlemarch*: "Well, dear, we should never wear them, you know."[529]

Джордж Элиот в *Миддлмарче*: «Однако, дорогой, мы никогда не должны носить это, ты знаешь».[530] [PX=10]

127

"200 people have died of AIDS. 70% of them are homosexuals, 20% are drug addicts using intravenous needles, 7% are refugees from Haiti, and people suffering

[527] Literature: Zola, v. 1, p. 109, 163.
[528] Literature: Zola, v. 1, p. 109, 163.
[529] Literature: Eliot, George (1993), p. 207.
[530] Literature: Eliot, George (1993), p. 207.

4.1 First Steps in America. Fog over New York

from hemophilia (the latter, probably got it through transfusions).”

«200 человек умерло от СПИДа. 70% из них — гомосексуалисты, 20% — наркоманы, использующие внутривенные уколы, 7% — выходцы из Гаити и люди, страдающие от несворачиваемости крови (последние, вероятно получили эту болезнь при переливании крови)».

[PX=9]

PERIOD: 1982.

FRQ: Frequently and with increasing frequency.

EMOTION: Abstract statistics.

CONTEXT: From the newspaper. The numbers are from memory (therefore their precision is somewhat suspect). AIDS — acquired immunodeficiency syndrome.

Из газет. Цифры — на память. [PX=10; OPX=9]

METACONTEXT-P: This topic at first did not attract a great deal of attention. The papers assert that it is a sexually transmitted disease. The fact that most sufferers are from clearly delineated groups, is reassuring.

Тема по началу не обращает на себя большого внимания. Газеты утверждают, что передается при сексе. Тот факт, что подавляющее большинство заболевших — из четко определенных групп, успокаивает.

[PX=9]

128

“There's a feeling (especially in the liberal circles I travel in) that if something affects the straight white male population, it gets a disproportionate amount of attention. Look at many insurance policies: they'll cover Viagra, but not birth control pills.”

«Есть чувство (особенно в либеральных кругах, в которых я вращаюсь), что, если что-то затрагивает белое мужское население, это привлекает непропорциональное внимание. Посмотрите на многие страховки: они покрывают Виагру, но не противозачаточные таблетки».

[PX=9]

PERIOD: 2001-2012.

FRQ: Once.

EMOTION: Seriously.

CONTEXT: These are words of J.A.A.

Слова J.A.A. [PX=10]

129

“Such a tendency in the distribution of media (and consequently popular) attention is truly a signifier of the insidious nature of prejudices and their harmful consequences to the whole of society.”

«Такая тенденция в распределении внимания средств массовой информации (и, следовательно, внимания публики) есть, в самом деле, индикатор коварной природы предрассудков и их вредного влияния на все общество».

[PX=9]

PERIOD: 2001-2012.

FRQ: Once.

4.1 First Steps in America. Fog over New York

EMOTION: Seriously.
CONTEXT: J.L.A. adds.

Добавляет J.L.A. [PX=10]

130
"I live with a roommate."
«Я живу с товарищем».
[PX=10]
PERIOD: 1982, January — March.
FRQ: Said once.
EMOTION: Matter of fact.
CONTEXT: "Roommate" does not have an exact equivalent in Russian. This is how a specialist in Russian, whom I had met in my course, where he taught English, introduced his friend. At the beginning of my stay in America, these two people paid a great deal of attention to me and my problems. I cannot list all the things they did: they helped me get oriented in the vortex of official documents and helped me with my English; they even took me and my impoverished Russian neighbors with their children to the zoo. These were the only people I met in America, who were always sincerely ready to help. They appeared to be very civilized people and were interesting to talk to. The specialist in Russian had graduated from Harvard. I greatly appreciated all their help.

"Roommate" переводится примерно, как «товарищ по комнате»; по-русски точного выражения нет. Что-то вроде «товарищ по общежитию». Так представил своего товарища специалист по русскому языку, с которым я познакомился на курсах, где он преподавал английский. В начале моего пребывания в Америке эти два человека уделили много внимания мне и моим заботам. Они помогали ориентироваться в ворохе официальных бумаг, нянчились с моим английским, возили меня и моих нищих русских соседей с детьми в зоопарк. Всего не перечесть. Это были единственные люди на всем американском фоне, всегда искренне готовые прийти на помощь. Они оказались развитыми ребятами и интересными собеседниками. Специалист по русскому языку кончал Гарвард. За всю их помощь я очень признателен. [PX=10; OPX=9]
METACONTEXT-P: The thought that they might be homosexuals seemed quite improbable to me at first. When quite a bit of time had passed and there was quite a bit of evidence in favor of this, I began to get used to the idea that this was so. It is too bad that no other Americans ever treated our family any better. Although I consider sex everyone's private business, such a difference in lifestyles could not help but eventually drive us apart.

Мысль о том, что они могли быть гомосексуалами, поначалу казалась мне невероятной. Когда прошло уже достаточно много времени, и было много тому доказательств, я стал смиряться с мыслью, что это так. Жаль, никто другой из американцев не относился лучше к нашей семье. Хотя я считаю секс личным делом каждого, такая разница в стилях жизни со временем не могла не действовать отдаляюще. [PX=10]
METACONTEXT-H: There was an additional more negative aspect to this. In the

eyes of many people who found out that they were our friends, this became proof that I was homosexual.

Был также другой более негативный аспект. В глазах многих людей, кто узнавал, что они наши друзья, это становилось доказательством, что я — гомосексуалист. [PX=5; OPX=3]

131

"Disgruntled gay."

«Недовольный гомосексуалист».

[PX=10]

PERIOD: 2001-2012.

FRQ: Once.

EMOTION: Dismissing.

CONTEXT: There were incidents of people mistakenly calling me gay in my later life too. This phrase was said by a person who apparently did not like my views. I observe that there is a tradition in America to label your political opponents as homosexuals.

Были также инциденты, когда люди по ошибке принимали меня за гомосексуала. Эта конкретная фраза была сказана человеком, которому, по-видимому, не нравились мои взгляды. Существует традиция в Америке приклеивать ярлык гомосексуалов к своим политическим оппонентам. [PX=10]

132

"This is so, so unfortunate. But isn't part of being progressive (at least in theory) in trying to overcome your prejudices?"

«Очень жаль. Но ни есть ли часть прогрессивного мировоззрения (по крайней мере, в теории) в том, чтобы преодолевать свои предрассудки?»

[PX=10]

PERIOD: 2001-2012.

FRQ: Once.

EMOTION: Seriously.

CONTEXT: J.A.A. weighs in.

J.A.A. вставляет свое слово. [PX=10]

133

"In the U.S. researches about the economies of Eastern Bloc are done by government organizations like the CIA, whose budgets and job opportunities are very dependent on the changing political atmosphere. In addition, it looks like you would continue some correspondence with your relatives and friends in Russia; this is not good for passing clearance with such organizations."

«В США исследования по экономикам стран Восточное Европы проводятся правительственными организациями, такими как ЦРУ. Их бюджеты и возможности работы очень зависят от меняющейся политической обстановки. Вдобавок, выглядит так, что Вы продолжите какую-то корреспонденцию с вашими родственниками и друзьями в России; это не

4.1 First Steps in America. Fog over New York

даст возможности получить секретный допуск в таких организациях».
[PX=10]
PERIOD: 1982, March — May.
FRQ: Said once.
EMOTION: Matter of fact.
CONTEXT: In the spring of 1982, I was still hoping to continue my education in economics. My new friend asked what interested me in economics. I said that it was international economics and that I would like to work in some organization making estimates of the economy of the Soviet Union and of the Eastern Bloc. Then he made this observation. My friend advised me that I might be better off if I continued being a computer programmer. After some hesitation, I conceded. As Euripides writes in *Hippolytus*: "Certainly I will take a good advice. I am not a fool."[531]

Весной 1982-го года я все еще надеялся продолжить свое образование по экономике. Мой новый друг спросил, что интересует меня в экономике. Я сказал, что это международная экономика и что я хотел бы работать в какой-нибудь организации, занимающейся оценками экономики СССР и Восточной Европы. Тогда он и сделал это наблюдение. Мой друг сказал мне, что я поступлю лучше, если я останусь компьютерным программистом. После некоторых колебаний я согласился. Как пишет Еврипид в *Ипполите*: «Конечно, я приму хороший совет. Я не так глуп».[532]
[PX=10]
METACONTEXT-P: Being told this was a little like having cold water suddenly thrown upon me, but now I think my friend was right.

Когда это было сказано мне это был холодный душ для меня, но сейчас я думаю, мой друг был абсолютно прав. [PX=10; OPX=9]
METACONTEXT-A: My new friend lived in Greenwich Village, which – as I found out – was a center for homosexuals living in New York City.

Мой новый друг жил в Гринвич-Вилледже, который – как я обнаружил – был центром жизни гомосексуалов в Нью-Йорке. [PX=10]

135
"Greenwich Village also has a history of being the epicenter of bohemia and counterculture forces, the Haight-Ashbury of the East Coast."
«Гринвич-Вилледж также был в истории эпицентром богемы и культуры, ставящей себя в противовес культурному истеблишменту, центр хиппи субкультуры Восточного побережья США».
[PX=10]
PERIOD: 2001-2012.
FRQ: Once.
EMOTION: Patriotism on the defensive.
CONTEXT: J.L.A. intercedes.

---

[531] Literature: Euripides (1993)(1), p. 297; see also: Euripides (1993)(2), (3), (4), (5), (6), (7), (8), (9), (10), (11), (12), (13), (14), (15), (16), (17), (18), and (19).
[532] Literature: Euripides (1993)(1), p. 297; see also: Euripides (1993)(2), (3), (4), (5), (6), (7), (8), (9), (10), (11), (12), (13), (14), (15), (16), (17), (18), and (19).

4.1 First Steps in America. Fog over New York

Вмешивается J.L.A. [PX=10]

METACONTEXT-J.L.A.: It is home to Stonewall, civil rights protests, the Vietnam War protests, and even artistic movements. Allen Ginsburg of the Beat Generation lived and wrote there among many other artists. Real estate developers knowing the mystique of "the village" have come along with gentrifying the neighborhood and have dubbed the area once considered as part of the Lower East Side as being the East Village. Meanwhile those willing to pay the outrageous rents for inadequate spaces keep coming in droves.

Это дом Стоунволла — места спонтанных, насильственных протестов против полиции в 1969-м году — протестов за гражданские права, против войны во Вьетнаме и даже движений в искусстве. Аллен Гинзбург — один из ведущих поэтов поколения битников — жил и писал здесь среди многих других художников. Бизнесмены, греющие руки на недвижимости и знавшие мистику «Вилледжа», сделали много для придания элементов аристократизма этому району и переименовали его из Лоуэ Ист Сайд в Ист Виллидж. Тем временем люди, желающие платить огромные квартплаты за небольшое пространство, продолжают прибывать. [PX=10]

136

"New York is a reservation for foreigners."

«Нью-Йорк — резервация для иностранцев».

[PX=10]

PERIOD: 1982-1983.

FRQ: Once.

EMOTION: Narrative.

CONTEXT: An American told me about his friend who lives in a Native-American reservation and tries to do what he can for the people amid diseases, poverty and moral degradation. At the end of his story, I got the idea that this was also an unconscious hint that at any rate the American in some way identified with the person he was telling me about. I knew that the person I was talking to was going to desperate lengths to help an immigrant. The American and I were sitting at the table in my house with our neighbors. The table was improvised, instead of chairs we had a collection of pathetic junk rescued from the dumpster. My neighbor's children's clothes were more like rags. Our guest was very polite and protective of our self-esteem. We smiled politely at one another.

Американец рассказывал о своем друге, который живет в резервации для индейцев и пытается что-то сделать для людей среди болезней, нищеты и моральной деградации. К концу рассказа у меня возникла мысль, что если это и не осознанный намек, то, во всяком случае, американец чем-то идентифицирует себя с тем, о ком рассказывает. Я знал, что мой собеседник прилагает отчаянные усилия помочь кому-нибудь из иммигрантов. Мы сидели за столом у нас дома вместе с нашими соседями. Бедность наша в тот момент была и в самом деле индейской. Стол был импровизирован, вместо стульев — жалкая рухлядь, вытащенная с помойки. Одежда на детях моих соседей больше походила на лохмотья. Наш собеседник был очень вежлив и берег наше самолюбие. Мы вежливо улыбались друг другу. [PX=10]

4.1 First Steps in America. Fog over New York

137
"A story of starting from poverty is well reflected in literature; Charles Dickens begins *Little Dorrit* with 'Book the First: Poverty.'[533]"
«Истории того, как люди происходили из нищеты, хорошо отражена в литературе; Чарльз Диккенс начинает роман *Крошка Доррит* с «Книги Первой: Нищета»».
[PX=10]
PERIOD: 2001-2012.
FRQ: Once.
EMOTION: Seriously.
CONTEXT: A reflection on our early days in the U.S.
      Отражение первых дней в США. [PX=10]

138
"On NPR, they were saying something along the lines that 40% (60%?) of New Yorkers are foreign-born."
«На общественном радио говорили, что примерно 40% (60%?) ньюйоркцев родились в других странах».
[PX=10]
PERIOD: 2001-2012.
FRQ: Once.
EMOTION: Seriously.
CONTEXT: J.A.A. continues.
      Продолжает J.A.A. [PX=10]
METACONTEXT-J.A.A.: As far as immigrants go, though, Russian transplants are among the most successful. Showing up here white and educated certainly has its advantages.
      Если рассматривать иммигрантов с разных стран, русскоязычные иммигранты среди самых успешных. Если объявиться в Америке белыми и образованными, это и в самом деле будет иметь свои преимущества.
[PX=10]

139
"In America we got acquainted with several families who had similar political ticket to emigration."
«В Америке мы познакомились с несколькими другими семьями, которые имели аналогичный политический билет в эмиграцию».
[PX=10]
PERIOD: The 1980s-1990s.
FRQ: Once.
EMOTION: Narrative.
CONTEXT: As I mentioned, we sympathized and had good relations with our neighbors, a young family with small children. They were also in their 20s, had

---

[533] Literature: Dickens (1993), p. ix.

4.1 First Steps in America. Fog over New York

published a non-conformist "samizdat" magazine in Leningrad (now Saint Petersburg). The names of the husband and wife in this family, who lived in the apartment across the hall from our flat, were Sergey and Lena Shanygin. They were literally given an invitation from Israel by the KGB in 1981. Soon after the start of their American live they divorced. Lena left her children from the first marriage with Sergey, and with her new husband bought a farm in Vermont where she had more children. Sergey with his and Lena's children migrated to Sweden, married a Swedish woman, and devoted himself to the International Society for Krishna Consciousness (Hare Krishna). One of his daughters from the first marriage, whom we remember as a remarkable bright person from the very early age, later moved to Germany.

After the Shanygins, another political family moved to the same apartment. They could emigrate because the wife, Irina Korsunskaya, was the head of the Soviet committee for help to political prisoners. Irina knew all Soviet political prisoners of my time by names and could tell their life stories after the prison camp. Her husband was a graduate of the Moscow Institute for International Relations. After a few years, they moved to California where he taught Russian language for government officials.

Yet another political family of young dissidents who had been our close friends in the early years in America was that of Olga Kuznetsova and her husband Volodya Sorokin. Olga's whole family took part in the dissident movement in the Soviet Union. Volodya's parents were also political émigrés and worked for the Russian-language literary and political publication *Russian Thought* (*"Русская мысль"*) in Paris. Olga and her husband divorced in the end of 1980s. Sorokin was not very successful in his American endeavors and returned to Russia after 1991. Olga remarried to a guy with the name Eugene Sokolov who worked in the Russian Section of Radio Canada. He was investigated and harassed by Canadian security services on a suspicion of being a Soviet spy. Sokolov successfully sued these security services to stop the investigation.

Volodya Dremlyuga was another colorful character and a very independent guy. As a young man he took part in the small demonstration on the Red Square against the invasion of Czechoslovakia in 1968 and had spent time in prison for that. Volodya started his real-estate business in the U.S. He made his aim to become a millionaire and he achieved his aim.

There were also other political families in our circle, some whom made successful and highly paid careers in the United States but returned to Russia after the end of Communism.

Как я уже упоминал, мы симпатизировали и имели хорошие отношения с нашими соседями, молодой семьей с маленькими детьми. Родителям было по 20 с небольшим; они публиковали нонконформистский самиздатовский журнал в Ленинграде. Имена мужа и жены в этой семье, жившей в квартире через коридор от нас, были Сергей и Лена Шаныгины. В 1981-м году КГБ вызвало их и вручило приглашение из Израиля. Вскоре после начала их американской жизни они развелись. Лена оставила детей

4.1 First Steps in America. Fog over New York

от своего первого брака с Сергеем, и купила с ее новым мужем ферму в Вермонте, где у нее родились новые дети. Сергей с его и Лены детьми мигрировал в Швецию, где он женился на шведке и посвятил себя движению Кришнаитов, Харе Кришна. Одна из его дочерей от первого брака, которую мы помним, как замечательно способную и светлую девочку, позднее переехала в Германию.

После Шаныгиных другая политическая семья поселилась в той же квартире. Им разрешили уехать, потому что жена, Ирина Корсунская, была главой Советского комитета помощи политическим заключенным. Ирина знала всех советских политзаключенных по именам и могла рассказать истории их жизни после лагеря. Ее муж окончил Московский Институт Международных Отношений. Спустя несколько лет они переехали в Калифорнию, где он преподавал русский язык представителям правительства.

Еще другая молодая политическая семья, которые стали нашими близкими друзьями в наши первые годы в Америке, были Ольга Кузнецова и ее муж Володя Сорокин. Вся семья Ольги принимала участие в диссидентском движении в Советском Союзе. Родители Володи были также политическими эмигрантами и работали в русскоязычном литературно-политическом журнале *Русская мысль*, издававшемся в Париже. Ольга и ее муж развелись в конце 1980-х годов. Володя не очень преуспел в своих американских начинаниях и вернулся в Россию после 1991-го года. Ольга снова вышла замуж — за Женю Соколова, который работал в русской секции Радио Канады. Его расследовало и не давало покоя канадская контрразведка по подозрению, что он советский шпион. Женя Соколов успешно судился с этой контрразведкой, чтобы остановить это расследование.

Другой красочный персонаж и очень независимый человек был Володя Дремлюга. Молодым человеком он принял участие в маленькой демонстрации на Красной площади против вторжения в Чехословакию в 1968-м году и был за это заключен в тюрьму. Володя начал торговать недвижимостью в США. Он поставил себе задачу стать миллионером и достиг этой цели.

В нашем кругу были также другие политические семьи, некоторые из которых сделали успешные карьеры в Америке и работали на большие зарплаты, но вернулись в Россию после того, как там кончилось коммунистическое правление. [PX=10]

METACONTEXT-A: The stories of these political families are the illustration to a more general problem.

As one our woman-acquaintance noticed in the beginning of our American life, women adjust better to immigration, while men are lying on the sofas and suffering. The first thing I thought to that was that men are more competitive, and women adjust differently to new conditions.

Years later another our acquaintance, a man-psychiatrist, noticed that, as it follows from his practice, in immigration often women start having better incomes than man, the equilibrium in families is being violated, and families are often being

4.1 First Steps in America. Fog over New York

destroyed.

People go to immigration with certain reservoir of optimism, without which the successful adjustment to the new life would be impossible. Certain things crystalize in their minds only after many years. The issue seems to be that in the beginning immigrants occupy a position close to the bottom of a society. Almost everybody quickly gains in absolute material conditions of life when moving from the former Soviet Union to America, but almost everybody loses in social status. It takes time to improve the status. In the meantime, men are losing their women.

Истории этих политических семей представляются иллюстрацией к более общей проблеме.

Как заметила одна наша знакомая женщина в начале нашей американской жизни, женщины лучше приспосабливаются к иммиграции, в то время как мужчины лежат на диване и страдают. Первое, о чем я тогда подумал, было то, что мужчины более соревновательные и женщины приспосабливаются по-другому к новым условиям.

Спустя годы у нас был разговор с другим знакомым, мужчиной психиатром, который заметил, что в его практике, в иммиграции часто женщины начинают зарабатывать лучше, чем мужчины, баланс в семьях нарушается и семьи разрушаются.

Люди отправляются в иммиграцию с определенным резервуаром оптимизма, без которого успешное приспособление к новой жизни было бы невозможно. Некоторые вещи выкристаллизовываются в их сознании только по прошествии многих лет. Вопрос представляется в том, что в начале иммигранты занимают положение, близкое к самым низшим слоям общества. Почти все быстро выигрывают в абсолютных материальных условиях жизни при переходе из бывшего Советского Союза в Америку, но почти все проигрывают в социальном статусе. Занимает время улучшить статус. Тем временем мужчины теряют своих женщин. [PX=10]

140
"I love NY."
«Я люблю Нью-Йорк».
[PX=10]
PERIOD: 1982-1987.
FRQ: Frequently.
EMOTION: Optimistic.
CONTEXT: On postcards, T-shirts, shop windows, and in people's conversation.

На открытках, на майках, на витринах, в словах людей. [PX=10; OPX=9]

METACONTEXT-A: This city is a gloomy phantasmagoria in the punk style. Dirt: on the streets, in the metro, in the corridors, in public toilets. Black districts with the gaping windows of burnt out houses. The Bronx is like Dresden after the bombing. Homeless juvenile delinquents and drug addicts on the streets. Crazy people begging for coins in the Grand Central Station. Appalling poverty everywhere — astonishing wealth here and there. Traffic that refuses to obey the laws. People

4.1 First Steps in America. Fog over New York

without roots and moral principles. The absence of restraint, taste, and conscience side by side with the greatest museums in the world. The mirror-like walls of super skyscrapers reflecting slums that have not been repaired in decades. Speculators, pimps, and recently immigrating street vendors beaten down by poverty, abasing themselves before the polished dandies from the office across the street.

Этот город — мрачная фантасмагория в стиле панк. Грязь: на улицах, в метро, в подъездах, в общественных туалетах. Черные кварталы с зияющими окнами сожженных домов. Бронкс — как Дрезден после бомбардировки. Бездомная шпана и наркоманы на улицах. Сумасшедшие, клянчащие монеты на центральном вокзале. Вопиющая бедность везде — кричащее богатство кое-где. Автомобильное движение без соблюдения правил. Люди без корней и моральных устоев. Отсутствие меры, вкуса, совести по соседству с величайшими музеями мира. Не ремонтируемые десятилетиями развалюхи, отражающиеся в зеркальных стенах супернебоскрёбов. Спекулянты, сутенеры, забитые нищетой уличные продавцы из недавних иммигрантов, унижающиеся перед лощеными денди из офиса через дорогу. [PX=10; OPX=8]

METACONTEXT-P: Not to mention horrible NYC public toilets, especially in certain places. They often exceed in this sense even notoriously bad Soviet public toilets.

This may seem very basic but is extremely important for understanding the state of sanitation and epidemiology in New York City.

Не говоря об ужасных нью-йоркских общественных туалетах, особенно в некоторых местах. Они часто превосходят в этом смысле даже печально известные плохие советские общественные туалеты.

Это может показаться очень азбучным, но чрезвычайно важно для понимания состояния общественной гигиены и эпидемиологии в Нью-Йорке. [PX=10]

METACONTEXT-H: I never liked New York from my first arrival. I did not have the courage to acknowledge this to myself. The more I failed to acknowledge this the more I hated it. This is not Vienna, not Rome, not Sverdlovsk. This is a Reservation.

Мне Нью-Йорк не нравился всегда с тех пор, как я в нем оказался. Не хватало мужества признаться в этом самому себе. Чем меньше я себе в этом признавался, тем больше ненавидел. Это не Вена, не Рим, не Свердловск. Это — резервация. [PX=10; OPX=7]

141
"Yeah, not so much anymore."
«Да, но не в такой степени сейчас».
[PX=10]
PERIOD: 2001-2012.
FRQ: Once.
EMOTION: Optimistic.
CONTEXT: J.A.A. reflects on the current conditions in New York.

4.1 First Steps in America. Fog over New York

J.A.A. рассуждает о состоянии Нью-Йорка сегодня. [PX=10]
METACONTEXT-J.A.A.: St Marks Place, the former bastion of all things punk, has gentrified beyond recognition even within my short tenure around the neighborhood. When sister and I tried to look for an apartment there, it was over 2K for rooms the size of a twin-bed (so much for punk). And the only people who buy into that "I love NY" kitsch are tourists and hipsters who like to wear things ironically.

I also heard a cute story once: a guy in Chinatown kept wearing an "I <3 NY" shirt. When asked why he loves New York so much, as to constantly wear the shirt, he was confused: apparently, the "NY" (said "ni"?) is the Chinese word for "you." Goes to show there's some sentimentality associated with the slogan, at least.

Место Святого Марка, бывший бастион всех вещей в стиле панк, улучшилось до неузнаваемости даже за мое короткое пребывание по соседству. Когда мы с сестрой искали квартиру там, цена была больше двух тысяч долларов за комнаты размером с кровать (так много за панк). И единственные люди, которые покупаются на эту «Я люблю Нью-Йорк» безвкусицу, это туристы и те, кто любит носить вещи иронически.

Я также слушала смешную историю: парень в Китайском городе продолжал носить майку «Я люблю Нью-Йорк». Когда его спросили, почему он настолько любит Нью-Йорк, что постоянно носит эту майку, он смешался: по всей видимости, "NY" (произносимое «ни»?) по-китайски означает «вас». Это, по крайней мере, показывает некоторую сентиментальность, связанную с этим лозунгом. [PX=10]

142
"Despite all these things I still feel that New York City is the greatest city in the world."
«Несмотря на все эти вещи, я все же считаю, что Нью-Йорк — величайший город в мире».
[PX=10]
PERIOD: 2001-2012.
FRQ: Once.
EMOTION: Seriously.
CONTEXT: J.L.A. adds.
Добавляет J.L.A. [PX=10]
METACONTEXT-J.L.A: Yes there are the assholes, yes there is the poverty and yes there is the grime but it is a city that can offer refuge and opportunities to individuals who might elsewhere suffer a greater degree.

Да, здесь есть придурки, да, здесь есть нищета и да, здесь есть грязь и разврат, но этот город может предоставить убежище и возможности тем индивидуумам, которые в других местах страдали бы больше. [PX=10]
METACONTEXT-P: It is also very much a matter of perception: when you yourself are better adjusted, have more money in your pockets, live in a better house, and have more friends, you tend to perceive New York City in a more

optimistic light.

Это также вопрос восприятия: когда вы сами более приспособились к жизни, у вас больше денег в кармане, вы живете в лучшем доме и у вас больше друзей, вы смотрите на Нью-Йорк в более оптимистичном свете. [PX=10]

143

"The best thing in American TV is advertising. It is a real art."

«Лучшая вещь в американском телевидении — реклама. Это настоящее искусство».

[PX=10]

PERIOD: 1982-1983.

FRQ: Once.

EMOTION: Sincerely.

CONTEXT: It indeed is real art. Advertising costs enormous amounts of money and the best artists and technicians work on it. Its fast-paced, enchanting interruptions stand out against the background of many untalented shows. The general level of television at first glance is rather disappointing. I never expected that it would descend so often to the level of admirers of Dumas and the cheap detectives in the Soviet Union.

Это действительно настоящее искусство. Реклама стоит огромных денег, и лучшие художники и операторы работают над ней. Ее быстрые завораживающие вставки выделяются на фоне многих малоталантливых шоу. Общий уровень телевидения с первого взгляда несколько разочаровывает. Никак не ожидал найти, что оно так часто нисходит до уровня почитателей Дюма и дешевых детективов в Союзе. [PX=10; OPX=9]

METACONTEXT-P: One of the surprising things about American advertisements — and TV in general — is that information on it is not redundant. Psychoanalysis is a very powerful tool of cognition in every facet of life. Once my wife asked me how I knew something, I answered: "From aside." But really it was from TV. If you want to know something — psychoanalyze, and if you want to psychoanalyze American folklore — psychoanalyze everything, including TV.

American (and Western) media is not so straightforward. Very often it is difficult to understand what they are really talking about: the official topic or something else.

Often TV or radio mass media follows the leading theme. A leading theme can be a subject of rumors, or, in later times, a topic interesting to people on social media. Mass media would intermingle an official topic — weather, sports, politics, or anything else — with associations to the leading theme.   American   (and Western) media is not so straightforward. Very often it is difficult to understand what they are really talking about: the official topic or something else.

Often TV or radio mass media follows the leading theme. A leading theme can be a subject of rumors, or, in later times, a topic interesting to people on social media. Mass media would intermingle an official topic — weather, sports, politics, or anything else — with associations to the leading theme. In addition to verbal discussions of the leading theme, it may be reflected in dress code signals, like color

4.1 First Steps in America. Fog over New York

of ties. A person familiar with the leading theme would understand what the unofficial topic of discussion or the meaning of dress code signal is.

Одна из удивительных вещей об американской рекламе — и телевидении в целом — состоит в том, что их информация не избыточна. Психоанализ — очень мощное орудие познания каждого аспекта жизни. Однажды, когда моя жена спросила, откуда я что-то знал, я ответил: «Со стороны». Но в действительности — из телевизора. Если вы хотите знать что-то — занимайтесь психоанализом, и, если вы хотите подвергнуть психоанализу американский фольклор — анализируйте все, включая телевидение.

Американские (и западные) средства массовой информации не так просты. Очень часто трудно понять, о чем они говорят: об официальном предмете обсуждения или о чем-то другом.

Часто телевизионные или радио средства массовой информации следуют «лидирующей теме». Лидирующая тема может быть предметом слухов, или, в более поздние времена, предметом, интересующим людей в социальных средствах информации. Средства массовой информации могут перемешивать официальный предмет обсуждения — погоду, спорт, политику или что-то иное — с ассоциациями с лидирующей темой. В дополнение к устным обсуждениям лидирующая тема может выражаться в сигналах кода одежды, таких как цвет галстуков. Человеку, знакомому с лидирующей темой, понятно, что является неофициальной темой обсуждения или значением сигнала кода одежды. [PX=7; OPX=4]

METACONTEXT-A: The folklore units in this diary — unless specifically mentioned — are from oral folklore, however. That would probably include 99% of the folklore units. This is facilitated by the fact that I have exceptionally good hearing. This good hearing has certain advantages and certain drawbacks. It is also attracted to certain topics. "There is an old adage that 'eavesdroppers seldom hear anything good of themselves… eavesdroppers always try to listen to matters that concern them.'[534]" It is probably true that people tend to express more negative views of others when they think that they cannot be heard. Also, any eavesdropping, by an individual or a state, is always selective: someone listening selects what is of interest to him or her.

Однако, фольклорные единицы этого дневника — если только специально не оговорено — из устного фольклора. Что вероятно включает 99% всех фольклорных единиц. Этому способствует то, что у меня очень хороший слух. Такой хороший слух имеет свои преимущества и свои недостатки. Он также тяготеет к определенным темам. «Есть старая поговорка, что «те, кто слушает, редко слышат что-то хорошее о себе,… они всегда пытаются слушать вещи, которые их касаются»»[535]. Наверно правда, что люди имеют привычку говорить более негативно о других, когда они думают, что их не слышат. Также любое «подслушивание», людьми или

---

[534] Reference: Wikipedia, http://en.wikipedia.org/wiki/Eavesdropping.
[535] Reference: Wikipedia, http://en.wikipedia.org/wiki/Eavesdropping.

государством, всегда выборочно: тот, кто слушает, выбирает то, что его интересует. [PX=9; OPX=5]

144

"I especially like how they try to sell you drugs on TV because of all the side effects."

«Я особенно люблю, как они пытаются продать вам лекарства по телевизору из-за всех побочных действий».

[PX=10]
PERIOD: 2001-2012.
FRQ: Once.
EMOTION: Sincerely.
CONTEXT: J.A.A. confirms.

J.A.A. подтверждает. [PX=10]

METACONTEXT-J.A.A.: Have you seen the one where you can lose weight: but you have to wear dark pants, because you lose control of your bowels. Or the one that promises to cure your restless leg syndrome: but you might have increased gambling urges, because you lose control of your mind, apparently.

Видели ли вы рекламу средств для похудания: но вы должны носить темные брюки, потому что можете потерять контроль за своим пищеварительным трактом. Или ту, где вам обещают излечить беспокойство в ногах: но это может увеличить ваше пристрастие к азартным играм, потому что, по всей видимости, вы можете потерять контроль над своим рассудком. [PX=10]

145

"When it comes down to it, advertising is the attempt to influence consumers; it is a type of sanctioned propaganda."

«Что касается рекламы, это — попытка влиять на потребителей, своего рода санкционированная пропаганда».

[PX=10]
PERIOD: 2001-2012.
FRQ: Once.
EMOTION: Sincerely.
CONTEXT: J.L.A. adds.

Добавляет J.L.A. [PX=10]

METACONTEXT-J.L.A.: In the United States, the advertising world can be highly profitable and hence is highly competitive. Although such circumstances can foster original, clever, and artistic ad campaigns, the majority merely follows tried and true formula for fear of alienating target demographics. The thing that they ALL have in common, whether they be clever or inane campaigns, is their primary objective to secure and perpetuate brand name recognition and loyalty. Long live the Almighty Dollar!

В США мир рекламы может давать высокие прибыли и поэтому он очень конкурентный. Хотя такие обстоятельства могут способствовать оригинальным, умным и артистичным рекламам, большинство из них

4.1 First Steps in America. Fog over New York

следуют испытанным и действенным формулам из-за боязни оттолкнуть от себя ту часть населения, на которую нацелена реклама. То, что есть общего между всеми видами рекламы, умными и слабоумными, это основная нацеленность на завоевание и продолжение распознавания данного имени производителя и обеспечение лояльности к нему. Да здравствует Всемогущий Доллар! [PX=10]

146
"Television is working on the market, that is, on the level of the lowest common denominator."
«Телевидение работает на рынок, т. е. на уровень «наименьшего общего знаменателя»».
[PX=10]
PERIOD: December 1986 — March 1987.
FRQ: Once.
EMOTION: Calmly.
CONTEXT: This phrase came from a conversation in which I suggested that many European films dropped out of sight without ever making it to the American big screen.

Фраза возникла из разговора, в котором я предположил, что пропадают много европейских фильмов, не попав на широкий американский экран. [PX=10; OPX=9]
METACONTEXT-P: Trivial response. At first, I was prevented from agreeing with it by inertia engendered in the anti-world — the Communist Soviet Union. It took a great deal of time before I came to agree with this view.

Тривиальный ответ. Согласиться с ним сразу мешает оскомина из антимира. Чтобы он зазвучал убедительно, потребовалось много времени. [PX=10; OPX=8]
METACONTEXT-A: "Public communications are not completely free to follow their own whims when serving the masses, however. As in the case of any market, consumer satisfaction (or lack thereof) limits the nature and amount of material produced and circulated."[536] What works very well in the supermarket may be lethal in more subtle matters.

«Источники общественной коммуникации не полностью свободны следовать своим причудам, служа публике… Как и в случае любого рынка, удовлетворение покупателя (или недостаток его) ограничивает природу и количество материала производимого и находящегося в обращении».[537] То, что прекрасно работает в супермаркете, может быть пагубно для более тонких вещей. [PX=10]
METACONTEXT-H: There is little on Earth that is so eagerly anticipated as the day you leave a prison. Every step beyond its gates, every nightingale on a branch is intoxicating.

Then you must sober up. It turns out that life "in freedom" is tied up with

---

[536] Reference: Encyclopedia Britannica (1983)(1), v. 4, p. 1009.
[537] Reference: Encyclopedia Britannica (1983)(1), v. 4, p. 1009.

4.1 First Steps in America. Fog over New York

prosaic worries that you didn't have and couldn't have had over there: worries about your house, car, material possessions and success.

And this is the way it is every time. When you leave prison for freedom, you become disillusioned with yourself (since isn't it the case that to become disillusioned with most things is to be disillusioned with yourself?) What happens? There you are deprived of freedom (and evil) by the government, here people limit their own freedom (and cause themselves "evil") because of their human nature.

Мало, что на свете так же долгожданно, как день выхода из тюрьмы. Каждый шаг за ее воротами, каждый соловей на ветке — пьянят.

Потом следует отрезвление. Оказывается, что жизнь «на свободе» опутана прозаичными заботами, которых не было и не могло быть «Там»: волнениями о доме, о машине, о материальном достатке и успехе.

И так всякий раз. Из тюрьмы на свободу — чтобы разочароваться в самом себе (ибо разочароваться во многих — не разочароваться ли в самом себе?) Что происходит? Там — свобода (и «зло») отчуждены государством, здесь — люди сами себе ограничивают свободу (и наносят себе «зло») в силу своей человеческой природы. [PX=10]

147
"Infotainment!"
«Информационное развлечение!»
[PX=10]
PERIOD: 2001-2012.
FRQ: Once.
EMOTION: Seriously.
CONTEXT: J.A.A. exclaims.
Восклицает J.A.A. [PX=10]

148
"Dream-culture."
«Культура мечты».
[PX=10]
PERIOD: 1986.
FRQ: Once.
EMOTION: Calmly with a trace of condemnation.
CONTEXT: From a conversation. This is especially evident in New York.
Из разговора. Особенно это бросается в глаза в Нью-Йорке. [PX=10; OPX=9]
METACONTEXT-P: In the evening when tired New York crawls away to its homes, to hovels below the average, limited imagination, the poor of the day turn into the rich of the night: they turn on their TVs. It is a time of dreams. Beautiful people living the good life, people with money. When you want to say that a film is good you say "a 5 million dollar film." Everything looks great on the screen; Stalin's socialist realism is nothing compared to the great American TV.

Вечером, когда усталый Нью-Йорк расползается по домам, в конуры

217

4.1 First Steps in America. Fog over New York

ниже среднего плохого воображения, дневные бедняки превращаются в ночных богачей: они включают телевизоры. Время грез. Красивые люди из красивой жизни, люди при деньгах. Когда хотят сказать «хороший фильм» пишут «фильм на миллион долларов», «очень хороший фильм» — «фильм на пять миллионов долларов». На экране все выглядит прекрасно, сталинский «соцреализм» — ничто по сравнению с великим американским телевидением. [PX=10; OPX=9]

METACONTEXT-A: "We are trying to satisfy their dream-world." This is the educated opinion of the "immigrants" from the dark side of the Moon. I am disturbed by their calculation; probably I was expecting a more direct entry into the American dream. On the other hand, I begin to wonder whether it matters how the dream comes true if the result is what everyone wants. If the first generation of immigrants is helped and the second stands on its own feet, then doesn't this mean that the dream comes true?

«Мы пытаемся удовлетворить их мир фантазии». Таково образованное мнение об «иммигрантах с той стороны Луны». Смущает преднамеренность. Наверное, я ждал более спонтанного вхождения в американскую мечту. С другой стороны, — возникает мысль, — если в результате всем хорошо, то не все ли равно, как мир мечты входит в жизнь? Если иммигрантам первого поколения помогут, а второе само встанет на ноги, то не означает ли это «исполнения мечты»? [PX=10; OPX=8]

METACONTEXT-H: I remember how in 1983 my brother Andre came here from that place far, far away, from behind the Iron Curtain, where he was always trying to foist the magazine "America" on everyone. He came and saw how we lived (as I have already mentioned, we lived very poorly) and then said quietly: "What awful propaganda it all is!" That was all that was said, and he never returned to the topic. He keeps very well now; he is a true American patriot. But I remember how ashamed I felt. I am still ashamed of that propaganda.

Я помню, как в 1983-м году приехал мой брат Андрей из далекого далека, из-за железного занавеса, где он всем носил журнал «Америка». Приехал, посмотрел, как мы живем (как я уже упомянул, мы жили очень бедно), и сказал тихо: «Какую они сделали пропаганду». Все, больше ничего, и никогда не возвращается к этой теме. Он очень хорошо держится, настоящий патриот Америки. Но я помню, какое у меня тогда было чувство стыда. Мне до сих пор стыдно. [PX=10]

METACONTEXT-H: During the last 20 plus years, my brother Andre had worked in our Company. He was a kind person. He died from cancer in 2019.

Последние 20 с лишним лет мой брат Андрей работал в нашей компании. Он был добрым человеком. Он умер от рака в 2019-м году. [PX=10]

149

"I think that many imagine New York City as the place to make one's dreams come true and, depending on the kind of dream they have, it determines if they (and their dreams) flourish into actuality or dwindle into nothingness."

«Я думаю многие воображают Нью-Йорк как место, где сбываются мечты, и,

4.1 First Steps in America. Fog over New York

в зависимости от того какие у них мечты, они (и их мечты) претворяются в реальность или уходят в небытие».
[PX=10]
PERIOD: 2001-2012.
FRQ: Once.
EMOTION: Seriously.
CONTEXT: J.L.A. talks.

      Говорит J.L.A. [PX=10]

METACONTEXT-J.L.A.: The important thing for all dreamers to remember and retain is the ability to be flexible and adaptable. Even the lives of the "successful" if usually far from how they once imagined life would be. Since there is no such thing as the perfect anything, we must choose whether the lives we lead are centered around the constant and futile struggle to get closer to the perfect life or on finding perfection in imperfection.

      Важная вещь для всех мечтателей — оставаться гибкими и адаптируемыми. Даже жизнь «успешных» людей обычно далека от того, как они когда-то ее себе воображали. Поскольку совершенство в чем-либо невозможно, мы должны выбирать между жизнью, которая вращается между постоянной и обреченной на поражение борьбой за совершенную жизнь, с одной стороны, и нахождении совершенства в несовершенной жизни, с другой. [PX=10]

150
"Long live the American Dream..."
«Да здравствует американская мечта…».
[PX=10]
PERIOD: 2001-2012.
FRQ: Once.
EMOTION: Seriously.
CONTEXT: J.A.A. adds.

      Добавляет J.A.A. [PX=10]

151
"What roads."
"What bridges."
"How much work was put into this."
"How well cared for everything is."
«Какие дороги».
«Какие мосты».
«Сколько вложено человеческого труда».
«Как все ухожено».
[PX=10]
PERIOD: Always; especially in the beginning; 1981-1987.
FRQ: From time to time.
EMOTION: Admiration, surprise.
CONTEXT: This is undoubtedly how many emigrants from Russia feel. After we

4.1 First Steps in America. Fog over New York

bought a car, in the summer of 1985 my family spent a vacation at a resort in New York State. It was a very beautiful spot, with lush plant life, and the road there — very long — always astonished me with its well-cared for, civilized beauty. Words of astonishment came out by themselves.

Так, наверное, чувствуют или чувствовали многие иммигранты из России. После того как мы купили машину, летом 1985-го года Лина и Джейн отдыхали в курортном месте в штате Нью-Йорк. Место очень красивое, растительность буйная, и сама дорога туда — очень долгая — всегда поражала ухоженной, цивилизованной красотой. Слова удивления вырывались сами собой. [PX=10; OPX=9]

METACONTEXT-H: Gustave Flaubert has a novel "Salammbo." At its center is a confrontation between civilized Carthage and the barbarian mercenaries. In the second chapter, the mercenaries wander around a deserted area, but see all around them the works of human civilization: sewage canals, even rows of olive trees, plowshares looking like the anchors of a ship. "The lushness of the soil and the ingenious creations of man astonished them." The mercenaries "wanted both to destroy Carthage and to live in it." This is one side of the coin. The other, is the gathering of elders of Carthage: "They had gotten accustomed to traveling and lying, to trade and to power, and all this put its mark on them, the mark of treachery and vulgarity, concealed and dulled cruelty."[538]

У Флобера есть роман «Саламбо». В центре — столкновение цивилизованного Карфагена с варварскими наемниками. Во второй главе наемники бредут по пустынной местности, но видят кругом следы человеческой мудрости: водоотводные каналы, ровные ряды маслин, лемехи, похожие на корабельные якоря. «Щедрость почвы и мудрые изобретения человека поражали их». Наемникам «хотелось и разрушить Карфаген и жить в нем». Это с одной стороны. С другой — собрание старейшин Карфагена: «Привычка к странствованию и ко лжи, к торговле и к власти наложила на них отпечаток коварства и грубости, скрытой и иступленной жестокости».[539] [PX=10]

152
"—   Time will pass, and we too will assimilate.
—   No, Alex. You know, every person has his limit of assimilation. Once you achieve it you stop. In childhood we read various fairytales with them."

«—   Пройдет время, и мы тоже ассимилируемся.
—   Нет, Саша. Знаешь, у каждого человека есть свой предел ассимиляции. Однажды ты его достигаешь и на этом останавливаешься. Мы в детстве с ними разные сказки читали».
[PX=10]
PERIOD: 1985.
FRQ: Once.
EMOTION: Said lightly.

---

[538] Literature: Flaubert (1994).
[539] Literature: Flaubert (1994).

4.1 First Steps in America. Fog over New York

CONTEXT: Conversation with an immigrant "from there."

Разговор с иммигрантом оттуда. [PX=10; OPX=9]

METACONTEXT-P: Here and in what follows, "they" is an abstraction, helping to express my thoughts more cogently. There are no statistics available.

Здесь и далее, «они» — абстракция, помогающая короче выражать мысль. Обладает недостатками любой статистики. [PX=10; OPX=9]

METACONTEXT-A: Every "new ethical system" — even when it uses symbolism externally negating the accepted one — is at its root associated with the historical values of the society where it was originated. Individual elements of the "value baggage" often exist "both here and there," in the center of ultimate Capitalism and in the Communist super-power, but at some point, during the centuries they began to diverge. (An example is the dichotomy between the

- Max Weber's *Protestant Ethic and Spirit of Capitalism*[540]
- and Leo Tolstoy's rejection of the idea of getting rich[541].
)

Всякая «новая этика» — даже в тех случаях, когда она использует символику, внешне отрицающую общепринятую — в глубине своей связана с историческими ценностями того общества, где она родилась. Отдельные элементы «ценностного багажа» часто существуют «и там, и здесь», но где-то в веках обрели разночтения. (Пример дихотомии:

- *Протестантская этика и дух капитализма* Макса Вебера [542]
- и отрицание духа обогащения Львом Толстым[543].)

[PX=10; OPX=9]

153

"Even in the second generation, it persists. I'm still 'ethnic' because I can point to a recognizable heritage."

«Даже во втором поколении это продолжается. Я все еще «этническая американка», потому что я могу сослаться на узнаваемое культурное наследство».

[PX=10]
PERIOD: 2001-2012.
FRQ: Once.
EMOTION: Seriously.
CONTEXT: J.A.A. admits.

Признает J.A.A. [PX=10]

METACONTEXT-J.A.A.: Those Euro-mutt Americans that have no ties to any other country will still rant from time to time about people not speaking English in front of them in line at the supermarket.

On the other hand, at least in NYC and its suburbs, it's not uncommon

---

[540] Sociology: Weber (1976); see also: Philosophy: Turner (2000)(2) and Cottingham (2003).
[541] Literature: Tolstoy (1984) and Philosophy: Tolstoy (1994).
[542] Sociology: Weber (1976); see also: Philosophy: Turner (2000)(2) and Cottingham (2003).
[543] Literature: Tolstoy (1984) and Philosophy: Tolstoy (1994).

4.1 First Steps in America. Fog over New York

to be "ethnic," and I'm most comfortable around such diversity. My best friends are all first or second generation, caught between our parents' culture and straight-up American-ness. But we're all from different backgrounds, so there must be a commonality in the "in-between" experience as well.

My point is: I don't think there is such a thing as absolute assimilation.

Смешанные американцы европейского происхождения, у которых уже нет связей с другими странами, жалуются время от времени о людях, не говорящих по-английски в очереди перед ними.

С другой стороны, по крайней мере, в Нью-Йорке и его пригородах не так уж необычно быть не «англоязычным», и я чувствую себя очень комфортно в таком разнообразном окружении. Мои лучшие друзья все из первого или второго поколения иммигрантов, пойманные между культурой их родителей и простой «американскостью». Но мы все разного происхождения, так что должно быть есть что-то общее в этом «промежуточном» состоянии.

Так что я не думаю, что существует абсолютная ассимиляция. [PX=10]

154

"When an individual (particularly an adult) comes from one culture to another many obstacles and challenges prevent full acculturation from ever occurring."

«Когда индивидуум (в особенности взрослый) переходит из одной культуры в другую, многие препятствия и вызовы предотвращают полное переокультуривание».
[PX=10]
PERIOD: 2001-2012.
FRQ: Once.
EMOTION: Seriously.
CONTEXT: J.L.A. adds.

Добавляет J.L.A. [PX=10]

METACONTEXT-J.L.A.: For instance, in sociolinguistics the term fossilization is used to describe when the acquisition of a second language (or even dialect) reaches a plateau. This occurrence does not prevent new words from being learnt (which is why one's vocabulary can always grow) but it does signal that the internalization of the finer rules of a language has reached its pinnacle. These finer rules include syntax and grammar but also the macrolinguistics or the understanding of when/how/why to appropriately use the language in each cultural context. For instance, understanding the degree of formality to use in addressing others can vary a startling degree and although such understanding is often thought to be innate among native speakers internalizing these intricacies can be quite daunting to individuals raised is other cultures. This leveling off usually occurs in two to three years.

Так, например, в социолингвистике термин окостенение используется для описания того, когда приобретение второго языка (или диалекта) достигает насыщения. Это сигнализирует не то, что новые слова не учатся (словарь может продолжать расти), но означает, что

4.1 First Steps in America. Fog over New York

интернализация более тонких правил языка достигло вершины. Эти более тонкие правила языка включают синтаксис и грамматику, а также макролингвистику — понимание того, когда, как и почему надлежит использовать язык в данном культурном контексте. Например, понимание степени формальности в обращении к другим может варьироваться в поразительной степени и, хотя такое понимание часто считается интуитивным среди людей, для которых данный язык родной, интернализация таких тонкостей может быть очень трудным делом для людей, выросших в другой культуре. Такой выход на плато обычно происходит на втором или третьем году иммиграции. [PX=10]

155
"—   Alex, don't you want to go back?
—   No. As in the ancient world, there are rivers that you cross only once."
«—   Саша, не хочешь ли ты обратно?
—   Нет. Как в античном мифе: есть реки, которые пересекаются только однажды».
[PX=10]
PERIOD: March 1987.
FRQ: Once.
EMOTION: In the course of a discussion.
CONTEXT: Exchanging news with my grandmother. She had just come from There.

Обмениваемся свежими новостями с моей бабушкой. Она только что Оттуда. [PX=10; OPX=9]
METACONTEXT-A: "As with all religious symbolism, there is no attempt (in myth) to prove, that these unusual, transcendent or divine events (myths) are 'possible' or plausible. For this reason each myth presents itself as an authoritative, factual account, no matter how much the narrated events are at variance with natural law and ordinary experience."[544] This statement, when applied to the everyday "myth of America" means that the myth has its source and reasons for existence that do not depend on the "Actual America."

«Как со всеми религиозными символизациями, нет никакой попытки (в мифе) доказать, что эти необычные, трансцендентные, или божественные события (мифа) «возможны», или иначе оправдать их. По этой причине любой миф представляет самого себя как авторитет и всегда как отчет о фактах, неважно, в какой степени отличных от реального мира».[545] Это высказывание, применительно к бытующему «мифу об Америке», означает, что у мифа есть свои родники и причины для существования, не зависимые от «реальной Америки». [PX=10; OPX=8]
METACONTEXT-H: "He does not remember, how this discord with himself had begun. But it would have had to have started sometime wouldn't it? At some point there was a first time when his soul not only did not agree with him but revolted and

---

[544] Reference: Encyclopedia Britannica (1983)(1), v. 12, p. 793.
[545] Reference: Encyclopedia Britannica (1983)(1), v. 12, p. 793.

refused to understand him. The way he lived went against his soul's grain." "Truth springs from nature itself, it cannot be corrected either by public opinion or by decree. Then why was it that he, who lived according to the irrefutable truth, had entered a war, not only with others who denied the truth entirely or accepted only half of it, but with himself? Why was he, who was convinced, that it was not worth living if you accepted the truth only half way or repudiated it entirely (it would be better to reject it entirely, than accept only half), unsure of himself, when he so clearly opposed those who were surely in the wrong? …What was going on?

Either conscience and truth, communicating with each other, and supplementing each other, or they are not independent and are subjugated to something more important? What? The soul? And the soul, concerned with reconciliation, is ready to serve both opposing sides. But if it serves the enemy, if it searches for truth and conscience where they never were, this means that truth is not the truth and conscience is not conscience, but all that exists is the searching and suffering soul... OK, we can assume that the soul does not like straightforward reasoning and cannot tolerate clear-cut judgments, that it is so constructed, that it likes to search for pearls in the slag heap, but while it is searching there, there will be nothing left on our side."[546]

«Он не помнит, с чего начался этот раздор с собой. С чего-то ведь он должен был начаться, когда-то впервые его душа не просто не согласилась с ним, а возроптала и отказалась его понимать. То, как он жил, было ей поперек…» «Правда проистекает из самой природы, ни общим мнением, ни указом поправить ее нельзя. Так почему же тогда он, живущий по несворачиваемой правде, вступил в войну не только с другими, кто ее не хочет или принимает лишь наполовину, но и с самим собой? Почему он уверен, что не годится жить, соглашаясь с правдой лишь наполовину или отказываясь от нее вовсе (уж лучше вовсе, чем наполовину), но в то же время не уверен в себе, кто стоит прямо на другом конце против тех, кто точно не прав? Они не правы и он, говорящий, что они не правы, держащийся правды как закона, — не прав. В чем дело?

Или совесть и правда, меж собой сообщаясь и друг друга пополняя, или они не самостоятельны и склоняются перед чем-то более важным? Перед чем? Перед душой? А что, душа, хлопочущая о примирении, готова служить и вашим и нашим. Но если и вашим тоже, если она ищет правду и совесть там, где они не ночевали, значит, и правда не правда и совесть не совесть, а только ищущая и страдающая душа… Ладно, можно допустить, что душа не любит прямолинейности, не терпит прямосудия, что она так устроена, что ей любо отыскивать жемчужные зерна в отвалах, да ведь пока она там будет рыться, на своей стороне ничего не останется».[547] [PX=10]

156
"I can't help but think of myths of people descending into the Underworld."

---

[546] Literature: Rasputin (1985), p. 21-22.
[547] Literature: Rasputin (1985), p. 21-22.

4.1 First Steps in America. Fog over New York

«Я не могу не думать о людях, спускающихся в подземное царство».
[PX=10]
PERIOD: 2001-2012.
FRQ: Once.
EMOTION: Seriously.
CONTEXT: J.A.A. comes to terms with my story.

     J.A.A. начинает понимать мою историю. [PX=10]

METACONTEXT-J.A.A.: So, what, the Atlantic Ocean is something like the River Styx — the River of the Dead?

     Так что Атлантический океан это что-то вроде реки Стикс — реки мертвых? [PX=10]

4.1 First Steps in America. Fog over New York

Me and my wife, Lina, the 1980s.
Я и моя жена, Лина, 1980-е.

4.1 First Steps in America. Fog over New York

My brother, Andre, and me, the 1980s.
Мой брат, Андрей, и я, 1980-е.

4.1 First Steps in America. Fog over New York

The wife of my brother, Zina, the end of the 1980s.
Жена моего брата, Зина, конец 1980-х годов.

4.1 First Steps in America. Fog over New York

The son of my brother, Artiom, the end of the 1980s.
Сын моего брата, Артем, конец 1980-х годов.

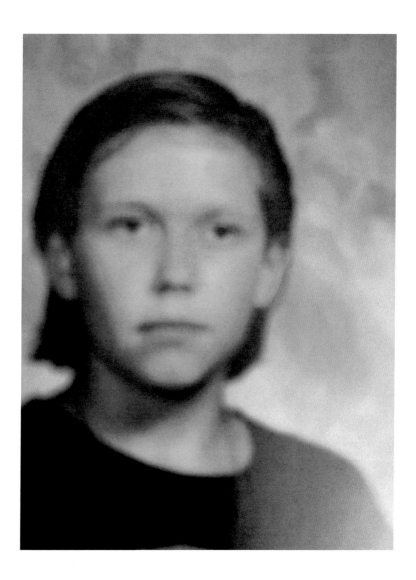

4.2 The Train is Picking up the Speed. Early Years

4.2   The Train is Picking up the Speed. Early Years

157 From the Parallel Universe
"The spell of Plato."
«Заклинание Платона».
[PX=10]
PERIOD: 1981-1985.
FRQ: Several times.
EMOTION: Regret.
CONTEXT: Karl Popper, in *The Open Society and Its Enemies*, presented the most devastating critique of the totalitarian philosophy. Popper argued forcefully that in *The Republic* Plato laid down a vision of society which, through a philosophical tradition including Hegel, led to totalitarianism.

Popper's work begins with the section named "The Spell of Plato," which starts with citations for and against the open society.

- For the Open Society (about 430 BC):

"Although only a few may organize a policy, we are all able to judge it."
— Pericles of Athens

- Against the Open Society (about 80 years later):

"The greatest principle of all is that nobody, whether male or female, should be without a leader. Nor should the mind of anybody be habituated to letting him do anything at all on his own initiative; neither out of zeal, nor even playfully. But in war and in the midst of peace — to his leader he shall direct his eye and follow him faithfully. And even in the smallest matter he should stand under leadership. For example, he should get up, or move, or wash, or take his meals... only if he has been told to do so. In a word, he should teach his soul, by long habit, never to dream of acting independently, and to become utterly incapable of it."
— Plato of Athens[548]

Totalitarian methods prove to be very seductive for politicians of all stripes. Whenever advances in technology and social organization make it feasible, they jump into using any newly available form of political surveillance. It is often said that America is not Germany or Russia and therefore will avoid the dangerous degradation of its democracy. But let us not forget that Germany in the 1930s too was a highly developed Western society with a long cultural tradition, which had given the world great philosophers, scientists, and artists. It seems that no society is immune to certain methods of chauvinistic propaganda and modern social control. When unscrupulous politicians choose to employ such methods, we are set on a road leading to predictable results, which put our own country in peril.

A democratic society tries to combat such totalitarian tendencies. The question is: how effective is a democracy in this struggle?

---

[548] Philosophy: Popper (1989), p. 7; see also: Shearmur (2016).

4.2 The Train is Picking up the Speed. Early Years

В *Открытом обществе и его врагах* Карл Поппер предложил наиболее разрушительную критику тоталитарной философии. Поппер убедительно аргументировал, что в *Республике* Платон заложил видение общества, которое, через философскую традицию, включающую Гегеля , привело к тоталитаризму.

Поппер начинает свою работу с раздела, озаглавленного «Заклинание Платона », который открывается цитатами за и против открытого общества.

- За открытое общество (около 430 г. до н. э.):

«Хотя только немногие могут организовать политику, мы все в состоянии иметь о ней суждение».

— Перикл

- Против открытого общества (примерно 80 лет спустя):

«Главнейшим принципом для всех нас является то, что никто, мужчина или женщина, должны быть без лидера. И никто не должен иметь привычку делать что-либо по своей собственной инициативе, ни из усердия, ни даже игриво. Но в войне и во время мира — он должен направлять свои глаза на своего лидера и преданно ему следовать. И даже в самом маленьком деле он должен оставаться под руководством. Так, он должен просыпаться, или двигаться, или умываться, или принимать пищу, … только если ему велено это делать. Короче, он должен научиться, посредством долгой тренировки, никогда не мечтать действовать независимо и должен стать совершенно неспособным к этому».

— Платон[549]

Тоталитарные методы оказались очень заманчивыми для политиков всех направлений. Как только достижения технологии и социальной организации делают это возможным, они спешат использовать любые новые доступные формы политической слежки. Часто говорят, что Америка не Германия и не Россия и, следовательно, избежит опасной деградации своей демократии. Но не будем забывать, что Германия в 1930-х годах тоже была высокоразвитым западным обществом с долгой культурной традицией, которая дала миру великих философов, ученых и художников. По всей видимости, никакое общество не обладает иммунитетом к определенным методам шовинистической пропаганды и современного социального контроля . Когда неразборчивые политики решают применять такие методы, мы оказываемся на пути к предсказуемым результатам, которые ставят нашу собственную страну в опасность.

Демократическое общество пытается противостоять таким тоталитарным тенденциям. Вопрос заключается в том, насколько успешна

---

[549] Philosophy: Popper (1989), p. 7.

4.2 The Train is Picking up the Speed. Early Years

демократия в этой борьбе? [PX=10]

158

"— Have you ever committed any crime?
— Anti-Soviet agitation and propaganda."
«— Совершили ли вы когда-нибудь какое-либо преступление?
— Антисоветскую агитацию и пропаганду».
[PX=10]
PERIOD: 1982-1985.
FRQ: Several times.
EMOTION: Sometimes innocent.
CONTEXT: A form during job hunting often includes this question. It was there on
my first interview. A man from personnel who conducted the interview asked me
what it meant. When he received an answer he looked at me with a mixture of
doubt and regret, with which people look at hopeless crazies. The interview was
immediately and hastily stopped. I understood that it was better to avoid references
to my past.

Анкета при поступлении на работу часто включает этот вопрос. Он
попался при моей первой же попытке поступить на работу. Человек из отдела
кадров, разговаривавший со мной, переспросил, что это значит. Получив
ответ, он посмотрел на меня со смесью сомнения и сожаления, с каким
смотрят на безнадежно сумасшедших. Разговор тут же поспешно
прекратился. Я понял, что мне лучше избегать ссылок на это свое прошлое.
[PX=10; OPX=9]

159

"I don't think it would count. Crimes don't carry over from legal systems like
that, do they?"
«Я не думаю, что это имело значение. Преступления не переносятся из одной
юридической системы в другую, не так ли?»
[PX=10]
PERIOD: 2001-2012.
FRQ: Once.
EMOTION: Seriously.
CONTEXT: J.A.A. cannot believe what I am saying.
J.A.A. не может поверить тому, что я говорю. [PX=10]
METACONTEXT-J.A.A.: I can't help but think he was most likely disappointed
that you couldn't gloss over your past with a white lie. It's like what the military
says: "don't ask, don't tell."
Maybe, in a way, it even sounds like bragging.

Я не могу не думать, что он скорее всего был разочарован, что ты
не приукрасил своего прошлого. Это то, что военные называют принципом
«не спрашивайте, не говорите».
Может быть, это также выглядело как своего рода хвастовство.
[PX=10]

4.2 The Train is Picking up the Speed. Early Years

160
"My answer is: wait, there will be other things to follow."
«Мой ответ: подождите, то ли еще будет».
[PX=10]
PERIOD: 2001-2012.
FRQ: Once.
EMOTION: Seriously.
CONTEXT: As a personage in Honoré de Balzac *Cousin Bette* says: "Your man is not so careful as me. No one twists me round their fingers — I do everything methodically, according to rule."[550]

Один персонаж в Бальзаковской *Кузине Бетте* говорит: «Ваш человек не так осторожен как я. Никто не проводит меня сквозь пальцы — я делаю все методично, по правилу».[551] [PX=10]

161
"—   He is their dissidents' ambassador.
—   Diplomats are all spies."
«—   Он — посланник их диссидентов.
—   Дипломаты — все шпионы».
[PX=10]
PERIOD: 1982.
FRQ: Once.
EMOTION: Unfriendly.
CONTEXT: In the beginning of the 1980s, after I sent a letter to my not-so-conformist friend in the Soviet Union describing my new life in America, I witnessed this conversation. I guess I internalized it.

В начале 1980-х годов, после того как я послал письмо одному моему не слишком конформистскому другу в Советском Союзе, описывая в нем мою новую жизнь в Америке, я стал свидетелем этого разговора. Наверно я его интернализировал. [PX=7]
METACONTEXT-H: At the end of his life, Boris Pasternak warned one person preparing to emigrate from the Soviet Union: "You have become accustomed to explaining human foolishness by Soviet conditions, but there you will encounter simply foolishness, simply meanness, and the fact that they are not explainable [by external conditions], will be a moral shock for you."[552]

В конце своей жизни Борис Пастернак предупреждал одного человека, готовившегося эмигрировать из Советского Союза: «Вы привычны к объяснению человеческой глупости советскими условиями, но Вам предстоит встретиться с просто глупостью, просто подлостью и тот факт, что они не будут объяснимы (внешними условиями), будет моральным шоком для Вас».[553] [PX=10]

---

[550] Literature: Balzac (1993), p. 174.
[551] Literature: Balzac (1993), p. 174.
[552] Literature: Emelyanova (1997), p. 173.
[553] Literature: Emelyanova (1997), p. 173.

4.2 The Train is Picking up the Speed. Early Years

162
"—   They are cheap.
—   Why not to hire the Chinese then? They are very accurate."
«—   Они дешевы.
—   Почему не нанимать китайцев тогда? Они очень аккуратны».
[PX=10]
PERIOD: August 1982.
FRQ: Once.
EMOTION: Surprising malice.
CONTEXT: It was my first day of work as a computer programmer in a bank. The thought that such an attitude may be shared by many had not settled in yet.

Мой первый день работы программистом в банке. Мысль о том, что такое отношение может быть разделено многими, еще не утвердилась.
[PX=10; OPX=9]
METACONTEXT-H: This, like many things, shows how people in the blessed United States of America are perfectly able to go against their own conscience. "In his ethical work, [Peter] Abelard [(1079-1142)] holds that all people at all times have known God's general commands and prohibitions and, by using what he calls 'conscience,' have been able if they choose to apply the general rules to particular circumstances. Failure to do so shows contempt for God."[554]

Это, как и многие другие вещи, показывает, что люди в благословенных Соединенных Штатах Америки вполне способны идти против совести. «В своей работе по этике Абеляр [(1079-1142)] утверждает, что все люди во все времена знали основные заповеди и запреты Бога и, используя то, что он называет «совестью», были способны применять их к конкретным обстоятельствам. Неспособность так действовать показывает пренебрежение к Богу».[555] [PX=10]

163
"These sprinklers on the ceiling have cameras."
«Противопожарные разбрызгиватели под потолком имеют камеры».
[PX=10]
PERIOD: 1983.
FRQ: Once.
EMOTION: Sharing a discovery.
CONTEXT: These words came from one of my co-workers at my job in the bank. I did not say anything, but thought to myself that this was an example of my co-worker's paranoia.

Это были слова одного из моих сотрудников по работе. Я не ответил ничего, но подумал про себя, что это пример паранойи. [PX=10]
METACONTEXT-A: Many years later, in the 1990s, I read in a book on electronic surveillance that cameras concealed in sprinklers are very useful tools of law

---

[554] Philosophy: Marenbon (1999)(1), p. 112; see also: Brower (2004).
[555] Philosophy: Marenbon (1999)(1), p. 112; see also: Brower (2004).

enforcement. My co-worker worked as a guard on a second job and could have seen the videos from these cameras on his TV monitors.

Много лет спустя, в 1990-х годах, я прочитал в книге по электронной слежке, что камеры, замаскированные под противопожарные разбрызгиватели, являются удобными инструментами правоохранительных органов. Мой сотрудник подрабатывал на второй работе как охранник и мог видеть изображения с этих камер на экранах своих телевизоров для слежения. [PX=10]

164
"Sure, you know, to ensure the employees aren't committing any fraud, right?"
«Конечно, это делалось, чтобы удостовериться, что работники не совершают никаких мошенничеств, ни так ли?»
[PX=10]
PERIOD: 2001-2012.
FRQ: Once.
EMOTION: Seriously.
CONTEXT: J.A.A. hopes.
        J.A.A. надеется. [PX=10]

165 From the Parallel Universe
"Why did this guy commit this crime?
Everybody must respect the laws of his country.
He did not do it for money. It could not help his career.
I think he is dangerously insane."
«Почему этот парень совершил такое преступление?
Любой человек должен уважать законы своей страны.
Он не сделал это для денег. Это не могло помочь его карьере.
Я думаю, что он опасно невменяем».
[PX=8]
PERIOD: November 1984 — January 1985.
FRQ: Literally — once; with variations — many times.
EMOTION: Hostility.
CONTEXT: Even the policeman who arrested me in the Soviet Union understood me better. What Russians, in spite of official propaganda, understood intuitively, many Americans, as it appears, question. I have been in prison so that we all live, for yours and our freedom. I have been in prison for you, dumb idiots!

        Даже милиционер, арестовавший меня в Советском Союзе, понимал меня лучше. То, что русские, несмотря на официальную пропаганду, понимали интуитивно, многие американцы, как выясняется, подвергают сомнению. Я был в тюрьме за то, чтобы мы все жили, за вашу и нашу свободу. Я был в тюрьме за вас, идиоты! [PX=10]
METACONTEXT-P: I worked at a company where I had never told anybody about my conviction (the same as on all my other jobs in America). By these discussions I started to realize that there were people around me, who were entrusted to know more about me then if they were ordinary co-workers.

4.2 The Train is Picking up the Speed. Early Years

The person talking had a big photograph of Reagan above his working desk. At the time I was also a Reagan supporter (though I would never put a portrait of any president above my desk). (Many years later, when I had more American experience I have come to think that perhaps he was a former law enforcement guy — they also have a habit of hanging pictures of the current President; besides the concept of "insanity" is mostly used at the intersection of law enforcement and psychiatry.) The collision with that person was purely unidirectional: I had never talked to this person and had no business dealings with him. He simply had emitted hostility towards me. This episode was one of the first experiences of life in America where I would have conflicting emotions about my ideology.

The literal meaning of what was said was unpleasant, but even more striking is that your privacy — despite declarations — is not inviolable.

На работе я никогда и никому не говорил о 70-й статье (антисоветская агитация и пропаганда), как, впрочем, и на всех других работах в Америке. По таким обсуждениям я стал понимать, что есть люди вокруг меня, которым доверено знать больше обо мне, чем если бы они были просто сослуживцами.

У говорившего человека была большая фотография Рейгана над его рабочим столом. В то время я тоже был сторонником Рейгана (хотя я бы никогда не повесил портрет никакого президента над своим столом). (Много лет спустя, когда у меня было больше американского опыта, мне пришла мысль, что он, возможно, был бывшим работником правоохранительных органов, — они также имеют привычку вешать портрет текущего президента. К тому же, концепция «невменяемости» больше всего используется на пересечении полицейского права и психиатрии.) Столкновение с этим человеком происходило исключительно с его стороны: я никогда не разговаривал с ним и не имел с ним никаких деловых взаимоотношений. Он просто излучал враждебность по отношению ко мне. Этот эпизод был одним из первых в моей американской жизни, когда у меня возникли неоднозначные эмоции о своей собственной идеологии.

Буквальный смысл сказанного неприятен, но еще больше действует на воображение факт, что твоя частная жизнь — вопреки декларациям — не неприкосновенна. [PX=5; OPX=3]

METACONTEXT-A: "The thought from folklore" appeared to be popular. Sometimes it seemed that I had support only from *Britannica*: "Government, Locke held, is a trust; its purpose is the security of the citizen's person and property; and the subject has the right to withdraw his confidence in the ruler when the latter fails his task"[556].

What a moving idealism is coming from these words. Yet, this liberal ideal is not as commonly shared as it may seem. After all, Locke's predecessor in the English-speaking world, Thomas Hobbes, had an antipathy to claims of rights. "Where Locke insists that we enter political society only under the shadow of a

---

[556] Reference: Encyclopedia Britannica (1983)(1), v. 11, p. 14; see also: Philosophy: Chappell (1999), Rutherford (2006), Nadler (2002), Bunnin (1996), Cottingham (2003), Emmanuel (2002), Wall (2015), and Stuart (2016).

4.2 The Train is Picking up the Speed. Early Years

natural law whose bonds are drawn tighter by the creation of government, Hobbes relegates that law to the realm of aspiration. If the sovereign breaches it, we are not to resist but to reflect that it is the sovereign whom God will call to account, not ourselves."[557]

Critics of Benjamin Constant (1767-1830), who is now widely regarded as a founding father of modern liberalism, talk about "liberalism's lucid illusion."[558]

Yevgeniy Zamyatin in his utopian-anti-utopian novel *We* (which was written in 1921 and is a precursor of George Orwell's *1984*[559]) puts this words into the mouth of one of his heroes: "Is not it clear: to admit that 'I' may have any rights towards the State and to admit that a gram can counter-weight a ton — is exactly the same"[560].

«Мысль из фольклора» оказалась популярной. Временами чудилось, что меня поддерживает только *Британника*: «Правительство, утверждал Локк, есть доверие; его цель есть безопасность личности и собственности граждан; и поданный имеет право лишить своего доверия правителя, когда последний не справляется со своей задачей».[561]

Каким трогательным старомодным идеализмом веет от этих слов. И все же по-видимому не все разделяют этот либеральный идеал. В конце концов, предшественник Локка в англоязычном мире, Томас Гоббс , был антипатичен заявлениям о правах. «Где Локк настаивает, что мы вступаем в политическое общество только под тенью естественного права, чьи обязательства становятся крепче с созданием правительства, Гоббс передает такое право в категорию стремлений. Если правитель нарушает его, мы не должны сопротивляться этому, но должны заметить, что Бог призовет к ответственности правителя, а не нас».[562]

Критики Бенжамена Констана (1767-1830), являющегося, по общему признанию, основателем современного либерализма, говорят о «ясной и светлой иллюзии либерализма».[563]

Евгений Замятин в своей антиутопии *Мы* (которая была написана в 1921-м году и является предшественником *1984* Джорджа Орвелла [564]) приписывает такие слова одному из своих героев: «Не ясно ли: допускать, что у «я» могут быть какие-то «права» по отношению к Государству, и допускать, что грамм может уравновесить тонну, — это совершенно одно и то же».[565]

---

[557] Philosophy: Sorell (1999), p. 237; see also: Rutherford (2006), Nadler (2002), Bunnin (1996), Cottingham (2003), Emmanuel (2002), Springborg (2007), Wall (2015), Stuart (2016), and Adams (2021).

[558] Philosophy: Rosenblatt (2009), p. 23-46.

[559] Literature: Orwell (1984); see also: Law: Bromfield (1983).

[560] Literature: Zamyatin (1973).

[561] Reference: Encyclopedia Britannica (1983)(1), v. 11, p. 14; see also: Philosophy: Chappell (1999), Rutherford (2006), Nadler (2002), Bunnin (1996), Cottingham (2003), Emmanuel (2002), Wall (2015), and Stuart (2016).

[562] Philosophy: Sorell (1999), p. 237; see also: Rutherford (2006), Nadler (2002), Bunnin (1996), Cottingham (2003), Emmanuel (2002), Springborg (2007), Wall (2015), Stuart (2016), and Adams (2021).

[563] Philosophy: Rosenblatt (2009), p. 23-46.

[564] Literature: Orwell (1984); see also: Law: Bromfield (1983).

4.2 The Train is Picking up the Speed. Early Years

[PX=10]
METACONTEXT-H: The problem formulated by the previous Metacontext-A is alien to this life. The justification of such status is that in an old and well-developed law-abiding society the borders of law and morality in general do not contradict each other. This is a banal fact that has many unexpected consequences.

Проблема, поставленная в Метаконтексте-А, чужда этой жизни. Оправдательная сторона такого положения вещей в том, что в старом и хорошо отлаженном правовом обществе границы закона и морали в основном не противоречат друг другу. Банальный факт, имеющий много неожиданных последствий. [PX=8]

166
"They say any criticism will demoralize the troops."
«Говорят, что любая критика деморализует войска».
[PX=10]
PERIOD: 2001-2012.
FRQ: Once.
EMOTION: Friendly.
CONTEXT: J.A.A. reacts to the story.
J.A.A. реагирует на эту историю. [PX=10]
METACONTEXT-J.A.A.: I love how we're taught that our country was founded by brave and noble revolutionaries, that the brilliant thing about our democracy is that we have the ability to criticize (and by implication, change) the government, that all other countries must aspire to be like us (even if its poor population doesn't yet know better).
Just goes to show how much dissidence is really valued.

Мне нравится, что нас учат, что наша страна была основана смелыми и благородными революционерами, и что самая прекрасная вещь в нашей демократии заключается в том, что мы имеем возможность критиковать (и, как подразумевается, менять) правительство, и что все остальные страны должны пытаться быть как мы (если даже их несчастное население еще не знает об этом).
Эта история служит иллюстрацией, как много другие мнения в действительности приветствуются. [PX=10]

167
"I can't help but question whether these comments had much of anything to do with the author."
«Я не могу не усомниться, насколько эти комментарии относятся к автору».
[PX=10]
PERIOD: 2001-2012.
FRQ: Once.
EMOTION: Seriously.

---

[565] Literature: Zamyatin (1973).

4.2 The Train is Picking up the Speed. Early Years

CONTEXT: J.L.A. adds.
Добавляет J.L.A. [PX=10]

METACONTEXT-J.L.A: Would someone sent to keep tabs on an individual give themselves away so carelessly? Is this an example of how one's past life experiences and encounters with persecution can lead to an understandable and even justifiable paranoid tendency? After all, in psychology there is the phenomenon known as the spotlight effect where all individuals at some point or another overestimate the degree of attention being paid towards them. For instance, who hasn't tripped or spilt something and felt that everyone noticed and thought it was funny? Who hasn't felt that everyone is listening in on the personal and private conversation they are having in public? Now imagine coupling this common occurrence with a heightened sensitivity to persecution. This is not to say that undue attention has not been paid towards the author by our government and theirs. It is to say that all of our perspectives and perceptions of a given occurrence can vary widely so all judgments must be read with a grain of salt, even my own.

Будет ли кто-либо, посланный следить за индивидуумом, выдавать себя так неразборчиво? Не является ли это примером того, как предыдущая жизнь человека и опыт преследований против него могут приводить к понятным и даже оправданным параноидальным тенденциям? В конце концов, в психологии существует феномен, известный под названием «нахождения на ярком освещении», при котором все индивидуумы в тот или иной момент переоценивают степень внимания, под которым они находятся. Например, кто не уронил или разлил чего-то и не почувствовал, что все заметили и подумали, что это смешно? Кто не чувствовал, что все слушают его личные разговоры, когда он их ведет на публике? А сейчас представьте себе эти обычные случаи в соединении с повышенной чувствительностью к преследованию. Я при этом не утверждаю, что несоразмерное внимание не уделялось автору нашим или их правительством. Я только говорю, что наш угол зрения и наши восприятия данного инцидента могут широко варьироваться, так что все наши суждения, включая мое собственное, должны восприниматься с долей скептицизма. [PX=10]

METACONTEXT-P: The author concedes that paranoid reaction is a real danger here. But he thinks that there is a sufficient degree of reality in what he is trying to describe. In particular, he does not overestimate the degree of attention he receives from others: he is quite realistic to the fact that most of the time other people are busy with their own affairs. But there seems to be no way to describe such personal experience of the author without some risk of being perceived as paranoid.

Автор согласен, что параноидальная реакция — это реальная опасность в такой ситуации. Но он думает, что есть достаточная доля реальности в том, что он пытается описать. В частности, он не переоценивает степень внимания, которое он получает со стороны других людей: он достаточно реалистичен, чтобы признавать, что большую часть времени люди заняты своими собственными делами. Но, по всей

4.2 The Train is Picking up the Speed. Early Years

видимости, не существует способа описать такого рода личный опыт автора без опасности показаться параноиком. [PX=10]

168

"The distinctive feature of the Anglo-Saxon law is that the subject of law is thought to be not at the bottom of power pyramid, but on the same level with the government, protected by certain procedural guarantees."

«Отличительная черта англосаксонского права в том, что подданные государства мыслятся не внизу пирамиды власти, а на одном уровне с государством, будучи защищенными определенными процедурными гарантиями».

[PX=10]
PERIOD: 1981-1987.
FRQ: Often enough.
EMOTION: Attempts to self-assure myself.
CONTEXT: Of course, when there is a need, the government can restrict freedoms. But as the due process clauses of the constitution state, nobody should be deprived life, liberty, or property without the due process of law. (Procedural) Due process of law encompasses a certain set of procedural guarantees, roughly equivalent to the court proceedings. Strictly speaking violation of rights occurs only when freedoms are restricted while due process requirement is not fulfilled.

Конечно, когда есть необходимость, правительство может ограничить свободы. Но как гласят соответствующие положения конституции, никто не должен быть лишен свободы, жизни или имущества без надлежащей правовой процедуры. Эти положения конституции означают определенные процедурные гарантии, примерно означающие обязательность судебных процедур. Строго говоря, нарушение прав происходит только тогда, когда определенные свободы ограничены, в то время как требования надлежащей правовой процедуры не выполняются. [PX=10]

169

"—   How do you find America? Do you like it?
—   Yes, very much."

«—   Как вы находите Америку? Нравится ли она Вам?
—   Да, очень».

[PX=10]
PERIOD: 1981-1987.
FRQ: Often enough.
EMOTION: Politeness.
CONTEXT: The question is the natural curiosity of different people.
        Естественное любопытство разных людей. [PX=10]

170

"—   What do you find different between America and Russia?
—   This and that... (I am on my favorite subject. I underscore the non-

240

4.2 The Train is Picking up the Speed. Early Years

totalitarian character of the society: the independence of different government entities among themselves and of the private sector from the government.)
—   You underestimate the degree of internal coordination in this society..."
«—   То и это... (Я на своем коньке. Подчеркиваю нетоталитарность общества: независимость разных органов власти между собой и частного сектора от государства.)
—   You underestimate the degree of internal coordination in this society..."
[PX=10]
PERIOD: 1984, June — August.
FRQ: Once.
EMOTION: The remark is exclamation about naïve foreigners from behind the iron curtain.
CONTEXT: The remark came from a teacher on English language courses whom I had never seen before or after. It was made without pressure or intention to convince. The conversation changed subject after that.
Замечание происходило от учителя английского на курсах, которого я никогда ни до того, ни с тех пор не встречал. Оно было произнесено без напора и намерения убедить в чем бы то ни было. Разговор после этого перешел на другую тему. [PX=10; OPX=9]
METACONTEXT-P: One can imagine that something in my bookish answer (equipped with enough sociological jargon) did not quite correspond with the life instincts of that man.
Можно предположить, что нечто в моем «как по писанному» ответе (достаточно оснащенном социологическим жаргоном) не вполне соответствовало жизненным инстинктам этого человека. [PX=10]
METACONTEXT-A: A society consisting of a large number of modern, smart persons harbors a large potential for self-organization. People spontaneously line up along the directions of the magnetic fields of different power centers. This self-organizing system is capable of accumulating a degree of organization with time. Add to this the quick pace of improvement in communications and electronics — and it is not difficult to imagine a situation where the reality is far ahead of the academic legal and social theory. (That is why it is never a waste of time to follow the latest trends.)

If, however, the reality has not gone anywhere, observations not agreeing in some point with the predictions of the theory are only the reason for rethinking the theory.

Общество из большого числа современных, быстро соображающих людей таит в себе огромный потенциал «самоорганизации». Люди сами собой выстраиваются вдоль линий различных силовых полей в обществе. Эта «самоорганизующаяся система» способна накапливать «уровень организации» со временем. Прибавьте к этому стремительность совершенствования средств связи и электроники — и не трудно представить себе ситуацию, при которой «реальность» ушла вперед от академической правовой и социальной теории. (Поэтому никогда не вредно следить за «последними сквозняками».)

4.2 The Train is Picking up the Speed. Early Years

Если же «реальность» никуда «не ушла», то все равно наблюдения, не согласующиеся в «некоторой точке» с «предсказаниями теории», есть лишь причина к переосмыслению теории. «Наука» движется на костях устаревающих теорий. [PX=9]

METACONTEXT-H: (Metacontexts) P & A would be a pure game of mind, if not Her Majesty Practice.

(Метаконтексты) P & A оставались бы чисто умозрительными разговорами, если бы не Ее Величество Практика. [PX=9]

METACONTEXT-A: In August 1984, my father and my brother drove their car from Dallas, Texas to visit us in Jersey City, New Jersey. My father told me that at times he had noticed a surveillance car behind.

В августе 1984-го года мой отец и мой брат приехали на машине из Далласа, Техас с визитом к нам в Джерси-Сити, Нью-Джерси. Отец сказал мне, что временами он замечал машину, следующую за ними по пятам. [PX=10]

171

"Let's consider the issue addressed in this Folklore Unit in more concrete terms. For instance, the rapid growth of the Internet has led to new issues concerning copyright, privacy, and freedom of speech that existing legislation is unable to deal with."

«Рассмотрим вопрос, поднятый в этой Фольклорной единице более конкретно. Например, быстрый рост Интернета привел к новым проблемам с авторским правом, правом на прайвеси и свободой слова, за которыми существующее законодательство не поспевает».

[PX=10]

PERIOD: 2001-2012.
FRQ: Once.
EMOTION: Seriously.
CONTEXT: J.L.A. is thinking.

J.L.A. размышляет. [PX=10]

METACONTEXT-J.L.A: Is downloading music (for free) a form of piracy or is the fact that its available make it fair game? Is the monitoring, gathering, and sharing of information from networking sites (such as Facebook and MySpace) by the government a violation of rights or does the fine print (on the contracts no one reads) really make it ok? Are websites that alter sexualized images of "of age" females to appear prepubescent a clever use of a legal loophole to produce pedophilic pornography or should the virtualized images be considered as illegal as the "real thing"?

Является ли скачивание музыки (бесплатно) формой пиратства или справедливой тактикой? Является ли слежка за сайтами Интернета, сбор и распространение информации о сайтах (таких как Фейсбук и Майспейс) правительством нарушением прав или предупреждение мелким шрифтом (на контрактах, которые никто не читает) делает их нормальным? Являются ли вебсайты, которые изменяют «сексуализированные» изображения женщин «в возрасте» выглядящими до достижения половой зрелости, умным

4.2 The Train is Picking up the Speed. Early Years

использованием дырки в законе для производства педофилической порнографии или должны «виртуализированные» изображения рассматриваться нелегальными как и «настоящие»? [PX=10]

172

"—   Welcome to the United States.

—   Thank you.

—   When did you arrive to this country?

—   On November 23, 1981.

—   You have very good English.

—   Thank you.

—   Where are you from?

—   From Sverdlovsk.

—   I have never met anybody from that city. You are not Jewish, are you?

—   No, I am not.

—   How did you manage to emigrate?

—

—   Because...

—   Very interesting. I also knew one Russian who was saved by Jews from a psychiatric clinic.

—   ?... (I thought to myself: why from psychiatric clinic?)"

«—   Добро пожаловать в США.

—   Спасибо.

—   Когда Вы прибыли в страну?

—   23 ноября 1981.

—   У Вас очень хороший английский.

—   Спасибо.

—   Откуда Вы?

—   Из Свердловска.

243

4.2 The Train is Picking up the Speed. Early Years

— Я никогда не встречала кого-либо из этого города. Вы не еврей, не так ли?

— Нет.

— Как Вы сумели эмигрировать?

— Потому что...

— Очень интересно. Я тоже знала одного русского, который был спасен евреями от психиатрической клиники.

— ?... (Про себя: почему от психиатриче ской клиники?)»

[PX=10]
PERIOD: January 1982.
FRQ: Once.
EMOTION: Polite conversation; I smile at everything.
CONTEXT: To reunite with my wife was my first priority in emigration.

First, I wrote a letter to an acquaintance of my good Jewish friend who lived in Israel. I asked him for help in obtaining an invitation to Israel for my wife. This man was Russian. I did not know how he managed to immigrate to Israel. He quickly responded to me with a philosophical letter. He said that would be very difficult because my wife and I were Russian. He wrote that Israel in its chauvinism of the dominating nation was "isomorphic" to the Soviet Union ("isomorphism" is a peculiar mathematic term meaning the identity of internal structure and logic of two objects). Even though this was expressed in very philosophical and oblique terms, I understood what he meant exactly, but this idea was too much for me at that time — I was of a very high opinion of Israel and of Jews. I turned to other possibilities.

The conversation described here occurred when I tried to make a formal invitation to my wife to immigrate to the United States. I ignored the incongruities of this exchange. Nothing can bring the smallest cloud to my ideological optimism.

It needs to be said that before this I went to an immigration lawyer. He told me that I could be reunited with my wife only after receiving U.S. citizenship. That meant that I would have to wait for five years to request citizenship and then a few years more for my wife to go through normal U.S. immigration procedures. This news was very discouraging. But then a teacher who taught English for refugees offered her help. She went to a Jewish immigrant organization and arranged for me to have an appointment.

The immigration organization brought me in for an interview with one of their top officials. I had never been properly introduced to her, but she sat in a separate office from ordinary clerks and had an aura of being in charge. It is possible that she was the head of this organization's security. This was a clearly psychologically unwell woman. Her icy eyes, which gazed at me but did not see me, made an impression that lasted my whole life. This was in stark contrast with KGB personnel, all of whom left the impression of normalcy. I think that after

4.2 The Train is Picking up the Speed. Early Years

Stalin's death the Soviet government made an effort to avoid paranoiacs and sadists in the KGB. When in later years I read in the some books that James Angleton, who had been the CIA counter-intelligence chief for many years, was paranoid, I believed it.

After the meeting with the chief of security, the immigration organization indeed helped me. They organized an official invitation, which was signed by Secretary of State of the State of New York and then by Secretary of State of the United States (who was Alexander Haig). A few months later, in August of 1982, my wife came to America not even losing her Soviet citizenship (unlike my parents and I who came first). When everything is said and done, I should be grateful to that Jewish immigration organization, and I am.

Воссоединится с моей женой было моим первым приоритетом в эмиграции.

Сначала я написал письмо знакомому одного моего хорошего еврейского друга, который жил в Израиле. Я просил его о помощи в организации приглашения в Израиль для моей жены. Этот человек был русским. Не знаю, как он смог уехать в Израиль. Он быстро ответил мне философским письмом. Он писал, что это было бы очень тяжело. Далее он писал, что Израиль с его шовинизмом доминирующей нации «изоморфен» Советскому Союзу («изоморфизм» это специфический математический термин, означающий идентичность внутренней структуры и логики двух объектов). Хотя это было выражено в очень философских и обтекаемых тонах, я понял в точности, что он имел в виду, но эта идея была слишком далеко идущей для меня тогда — я был очень высокого мнения об Израиле и о евреях. Я обратился к другим вариантам.

Разговор, который я здесь привожу, происходил, когда я пытался получить формальное приглашение на приезд моей жены в США. Я игнорировал нестыковки в этом разговоре. Ничто не способно было нанести ни малейшего облачка на мой идеологический оптимизм.

Должен сказать, что перед этим я пошел к иммиграционному адвокату. Он сказал мне, что я смогу воссоединиться со своей женой только после того, как я получу американское гражданство. Это означало, что должен был бы ждать пять лет прежде чем я смогу запросить гражданство и потом еще несколько лет до того как моя жена сможет пройти через нормальные американские иммиграционные процедуры. Эта новость была очень разочаровывающей. Но тогда учительница английского на курсах для беженцев предложила свою помощь. Она пошла в еврейскую иммиграционную организацию и организовала там встречу для меня.

Иммиграционная организация пригласила меня на встречу с одним из их руководителей. Мне не очень внятно дали понять, какая у этой женщины была должность, но она сидела в отдельном кабинете от обычных клерков и излучала начальственный авторитет. Возможно, она была главой какой-то службы безопасности в этой организации. С психологическим здоровьем этой женщины явно было что-то не то. Ее стеклянные глаза, которые смотрели на меня и как бы не видели меня, произвели впечатление

4.2 The Train is Picking up the Speed. Early Years

на всю мою жизнь. Это было в ярком контрасте с работниками КГБ, все из которых производили впечатление нормальности. Я думаю, после смерти Сталина советское руководство сделало усилие избегать параноиков и садистов в КГБ. Когда в более поздние годы я прочитал в каких-то книгах, что глава контрразведки ЦРУ Джеймс Англтон был параноиком, я поверил этому.

После встречи с главой службы безопасности, эта иммиграционная организация и в самом деле помогла мне. Они организовали официальное разрешение, которое было подписано государственным секретарем штата Нью-Йорк, а затем государственным секретарем США (которым был Александр Хейг). Через несколько месяцев, в августе 1982-го года, моя жена прибыла в Америку, даже не потеряв своего советского гражданства (в отличие от моих родителей и меня). В общем и целом я должен быть благодарен этой еврейской иммиграционной организации, и я и в самом деле благодарен. [PX=10; OPX=9]

173
"Practically everyone still assumes that if you're Russian-American, you're Jewish-Russian-American."
«Практически все предполагают, что если вы «русские американцы», то вы «еврейские русские американцы»».
[PX=10]
PERIOD: 2001-2012.
FRQ: Once.
EMOTION: Seriously.
CONTEXT: J.A.A. talks about her experience.
        J.A.A. рассказывает о своем опыте. [PX=10]
METACONTEXT-J.A.A.: "No," I tell my friends, "if anything, we'd be Orthodox if we were religious. I get two Christmases!" When they ask how that happened, I usually shrug it off and just say we got kicked out for being anti-Soviet — people are amused when I put it that way. They are also impressed.
        «Нет», говорю я своим друзьям, «если бы мы были религиозными, мы были бы православными. У меня два Рождества!» Когда они спрашивают, как такое случилось, я обычно пожимаю плечами и просто говорю, что нас выслали за то, что мы были антисоветскими элементами — люди удивляются, когда я говорю так. Это так же производит впечатление. [PX=10]

174
"—   These Russians must be placed in camps in case of trouble, like the Japanese were.
—   But Germans were not placed into camps.
—   Germans are a different story."
«—   Эти русские должны быть помещены в лагеря в случае опасности, как были японцы.
—   Но немцы не были помещены в лагеря.

4.2 The Train is Picking up the Speed. Early Years

   —   Немцы — другая история».

[PX=10]

PERIOD: September 1983.

FRQ: Once.

EMOTION: Business-like.

CONTEXT: They probably thought that I did not understand anything, so they discussed it openly. "Russians" for Americans are any immigrants from "Russia."

    Вероятно они думали, что я не понимал, и обсуждали открыто. «Русские» в устах американцев — любые иммигранты из «России». [PX=10; OPX=9]

METACONTEXT-A: The Japanese have been redeemed. But, first of all, there are always people who disagree. The most loaded facts in this case were that the speaker looked intelligent and that it had happened soon after a Korean airliner was shot down over the Soviet Union. Such statements even in America appeared to be very dependent upon — not content - but the mood of the latest TV news.

    В принципе — японцы реабилитированы. Но, во-первых, всегда есть люди, думающие иначе. Наибольшая информационная нагрузка в описанном случае была связана с фактом, что говорил интеллигентный человек; дело было вскоре после сбития корейского авиалайнера. Подобные казусы даже в Америке оказались колоссально зависимы — не от содержания — от настроения последних новостей. [PX=10; OPX=9]

METACONTEXT-H: How ironically we can now, after the end of the Cold War, read Thucydides *The History of the Peloponnesian War*: "Thucydides, an Athenian, wrote the history of the war between the Peloponnesians and the Athenians, beginning at the moment that it broke out, and believing it would be a great war and more worthy of relation than any that had preceded it. This belief was not without its grounds. The preparations of both the combatants were in every department in the last state of perfection."[566]

    С какой иронией мы можем сейчас, после окончания холодной войны, читать *Историю пелопонесской войны* Фукидида: «Фукидид, афинянин, написал историю войны между спартанцами и афинянами, начиная с момента, когда она началась, и считая, что она будет великой войной, более достойной описания, чем все предыдущие войны. Эта вера была не безосновательной. Подготовка с обеих враждующих сторон в каждом государственном органе была совершенной».[567] [PX=10]

175

"Oh fun, I've heard them say the same of 'terrorists.'"

«Смешно, но я слышала то же о «террористах»».

[PX=10]

PERIOD: 2001-2012.

FRQ: Once.

EMOTION: Seriously.

---

[566] History: Thucydides (1993), p. 349; see also: Marincola (2007).
[567] History: Thucydides (1993), p. 349; see also: Marincola (2007).

4.2 The Train is Picking up the Speed.   Early Years

CONTEXT: J.A.A. about the camps for Russians.

J.A.A. о лагерях для русских. [PX=10]

METACONTEXT-J.A.A.: It's extremely un-PC for Americans to say such things aloud, even if people think like this.

Это предельное нарушение политической корректности говорить такие вещи, даже если люди думают это про себя. [PX=10]

176

"Today we are taught that the internment of the Japanese (and other Asians) during WWII was a horrendous misstep in America's history much like the abuse of Native Americans, slavery, segregation, etc."

«Сейчас нас учат, что заключение в лагеря японцев (и других азиатов) во время Второй мировой войны было ужасной ошибкой в американской истории, так же как геноцид индейцев, рабство, сегрегация и т. д.» [PX=10]

PERIOD: 2001-2012.
FRQ: Once.
EMOTION: Seriously.
CONTEXT: J.L.A. adds.

Добавляет J.L.A. [PX=10]

METACONTEXT-J.L.A.: However, they are all often framed (at least in high schools) as being mistakes of the past from which the nation has learnt from and progressed beyond making once more. We need to remember that at one time all of these wrongs were considered justifiable. If we proclaim and strive to be the nation and people that truly embodies the principles from our Constitution then we must stand up for the rights they entitle not only when it is easy to do so but also precisely when it is not.

Однако о таких вещах часто говорят (по крайней мере в школе) как об ошибках прошлого, из которых мы извлекли уроки и которые мы не собираемся повторять. Нужно помнить, что в свое время все эти вещи считались оправданными. Если мы провозглашаем, что мы нация, которая на самом деле претворила принципы нашей конституции, то мы должны отстаивать права, которые она нам предоставляет не только когда это легко, но и когда нет. [PX=10]

177

"Should we move to New Zealand?"
«Следует ли нам переехать в Новую Зеландию?» [PX=10]

PERIOD: Around 1983.
FRQ: Once.
EMOTION: Business-like.
CONTEXT: When we were leaving the Soviet Union, we knew that we could go to one of the "immigration countries:" U.S., Canada, Australia, or New Zealand. At that time the very real possibility of nuclear exchange between the U.S.S.R. and America loomed over our heads. New Zealand seemed like an ultimate safe haven.

4.2 The Train is Picking up the Speed. Early Years

It was also a nice country, one of the few countries in the world where the number of sheep is more than the number of people. There are not even predators in New Zealand's animal kingdom. When we were saying goodbye in the Soviet Union, my brother and I jokingly made an appointment to meet in few years in Christchurch, New Zealand.

But we decided to emigrate to the U.S. because my father was a leading specialist in oil-drilling machines, which were produced only in the Soviet Union, Romania, U.S. and France. I also had some hopes to continue education in the field of economics in the U.S. Once my economic aspirations faded, I started to think about New Zealand again. It is worth mentioning that while we had refugee status, we could still change our country of residence. My wife and I discussed this and around 1983 I visited New Zealand Consulate in New York City and got applications for moving to that country.

Our initial survival in America was difficult. I was the only earner in the family and my salary was modest. But soon I started to earn much better money and we started to feel more welcome in this country. I realized that I could not have the same income in New Zealand. We decided to stay in the U.S.

Когда мы уезжали из Советского Союза, мы знали, что можем переехать в одну из «иммигрантских стран»: США, Канаду, Австралию или Новую Зеландию. В то время вполне реальная возможность обмена ядерными ударами между СССР и Америкой висела над нашими головами. Новая Зеландия представлялась убежищем. Она также была хорошей страной, одной из немногих стран мира, где овец больше, чем людей. В животном мире Новой Зеландии даже нет хищников. Когда мы покидали Советский Союз, мой брат и я в шутку договорились встретиться через несколько лет в Крайстчерче, Новая Зеландия.

Но мы решили иммигрировать в США, потому что наш отец был ведущим специалистом по нефтебуровым установкам, которые производились только в СССР, Румынии, США и Франции. Я также питал некоторые надежды на продолжение экономического образования в США. По мере того, как мои экономические планы угасли, я стал думать о Новой Зеландии снова. Нужно заметить, что пока у нас был статус беженцев, мы могли поменять страну проживания. Моя жена и я обсуждали это в 1983-м году. Я посетил новозеландское консульство в Нью-Йорке и взял анкеты на переезд в эту страну.

Наше выживание в Америке вначале было трудным. Работал только я и моя зарплата была скромной. Но вскоре я начал зарабатывать гораздо лучше, и мы почувствовали себя более дома в этой стране. Я осознавал, что не буду зарабатывать столько же в Новой Зеландии. Мы решили остаться в США. [PX=10]

METACONTEXT-H: Now I can say almost like Gulliver in Jonathan Swift *Gulliver's Travels*: "When I found myself on my feet, I looked about me, and must confess I never beheld a more entertaining prospect."[568]

---

[568] Literature: Swift (1993), p. 9.

4.2 The Train is Picking up the Speed. Early Years

Thoughts that we or our children should have moved to Australia or New Zealand have visited us during all our life in the United States. These countries are further away in case of a nuclear war and their intelligence apparatuses seem to be less oppressive than American one.

Сейчас я могу сказать почти как Гулливер Джонатана Свифта: «Когда я очутился на ногах, я посмотрел вокруг себя и, должен сознаться, я никогда не видел более завлекающей перспективы».[569]

Мысли о том, что мы или наши дети должны переехать в Австралию или Новую Зеландию, посещали нас в течение всей нашей американской жизни. Эти страны находятся дальше в случае ядерной войны, и их разведывательный аппарат представляется менее все подавляющим, чем американский. [PX=10]

178
"What are you doing? I am working for you not in order for you to start a nuclear war!"

«Что вы делаете? Я работаю на вас не для того, чтобы вы начали ядерную войну!»

[PX=10]
PERIOD: November 1983.
FRQ: Once.
EMOTION: Business-like.
CONTEXT: There is a remarkable story of a British agent in the U.S.S.R, Oleg Gordievsky. Gordievsky was a Colonel of the KGB and KGB Resident-designate and bureau chief in London, who was a secret agent of the British Intelligence Service (MI6) from 1974 to 1985.

One of Gordievsky's most important contributions was averting a potential nuclear confrontation with the Soviet Union when NATO exercise Able Archer 83 was misinterpreted by the Soviets as a potential first strike. Indeed, the information passed by Gordievsky became the first proof of how worried the Soviet leadership had become about the possibility of a NATO nuclear first strike[570]. Gordievsky wrote to the British: "What are you doing? I am working for you not in order for you to start a nuclear war!"[571]

Существует замечательная история об английском агенте в СССР, Олеге Гордиевском . Гордиевский был полковником КГБ и резидентом КГБ в Лондоне и одновременно секретным агентом британской разведки МИ-6) с 1974-го по 1985-й годы.

Одним из самых главных вкладов Гордиевского было предотвращение возможной ядерной конфронтации с Советским Союзом, когда маневры НАТО «Эйбл Арчер 83» были посчитаны СССР как потенциальный первый удар. В самом деле, информация, переданная

---

[569] Literature: Swift (1993), p. 9.
[570] Military: Corera (August 5, 2009).
[571] Reference: Wikipedia, https://en.wikipedia.org/wiki/Oleg_Gordievsky.

4.2 The Train is Picking up the Speed. Early Years

Гордиевским стала первым доказательством того, насколько обеспокоено было советское руководство возможностью первого удара НАТО.[572] Гордиевский написал англичанам: «Что вы делаете? Я работаю на вас не для того, чтобы вы начали ядерную войну!»[573] [PX=10]

METACONTEXT-A: Able Archer 83 was a ten-day NATO command post exercise starting on November 2, 1983 that spanned Western Europe, centered on SHAPE's Headquarters situated at Casteau, north of the Belgian city of Mons. Able Archer exercises simulated a period of conflict escalation, culminating in a coordinated nuclear release.[574] The 1983 exercise incorporated a new, unique format of coded communication, radio silences, participation by heads of state, and a simulated DEFCON 1 nuclear alert.

The realistic nature of the 1983 exercise, coupled with deteriorating relations between the United States and the Soviet Union and the anticipated arrival of Pershing II nuclear missiles in Europe, led some members of the Soviet Politburo to believe that Able Archer 83 was a ruse of war, obscuring preparations for a genuine nuclear first strike.[575] In response, the Soviets readied their strategic nuclear forces and placed air units in East Germany and Poland on alert.[576] This relatively obscure incident is considered by many historians to be the closest the world has come to nuclear war during Cold War since the Cuban Missile Crisis in 1962.[577] The threat of nuclear war was abruptly ended with the conclusion of the Able Archer 83 exercise on November 11.[578]

After receiving intelligence reports from different sources including Gordievsky, it was clear that the Soviets were unnerved. While American officials were concerned with the Soviet panic, they were hesitant about believing the proximity of a Soviet attack. Secretary of State George P. Shultz thought it "incredible, at least to us" that the Soviets would believe the U.S. would launch a genuine attack.[579] In general, Reagan did not share the secretary's belief that cooler heads would prevail, writing: "We had many contingency plans for responding to a nuclear attack. But everything would happen so fast that I wondered how much planning or reason could be applied in such a crisis… Six minutes to decide how to respond to a blip on a radar scope and decide whether to unleash Armageddon! How could anyone apply reason at a time like that?"[580]

«Эйбл Арчер 83» была десятидневными маневрами командных штабов НАТО, начиная с 2 ноября 1983-го года, которые охватывали Западную Европу, с центром в штабе в Касто, к северу от бельгийского города Мон. Маневры «Эйбл Арчер» симулировали период эскалации

---

[572] Military: Corera (August 5, 2009); cited by: Wikipedia.
[573] Reference: Wikipedia, https://en.wikipedia.org/wiki/Oleg_Gordievsky.
[574] Military: Fischer (1997).
[575] Military: Fischer (1997); Andrew (1993), p. 85-87; Fischer (2000), p. 123, 131; Pry (1999), p. 37-39; see also: Andrew (1990).
[576] Military: Oberdorfer (1998), p. 66; SNIE 11-10-84 (May 18, 1984).
[577] Military: Gaddis (2005-12-29).
[578] Military: Andrew (1993), p. 87-88; Pry (1999), p. 43-44; see also: Andrew (1990).
[579] Military: Shultz (1993), p. 464.
[580] Military: Reagan (1990), p. 257.

251

4.2 The Train is Picking up the Speed. Early Years

конфликта и кульминировали в координированной ядерной атаке.[581] Маневры 1983-го года включали новые, уникальные форматы кодированных коммуникаций, радио тишины, участия глав государств и симулированную ядерную готовность первой степени.

Реалистичность маневров 1983-го года, в соединении с ухудшающимися отношениями между США и Советским Союзом и ожидавшимся прибытием ракет Першинг II в Европу, заставили некоторых членов советского Политбюро думать, что «Эйбл Арчер 83» есть военная уловка, маскирующая приготовления к настоящему первому ядерному удару.[582] В ответ СССР привел свои стратегические ядерные силы и военно-воздушные силы в Восточной Германии и Польше в состояние боевой готовности.[583] Этот относительно малоизвестный инцидент рассматривается многими историками как самый близкий к ядерной войне момент холодной войны со времени Кубинского кризиса в 1962-м году.[584] Угроза ядерной войны внезапно закончилась с завершением маневров «Эйбл Арчер 83» 11 ноября.[585]

После получения разведывательных данных из различных источников, включая Гордиевского, стало ясно, что СССР был очень встревожен. В то время как американское правительство было озабочено советской паникой, они колебались в том, чтобы поверить в близость советской атаки. Государственный секретарь Джордж Шульц считал, что «нам казалось невероятным», что СССР поверит, что США начнут настоящую атаку.[586] В целом, Рейган не разделял веру своего госсекретаря, что холодные головы восторжествуют. Он писал: «У нас было много подготовленных планов на возможный ответ на ядерную атаку. Но все произошло бы так быстро, что я недоумевал, как планирование или разум могут быть применены в таком кризисе. … Было шесть минут, чтобы решить, как реагировать на выброс сигнала на радаре и решить начинать ли Конец света! Как кто-либо может разумно думать в такой ситуации?»[587] [PX=10]

179
"Are you hiding any disease?
Are you a spy?"
[PX=10]
PERIOD: Spring of 1984.
FRQ: Once.
EMOTION: Calmly.
CONTEXT: I worked as a consultant in a brokerage house. They gave me a polygraph (lie detector) test. The few substantive questions of the test were:

---

[581] Military: Fischer (1997).

[582] Military: Fischer (1997); Andrew (1993), p. 85-87; Fischer (2000), p. 123, 131; Pry (1999), p. 37-39; see also: Andrew (1990).

[583] Military: Oberdorfer (1998), p. 66; SNIE 11-10-84 (May 18, 1984).

[584] Military: Gaddis (2005-12-29).

[585] Military: Andrew (1993), p. 87-88; Pry (1999), p. 43-44; see also: Andrew (1990).

[586] Military: Shultz (1993), p. 464.

[587] Military: Reagan (1990), p. 257.

4.2 The Train is Picking up the Speed. Early Years

- Questions dealing with my financial reliability;
- Questions about the use of narcotics;
- "Are you hiding any disease?";
- "Are you a spy?"

They did not say whether I passed or failed the test. [PX=10]

METACONTEXT-H: At the time I was more insecure about my job than now and it would have been difficult for me to reject any lie detector questions as invasions of my privacy.

I think of my difficulties of the first years in America when I read Johan Huizinga *The Waning of the Middle Ages*: "Calamities and indiligence were more afflicting than at present; it was more difficult to guard against them, and to find solace. Illness and health presented a more striking contrast; the cold and darkness of winter were more real evils. Honors and riches were relished with greater avidity and contrasted more vividly with surrounding misery. We, at the present day, can hardly understand the keenness with which a fur coat, a good fire ..., a soft bed, a glass of wine, were formerly enjoyed."[588] [PX=10]

180 From the Parallel Universe
"This guy is in trouble."
«Этот парень в опасности».
[PX=10]
PERIOD: 1984.
FRQ: Once.
EMOTION: Calmly.
CONTEXT: According to several signs this was being said about me. It happened on an interview during my search for a new job in the spring of 1984. The meaning of what was said was unclear to me at that moment. Later events shed some light on it.

Судя по некоторым признакам — обо мне. Во время поисков работы весной 1984-го года, на обсуждении в отделе кадров. Смысл сказанного в тот момент был мне неясен. Последующие события, возможно, проливают некоторый свет. [PX=7; OPX=4]

METACONTEXT-H: In Homer's *The Odyssey* an important mythical "trouble-hero" is Odysseus. Odysseus' name means "trouble" in Greek, this meaning both giving and receiving trouble, as is often the case in his wanderings.[589]

В *Одиссее* Гомера важным героем, от которого исходит беспокойство, является Одиссей. Его имя означает по-гречески «беспокойство», имея ввиду как активную, так и пассивную передачу беспокойства, как это часто происходило во время его странствований.[590]
[PX=10]

183 From the Parallel Universe

---

[588] Sociology: Huizinga (1993), p. 245.
[589] Literature: Homer (1993)(2) and Wikipedia, http://en.wikipedia.org/wiki/Odyssey.
[590] Literature: Homer (1993)(2) and Wikipedia, http://en.wikipedia.org/wiki/Odyssey.

4.2 The Train is Picking up the Speed. Early Years

"Of course he was a homosexual — I am not stupid."
[PX=10]
PERIOD: November 1984 — January 1985.
FRQ: Literally — once; with variations — several more times at work.
EMOTION: Understanding smile.
CONTEXT: This is an indirect insult to which it is impossible to respond. Somewhere I had said that I had not had sex before my wife. [PX=5; OPX=2]

184
"Sounds like someone had a faulty gaydar."
[PX=10]
PERIOD: 2001-2012.
FRQ: Once.
EMOTION: Seriously.
CONTEXT: J.A.A. reacts to the events of my early American life. [PX=10]
METACONTEXT-H: "Foolish people do not recognize obedience to a moral law and take it for something else", wrote my old friend from Russia in response to my American tales.

I would add to this that to have other sexual orientation would be contrary to all my instincts, emotions, feeling, and dreams. And the culture within which I was raised gives me the impetus to energetically object. The idea that I am or should have been a gay for me is one of the most bizarre and disgusting things I can imagine. The fact this idea has been often discussed during my life in America causes me to think that somebody has an agenda for such insinuation. [PX=10]

185
"It is impossible to understand the essence of this letter unless the reader realizes that what is being said about you often does not have any foundation."
[PX=10]
PERIOD: 2001-2012.
FRQ: Once.
EMOTION: Seriously.
CONTEXT: This utterance is an outrageous example of such a break with reality. [PX=9]

186
"Please, describe for us, why do you want to leave?"
«Пожалуйста, опишите нам, почему Вы хотите уйти?»
[PX=10]
PERIOD: End of January 1985.
FRQ: Once.
EMOTION: Irritation. Persistent request.
CONTEXT: The uncomfortable situation was created at work. I submitted a resignation letter (which Americans, having appreciation for opportunity to work, do rarely). There was a young woman at work who sympathized with me. I remember as she told the "man with the portrait of Reagan" that he achieved

4.2 The Train is Picking up the Speed. Early Years

what "they" wanted to achieve (I did not know who were "they").

Trying to explain the reasons I wrote a note: "Why I want to leave." It was a polite letter, but too emotional for a business memo. The note was taken with "gratitude" — and served as evidence of my unpredictability.

У меня создалась некомфортабельная ситуация на работе. Я подал заявление об уходе (что американцы, ценя возможность работать, обычно не делают). На работе была молодая женщина, которая симпатизировала мне. Я запомнил, как она сказала «человеку с портретом Рейгана», что «они» достигли того, что добивались (я не знал кто эти «они»).

Пытаясь передать причины, я подал объяснительную записку: «Почему я хочу уйти». Ее слог был вежлив, но слишком эмоционален для делового документа. Записка была принята с «благодарностью» — и послужила свидетельством моей неуравновешенности. [PX=7; OPX=4]

187
"I have the impression there are only a few acceptable responses to that sort of thing, all of them pithy and cryptic."
«У меня впечатление, что существует только несколько социально допустимых реакций на такие вещи, все они острые и непрямые».
[PX=10]
PERIOD: 2001-2012.
FRQ: Once.
EMOTION: Seriously.
CONTEXT: J.A.A. tries to put her at my place.

J.A.A. пытается поставить себя на мое место. [PX=10]
METACONTEXT-J.A.A.: These acceptable responses may sound like this. "To pursue other opportunities." "Personality conflicts." Maybe throw in an intentionally self-conscious half-smile as far as emotional expression goes.

Эти социально допустимые реакции могут звучать как: «В поисках других возможностей», «Личный конфликт». Можно бросить намеренно рефлексирующую полуулыбку. [PX=10]

188
"Kick him out."
«Выкиньте его отсюда».
[PX=10]
PERIOD: June — October 1985.
FRQ: Often and with variations.
EMOTION: Hostility, but with a humor.
CONTEXT: The fact that I left the previous job had not been without consequences. A consulting company for which I had worked lost a contract with the above corporation because of my decision and was outraged. Some powerful people were irritated. Rumors had spread. It had not been easy for me to find a new job. In the end I found one as an independent contractor. At the new place somebody managed to contact my previous workplace. The idea that I could be

terrorized, and made fun of that, caused enthusiasm in some people. The code of operation: "Kick him out."

Мой уход с предыдущей работы не остался без последствий. Посредническая фирма, у которой был контракт с компанией, где я работал, была сильно зла. Могущественные люди были задеты и раздражены. Слухи распространились. Мне нелегко было найти новую работу. В конце концов, я нашел работу как независимый контрактник. На новом месте быстро связались со старой работой. Идея о том, что меня можно терроризировать, получая удовольствие, вызвала энтузиазм у некоторых озлобленных жизнью личностей. Код: «Выкиньте его». [PX=7; OPX=5]

METACONTEXT-H: As if they sing the words of Aristophanes *The Knights*:

"Success, success in every point!
The villain's nose is out of joint!
We've found a villain even deeper,
A crook, a wheedler and a creeper,
Full of every crafty wile,
A man of truly perfect guile!"[591]

Как если бы они пели слова из *Всадников* Аристофана:
«Успех, успех по всем статьям!
Нос злодея свернут!
Мы нашли негодяя всех почище,
Более жулика и пресмыкающегося,
Полного всех изощренных обманов,
Человека поистине совершенного злодейства!»[592] [PX=10]

189

"—   I do not like you controlling my every step! I do not like you watching over me! It is a violation of my human rights!
—   And this is a very good point."

«—   Мне не нравится, что вы контролируете каждый мой шаг! Я не хочу, чтобы вы наблюдали за мной! Это нарушение моих прав человека!
—   И это очень справедливое замечание».

[PX=10]
PERIOD: May — August 1985.
FRQ: Once.
EMOTION: I said with irritation; the answer was solemn.
CONTEXT: From the spring of 1985 I started to work as an independent consultant at a big bank. This remarkable exchange occurred between me and a senior American consultant. In the heat of an argument I uttered the Freudian slip. It was the first time I mentioned "violation of my human rights" in the U.S. I could not really believe what I was saying. Being accustomed to the idea that human rights in

---

[591] Literature: Aristophanes (1993)(1), p. 684; see also: Aristophanes (1993)(2), (3), (4), (5), (6), (7), (8), (9), (10), and (11).
[592] Literature: Aristophanes (1993)(1), p. 684; see also: Aristophanes (1993)(2), (3), (4), (5), (6), (7), (8), (9), (10), and (11).

4.2 The Train is Picking up the Speed. Early Years

America is only the issue for blacks I expected a smile of ridicule in response. Instead he answered this. It had taken me a couple years since then to digest the significance of that conversation.

С весны 1985-го года я начал работать независимым консультантом в большом банке. Этот примечательный обмен состоялся между мной и моим руководителем, американцем, тоже работавшим консультантом. Сгоряча у меня вырвалась «ошибка по Фрейду». Это был первый случай в Америке, когда я упомянул «нарушение моих прав человека». Я не мог всерьез верить в то, что я произносил. Привыкнув к тому, что права человека в Америке волнуют только черных, я ожидал осмеяния в ответ. Вместо этого я услышал такой ответ. Заняло пару лет, чтобы полностью осознать значимость этого разговора. [PX=10; OPX=6]

190

"In some workplaces, there is a common unofficial policy of razing that occurs to serve as a sort of initiation into the brotherhood."

«На некоторых работах существует обычная неофициальная традиция «низведения до самого низкого уровня», которая есть часть «принятия в братство»».

[PX=10]
PERIOD: 2001-2012.
FRQ: Once.
EMOTION: Seriously.
CONTEXT: J.L.A. tries to understand.

J.L.A. пытается понять. [PX=10]

METACONTEXT-J.L.A.: This is particularly the case in highly competitive and male dominated fields under which prevue I believe computer programming to fall.

Это в особенности имеет место в очень конкурентных и доминируемых мужчинами областях, в число которых, мне кажется, входит компьютерное программирование. [PX=10]

METACONTEXT-H: The author thinks that J.L.A. does not get it.

Автору представляется, что J.L.A. чего-то не понимает. [PX=10]

191 From the Parallel Universe

"As I looked at him for the first time, I saw something evil in him."

«Как только я взглянула на него в первый раз, я увидела в нем некое зло».

[PX=10]
PERIOD: Summer 1985; June — August.
FRQ: Once.
EMOTION: "Big insight."
CONTEXT: An old woman who had a bad mouth talks. The story continues with plenty of baggage from the previous job.

Говорит старая женщина, которая любит злословить. История продолжается с полным багажом с прошлой работы. [PX=5; OPX=3]

192

4.2 The Train is Picking up the Speed. Early Years

"How overly dramatic. Did they throw Holy Water on you next?"
«Как чересчур драматично. Окропили ли они тебя святой водой после этого?»
[PX=10]
PERIOD: 2001-2012.
FRQ: Once.
EMOTION: Ironically.
CONTEXT: J.A.A. smiles.
   J.A.A. улыбается. [PX=10]

193
"I sense here in J.A.A.'s words a certain stylistic objection to my style as a storyteller."
«Я чувствую, в словах J.A.A., что у нее есть определенные стилистические возражения против того, как я рассказываю историю».
[PX=10]
PERIOD: 2001-2012.
FRQ: Once.
EMOTION: Seriously.
CONTEXT: As such this objection has something Straussian: Leo Strauss remarked that the quiet understatement of Jane Austen[593] was a better entrée to the classics than the romantic self-disclosure of Dostoyevsky.[594] "Those modern readers who are so fortunate as to have a natural preference for Jane Austen rather than for Dostoievski, in particular, have an easier access to Xenophon than others might have."[595] Strauss's obvious wish to reformulate the style of modernity in accord with Jane Austen (or if worst comes to worst, with the style of Macaulay or even Winston Churchill), if fulfilled, would not simply lead to the excision of Dostoyevsky from modern culture.
  В таком возражении есть что-то от Лео Штрауса , который отмечал, что тихое недовысказывание Джейн Остин[596] есть лучшее введение в классику, чем романтическое самораскрытие Достоевского .[597] «Те современные читатели, которые настолько удачливы, чтобы иметь естественное предпочтение Джейн Остин перед Достоевским, в частности лучше понимают Ксенофона».[598] Очевидное желание Штрауса переформулировать современный стиль под Джейн Остин (или, в худшем случае, под Макалея или даже Уинстона Черчилля), если бы оно было осуществлено, привело бы просто к исключению Достоевского из современной культуры. [PX=10; OPX=8]

194 From the Parallel Universe
"You know, we did not expect the sound resolution to be so good. We heard every

---

[593] Literature: Austen (1993).
[594] Philosophy: Smith (2009), p. 23; see also: Morgan (2007).
[595] Philosophy: Strauss (2000), p. 185; see also: Smith (2009) and Morgan (2007).
[596] Literature: Austen (1993).
[597] Philosophy: Smith (2009), p. 23; see also: Morgan (2007).
[598] Philosophy: Strauss (2000), p. 185; see also: Smith (2009) and Morgan (2007).

4.2 The Train is Picking up the Speed. Early Years

minor noise."

«Ты знаешь, мы не ожидали, что звуковая разрешающая способность так хороша. Мы слышали каждый небольшой шорох».

[PX=10]

PERIOD: Fall of 1985, September — October.

FRQ: Once.

EMOTION: Curiosity.

CONTEXT: The same old lady who likes to gossip discusses the quality of (listening?) equipment.

Та же престарелая дама, которая любит посплетничать, обсуждает качество (подслушивающей?) аппаратуры. [PX=10; OPX=2]

METACONTEXT-A: The restriction of arbitrary searches and seizures may be thought either in a narrow sense, as a restriction first of all to one's private home, or in a broader sense, as a restriction against the access to information pertaining to some private sphere of a person's life. At the times when these judicial principles were formulated the wide and narrow definitions coincided. The development of technology makes the freedom from physical searches more and more obsolete. At the same time electronic evidence is considered more and more admissible in courts.

One of my first shocks in this regard was the 1982 arrest of a sports car manufacturer John DeLorean. He was entrapped by a government agent-provocateur on charges of drug trafficking. Not only was a provocateur used (my first shock), but the evidence consisted of a film of a conversation surreptitiously recorded from a hidden camera (my second shock). The film was broadcasted on TV news (my third shock, because it obviously prejudiced potential members of a jury). DeLorean was subsequently acquitted in a trial, because he was able to prove that the whole incident was a work of the provocateur; but his business was ruined. I intuitively abhorred the government's intrusion into privacy demonstrated by DeLorean's case because its dangers were fresh in my memory. I contrasted it with the practice that existed in the Soviet Union: prosecution always relied there on testimonies of witnesses and hard evidence, while results of electronic surveillance (even if they existed) were excluded from court proceedings. If the KGB were to rely on electronic surveillance of one-to-one private conversations, the whole country should have been incarcerated on the charges of "Anti-Soviet Agitation and Propaganda."

Ограничение произвольных обысков и изъятий может мыслиться или в узком смысле, как как ограничение в первую очередь к частному дому человека, или в широком смысле, как ограничение доступа к информации из некоторой частной области человека. Во времена, когда соответствующие юридические принципы были сформулированы, широкая и узкая формулировки практически совпадали. Развитие техники делает «физическую защиту от обысков» все более устаревшей и неограничительной. В то же время «электронные доказательства» все более считаются правомерными в качестве судебных доказательств.

Одним из моих первых шоков в этой связи был арест в 1982-м году

259

4.2 The Train is Picking up the Speed. Early Years

владельца заводов по производству спортивных автомобилей Джона Делореана. Он был пойман правительственным провокатором по обвинению в торговле наркотиками. Не только провокатор был использован (мой первый шок), но и доказательства состояли из фильма разговора, заснятого скрытой камерой (мой второй шок). Этот фильм передали в телевизионных новостях (мой третий шок, поскольку это очевидно настраивало членов потенциального жюри). Делореана впоследствии оправдали на суде, потому что ему удалось доказать, что все было подстроено провокатором; но его бизнес был разрушен. Я интуитивно питал отвращение к правительственным нарушениям прайвеси, продемонстрированным в деле Делореана, потому что опасности таких нарушений были свежи в моей памяти. Я сопоставлял их с практикой, которая тогда существовала в Советском Союзе: прокуратура всегда полагалась на показания свидетелей или вещественные доказательства, в то время как результаты электронной слежки (даже если они существовали) были исключены из судебных разбирательств. Если бы КГБ полагалось на электронную слежку частных разговоров один-на-один, вся страна должна была бы сесть в тюрьму по обвинению в «антисоветской агитации и пропаганде». [PX=10; OPX=9]

METACONTEXT-H: In an individualistic society, rights are not only for protection from the state, but also from the hungry aggression of other individuals. (Madison said that freedom to the same degree suffers from the arbitrariness of the state, as from the abundance of freedom[599].) When in such a society others receive too much power over that individual it is said about that somebody: "He does not have equal rights with the others."

В индивидуалистическом обществе «права» существуют не только для защиты от государства, но и от «алчущих» «других». (Мэдисон говорил, что свобода в такой же степени страдает от произвола государства, как и от избытка свободы[600].) Поэтому, если в таком обществе говорят, «он не имеет равных прав с другими», то дают «другим» непозволительно большую власть над «одним». [PX=10]

METACONTEXT-P: This observation was repressed in the immediate aftermath of the event.

Это наблюдение было подавлено сразу после того, как оно произошло. [PX=10]

195
"Might not the discussion be about the quality of a music recording, a videocassette, or even a new stereo system?"
«Может быть, обсуждение было о качестве музыкальных проигрывателей, видеокассет или даже стерео систем?»
[PX=10]
PERIOD: 2001-2012.
FRQ: Once.

---

[599] Philosophy: Hamilton (1993).
[600] Philosophy: Hamilton (1993).

4.2 The Train is Picking up the Speed. Early Years

EMOTION: Seriously.
CONTEXT: J.L.A. has her doubts. Yes, indeed, it could.
      Сомнения у J.L.A. Да, и в самом деле, могло быть. [PX=10]

196 From the Parallel Universe
"—   Would you like to look at his (intimate parts)?
—   No, thanks. He-he-he."
«—   Хотите ли посмотреть на его (интимные части)?
—   Нет, спасибо. Хе-хе-хе».
[PX=6]
PERIOD: 1985.
FRQ: Once.
EMOTION: Laughter in the cinema hall.
CONTEXT: The commentary belongs to the "old lady who likes gossip".
      Yesterday evening the phone was ringing while I was taking shower. There was nobody at home and I left the bathroom naked. Now I began to suspect that there was some kind of photo-surveillance over my home. The next moment I think it is nonsense.
      Комментарии от «старой женщины, которая любит сплетничать».
      Вчера вечером позвонил телефон, когда я был в душе. Никого не было дома, и я выскочил из ванной голым. Сейчас я начал подозревать, что за квартирой велось фотонаблюдение. В следующее мгновение я отметаю это как ерунду. [PX=3; OPX=1]

197
"Maybe someone had a crush on a movie-star."
«Может быть, кто-то влюбился в кинозвезду».
[PX=10]
PERIOD: 2001-2012.
FRQ: Once.
EMOTION: Laughter.
CONTEXT: J.A.A. laughs.
      J.A.A. смеется. [PX=10]

198 From the Parallel Universe
"Today it was slower."
"Today it was faster."
Etc.
«Сегодня было медленнее».
«Сегодня было быстрее».
И т. д.
[PX=5]
PERIOD: Fall of 1985, September — October.
FRQ: Such things I would hear on the next day after having sex.
EMOTION: Emotions of specialists considering a case.
CONTEXT: Animals in the Zoo have more privacy.

4.2 The Train is Picking up the Speed. Early Years

Животные в зоопарке получают больше уважения к их прайвеси. [PX=2; OPX=1]

METACONTEXT-H: Alexander Pushkin wrote in a letter to his wife about his experience of being under the secret police surveillance: "I have not written because the swinishness of the mail so cooled me down that I could not take a pen into my hands. The thought that somebody overhears us makes me mad, literally (à la lettre). It is quite possible to live without political freedom; without family inviolability (inviolabilité de la famille) it is impossible: hard labor is by far better"[601].

Александр Сергеевич Пушкин писал жене о своем пребывании под надзором тайной полиции: «Я не писал тебе потому, что свинство почты так меня охладило, что я пера в руки взять был не в силах. Мысль, что кто-нибудь нас с тобой подслушивает, приводит меня в бешенство, буквально (à la lettre). Без политической свободы жить очень можно; без семейственной неприкосновенности (inviolabilité de la famille) невозможно: каторга не в пример лучше».[602] [PX=10]

199

"My best friend and I joke online sometimes:
— You think the NSA is listening into our IM conversation?
— Oh probably. Hi NSA!
— Wait, I've got it: Arab bomb terrorist. Ok, now they're listening.
— Hi NSA!"

«Мой лучший друг и я иногда шутим в Интернете:
— Думаешь ли ты, что АНБ слушает наши разговоры?
— Что ж, наверно. Привет АНБ!
— Подожди, я понял: арабский террорист с бомбой. Окей, теперь они слушают.
— Привет АНБ!»

[PX=5]
PERIOD: 2001-2012.
FRQ: Once.
EMOTION: Fun.
CONTEXT: J.A.A. jokes.
J.A.A. шутит. [PX=10]

200

"Big Brother guys (the NSA, whatever) can repeat after Jean Racine *Berenice*: "Pray, pardon me if, too importunate, I dare to intrude upon your privacy."[603]"

«Ребята из Большого Брата (АНБ, или откуда-либо еще) могут повторять за *Береникой* Жана Расина: «Молитесь за себя и извините меня, если, будучи назойливым, я наберусь храбрости нарушить ваше прайвеси»[604]».

[PX=5]

---

[601] Literature: Pushkin (1978/1948), v. 15, p. 154.
[602] Literature: Pushkin (1978/1948), v. 15, p. 154.
[603] Literature: Racine (1993)(1), p. 300; see also: Racine (1993)(2).
[604] Literature: Racine (1993)(1), p. 300; see also: Racine (1993)(2).

4.2 The Train is Picking up the Speed. Early Years

PERIOD: 2001-2012.
FRQ: Once.
EMOTION: Fun.
CONTEXT: I respond.
Я отвечаю. [PX=10]

201
"What is the name of that guy from his old job? He did it great."
«Как имя этого парня с его старой работы? Он сделал это наилучшим образом».
[PX=10]
PERIOD: Fall of 1985, September — October.
FRQ: Once.
EMOTION: Approval.
CONTEXT: Discussion of "kick out" technique.
Обсуждают технику «выталкивания». [PX=9; OPX=5]

202
"Prostitute."
«Проститутка».
[PX=10]
PERIOD: Summer of 1985, June — August.
FRQ: Once.
EMOTION: Cocky hint.
CONTEXT: My views are supposedly different from the views of the speaker. (I never talk to him about politics. I do not talk about it at work at all. He is smart all by himself.)
Мои взгляды предположительно не совпадают со взглядами говорящего. (Я с ним никогда не говорю о политике. Не говорю о политике на работе вообще. Он сам ориентируется.) [PX=5; OPX=3]
METACONTEXT-A: With such talks surrounding me, I have for a long time suspected the existence of some form of a state support. The exact legal form of such support is unclear to me. It is possible that it is something like affirmative action for immigrants. Anyway it is only speculation. If the federal government is behind all this, then it is to the right of the views of this guy. (Discussing this right-left conflict only leads to demagogy. Among my ill-wishers there are rightists and leftists. One complains that I am on the right, another — that I am on the left.) My desire to talk about politics at home decreased.
При таких разговорах вокруг меня я уже давно подозревал существование некоей формы государственной поддержки. Точная легальная форма таковой мне мало понятна. Возможно нечто вроде «программы положительных действий» для иммигрантов. Впрочем, это одна спекуляция. Если за этим стоит федеральное правительство, то оно скорее правее взглядов этого парня. (Разговоры о правее-левее, которые я слышу, — сплошная демагогия. Среди моих ненавистников были и «правые» и «левые». Один жалуется, что я «правый», другой — что я «левый».) Но разговаривать дома о

4.2 The Train is Picking up the Speed. Early Years

политике желания поубавилось. [PX=3; OPX=1]

METACONTEXT-P: The next day I withdrew $5,000 from my bank account — from about $6,000 — and left it in an envelope on the desk of the guy who had said: "Prostitute." The guy did not hesitate and divided the money among the co-workers.

На следующий день я снял 5000 долларов с моего счета в банке — из примерно 6000, которые у меня были, — и оставил в конверте на столе у парня, который сказал: «Проститутка». Парень не стал долго раздумывать и разделил деньги между американцами. [PX=10; OPX=1]

METACONTEXT-H: One of the thoughts, which arise in connection with this episode, is about the probability that there existed the application of some sort of affirmative action towards a select portion of the immigrants from the Soviet Union. This would amount to a manipulation of the refugees from the Soviet Union for subversive propaganda purposes.

This thought was initially a result of my personal observations, but later has been supported by the impressions made by other immigrants from the U.S.S.R. Such a recipient of affirmative action often asked the questions: why was he admitted to work by a big company when he did not speak a word of English? Why during three months did nobody ask him what was he doing? And why, when on someday he said "Hello," were co-workers terribly surprised? And so on. Many of these puzzled immigrants finally have become good professionals — but Americans could not know that in the beginning. In Israel, for example, there exist many different programs for assisting newcomers. But everybody knows that Israel, in comparison to the U.S., is a "socialist state." The United States, on the other hand, always advertised itself as the most "capitalist" country of the West. Moreover, such assistance does not fit into the system in the U.S.A. and causes constant resentment by the people.

The guess about affirmative action fits well into the general picture of assimilation of the immigrants from the U.S.S.R. into American life. The American political establishment, police and counterintelligence agencies looked the other way when confronted with violations of the law by the immigrants from the Soviet Union. An observer is left with an impression that such transgressions had been often tolerated. For example, many immigrants from the U.S.S.R. who lived in the New York area worked for cash and while cheating the American taxpayers received SSI or welfare, used Medicaid and subsidized apartments for low-income families. For those who wanted legal work, there existed many channels for quickly finding well paid jobs. Thus the most popular profession, to which Soviet immigrants retrained themselves, was computer programming. There had existed many special schools for computer programmers in the New York area. A typical Soviet immigrant who come to such a school hid his or hers Soviet higher education. That — together with a refugee status — gave him or her the right to receive thousands of dollars' worth of state grants, which in most cases covered expenses for receiving an education in a school for computer programmers.

In general all this created a situation for Soviet immigrants that was much more favorable than those for not only the people who left Russia after the revolution of 1917 or after World War II, but also for refugees of our times from

4.2 The Train is Picking up the Speed. Early Years

Vietnam or El Salvador.

Let us leave aside for a minute the philosophical debates about the admissibility of affirmative action and other — often half-legal — forms of social assistance in a society which preaches liberal ideas "not poisoned by social democracy." Without a doubt, during the Cold War there existed powerful interests in the U.S. favoring — possibly with coordination from the American intelligence community — the policy of affirmative action and other social assistance towards immigrants from the U.S.S.R. It is obvious that contacts with friends, relatives and acquaintances in the Soviet Union have always existed and, of course, letters and photographs can produce a lasting impression of how quickly and with what success recent immigrants managed to achieve the American dream.

It is not necessary for the intelligence community to use formal laws for such selective affirmative action. "Inside the United States, the FBI operates a vast citizen network of ... business/personal connections"[605]. As Michel Foucault notes about Western (democratic) societies "power is everywhere not because it embraces everything, but because it comes from everywhere."[606] "Power is not possessed by a dominant agent, nor located in that agent's relations to those dominated, but is instead distributed throughout complex social networks."[607]

From a general point of view, manipulation of immigrants is not something new. It is enough to remember that in the beginning of World War I, when Lenin was arrested in Austro-Hungary, a telegram came from Berlin and he was set free and allowed to go to Switzerland. In 1917, Germany organized a transfer of Bolsheviks through its territory to Russia. Due to the defeat of Germany many facts with regard to this story became available from the memoirs of German diplomats and spies and from the German archives.

Even the usually more controversial issue of "German money" is settled now. Harvard professor Richard Pipes, in his book *The Russian Revolution: 1899-1919*, printed in 1992, brings to light a lot of documents about German financial support for the Bolsheviks. In particular he makes the following estimate. "The total money assigned by the Germans to the Bolsheviks in 1917-18 — to help them first take power and then keep it — has been estimated by Eduard Bernstein, who had good connections in the German Government, at 'more than 50 million deutsche marks in gold' ($6 to $10 million, which at the time would have bought nine or more tons of gold)."[608] To put this in perspective, the price of gold as of December 14, 2015 was 34.2 dollars per gram. It means that 9 tons of gold is equivalent to more than 300 million dollars in today's prices. The reason for that clandestine activity was simple. "The Germans had their own designs on the Russian radicals. The war was going nowhere and they had come to realize that their one remaining chance of winning was to break the enemy alliance, preferably by forcing Russia

---

[605] Law: Hewgley (1).

[606] Philosophy: Foucault (1978), p. 93; see also: Gutting (2007), Turner (2000)(1), Ritzer (2000), Critchley (1998), McNeill (1998), Cottingham (2003), Cahoone (2003), Falzon (2013), and McWhorter (1999).

[607] Philosophy: Gutting (2007), p. 109; see also: Critchley (1998), McNeill (1998), and Cahoone (2003).

[608] History: Pipes (1992), p. 411.

out of war."[609]

Similarly, one day it would be interesting to read American national security and foreign policy archives pertaining to the handling of immigrants from the U.S.S.R. during the Cold War.

Одна из мыслей, которая возникает в связи с этим эпизодом, заключается в вероятности существования какого-то рода «программы положительных действий» применительно к выборочной группе иммигрантов из СССР. Это означало бы манипуляцию беженцев из Советского Союза для ведения подрывной пропаганды.

Эта мысль первоначально была плодом моих личных наблюдений, но позднее получила подтверждение от других иммигрантов из СССР. Такой получатель помощи по «программе положительных действий» часто задавался вопросом: почему его приняли на работу в большую компанию, когда он не говорил ни слова по-английски? Почему в течение трех месяцев никто не интересовался, что он делает? И почему, когда однажды он сказал «Хэлло», настолько этому так удивились его сотрудники? И т. д. Многие из этих удивленных иммигрантов, в конце концов, стали хорошими профессионалами — но американцы не могли этого предвидеть в начале. В Израиле, например, существует много различных программ помощи вновь прибывшим иммигрантам. Но все знают, что Израиль, в сравнении с США, «социалистическое государство». Соединенные Штаты же, с другой стороны, всегда рекламировали себя как наиболее капиталистическую страну Запада. Более того, такая помощь не вписывается в систему США и вызывает постоянное недовольство людей.

Предположение о «программе положительных действий» совпадает с общей картиной ассимиляции иммигрантов из СССР в американскую жизнь. Политический истеблишмент этой страны, ее полицейские и контрразведывательные агентства смотрели сквозь пальцы на нарушения закона иммигрантами из Советского Союза. У постороннего наблюдателя создается впечатление, что к таким нарушениям часто относились с терпимостью. Например, многие иммигранты из СССР, жившие в районе Нью-Йорка, работали в теневой экономике и в то же время обманывали американских налогоплательщиков, получая социальные пособия, пользуясь медицинскими программами для бедных и живя в субсидируемых квартирах для малоимущих семей. Для тех, кто хотел работать легально, существовало много каналов для быстрого нахождения высокооплачиваемых рабочих мест. Так наиболее популярной профессией, на которую переучивались советские иммигранты, было компьютерное программирование. В районе Нью-Йорка существовало много специальных курсов для программистов. Типичный советский иммигрант, который устраивался на такие курсы, скрывал свой советский диплом о высшем образовании. Это сокрытие — вместе со статусом беженца — давало ему или ей право на получение тысяч долларов правительственных субсидий, которые в большинстве случаев полностью

---

[609] Ibid., p. 389.

4.2 The Train is Picking up the Speed. Early Years

покрывали расходы по получению образования в школах для компьютерных программистов.

В целом, это создавало гораздо более благоприятную ситуацию для советских иммигрантов не только по сравнению с людьми, которые покинули Россию после революции 1917-го года, но и по сравнению с беженцами нашего времени из таких стран как Вьетнам или Сальвадор.

Забудем на минуту философские дебаты о допустимости «программы положительных действий» и других — часто полулегальных — форм социальной помощи в стране, которая исповедует либеральные идеи, «не испорченные социал-демократией». Без сомнения во время холодной войны в США существовали могущественные интересы отдавать предпочтение — возможно в координации с американским разведывательным сообществом — политике «положительных действий» и другой социальной помощи по отношению к иммигрантам из СССР. Очевидно также, что контакты с друзьями, родственниками и знакомыми в Советском Союзе всегда продолжались и, конечно, письма и фотографии могли производить сильное впечатление о том, как быстро и с каким успехом недавние иммигранты умудрялись достигать американской мечты.

Впрочем, нет необходимости для разведывательного сообщества использовать формальные законы для такой выборочной «программы положительных действий». «Внутри Соединенных Штатов ФБР имеет обширную сеть ... деловых/личных связей».[610] Как заметил Мишель Фуко в западных (демократических) обществах «власть повсюду, не потому что она охватывает все, а потому, что она проистекает из всего».[611] «Власть не находится в руках какого-либо доминирующего агента или отношениях этого агента к доминируемым людям, а распределена в сложной социальной сети».[612]

С общей точки зрения манипуляция иммигрантами не есть что-то новое. Достаточно вспомнить, что в начале Первой мировой войны, когда Ленин был арестован в Австро-Венгрии, пришла телеграмма из Берлина, он был освобожден, и ему было разрешено проехать в Швейцарию. В 1917-м году, Германия организовала проезд большевиков через свою территорию в Россию. Благодаря поражению Германии многие факты, относящиеся к этой истории стали доступны в мемуарах немецких дипломатов и шпионов и из Германских архивов.

Даже обычно более спорный вопрос о «немецких деньгах» сейчас разрешен. Профессор Гарвардского университета Ричард Пайпс, в своей книге *Русская революция: 1899-1919*, вышедшей в 1992-м году, выводит на свет множество документов о германской финансовой поддержке большевикам. В частности он делает следующую оценку. «Общее количество денег, переведенных Германией большевикам в 1917-18 — чтобы сначала

---

[610] Law: Hewgley (1).

[611] Philosophy: Foucault (1978), p. 93; see also: Gutting (2007), Turner (2000)(1), Ritzer (2000), Critchley (1998), McNeill (1998), Cottingham (2003), Cahoone (2003), Falzon (2013), and McWhorter (1999).

[612] Philosophy: Gutting (2007), p. 109; see also: Critchley (1998), McNeill (1998), and Cahoone (2003).

4.2 The Train is Picking up the Speed. Early Years

помочь им взять власть, а потом сохранить ее — была оценена Эдуардом Бернштейном, имевшим хорошие связи в германском правительстве, в «более чем 50 миллионов немецких марок золотом» (от 6 то 10 миллионов долларов, которые в то время означали более девяти тонн золота).«[613] Чтобы понять величину этой суммы, мы можем использовать цену золота от 14 декабря 2015-го года, когда она составляла 34.2 доллара за грам. Это означает, что 9 тонн золота в сегодняшних ценах эквивалентны более чем 300 миллионам долларов. Причина этой скрытой подрывной деятельности была проста. «Немцы имели свои планы для российских радикалов. Война шла плохо, и они осознали, что их единственный шанс ее выиграть заключался в том, чтобы разбить вражеский союз, предпочтительно выведя Россию из войны»[614]

Аналогично, когда-нибудь будет интересно читать американские архивы, относящиеся к национальной безопасности и внешней политики и проливающие свет на обращение с иммигрантами из СССР во время холодной войны. [PX=10; OPX=9]

203

"He knows the system."
«Он знает систему».
[PX=10]
PERIOD: Summer of 1985, June — August, after I handed over $5,000.
FRQ: Once.
EMOTION: Calmly.
CONTEXT: From a person apparently conducting foot surveillance.
Говорит человек, осуществляющий «хвост» за мной. [PX=10; OPX=3]

204

"While I can't condone manipulation of government assistance programs, I can understand the immigrants."
«Тогда как мне не нравится манипуляция правительственными программами помощи, я также понимаю иммигрантов».
[PX=10]
PERIOD: 2001-2012.
FRQ: Once.
EMOTION: Seriously.
CONTEXT: J.L.A. weighs in.
J.L.A. вставляет слово. [PX=10]
METACONTEXT-J.L.A.: Many of the immigrants must have faced challenges in providing for their loved ones and establishing themselves in a new world. Given the opportunity to facilitate the process and cut through the red tape our legal system is infamous for (particularly in the New York area), few can really be blamed for wanting jump at the chance.

---

[613] History: Pipes (1992), p. 411.
[614] Ibid., p. 389.

4.2 The Train is Picking up the Speed. Early Years

Многие иммигранты должны преодолевать трудности, добывая средства к существованию для своей семьи и становясь на ноги в новом мире. Получив возможность ускорить этот процесс и пробиться через нашу печально известную бюрократию (особенно в районе Нью-Йорка), многие захотели бы использовать такой шанс. [PX=10]

205

"We are paying him so much money, and I am sure that he will not be thankful for it."

«Мы платим ему столько много денег, и я уверен — он не будет благодарен за них».

[PX=10]

PERIOD: Fall of 1985, September — October.

FRQ: Once.

EMOTION: Envy and greed.

CONTEXT: It is being said by one of those who hate me. Interesting: either I earn my money or it is given to me (to which I have not given my consent). I also have never traded money for the right to invade my privacy. Should I be thankful? — Why should I? The more I am humiliated, the more thanks are required. All this suddenly reminds me of conversations that occurred across the ocean where everybody was supposed to be thankful from childhood till death. True thankfulness is not measured by money exchanged for the right for hatred.

Говорит один из ненавидящих. Интересно: или я зарабатываю свои деньги, или их мне дают (на что я не соглашался). Я так же не просил никогда денег взамен на право вторгаться в мою жизнь. Я должен быть благодарен? — Почему я должен быть благодарен за эти унижения? Чем больше унижают, тем больше требуют благодарностей. Все это мне вдруг напомнило разговоры через океан, где каждый «должен быть благодарен» с детства до гробовой доски. Истинная благодарность не есть деньги, обмененные на «право ненависти». [PX=5; OPX=4]

206 From the Parallel Universe

"He has been a homosexual since his school years."

«Он был гомосексуалистом со школьных лет».

[PX=10]

PERIOD: Summer — fall of 1985, June — October.

FRQ: Once.

EMOTION: Discovery.

CONTEXT: My school friend Sasha Abramzon sent me a letter that was started with the words: "Sweet Sasha[615]!" These people are sexual maniacs and poor souls who do not know a real friendship and try to explain everything with sex. My friends in the Soviet Union are depicted as homosexual lovers. The fact that a man has sent letters over so many years could not be explained by anything else.

Мой школьный друг Саша Абрамзон прислал письмо, начинающееся

---

[615] Russian diminutive for Alexander.

4.2 The Train is Picking up the Speed. Early Years

словами: «Милый Саша!» Сексуальные маньяки и нищие души, не ведающие истинной дружбы, все стараются объяснять сексом. Все мои друзья из Союза превратились в гомосексуальных любовников. То, что человек пишет столько лет письма, ничем другим не объяснимо. [PX=5; OPX=3]

207

"This can't be simply because two guys are friends and correspond. More likely because there's this strong pressure for guys to act all macho — anything less and they're open to ridicule."

«Это не может быть просто потому, что два парня друзья и переписываются. Более вероятно потому, что существует сильное давление на парней действовать подчеркнуто по-мужски — все другое подвергается осмеянию». [PX=10]

PERIOD: 2001-2012.

FRQ: Once.

EMOTION: Seriously.

CONTEXT: J.A.A. comments.

     Комментирует J.A.A. [PX=10]

METACONTEXT-J.A.A.: Even acting too macho will be taken as evidence that "thou dost protest too much." You can't win if they don't like you.

     Даже если вы действуете слишком по-мужски, это будет воспринято как свидетельство «обратного». Вы не можете выиграть, если они не любят вас. [PX=10]

208

"My American life started as a withdrawn and quiet one and what I missed most in the first few years of this life were the good friends I left behind in the Soviet Union."

«Я начал свою американскую жизнь как замкнутый и тихий человек, и больше всего в первые несколько лет я скучал по хорошим друзьям, которых я оставил в Советском Союзе».

[PX=10]

PERIOD: 1981-1987.

FRQ: Once.

EMOTION: Seriously.

CONTEXT: This sudden social vacuum caused a special kind of suffering. I tried to compensate for it by engaging in correspondence with my old friends in the U.S.S.R. An acute sense of the value of friendship gravitated me towards Epicureanism.

     For Epicurus, "in ethics, the basic concepts are the identification of good with pleasure and of the supreme good and ultimate end with the absence of pain from the body and the soul — a limit beyond which pleasure does not grow but changes; the reduction of every human relation to the principle of utility, which finds its highest expression in friendship, in which it is at the same time surmounted; and, in accordance with this end, the limitation of all desire and the practice of the virtues, from which pleasure is inseparable, and a withdrawn and

270

4.2 The Train is Picking up the Speed. Early Years

quiet life.

In principle, Epicurus' ethic of pleasure is the exact opposite of the Stoic's ethic of duty. The consequences, however, are the same: in the end, the Epicurean is forced to live with the same temperance and justice as the Stoic."[616]

Stoicism is "a school of philosophy in Greco-Roman antiquity that stressed duty and held that, through reason, man can come to regard the universe (both physical and moral) as governed by fate and, despite appearances, as fundamentally rational; that in the regulation of his life, he can thus emulate the grandeur of the calm and order of the universe by learning to accept events with a stern and tranquil mind (apathy) and to achieve a lofty moral worth; and that, in contrast to the Epicurean view, man, as a world citizen, is obliged to play active role in public affairs."[617]

Этот внезапный социальный вакуум вызывал особого рода страдания. Я пытался компенсировать их корреспонденцией со старыми друзьями в СССР. Острое понимание значения дружбы заставило оценить эпикуреизм.

Для Эпикура «основные понятия этики заключаются в определении добра как удовольствия и наивысшего добра и конечной ценности в отсутствии телесной и душевной боли — предела, за которым удовольствие не возрастает, а изменяется; низведении каждого человеческого взаимоотношения к принципу полезности, который находит свое наивысшее выражение в дружбе; и, в соответствии с этим конечным принципом, ограничение всех желаний и практика добродетели, от которых удовольствие неотделимо, и замкнутая и тихая жизнь.

В целом, этика удовольствия Эпикура есть полная противоположность стоической этики обязанностей. Выводы, однако, те же: в конечном итоге эпикуреец должен жить с тем же темпераментом и пониманием справедливости, что и стоик».[618]

Стоицизм есть «школа философии в греко-римской античности, которая ставила ударение на обязанности и утверждала, что через разум человек может прийти к тому, чтобы полагать, что вселенная (как физическая, так и моральная) управляется судьбой и, несмотря на то, как это может казаться, в основе своей рациональна; что, управляя своей жизнью, он может подражать величию спокойствия и порядка вселенной, и научаться принимать события с твердым и спокойным умом и достигать высокого морального уровня; и что, по контрасту с взглядами эпикурейцев, человек, как гражданин мира, обязан играть активную роль в общественных делах».[619]
[PX=10]

---

[616] Reference: Encyclopedia Britannica (1983)(1), v. 6, p. 911; see also: Philosophy: Warren (2009) and Gill (2006).

[617] Reference: Encyclopedia Britannica (1983)(2), v. IX, p. 580; see also: Philosophy: Inwood (2009) and Gill (2006).

[618] Reference: Encyclopedia Britannica (1983)(1), v. 6, p. 911; see also: Philosophy: Warren (2009) and Gill (2006).

[619] Reference: Encyclopedia Britannica (1983)(2), v. IX, p. 580; see also: Philosophy: Inwood (2009) and Gill (2006).

4.2 The Train is Picking up the Speed. Early Years

209 From the Parallel Universe
"AIDS."
«СПИД».
[PX=10]
PERIOD: Fall of 1985, September — October.
FRQ: Once.
EMOTION: Destroy him.
CONTEXT: This first use of this word with regard to me I cite with some uncertainty. During the following events this word has become pronounced more often. With it has revived the theme of homosexuality.

Этот первый пример применения этого слова по отношению ко мне я привожу с некоторой неуверенностью. В дальнейшем это слово зазвучало все чаще. С ним ожила тема гомосексуализма. [PX=2; OPX=1]

METACONTEXT-A: So the epidemic broadens its scope. With such an attitude, it is possible to observe and it is not difficult to imagine the magnitude of moral problems in the society at large.

Итак, эпидемия расширяет свои границы. С тем подходом к делу, который приходится наблюдать, не трудно представить себе масштабы моральных проблем в обществе. [PX=5]

METACONTEXT-H: It seems that "thanks" will be required.

Надо полагать с меня потребуют «благодарности». [PX=3]

210
"He has dirty eyes."
«У него «грязные» глаза».
[PX=10]
PERIOD: Fall of 1985, September — October.
FRQ: Once.
EMOTION: Anger.
CONTEXT: Do not smile at a beautiful girl.

Не улыбайся красивой девочке. [PX=9; OPX=6]

METACONTEXT-A: Free associations lead me to the article "Hi, Spy" in *The New York Times*: "It was the Russians who first applied the name of that feathered creature (*lastochka* in Russian) to certain female intelligence agents. Specifically, a swallow is an agent that seeks sexual contact with targeted individuals in order to gain access to information. The term for these modern Mata Haris began to gain popularity in the West in the 1960's."[620]

Свободные ассоциации привели меня к статье «Привет, шпион» в *Нью-Йорк Таймс*: «Русские были первыми, кто использовал имя «ласточка» по отношению к определенного рода разведывательным агентам. Более точно, это агент, который ищет сексуального контакта с обозначенным индивидуумом для того, чтобы получить доступ к информации. Этот термин по отношению к современным Мата Харис начал получать популярность на

---

[620] Law: *The New York Times Magazine* (July 26, 1987).

4.2 The Train is Picking up the Speed. Early Years

Западе в 1960-х годах».[621] [PX=5]

METACONTEXT-H: At the time I did not have a clue about the "intelligence side." I was a rather ordinary young man — admittedly not quite a modern one.

В то время я не имел представления о «разведывательной стороне». Я был довольно обыкновенным молодым человеком — допустим не очень современным. [PX=5]

211

"Men often stare at women. Because of this, if someone smiles, we often react cynically."

«Мужчины часто пристально смотрят на женщин. Из-за этого, если кто-то улыбается, мы часто реагируем цинично».

[PX=10]
PERIOD: 2001-2012.
FRQ: Once.
EMOTION: Seriously.
CONTEXT: J.A.A. tries to rationalize.

J.A.A. пытается уловить рациональное зерно. [PX=10]

212

"There is also another, less obvious aspect of this: any society punishes deviation from the statistically average behavior, even if conformity with the average means certain sins and even if the particular 'deviation' in question is in compliance with the supposed moral norms of that society."

«Есть также другой, менее очевидный аспект: любое общество наказывает отклонения от статистически среднего поведения, даже если конформизм по отношению к этому среднему означает определенные грехи и даже если это конкретное «отклонение» есть соблюдение предположительных моральных норм общества».

[PX=10]
PERIOD: 2001-2012.
FRQ: Once.
EMOTION: Seriously.
CONTEXT: French philosopher Jean Baudrillard admiringly says that America is the most conformist society in the world[622]. But this is another way to say that the sociological punishment for non-conformism is especially severe in America, no matter the substance of "deviation."

Французский философ Жан Бодрилар с восхищением говорит, что Америка — самое конформистское общество на свете[623]. Но это то же самое, что сказать, что социологическое наказание за нонконформизм особенно жестоко в Америке, вне зависимости от природы «отклонения». [PX=10;

---

[621] Law: *The New York Times Magazine* (July 26, 1987).

[622] Philosophy: Baudrillard (2000); see also: Critchley (1998), McNeill (1998), Turner (2000)(1), Ritzer (2000), and Cahoone (2003).

[623] Philosophy: Baudrillard (2000); see also: Critchley (1998), McNeill (1998), Turner (2000)(1), Ritzer (2000), and Cahoone (2003).

4.2 The Train is Picking up the Speed. Early Years

OPX=9]

213
"Deaf."
«Немой».
[PX=5]
PERIOD: 1985-1987.
FRQ: From time to time.
EMOTION: Usually — disdainful.
CONTEXT: That is, not saying something that is written on one's own face, incommunicable. Why say it if it is written on one's face anyway and everybody knows already?

    Т. е. не говорящий того, что у самого на лице написано. Зачем же говорить то, что и так написано? [PX=9; OPX=5]

METACONTEXT-H: Why would one person say how beautiful is the rain when another would like to be silent so that it would be possible to hear how the drops of rain are falling from the roof? As the Soviet poet Bulat Okudzhava says in one of his songs: "How much kindness is in a silence."[624]

    Почему один человек будет говорить о том как красив шум дождя, когда другой захочет, чтобы была тишина и было только слышно, как падают капли с крыши? «Как много доброты есть в молчании».[625] [PX=10; OPX=9]

METACONTEXT-P: Why not say: "I love you"? — "It is vulgar," I thought. [PX=10; OPX=9]

214 From the Parallel Universe
"Jesus."
[PX=8]
PERIOD: Fall of 1985 — the first half of 1986, September 1985 — 1986.
FRQ: The start of the whole series; apogee in the beginning, then has been subsiding.
EMOTION: Sincere and not very.
CONTEXT: Foolishness and banality. I am afraid to hurt feelings of those people who invented this. Somebody probably wanted to help me. He or she did not take into account one small thing — that this was not true. [PX=9; OPX=1]

215
"They can say 'Jesus' to any incredible, or significant, or emotional event."
[PX=8]
PERIOD: 2001-2012.
FRQ: Once.
EMOTION: Seriously.
CONTEXT: J.A.A. reasons. [PX=10]
METACONTEXT-J.A.A.: Consider this:

---

[624] Literature: Okudzhava (1989).
[625] Literature: Okudzhava (1989).

4.2 The Train is Picking up the Speed. Early Years

—   "I just saw a squirrel carrying a whole bagel up a tree!"
—   "Jesus!"
Or:
—   "I just found out my grandfather's dying..."
—   "Jeez..."
It can be quite inscrutable. [PX=10]

216
"Most probably. But also from the 'theory of psychological operations:' when they think that there is a need to control you and that you are dying, they tell you 'Jesus.'"
[PX=8]
PERIOD: 2001-2012.
FRQ: Once.
EMOTION: Seriously.
CONTEXT: It is just a thought. [PX=10]
METACONTEXT-A: According to media reports, during Gorbachev's trips to Germany, people on the streets near the route of his travels were saying "Jesus Christ" in German. [PX=10]
METACONTEXT-H: Over many year I have several times witnessed in America conversations along the following lines:
"—   God.
—   I do not like calling him god.
—   It is OK. It is a normal procedure."
Apparently, calling somebody "god" is from the handbook of psychological operations (PSYOPs).[626] [PX=10]

217
"Don't worry, you will kick him out half-a-year or year from now."
«Не беспокойтесь, вы вышвырните его через полгода, год».
[PX=10]
PERIOD: Fall of 1985, September — October.
FRQ: With variations — often.
EMOTION: Calming.
CONTEXT: I understand — I am being passed further along.

At that time appeared the phrase: "Weather-man." It was especially frequent in the beginning, but had its echoes long time after. The circus started from nothing. When "they" discussed plans of my public castration, there happened to be hurricane in New York area. The hurricane manifested itself in the fact that one day there was a strong wind. Somebody connected that with me. And before the wind subsided, my well-wishers have started to use this image. Of course, it is good if you have well-wishers, but is it good if during several months it is raining only by the movement of your ring-finger?

---

[626] Military: Barnett (1989), Radvanyi (1990), Goldstein (1996), Paddock (2002), Zacharias (2003), Mandel (2004).

4.2 The Train is Picking up the Speed. Early Years

Я понимаю — меня пасуют дальше.

В это время датируется появление фразы: «Человек-погода». Она была особенно часта в употреблении в начале, но ее эхо можно было найти и много позднее. Цирк начался с пустяка. Когда «они» обсуждали планы моей публичной кастрации, в районе Нью-Йорка случился ураган. Этот ураган проявился в том, что один день был сильный ветер. Кто-то соединил это с моей персоной. И прежде, чем ветер спал, мои доброжелатели стали использовать этот образ. Конечно, хорошо, когда у вас есть доброжелатели, но хорошо ли если несколько месяцев дождь идет только по мановению вашего безымянного пальца? [PX=7; OPX=6]

METACONTEXT-A: Providence saved me from even from a slightest potential of committing a mortal sin. Remember Marcus Aurelius *Meditations*: "All that is from the gods is full of Providence."[627]

Here, however, if we assume a not quite voluntary nature of the result, lies a problem. It can be formulated as the one of autonomy and coercion.

Benedict (Baruch) de Spinoza said that "the Philosophers... follow virtue not as a law, but from love, because it is the best thing."[628]

"Kantianism holds that morality is a system of absolute, universally binding moral laws that come from a universal reason (pure practical reason) and that can be applied to concrete cases to give us moral guidance."[629] "The central question around which Kant arranges his discussion of ethics is 'What ought I do?'"[630] At the same time Immanuel Kant argued that true morality is possible only under the conditions of complete autonomy.[631] (The coerced "ethics" of a concentration camp would not pass as a morality, for example.) In short, Kant thought that even if somebody is making a mistake, you have to respect it. Choice is what makes one's dignity.

As Georg W. F. Hegel develops Kant's idea in the *Phenomenology of Spirit*,[632] "Tragic conflicts are not simply the result of fate in the classical sense, but are inevitable consequence of tensions within the modern conception of freedom or autonomy itself."[633]

"It must nonetheless be conceded that Kant's account of morality (and hence fully autonomous conduct) does make greater demands on individuals than

---

[627] Philosophy: Aurelius (1993), p. 242; see also: Long (1999)(1).

[628] Philosophy: Spinoza (1966), p. 19; see also: Spinoza (1993), Melamed (2021), Garrett (2008), Koistinen (2009), Rutherford (2006), Nadler (2002), Morgan (2007), Frank (2003), Bunnin (1996), Emmanuel (2002), and Lloyd (1999).

[629] Philosophy: Bechtel (1998), p. 691; see also: Guttenplan (1997), Lycan (2003), Cummins (2000), Bunnin (1996), Emmanuel (2002), and Shand (2019).

[630] Philosophy: Singer (1997), p. 176; see also: Shafer-Landau (2007)(1) and (2), Bunnin (1996), Emmanuel (2002), LaFollette (2004), Davis (2014), and Shand (2019).

[631] Philosophy: Kant (1960); see also: Bird (2006), Guyer (2006), (2008), and (2010), Rutherford (2006), Critchley (1998), McNeill (1998), Ameriks (2008), Kim (1997), (1999), and (2009), Bunnin (1996), Emmanuel (2002), Meerbote (1999), and Shand (2019).

[632] Philosophy: Hegel (1977); see also: Beiser (2008)(1) and (2), Critchley (1998), McNeill (1998), Ameriks (2008), Kim (1997), (1999), and (2009), Bunnin (1996), Emmanuel (2002), Houlgate (2011), Rockmore (1999), James (2016), and Shand (2019).

[633] Philosophy: Baynes (2007).

4.2 The Train is Picking up the Speed. Early Years

do more popular accounts of morality. However, this only counts decisively against Kant's view if the demands of morality can be shown either to be humanly impossible or so to alter other centrally important interpersonal relations that it becomes unreasonable to expect general compliance."[634] The verdict on that question seems to be and is still out.

Joseph Raz uses the concept of autonomy to consider the question of legitimacy of coercion. He wants to derive principles that will determine what kinds of behavior the society may seek to limit. Like Mill, he believes that harm to others (the harm principle) is the only legitimate reason for justifying social sanctions. "Unlike Mill[635], Raz does not seek to derive the harm principle from utilitarian considerations. Instead he believes it is derivable from the principle of autonomy. He defines autonomous persons as 'those who can shape their life and determine its course ... creators of their own moral world'[636]. There are certain conditions which are necessary for a person to be autonomous — adequate options, sufficient mental abilities, and freedom from coercion and manipulation. Finally, Raz interprets autonomy so that its value is dependent on being directed at good options. A person may be autonomous even if he pursues what is bad, but his autonomy only has value if he chooses the good."[637]

Провидение спасло меня от совершения смертного греха. Помните *Размышления* Марка Аврелия : «Все, что от богов, полно Провидением».[638]

Здесь, однако, если мы учтем не вполне добровольный характер результата, лежит проблема. Она может быть сформулирована как проблема автономии и принуждения.

Бенедикт Спиноза говорил, что «философы... следуют добродетели как закону, но из любви, поскольку так лучше всего».[639]

«Кантианство полагает, что мораль есть система абсолютных, универсальных моральных законов, которые происходят из всеобщего разума (чистого практического разума) и которые могут быть применены к конкретным случаям как моральная направляющая».[640] «Центральный вопрос, вокруг которого кантианство организует это обсуждение этики, есть «Что я должен делать?»»[641] В то же время Иммануил Кант аргументирует, что настоящая мораль возможна только при условии полной автономии.[642]

---

[634] Ibid., p. 561.

[635] Philosophy: Skorupski (1998).

[636] Philosophy: Raz (1986), p. 154.

[637] Philosophy: Goodin (2007), p. 446; see also: Goodin (1997).

[638] Philosophy: Aurelius (1993), p. 242; see also: Long (1999)(1).

[639] Philosophy: Spinoza (1966), p. 19; see also: Spinoza (1993), Melamed (2021), Garrett (2008), Koistinen (2009), Rutherford (2006), Nadler (2002), Morgan (2007), Frank (2003), Bunnin (1996), Emmanuel (2002), and Lloyd (1999).

[640] Philosophy: Bechtel (1998), p. 691; see also: Guttenplan (1997), Lycan (2003), Cummins (2000), Bunnin (1996), Emmanuel (2002), and Shand (2019).

[641] Philosophy: Singer (1997), p. 176; see also: Shafer-Landau (2007)(1) and (2), Bunnin (1996), Emmanuel (2002), LaFollette (2004), Davis (2014), and Shand (2019).

[642] Philosophy: Kant (1960); see also: Bird (2006), Guyer (2006), (2008), and (2010), Rutherford (2006), Critchley (1998), McNeill (1998), Ameriks (2008), Kim (1997), (1999), and (2009), Bunnin (1996), Emmanuel (2002), Meerbote (1999), and Shand (2019).

4.2 The Train is Picking up the Speed. Early Years

(Принудительная этика концлагеря, например, не может считаться моралью.) Короче, Кант думал, что даже если кто-то совершает ошибку, вы должны уважать это. Выбор это то, что составляет достоинство человека.

Георг Гегель развил идею Канта в *Феноменологии духа*,[643] «Трагические конфликты не являются просто результатом судьбы в классическом смысле, но последствиями трений внутри современных понятий свободы или самой автономии».[644]

«Нужно, однако, признать, что концепция морали Канта (и, следовательно, его понятие автономного поведения) возлагает большую ответственность на индивидуумов, чем более популярные теории морали. Однако это может считаться серьезным аргументом против точки зрения Канта только если требования морали либо находятся в пределах человеческих возможностей, либо такие требования должны быть модифицированы, чтобы ослабить неразумное требование, чтобы все их соблюдали».[645] «Решение жюри» по этому вопросу представляется еще не сформулированным.

Джозеф Рац использует понятие автономии для рассмотрения вопроса о законности принуждения. Он хочет вывести принципы, которые бы определили, какого рода поведение общество может пытаться ограничить. Как и Милль он считает, что ущерб другим есть единственный законный довод, оправдывающий общественную санкцию. «В отличие от Милля[646], Рац не пытается вывести принцип ущерба из утилитарных соображений. Вместо этого он считает, что этот принцип может быть выведен из принципа автономии. Он определяет автономные личности как «те, которые могут направлять свою жизнь… и быть создателями своего морального мира»[647]. Существуют определенные условия, которые необходимы для того, чтобы человек был автономным — достаточный выбор, умственные способности и свобода от принуждения и манипуляции. В конечном итоге Рац интерпретирует автономию как такую ценность, которая зависит от возможности направить ее на хороший выбор. Человек может быть автономным, даже если он преследует плохие цели, но его автономия имеет ценность, только если он делает хороший выбор».[648] [PX=10; OPX=9]

218
"So it goes."
«Так это продолжается».
[PX=10]
PERIOD: 2001-2012.
FRQ: Once.

---

[643] Philosophy: Hegel (1977); see also: Beiser (2008)(1) and (2), Critchley (1998), McNeill (1998), Ameriks (2008), Kim (1997), (1999), and (2009), Bunnin (1996), Emmanuel (2002), Houlgate (2011), Rockmore (1999), and Shand (2019).

[644] Philosophy: Baynes (2007).

[645] Ibid., p. 561.

[646] Philosophy: Skorupski (1998).

[647] Philosophy: Raz (1986), p. 154.

[648] Philosophy: Goodin (2007), p. 446; see also: Goodin (1997).

4.2 The Train is Picking up the Speed. Early Years

EMOTION: Compassion.
CONTEXT: J.A.A. sighs.
        J.A.A. вздыхает. [PX=10]

219
"There isn't cost for love, only the life, the life, the life…"
«Для любви не названа цена,
Лишь только жизнь одна,
Жизнь одна, жизнь одна».
[PX=10]
PERIOD: 2001-2012.
FRQ: Once.
EMOTION: Seriously.
CONTEXT: In the rock-opera *Junona and Avos* of Russian composer Alexey Rybnikov, poetry by Andrei Voznesensky, there is the song:

> White dog rose, wild dog rose
> Is more beautiful than roses from garden
> Young lover brought the white branch
> To Lord's wife.

Chorus:
> There isn't cost for love
> Only the life, the life, the life…[649]

But the life goes on. Anton Chekhov's *Uncle Vania* comes to mind: "We shall go on living… We shall live through a long, long succession of days and tedious evenings. We shall patiently suffer the trials which Fate imposes on us; we shall work for others, now and in our old age, and we shall have no rest. When our time comes we shall die submissively, and over there, beyond the grave, we shall say that we've suffered, that we've wept, that we've had a bitter life, and God will take pity on us."[650]

В рок-опере *Юнона и Авось* композитора Алексея Рыбникова, на стихи Андрея Вознесенского есть песня:

> Белый шиповник, дикий шиповник
> Краше садовых роз
> Белую ветку, юный любовник
> Графской жене принес.

Припев:

---

[649]   Taken   from   http://lyricstranslate.com/en/beliy-shipovnik-belyi-shchipovnik-white-dog-rose.html#songtranslation#ixzz3gNBPSv90. (In the Russian opera version of the song there are also the words about "Those who spied on them.")
[650] Literature: Chekhov (1993), p. 225.

279

4.2 The Train is Picking up the Speed. Early Years

Для любви не названа цена,
Лишь только жизнь одна,
Жизнь одна, жизнь одна.[651]

Но жизнь продолжается. Приходят на ум слова из *Дяди Вани* Антона Павловича Чехова: «Мы, … будем жить. Проживем длинный-длинный ряд дней, долгих вечеров; будем терпеливо сносить испытания, какие пошлет нам судьба; будем трудиться для других и теперь, и в старости, не зная покоя, а когда наступит наш час, мы покорно умрем и там за гробом мы скажем, что мы страдали, что мы плакали, что нам было горько, и Бог сжалится над нами».[652] [PX=10]

METACONTEXT-P: In the final analysis, I would say that main psychological reasons for me writing slogans and distributing leaflets in the Soviet Union were those already described in the section "Early Background". But on the margins, there could be also other, more sub-conscious reasons.

My father and grandfather on father's side were remarkable and very good men in many important respects, but they were street smart with regards to sex and had sexual experiences outside of marriage. My grandmother used to tell stories about sexual adventures of my grandfather. My father had several lovers during his life time, one of them no other than in the family of the head of Sverdlovsk Regional KGB. My father had a relationship with a pretty wife of the brother of the regional KGB boss — the relationship, which had been in full bloom when I was busy writing slogans like "Down with the KGB" on the walls of Sverdlovsk. I probably have a half-brother or half-sister who was born just before my arrest (I do not remember if the baby was a boy or girl). The lover of my father — unexpectedly and to her credit — had maintained this relationship after my open collision with the KGB even at the expense of her marriage — she divorced after the end of my prison term and was quite good towards me. That situation had continued until we immigrated to America.

My grandmother on father's side and my mother were decent enough not to have any sex outside of marriage. This sets the stage for some interesting psychoanalysis. Obviously, my father was a male role model for me. But the transgressions of my father had its emotional cost on my mother. Unsurprisingly from the point of view of Freudian psychoanalysis I sympathized with the feelings of my mother and she was a moral example for me as a boy. By the time of my school our family was more receptive to some advanced ethical ideas. I was a home-bound teenager and received very proper sexual education. A couple of my closest friends in the Soviet Union were very serious religious and ethical thinkers, one from Jewish tradition, my schoolfriend Sasha Abramzon, and another from Christian one with some Muslim ancestors, my university and post-imprisonment friend Sergey Gladkov. The most adequate context for my infatuation described in

---

[651]   Taken   from   http://lyricstranslate.com/en/beliy-shipovnik-belyi-shchipovnik-white-dog-rose.html#songtranslation#ixzz3gNBPSv90. (In the Russian opera version of the song there are also the words about "Those who spied on them.")
[652] Literature: Chekhov (1993), p. 225.

4.2 The Train is Picking up the Speed. Early Years

the last Folklore Units would be my gradual decompensation under stressful conditions of the first years in America.

In two years, in 1987, when I returned to New York City, it was a different place, and that was painful. On the whole, it was basically a neurotic experience with an imaginary girl-friend which finished with a classical neurotic break-down. There are no parallels in other periods of my life when I was more normal.

Подводя итог, должен сказать, что главные психологические причины написания мною лозунгов и распространения листовок в Советском Союзе были уже описаны в разделе «Ранние годы». Но в небольшой степени могли быть также другие, более подсознательные причины.

Мой отец и дед были замечательными и очень хорошими людьми во многих важных отношениях, но они не пропускали своего в отношении секса и имели любовные похождения за пределами семьи. Моя бабушка рассказывала истории о сексуальных приключениях моего дедушки. У моего отца было несколько любовниц в течение его жизни, одна из них была не иначе как из семьи главы Свердловского областного КГБ. Мой отец имел отношения с красивой женой брата начальника областного КГБ — отношения, которые были в самом разгаре тогда, когда я бегал по Свердловску с написаниями лозунгов «Долой КГБ — Советское гестапо!». У меня, по всей вероятности, есть брат или сестра, который или которая были рождены накануне моего ареста (не помню, был ли это мальчик или девочка). Неожиданно любовница моего отца — и это описывает ее с лучшей стороны, — поддерживала эти отношения даже после моего открытого столкновения с КГБ и в ущерб своему замужеству — она развелась после окончания моего тюремного срока и была очень добра по отношению ко мне. Эта ситуация продолжалась до нашей эмиграции в Америку.

Моя бабушка с отцовской стороны и моя мама были очень порядочными и не позволяли себе никаких сексуальных похождений за пределами семьи. Это создает условия для интересного психоанализа. Очевидно, мой отец был образцом мужского поведения для меня. Но прегрешения моего отца вызывали эмоциональные переживания моей мамы. Неудивительно с точки зрения фрейдистского психоанализа, что я симпатизировал моей маме, и что она была для меня была примером морального поведения. К тому времени, когда я учился в школе, наша семья вполне созрела для восприятия некоторых важных этических идей. Я был домашним ребенком и получил чрезвычайно правильное сексуальное образование. Двое из моих ближайших друзей в Советском Союзе очень серьезно относились к религии и этике, один в иудейской традиции, мой школьный друг Саша Абрамзон, и другой в христианской традиции с некоторым мусульманским влиянием, мой друг по университету и по событиям после моего тюремного заключения Сергей Гладков. Наиболее верный контекст для моего увлечения, описанного в последней Фольклорной единице, была моя постепенная декомпенсация под воздействием стресса первых лет в Америке.

4.2 The Train is Picking up the Speed. Early Years

Когда через два года, в 1987-м, я вернулся в Нью-Йорк, то застал совсем другую ситуацию, и это было больно. В целом это был невротический опыт с воображаемой подругой, который закончился классическим невротическим срывом. В другие периоды моей жизни, когда я был более нормальным, ничего подобного у меня не возникало. [PX=10]
METACONTEXT-H: It is rather not so sad and is even for the better.

"Count M. S. Vorontsov, who had been raised in England until he was 20 years old, had an English style and he spoke with an English accent, he was reserved and perfect in the his external manners, he was proud, cold and had the manners of a ruler, as any of the sons of aristocratic Britain. The look of Vorontsov was surprising because it had the refinement of a lord. He was tall, thin, with remarkably noble lines of the face, as if made by a chisel, the look unusually calm, thin and long lips with always playing on them tenderly crafty smile. The more he hated a person, the friendlier he treated him; the more he dug the hole, into which he intended to throw his enemy, the more affably he had shaken his hand. A smartly calculated and long prepared blow reached his victim in the minute when he expected it the least."[653]   In his book about Pushkin's life Veresayev also describes that both Vorontsov and wife Vorontsov had lovers organized by all the rules of high society. There was Pushkin whom the wife had begun to use as a fake admirer. Nevertheless, Vorontsov cared enough about public morality to undertake the low, mean and throughout deceitful operation of removing Pushkin from the city.

Это все не так печально как кажется на первый взгляд и скорее к лучшему.

«В графе М. С. Воронцове, воспитанном в Англии чуть не до двадцатилетнего возраста, была «вся английская складка, и так же он сквозь зубы говорил», так же был сдержан и безукоризнен во внешних приемах своих, так же горд, холоден и властителен, как и любой из сыновей аристократической Британии. Наружность Воронцова поражала своим истинно-барским изяществом. Высокий, сухой, замечательно благородные черты, словно отточенные резцом, взгляд необыкновенно спокойный, тонкие, длинные губы с вечно игравшею на них ласково-коварною улыбкой. Чем ненавистнее был ему человек, тем приветливее обходился он с ним; чем глубже вырывалась им яма, в которую собирался он пихнуть своего недоброхота, тем дружелюбнее жал он его руку своей. Тонко рассчитанный и издалека заготовленный удар падал всегда на голову жертвы в ту минуту, когда она менее всего ожидала такового».[654]

В своей книге «Пушкин в жизни» Вересаев также описывает, что у обоих супругов Воронцовых были любовники, организованные по всем правилам света. Появился Пушкин, которого Воронцова стала держать в качестве подставного обожателя. Тем не менее Воронцов достаточно заботился о публичной морали, чтобы предпринять низкую, подлую и

---

[653] Literature: Markevich (1912), v. XI, p. 396-398.
[654] Literature: Markevich (1912), v. XI, p. 396-398.

4.2 The Train is Picking up the Speed. Early Years

насквозь лживую операцию по удалению Пушкина из города. [PX=0]

METACONTEXT-P: Was it love? Possibly — if you take into account Freud's note that certain meaning of what we ascribe as love is exactly "love as sexual attraction inhibited with regard to aim."

Была ли это любовь? Возможно — если вы возьмёте во внимание замечание Фрейда, что определенное значение, которое мы придаем понятию любовь, это как раз «любовь как сексуальное влечение, заторможенное в отношении цели». [PX=5]

4.3 The First Period of the Last Project

4.3   The First Period of the Last Project

220
"We are unhappy with this driver."
«Мы недовольны этим водителем».
[PX=7]
PERIOD: November 1985.
FRQ: Once.
EMOTION: Poisoned.
CONTEXT: It is the start of a project for Major Software Company. Along with a
group of several people from a consulting company, I have to redesign a system and
prepare a document, which will be the basis for program specifications. "We are
unhappy," — are the first words that I remember there. For myself, I know that this
project is decisive for me. I can improve my professional reputation only by doing a
good job.

Начало проекта в Большой Программистской Компании. В числе
нескольких человек от фирмы-подрядчика я должен переработать дизайн
системы и подготовить документ, на основе которого люди потом будут
писать спецификации программ. «Мы недовольны» — первые слова,
запомнившиеся мне на месте. Со своей стороны, я знаю, что этот проект для
меня решающий. Только сделав хорошую работу здесь, я могу надеяться
поправить свою профессиональную репутацию. [PX=8; OPX=6]

221
"Good thing we find ourselves in a meritocracy, huh?"
«Хорошо, что у нас людей ценят по достоинствам, не так ли?»
[PX=7]
PERIOD: 2001-2012.
FRQ: Once.
EMOTION: Seriously.
CONTEXT: J.A.A. finds a good side.

J.A.A. ищет хорошую сторону. [PX=10]

222 From the Parallel Universe
"He is stupid."
"He is dumb."
"He does not do his work."
«Он тупой».
«Он тупица».
«Он не делает своей работы».
[PX=8]
PERIOD: November 1985.
FRQ: Often.
EMOTION: Kick him out.
CONTEXT: "They" have made their inquiries and, seemingly not without the

4.3 The First Period of the Last Project

knowledge of somebody above, are hurrying to begin their "work." This sometimes means surprising things: not answering questions, delaying discussions for as long as possible, struggling to sidestep the rules when "the referee does not see it."

«Они» навели свои справки и, кажется, не без ведома кого-то свыше спешат включиться в «работу». Это означает порой поразительные вещи: не отвечать на вопросы, откладывать любой разговор «по делу» так долго, насколько это возможно, применять «силовую борьбу» вне правил, когда «рефери не видит». [PX=7; OPX=6]

223

"You must prove that you are not only the best person, but that you are five times better professionally than any of them."

«Вы должны доказать, что Вы не только хороший человек, но что Вы в пять раз лучший профессионал, чем любой из них».
[PX=10]
PERIOD: December 1985.
FRQ: Once.
EMOTION: Advice and warning.
CONTEXT: These are the first signs that the work stands silent on its own, and words that are often and loudly pronounced have their toll. I step on the gas after this conversation. There is more and more work. In December, we move closer to my job, into the Princeton area.

Первые признаки того, что работа сама по себе нема, а слова, повторяемые часто и громко, имеют свое действие. Увеличиваю обороты после разговора. Работы становится все больше. В декабре мы переезжаем ближе к моей работе, в окрестности Принстона. [PX=10; OPX=9]

METACONTEXT-P: My image as a "perfect fool" lingers from my previous job and interferes with my work.

Представление обо мне, как о «совершенном дурачке», перекочевало с прошлой компании и мешает работать. [PX=6]

224

"Women are told such things. So are minorities. So is anyone who's not the default."

«Такие вещи говорят женщинам. И меньшинствам. А также любому отличному от среднего».
[PX=10]
PERIOD: 2001-2012.
FRQ: Once.
EMOTION: Seriously.
CONTEXT: J.A.A. reflects on her experience.

J.A.A. раздумывает о своем собственном опыте. [PX=10]

METACONTEXT-J.A.A.: The positive thing, is that such prejudice can motivate people to excel.

На положительной стороне то, что такие вещи могут мотивировать людей работать лучше. [PX=10]

285

4.3 The First Period of the Last Project

225

"We must finish the Internal Design Document by... Any overtime is authorized."

«Вы должны закончить Внутренний Дизайн к … Любое сверхурочное время разрешается».

[PX=10]

PERIOD: Starting from November, during 2-3 months, November 1985 — February 1986.

FRQ: Often.

EMOTION: Pressure.

CONTEXT: Internal design was later followed by writing of program specifications, coding, testing of programs, etc. In the first phase, my qualifications are in doubt, there are discussions (behind my back) about my replacement. Because of this, I do not report overtime. It amounts to about 400 hours of unpaid overtime.

Внутренний Дизайн потом сменился писанием спецификаций программ, кодированием, отладкой, и т. п. В первый период мои квалификации под сомнением, обсуждаются (без моего ведома) вопросы о моей замене. Поэтому сверхурочные в этот период не пишу. Около 400 часов необъявленной работы. [PX=10; OPX=8]

226

"This seems to be common, at least with what I see with my peers."

«Это наверно обыкновенная вещь, по крайней мере, насколько я могу судить по своим сверстникам».

[PX=10]

PERIOD: 2001-2012.

FRQ: Once.

EMOTION: Seriously.

CONTEXT: J.A.A. observes.

J.A.A. отмечает. [PX=10]

METACONTEXT-J.A.A.: There's a strong reluctance to admit any difficulty (especially at the beginning) and I see my friends working themselves into the ground during their "spare time."

Существует сильное нежелание признаваться в любой трудности (особенно в начале), и я вижу как мои друзья работают на износ в свое «свободное время». [PX=10]

227

"This may be common in some fields but I doubt all."

«Это может быть обычным делом в определенных областях, но я сомневаюсь, что это так во всех».

[PX=10]

PERIOD: 2001-2012.

FRQ: Once.

EMOTION: Seriously.

4.3 The First Period of the Last Project

CONTEXT: J.L.A. doubts.

J.L.A. сомневается. [PX=10]

METACONTEXT-J.L.A.: The nature of the beast we tangle with determines the marks left on our souls.

Природа зверя, с которым мы боремся, определяет раны, которые он оставляет на нашей душе. [PX=10]

228

"You offended people."

«Вы нанесли оскорбление людям».

[PX=10]

PERIOD: New Year 1986, January 1986.

FRQ: Once.

EMOTION: Mixed.

CONTEXT: I work over the weekend before the New Year and finish my papers, which may become the foundation of the system design. The reaction of competitors was the most vicious. It seems that they have started to believe themselves what they have been saying about me, and because of this, they did not expect what I have done. They complain that I have gone too far ahead and even did a part of the work assigned to them. For some time they try to boycott me. But this already cannot worsen my situation much: they have almost boycotted me before. I am only sorry for the part of my work that they do not use. In any case my situation improves. My manager talks to me with mixed feelings because the publication of my proposal, it seems, saved him from removal.

Перед Новым годом работаю в уикенд и завершаю свои бумаги, которые могут послужить основой дизайна системы. Реакция «конкурентов» — самая яростная. Кажется, они сами поверили в то, что говорили обо мне, и потому сделанное застало их врасплох. Они жалуются, что я ушел слишком далеко вперед, что сделал часть работы, которая была отведена им. После этого некоторое время пытаются бойкотировать меня. Что уже не может что-либо сильно ухудшить: «почти бойкот» был и до того. Жаль только той части работы, которую они не использовали. В любом случае мое положение несколько поправляется. Менеджер говорит со мною со смешанными чувствами, потому что этой своей «публикацией» я, кажется, спас его от смещения. [PX=10; OPX=7]

METACONTEXT-H: Lucretius *The Way Things Are*:

> "At certain times of year earth needs the rain
> For happy harvest."[655]

О природе вещей Лукреция:

> «Определенные времена года нуждаются в дожде,
> Чтобы произвести хороший урожай».[656] [PX=10]

---

[655] Literature: Lucretius (1993), p. 3.
[656] Literature: Lucretius (1993), p. 3.

4.3 The First Period of the Last Project

229

"It's hard to strike a balance between performing well, even spectacularly, and being a 'team player.'"

«Трудно найти подходящий баланс между хорошей, и даже блестящей, работой и «игрой на команду»».

[PX=10]
PERIOD: 2001-2012.
FRQ: Once.
EMOTION: Seriously.
CONTEXT: J.A.A. in her wisdom.

J.A.A. проявляет мудрость. [PX=10]

METACONTEXT-J.A.A.: Unfortunately, it seems all too often, the latter is more highly valued.

К сожалению, очень часто последнее ценится больше. [PX=10]

230

"The project is mismanaged."

«Проект в плохих руках».

[PX=10]
PERIOD: Before the New Year 1986, December 1985.
FRQ: More than once.
EMOTION: Forceful.
CONTEXT: I will never know the details with certainty. There was a war between two managers, which involved others in its orbit. I did not like these intrigues and I was only indirectly their participant. (Scheming, informing, toadyism, coalition building, the predatory will for power, and the manipulation of other's opinions through malignant gossip — are all parts of the usual repertoire.) One was obvious — the party that wanted to take the place of my project manager was less sympathetic to me. I had no doubts that I would be dismissed if the coup-d'etat was successful. Immediately before the New Year, a concern was raised that the project was in danger because of incorrect man-power and time estimates. This was raised during a meeting held without the acting project manager. I did not at once understand the meaning of what was going on. My work was the only weapon of self-defense.

Деталей я никогда не буду знать с уверенностью. Была «война» двух начальников, завлекшая в свою орбиту и других. Мне эти интриги претили, и я оказался лишь косвенным их участником. (Подсиживание, наушничество, подхалимаж, коалиции, хищная воля к власти, манипуляция мнением других через злословие — обычный репертуар.) Одно было безусловно — партия, метившая на место существовавшего менеджера проекта, была менее симпатична. Я не сомневался, что меня «отстранят» в случае успеха «переворота». Как раз перед Новым годом вопрос был поставлен так, что проект под угрозой из-за неправильных оценок трудоемкости и сроков работы. Сделано это было на собрании без участия действовавшего менеджера. Я не сразу осознал смысл происходившего. Моя работа была единственным оружием самообороны. [PX=8; OPX=4]

4.3 The First Period of the Last Project

231

"I wonder how much of this was active threat and how much was simply their incompetence."

«Мне интересно насколько это была настоящая угроза и насколько просто их некомпетентность».

[PX=10]
PERIOD: 2001-2012.
FRQ: Once.
EMOTION: Seriously.
CONTEXT: J.A.A. from her experience.

Говорит J.A.A. из своего опыта. [PX=10]

232

"Did you see how much they did in one day?"

«Ты видел, как много они сделали в один день?»

[PX=10]
PERIOD: After the New Year, January 1986.
FRQ: Many times.
EMOTION: Appreciation.
CONTEXT: When my voluntary enemies saw the preparation for the design, which I had done, they became seriously anxious. Everybody who thought about coup-d'etats forgot about them. They saw a danger in me. And so the most obscene assemblage of "work" was accomplished of the entire duration of the project. On the day I took a comp day, they painted on big pieces of paper a set of diagrams. On these diagrams there were a lot of arrows leading nowhere, and nobody could get any information from these pictures. To this day, it has remained a mystery to me how they did not destroy my formalized pseudo-codes completely — such was the success of this exhibition. For a long time, when some manager was citing this day of outstanding labor as an example, I had not known what to say, waiting for smarter things from smart people.

Когда «мои добровольные противники» увидели после Нового года подготовку к дизайну, которую я сделал, они не на шутку встревожились. О переворотах все позабыли. Увидели опасность во мне. И предприняли величайшую за время проекта профанацию работы. Все произошло в тот день, когда я взял отгул, чтобы отдохнуть. С большой помпой с помощью нескольких цветных фломастеров, на больших ватманах они нарисовали серию «наглядных диаграмм». На этих диаграммах было много никуда не ведущих стрелок. Я не знаю никого, кто мог почерпнуть какую-нибудь информацию из этих картинок. До сих пор для меня остается загадкой, как они сумели мои формализованные псевдокоды не уничтожить полностью — таков был успех выставки. Еще долго, когда какой-нибудь менеджер приводил мне этот «день ударного труда» в качестве примера для подражания, я не знал, что ответить, ожидая более умных вещей от умных людей. [PX=7; OPX=4]

4.3 The First Period of the Last Project

233
"You should've left a pack of crayons and a coloring book to play with."
«Ты должен был оставить им коробку цветных карандашей и книжку для раскраски».
[PX=10]
PERIOD: 2001-2012.
FRQ: Once.
EMOTION: Seriously.
CONTEXT: J.A.A. loves crayons.
   J.A.A. любит цветные карандаши. [PX=10]
METACONTEXT-J.A.A.: People love busy flow charts. It makes them look more productive.
   Люди обожают цветные схемы. Это позволяет им выглядеть более производительными. [PX=10]

234 From the Parallel Universe
"He is crazy."
"He is mad."
"He is dying."
«Он сумасшедший».
«Он безумен».
«Он умирает».
[PX=3]
PERIOD: January — August 1986.
FRQ: Often, with increasing frequency.
EMOTION: Varying degrees of hostility.
CONTEXT: Whether it is said consciously or subconsciously is difficult to say. Independent from where the truth lies, the psychological pressure has not gone unnoticed. I had more work — and by the summer, I had acquired a tic that occurred more and more often (probably because of tiredness). This only fortified the opinion that "he is dying."
   Говорят ли это сознательно или подсознательно, трудно сказать. Независимо от того, где правда, психологическое давление не проходит бесследно. Работаю больше — и к лету у меня все чаще появляется тик (предположительно в связи с переутомлением). Что лишь укрепляет слух, что «он умирает». [PX=8; OPX=4]

235
"Wishful thinking?"
«Выдают желаемое за действительное?»
[PX=10]
PERIOD: 2001-2012.
FRQ: Once.
EMOTION: Seriously.
CONTEXT: J.A.A. is guessing.
   J.A.A. гадает. [PX=10]

4.3 The First Period of the Last Project

236

"He is one of these crazy guys sent here by Soviets to make trouble."

«Он один из этих сумасшедших, посланных сюда Советами, чтобы вызывать проблемы».

[PX=10]

PERIOD: January — February 1986.

FRQ: Once.

EMOTION: Laughing.

CONTEXT: A new man appeared. I do not see him yet, but I am already aware of what he is saying to the manager who accompanies him. This man demands to be described in more details. He is self-confident, he wants to show himself as a Russian specialist, talkative, Americanized to the bones, by all means — a monarchist (not a sympathetic type as sometimes shown in the movies, but a modern vulgar type).

Появился новый человек. Я его еще не вижу, но уже слышу, что он говорит менеджеру, сопровождающему его. Этот человек просится, чтобы его описанию было уделено внимание. Самоуверен, хочет показать себя за «русского специалиста», говорлив, насквозь американизирован, по всему — монархист (не из *Белой гвардии* Булгакова, а современно вульгарной породы). [PX=8; OPX=7]

237

"Sounds like he was trying to save his own skin by distancing himself from anyone less Americanized."

«Звучит так, как если бы он пытался отстоять свои позиции, устанавливая дистанцию от любых менее американизированных людей».

[PX=10]

PERIOD: 2001-2012.

FRQ: Once.

EMOTION: Seriously.

CONTEXT: J.A.A. evaluates this person.

J.A.A. оценивает этого человека. [PX=10]

METACONTEXT-J.A.A.: You'd think someone so Americanized wouldn't have to be at such pains to prove it. It's futile though: even Jess and I got called "commies" (jokingly?) in high school.

Мне казалось, что кто-либо столь американизированный не тратил бы столько усилий, чтобы доказать это. Это бесполезно, однако, даже Джессику и меня называли «коммунистами» (в шутку?) в школе. [PX=10]

238

"Let us go to drink some coffee."

«Пойдемте, попьем кофе».

[PX=10]

PERIOD: January or February 1986.

FRQ: Once.

4.3 The First Period of the Last Project

EMOTION: Pressure.
CONTEXT: All professional informers are the same. It takes a special type. In the first days my attitude toward him had been as to a fellow-countryman and I had unreservedly agreed to drink coffee together. I am trying to build bridges. I consider it my duty to have a good attitude.

Все профессиональные стукачи одинаковы. Особый тип. В первые дни отношусь к нему как к земляку и безропотно соглашаюсь «пить кофе». Пытаюсь навести мосты. Считаю обязанностью относиться хорошо. [PX=10; OPX=7]

METACONTEXT-H: Denis Diderot *Rameau's Nephew*: "One day I was there after dinner, looking hard, saying little, and listening the least amount possible, when I was accosted by one of the oddest characters in this country, where God has not stinted us."[657]

Дени Дидро в *Племяннике Рамо*: «Однажды, после обеда, когда я смотрел внимательно, говорил мало и слушал настолько мало, насколько возможно, ко мне обратился один из самых чудных персонажей в этой стране, где Бог не ограничивает нас».[658] [PX=10]

METACONTEXT-P: In the meantime, there appeared the first signs of his presence. Being an ardent nationalist, he creates a "secondary radiation" in the others — everybody is shifted towards nationalistic tunes. He is a real generator of nationalism. I do not understand why he does not he see it himself. Where he talks about "Russian superiority," — naturally will appear people talking about "the superiority of the others."

Тем временем появляются первые последствия его присутствия. Будучи ярым националистом, он как бы «наводит радиацию» на других — все становятся на «националистические рельсы». Прямо генератор национализма. Не понимаю, неужели он сам этого не видит? Там, где он говорит о «русском превосходстве» — само собой найдутся говорящие о «превосходстве иных». [PX=8; OPX=6]

239
"Your wife and you should not have children, because they would be idiots."
«У вашей жены и Вас не должно быть детей, потому что они будут идиотами».
[PX=10]
PERIOD: January or February 1986.
FRQ: Often.
EMOTION: Pressure.
CONTEXT: After the birth of my second child, J.L.A., finding a good moment, he told me this "important thing."

Эта «важная вещь» была сказана им мне после рождения нашего второго ребенка, J.L.A. [PX=10]

METACONTEXT-P: Years later, our daughters had SAT scores, which looked like

---

[657] Literature: Diderot (1993), p. 255.
[658] Literature: Diderot (1993), p. 255.

4.3 The First Period of the Last Project

these (out of maximum 1600):

DAUGHTER	SAT
J.A.A.	1430
J.L.A.	1520

Our recent Presidents (for whom SAT scores are available) had these scores:

YEARS	PRESIDENT	SAT
1993-2001	Bill Clinton	1032
2001-2009	George Bush	1206
2009-	Barack Obama	1104

By comparison the top U.S. universities of the IVY League had the following 25/75 percentile for the Fall 2008 entering class (measured in the same system of scores as when our children and presidents passed their SAT exams):

UNIVERSITY	SAT 25 percentile	SAT 75 percentile
Harvard	1387	1580
Yale	1387	1580
Princeton	1367	1573
Dartmouth	1350	1530
Brown	1340	1527
Penn	1320	1500
Cornell	1280	1490
Columbia	1320	1480

Bill Clinton studied in Yale, Barack Obama — in Columbia and Harvard, and George Bush — in Yale (it is said that one of the major factors in the admission decision for the latter was the fact that his father, George Bush elder, attended Yale).

Много лет спустя академические балы наших детей по стандартным экзаменам «САТ» выглядели таким образом (из максимального количества балов 1600):

ДОЧЕРИ	«САТ»
J.A.A.	1430
J.L.A.	1520

У наших президентов, для которых известны «САТ» балы, они были таковы:

ГОДЫ	ПРЕЗИДЕНТ	«САТ»
1993-2001	Билл Клинтон	1032
2001-2009	Джордж Буш	1206
2009-	Барак Обама	1104

Для сравнения ведущие университеты США из «Лиги плюща» имели следующие 25/75 перцентили для поступавших осенью 2008-го года (измеренные в той же системе подсчета, как когда поступали наши дети):

293

4.3 The First Period of the Last Project

УНИВЕРСИТЕТ	«CAT» 25 перцентиль	«CAT» 75 перцентиль
Гарвард	1387	1580
Йель	1387	1580
Принстон	1367	1573
Дартмут	1350	1530
Браун	1340	1527
Пенн	1320	1500
Корнелль	1280	1490
Колумбия	1320	1480

Билл Клинтон учился в Йеле, Барак Обама — в Колумбии и Гарварде и Джордж Буш — в Йеле (говорят, что одним из главных факторов в принятии Буша младшего в этот университет было то, что его отец, Буш старший, учился в Йеле). [PX=10]

240

"SAT is a really stupid way to measure intelligence."
«««CAT» — глупый способ измерять ум».
[PX=10]
PERIOD: 2001-2012.
FRQ: Once.
EMOTION: Seriously.
CONTEXT: J.A.A. explains.
       J.A.A. объясняет. [PX=10]

241

"Still, we should not underestimate SAT because it is a part of the educational system; and I think we all agree that education is important."
«И все же нам не следует недооценивать «CAT», потому что его балы — составная часть образовательной системы и, я думаю, мы все согласны, что образование важно».
[PX=10]
PERIOD: 2001-2012.
FRQ: Once.
EMOTION: Seriously.
CONTEXT: As Baron de Montesquieu wrote in *The Spirit of Laws*: "It is in a republican government that the whole power of education is required."[659]
       Как писал Монтескье в своем произведении *О духе законов*: «Республиканское правление нуждается в полной власти образования».[660]
[PX=10]

242

"Do you know that the first congress of eugenics was in America in the beginning

---

[659] Philosophy: Montesquieu (1993), p. 15.
[660] Philosophy: Montesquieu (1993), p. 15.

4.3 The First Period of the Last Project

of the century?"

"90% of criminals are genetically inclined towards crimes. That is why they must be physically eliminated."

"The writers are the most dangerous ones."

"There are, by the way, some useful idiots, such as Sakharov."

«Знаете ли вы, что первый съезд евгеников был в Америке в начале века?»

«90% преступников генетически предрасположены к преступлениям. Поэтому их надо физически уничтожать».

«Писатели — самые опасные».

«Есть, впрочем, полезные идиоты, такие как Сахаров».

[PX=10]

PERIOD: January or February 1986.

FRQ: Once.

EMOTION: Angrily, emotions out of control.

CONTEXT: This is one of those for whom the world is governed by the Jews through the Masons. I am trying to talk about work. I answer the questions about the design of the system and talk about it myself. He often asks again and then shifts to politics. Sometimes I am trying to calmly, logically hint that not everything is well in his world of ideas. He reacts tensely. It appears that he is a narrow-minded person who does not have the discipline of logical thinking.

Один из тех, у кого мир управляется евреями через масонов. Пытаюсь вести разговор о работе. Отвечаю и сам говорю о дизайне системы. Часто переспрашивает и снова переходит на политику. Иногда пытаюсь спокойно, логически намекнуть, что не все благополучно в его мире идей. Реагирует напряженно. Проступает ограниченность и отсутствие дисциплины логического мышления. [PX=9; OPX=7]

METACONTEXT-A: Compare this attitude towards writers with that of John Stuart Mill in *On Liberty*:

> "The grand, leading principle, towards which every argument unfolded in these pages directly converges, is the absolute and essential importance of human development in its richest diversity.
>
> Wilhelm von Humboldt: *Sphere and Duties of Government*"[661]

Сравните такое отношение к писателям с отношением Джона Стюарта Милля в его эссе *О свободе*:

> «Главный, ведущий принцип, к которому направлен каждый аргумент на этих страницах, есть абсолютная и насущная важность человеческого развития во всем его разнообразии.
>
> Вильгельм Гумбольдт: *Мысли о попытке определить границы действий государства*».[662] [PX=10]

METACONTEXT-H: In Aldous Huxley's *Brave New World*, where such prayers are met, children will "grow up with what psychologists used to call an 'instinctive'

---

[661] Philosophy: Mill (1993), p. 267; see also: Skorupski (1998), Scarre (1999), Wall (2015), Macleod (2017), and Shand (2019).

[662] Philosophy: Mill (1993), p. 267; see also: Skorupski (1998), Scarre (1999), Wall (2015), Macleod (2017), and Shand (2019).

4.3 The First Period of the Last Project

hatred of books and flowers."[663]

В *Дивном новом мире* Олдоса Хаксли, где такие мечты сбылись, дети «растут с тем, что психологи раньше называли «инстинктивной» ненавистью к книгам и цветам».[664] [PX=10]

243

"People like this can't really be talked to."
«С людьми такого сорта невозможно разговаривать».
[PX=10]
PERIOD: 2001-2012.
FRQ: Once.
EMOTION: Seriously.
CONTEXT: J.A.A. adds.

J.A.A. добавляет. [PX=10]

244

"—   According to scientist X, 70% of Americans are sodomists.
—   But... (I doubt the reliability of this data).
—   New Jersey Governor Kayne, (names a few other known names), — are all homosexuals.
—   But...
—   And all who doubt this are homosexuals themselves."
«—   По данным ученого X, 70% американцев — содомисты.
—   Но... (выражаю сомнение в достоверности).
—   Губернатор Нью-Джерси Кейн (еще несколько известных имен) — все гомосексуалисты.
—   Но...
—   А все, кто в этом сомневается — гомосексуалисты сами».
[PX=10]
PERIOD: January or February 1986.
FRQ: Once.
EMOTION: By the end of the conversation my opponent had become nervously insistent.
CONTEXT: He extraordinarily likes to talk on sexual and homosexual themes (this is an American trait). In addition, everything is made ideological (this is his trait). He does not like being contradicted, he does not see any colors except black and white.

Необыкновенно   любит   поговорить   на   сексуальные   и гомосексуальные темы. К тому же все возведено в идеологию. Возражений не терпит. Оттенков не различает. [PX=6; OPX=3]

245

"Funny, nowadays it's shifted a bit: anyone with the hardline attitude of 'anyone

---

[663] Literature: Huxley (1978), p. 19.
[664] Literature: Huxley (1978), p. 19.

who denies it is gay' is more suspect than the denier."

«Любопытно, что в наши дни это немножко изменилось: любой, говорящий «любой, кто отрицает — гомосексуалист», сам подпадает под подозрение».

[PX=10]

PERIOD: 2001-2012.

FRQ: Once.

EMOTION: Seriously.

CONTEXT: J.A.A. gives a new touch to the story.

J.A.A. придает новый оттенок этой истории. [PX=10]

246

"You are assigned to lead a batch team."

"You are unassigned from leading a team."

"You must lead a team."

"You must not make any of your own decisions."

Etc..

«Вы назначены вести пакетную команду».

«Вы сняты с лидеров команды».

«Вы должны вести команду».

«Вы не должны принимать своих собственных решений».

И т. д.

[PX=10]

PERIOD: January — March 1986.

FRQ: Often.

EMOTION: Plus — minus, minus — plus.

CONTEXT: Two things had been happening: the project was in its hottest stage, and expectations were clashing. The first means a lot of nervousness among the managers. The second means that to separate in a manager, the administrator from the computer programmer and the designer, appeared to be an impossible task for many people. It was my biggest nightmare to become the administrator. I was designing the system with great pleasure. That is why one day I was removed from all responsibilities, and another I was made the overall manager of the whole system.

Происходили две вещи: проект был в самой горячей поре, и был «конфликт ожиданий». Первое означает много нервов для начальства. Второе — отделить в менеджере администратора от того, кто делает дизайн, оказалось непосильным для многих людей. Быть администратором было моим последним ночным кошмаром. Дизайн я делал с удовольствием. Поэтому в один день меня снимали со всех постов, в другой — делали ответственным за работу всей системы. [PX=8; OPX=7]

247

"Office politics."

«Конторская политика».

[PX=10]

PERIOD: 2001-2012.

4.3 The First Period of the Last Project

FRQ: Once.
EMOTION: Seriously.
CONTEXT: J.A.A. has only two words.

У J.A.A. есть только два слова. [PX=10]

248

"Unfortunately, maybe more than that."

«К сожалению, может быть, больше, чем это».

[PX=10]
PERIOD: 2001-2012.
FRQ: Once.
EMOTION: Seriously.
CONTEXT: On the wall near the place of my work was a smoke detector in the form of a small bulb. This bulb was turned toward where I was sitting. A few coincidences during which my manager reacted as if he was aware of what I was doing while alone at my working place surprised me. I understood that this bulb probably had a concealed camera.

На стене около того места, где я сидел, был детектор дыма в виде маленькой лампочки. Лампочка была повернута в направлении моего места. Несколько совпадений, когда мой менеджер оказывался сведущ о том, что я делал наедине, удивили меня. Как я понял, лампочка была, вероятно, скрытой камерой. [PX=6; OPX=5]

249 From the Parallel Universe
"—   He has 3 6's in the size of his file.
—   Monster."
«—   В его файле три шестерки.
—   Монстр.»
[PX=1]
PERIOD: February 1986 — 1987.
FRQ: Once; in variations — several times.
EMOTION: The science had not explained it yet, but we know!
CONTEXT: This reminds more magic than religion.

Это напоминает более магию, чем религию. [PX=10]

250

"Goya's series: 'Reason's sleep gives birth to monsters.'"

«Цикл Гойи: «Сон разума рождает чудовищ»».

[PX=1]
PERIOD: February 1986 — 1987.
FRQ: Once.
EMOTION: Seriously.
CONTEXT: A broad spectrum of religious people in modern America would consider the founding fathers of the U.S. Constitution Atheists. In fact, they were sons of Enlightenment — they were Deists. "The Deists who presented purely rationalistic proofs for the existence of God, usually variations on the argument

4.3 The First Period of the Last Project

from the design or order of the universe, were able to derive support from the vision of the lawful physical world that Sir Isaac Newton had delineated."[665] This and many other aspects of the Deists' reliance on reason would indeed look controversial in the today's United States. It is well publicized that in random polls many Americans would consider extracts from the Declaration of Independence subversive. Thomas Jefferson also wrote *The Jefferson Bible*, in which he made an effort to clarify the doctrine of Jesus by removing sections of the New Testament containing supernatural aspects as well as perceived misinterpretations he believed had been added by the Four Evangelists. This work by Jefferson would surely be condemned as diabolical by the majority of 21st century American Christians. It is all too much enlightenment for them.

В широком диапазоне религиозных людей отцы-основатели США в сегодняшней Америке считались бы атеистами. В действительности они были сыновьями эпохи Просвещения и были деистами. «Деисты, которые предлагали чисто рационалистические доказательства существования Бога — обычно вариации аргумента об устройстве или порядке во вселенной, — получали поддержку из видения физического мира, которую озвучил Исаак Ньютон».[666] Этот и многие другие аспекты того, как деисты полагались на разум, вызвали бы споры в сегодняшней Америке. Хорошо известно, что при опросе общественного мнения многие американцы полагают подрывными выдержки из Декларации независимости. Томас Джефферсон также написал *Библию Джефферсона*, в которой он попытался прояснить доктрину Иисуса Христа, удалив из Нового Завета разделы с чудесами, а также то, что он считал недопониманием четырех евангелистов. Эта работа Джефферсона наверняка будет объявлена дьявольской большинством американских христиан 21-го века. Для них в ней слишком много просвещения. [PX=10]

251
"I think I am being eavesdropped."
«Я думаю, меня подслушивают».
[PX=1]
PERIOD: 1985 or1986.
FRQ: Once.
EMOTION: Seriously.
CONTEXT: During our first years in America, I had not been very open with my wife about my growing suspicions that I was being wiretapped. Around 1986 (may be 1985), during one of our walks in Princeton, I told her for the first time about that.

В первые годы в Америке я не обсуждал открыто с моей женой мои растущие подозрения, что меня (и нас) подслушивают. Примерно в 1986-м году (может быть 1985-м), во время наших прогулок в Принстоне я впервые сказал ей об этом. [PX=10]

---

[665] Reference: Encyclopedia Britannica (1983)(1), v. 5, p. 562; see also: Philosophy: Cohen (2002), Nadler (2002), Newton-Smith (2000), Lange (2007), and McGrew (2009).
[666] Reference: Encyclopedia Britannica (1983)(1), v. 5, p. 562; see also: Philosophy: Cohen (2002), Nadler (2002), Newton-Smith (2000), Lange (2007), and McGrew (2009).

4.4 Compliments Without a Fable

4.4   Complements Without a Fable

252
"He has become a real PIN — pain in the neck."
«Он стал настоящей «болью в шее»».
[PX=5]
PERIOD: 1986.
FRQ: Once.
EMOTION: Annoyance.
CONTEXT: "Pain in the neck": "Something or somebody that irks or annoys or that or who is otherwise troublesome."[667] Somebody who has become a big obstacle in something.

«Боль в шее»: «Нечто или некто, кто раздражает или является в другом смысле источником проблем».[668] Кто-либо, кто стал большим препятствием. [PX=10; OPX=5]

253
"He does not have anything to do."
"There is no work for him."
"He is too expensive."
«Он ничего не делает».
«Нет никакой работы для него».
«Он слишком много стоит».
[PX=5]
PERIOD: December 1984 — January 1985, August — September 1986, January — March 1987.
FRQ: Often.
EMOTION: Logical emotions.
CONTEXT: "The end of the contract."
«Конец контракта». [PX=10; OPX=5]

254
"And now there's outsourcing..."
«Сейчас есть «производство на стороне»…».
[PX=10]
PERIOD: 2001-2012.
FRQ: Once.
EMOTION: Seriously.
CONTEXT: J.A.A. about our times.
J.A.A. о наших временах. [PX=10]

255 From the Parallel Universe

---

[667] Reference: Gove (1961).
[668] Reference: Gove (1961).

4.4 Compliments Without a Fable

```
"—      He looks like a gay.
—      He is a gay."
"—      He looks like a spy.
—      He is a spy."
Etc.
«—      Он выглядит как гомосексуалист.
—      Он гомосексуалист».
«—      Он выглядит как шпион.
—      Он шпион».
```
И т. д.
[PX=5]
PERIOD: 1982-1987.
FRQ: Often.
EMOTION: Different ones.
CONTEXT: This is a scheme of mass mentality.

Схема массового мышления. [PX=9; OPX=5]

256
"Most people outgrow it by the time they're holding down jobs."

«Большинство людей перерастают через это к тому времени, когда они начинают работать».

[PX=10]
PERIOD: 2001-2012.
FRQ: Once.
EMOTION: Seriously.
CONTEXT: J.A.A. talks.

J.A.A. говорит. [PX=10]

METACONTEXT-J.A.A.: The only time I hear things like this said, they're (mostly) joking.

Когда я слышу что-то подобное, это по большей части шутки.

[PX=10]

257
"That is a big fish."

«Это «большая рыба»».

[PX=10]
PERIOD: 1986.
FRQ: Once.
EMOTION: Calmly.
CONTEXT: The manager of a project from the side of the Major Software Company took part in "spy-catching." Once he conspiratorially told us that one Pole who was working as a consultant for the company might be spy and that we should keep an eye on him. On another occasion, I heard as he also told the guys that they should keep an eye on me. "That is a big fish," he added.

Менеджер нашего проекта со стороны Большой Программистской Компании принял участие в «ловле шпионов». Однажды он доверительно

4.4 Compliments Without a Fable

сказал нам, что один поляк, работающий консультантом на компанию, может быть шпионом, и что мы должны держать его в поле нашего зрения. В другой раз, я слышал, как он сказал ребятам, что они должны наблюдать за мной. Он добавил: «Это «большая рыба»». [PX=10]

258

"These albums are gorgeous."

«Эти альбомы восхитительны».

[PX=10]

PERIOD: June — August 1986.

FRQ: Once.

EMOTION: Admiration.

CONTEXT: I sent parcels to my two friends in the Soviet Union with the gifts for their birthdays. The gifts consisted of several big and expensive art albums "Japanese Design in Art" [669]. The manager of a project from the side of the Major Software Company was apparently entrusted to surreptitiously check my postal mail. The albums were indeed very beautiful.

Я послал посылки двоим моим друзьям в Советском Союзе с подарками по случаю из дней рождения. Подарки состояли из нескольких больших и дорогих художественных альбомов «Японский дизайн в искусстве» [670]. Менеджеру проекта со стороны Большой Программистской Компании, по всей видимости, было доверено скрытно проверять мою почту. Альбомы и в самом деле были очень красивые. [PX=10; OPX=4]

259

"Let us see if he deserves his salary."

«Посмотрим, заслуживает ли он своей зарплаты».

[PX=5]

PERIOD: 1986-1987.

FRQ: Literally — once, similarly — many times.

EMOTION: With cunning.

CONTEXT: Saying of a not very qualified or hard-working computer programmer. Apparently angry at the amount of money I spent on the art albums for my friends

---

[669] I tried to find these albums in 2016 on Amazon, Barnes & Noble, Alibris, and Foyles, but was unsuccessful. Then I made a total Google search for "Japanese design in art" and retrieved the albums on http://www.japanese-book.com/item/list2/40961/. This web-site featured these 16 volumes, but somehow cited the year of publication of 1991. I think this is a mistake — the photographs of these albums are identical to three of the 16 volumes, which I have myself, and other volumes, which I sent to the Soviet Union, and I definitely bought them in the 1980s. Apparently this is a rare deluxe edition and is no longer available for sale.

[670] Я попытался найти эти альбомы в 2016-м году на Amazon, Barnes & Noble, Alibris и Foyles, но не преуспел. Затем я сделал общий поиск на Google на "Japanese design in art" и нашел эти альбомы на http://www.japanese-book.com/item/list2/40961/. Этот веб-сайт приводит эти 16 томов, но по какой-то причине указывает год публикации 1991. Я думаю это ошибка — фотографии этих альбомов идентичны трем из 16 томов, которые есть у меня самого, и остальным томам, которые я послал в Советский Союз, и я определенно купил их в 1980-х годах. По всей видимости это редкое роскошное подарочное издание, и оно больше не в продаже.

4.4 Compliments Without a Fable

in the Soviet Union.

Говорит не очень квалифицированный у утруждающий себя программист. По-видимому, зол на количество денег, которые я потратил на альбомы своим друзьям в Советском Союзе. [PX=5; OPX=3]

260

"I think this was your cue to draw a colorful flow chart."

«Я думаю, это был твой намек нарисовать цветные схемы».

[PX=5]

PERIOD: 2001-2012.

FRQ: Once.

EMOTION: Jokingly.

CONTEXT: J.A.A. tries to give a lighter angle.

J.A.A. пытается придать делу более шутливый оттенок. [PX=10]

261

"Remember Joseph Conrad *Heart of Darkness*?"

«Помните *Сердце тьмы* Джозефа Конрада?»

[PX=5]

PERIOD: 2001-2012.

FRQ: Once.

EMOTION: Seriously.

CONTEXT: "Mind, none of us would feel exactly like this. ... These chaps were not much account, really."[671]

«Имейте ввиду, что никто из нас не чувствовал точно так. ... Эти ребята не в счет, на самом деле».[672] [PX=10]

262

"Your employment also depends on this."

«Твоя работа тоже зависит от этого».

[PX=10]

PERIOD: June — August 1986.

FRQ: Once.

EMOTION: Convincing.

CONTEXT: A man who does not like me convinces another man who hesitates to take part in the "kick out".

Человек, который относится плохо, убеждает человека, который колеблется участвовать в кампании по «выталкиванию». [PX=5; OPX=4]

263

"I explained to him that we could lose a project because of this."

«Я объяснил ему, что мы можем потерять проект из-за этого».

[PX=10]

---

[671] Literature: Conrad (1993), p. 137.
[672] Literature: Conrad (1993), p. 137.

4.4 Compliments Without a Fable

PERIOD: January — March 1987.
FRQ: Once.
EMOTION: Convincing.
CONTEXT: A manager conversing with another manager.

Один менеджер говорит с другим менеджером. [PX=5; OPX=4]

264
"There are many ways to skin a cat."
«Есть много способов «снять шкуру с кота»».
[PX=10]
PERIOD: June 1986 — March 1987.
FRQ: Many times.
EMOTION: With meaning.
CONTEXT: There are many "modes in which something can be done or happen"[673]. In this case: meaning that there are many ways to bite at foes.

Можно перевести: «Не мытьем, так катаньем». В данном случае означает: есть много способов бороться с недругами. [PX=10; OPX=5]

265
"Usually, the phrase is, 'There's only one way to skin a cat.'"
«Обычно эта фраза звучит так: «Есть только один способ снять шкуру с кота»».
[PX=10]
PERIOD: 2001-2012.
FRQ: Once.
EMOTION: Seriously.
CONTEXT: J.A.A. adds.

J.A.A. добавляет. [PX=10]

METACONTEXT-J.A.A.: However, as I learned in anatomy class, there are in fact, many ways to do it.

Однако, как я узнала на классах анатомии, в самом деле, есть много способов сделать это. [PX=10]

266 From the Parallel Universe
"They call him a political extremist, but I think he is more like an ape."
«Они называют его политическим экстремистом, но я думаю, что он следующий за обезьяной».
[PX=10]
PERIOD: January — March 1987.
FRQ: Once.
EMOTION: Animosity.
CONTEXT: See the next phrase.

Смотри следующий пункт. [PX=5; OPX=4]

---

[673] Reference: Gove (1961).

304

4.4 Compliments Without a Fable

267

"Did you receive a raise?"

«Получил ли ты повышение в зарплате?'

[PX=10]

PERIOD: February — March 1987.

FRQ: Once.

EMOTION: Instigating.

CONTEXT: This was asked after I avoided getting fired in February. It was asked from a person who liked to talk about how much I earned and became angry with mentioning of expensive art albums I was sending to the Soviet Union.

     Момент в феврале, когда я избежал увольнения. Обращено к человеку, который любит поговорить о том, как я много получаю, и становится зол при упоминании дорогих альбомов, которые я посылаю в Союз. [PX=10; OPX=5]

268

"We can divide his money."

«Мы можем разделить его деньги».

[PX=10]

PERIOD: January — March 1987.

FRQ: Several times.

EMOTION: Greed.

CONTEXT: The (new) manager of the project pursues all possible channels to see that other people in the group would like to see me fired.

     Новый менеджер проекта нажимает на все доступные ему пружины, чтобы другие люди в группе хотели моего увольнения. [PX=3; OPX=2]

269

"Wonderful! Sounds like Communism!"

«Замечательно! Звучит как коммунизм!»

[PX=10]

PERIOD: 2001-2012.

FRQ: Once.

EMOTION: Seriously.

CONTEXT: J.A.A. about Communism.

     J.A.A. о коммунизме. [PX=10]

270

"Keep him pushed back."

«Держите его оттащенным в сторону».

[PX=10]

PERIOD: January — March 1987.

FRQ: Once.

EMOTION: With a smile.

CONTEXT: I wrote a small program on Assembler. This is not something outstanding, but because nobody else did it, I made an impression and caused

4.4 Compliments Without a Fable

resentment. They had thought — and answered.

Написал крохотную программу на Ассемблере. Не бог весть что. Но поскольку никто другой это не сделал, внушил некоторые опасения. Подумали — ответили. [PX=3; OPX=2]

271 From the Parallel Universe
"Sucker."
«Сосунок».
[PX=10]
PERIOD: December 1986 — March 1987.
FRQ: Often.
EMOTION: Scornful.
CONTEXT: "A person easily cheated or deceived."[674]
«Человек, которого легко обвести вокруг пальца».[675] [PX=10; OPX=5]

272
"There's a quote often attributed to PT Barnum: 'There's a sucker born every minute.'"
«Есть выражение, приписываемое П. Т. Барнуму: «Сосунок рождается каждую минуту»».
[PX=10]
PERIOD: 2001-2012.
FRQ: Once.
EMOTION: Half-seriously.
CONTEXT: J.A.A. talk.
J.A.A. говорит. [PX=10]

273
"Jerk."
"Russian comedian."
«Дурачок».
«Русский комедиант».
[PX=8]
PERIOD: December 1986 — March 1987.
FRQ: Many times.
EMOTION: Disdainfully laughing.
CONTEXT: Imagine that yesterday you were insulted in such a way that nobody doubted that you would become his eternal enemy. Today you write a program that makes their hostility incongruent with their own interests. They come to you and say with velvety voices: Alex, how does the program work?

So, you explain. Because you think that they sincerely changed their behavior. You believe. And how could you not, while looking into clear eyes and radiant smiles? Of course, you understand that you undermine something in your

---

[674] Reference: Gove (1961).
[675] Reference: Gove (1961).

own competitiveness. But since when was your selfishness so important?

You have explained. Your mood is better. You turn around. But you do not go two steps until behind your back it is whispered: "Jerk, ha-ha-ha..."

Например, вчера вас обзывали так, что не сомневались, что вы станете их вечным врагом. Сегодня вы делаете программу, которая делает их враждебность невыгодной для них же. Они подходят и спрашивают бархатным голосом: Саша, как работает эта программа?

И вы объясняете. Потому что вы считаете, что они искренне изменили свое поведение. Вы верите. Да и как можно не поверить, глядя в чистые глаза и лучезарную улыбку? Конечно, вы понимаете, что подрываете что-то в собственной «конкурентоспособности». Но разве собственный нарциссизм так уж важен?

Вы объяснили. У вас поднялось настроение. Вы отворачиваетесь. Но не сделали еще одного шага, как слышите за спиной: «Дурачок, хи-хи-хи...» [PX=7; OPX=5]

274 From the Parallel Universe
"Schmo."
"Schmuck."
«Шмо».
«Тупой».
[PX=10]
PERIOD: 1986-1987.
FRQ: Many times.
EMOTION: Contemptuously laughing.
CONTEXT: "A fool"[676], a stupid person.
    «Дурак»[677], тупой человек. [PX=10; OPX=6]

275
"Funny, this is a Jewish/Yiddish word. Means more along the lines of 'idiot,' connotes someone who's held in contempt."
«Смешно, но это слово из идиша. Означает что-то вроде «идиота», с коннотациями презираемого человека».
[PX=10]
PERIOD: 2001-2012.
FRQ: Once.
EMOTION: Laughingly.
CONTEXT: J.A.A. notes.
    J.A.A. отмечает. [PX=10]

276
"Like Herman Melville *Moby Dick*."

---

[676] Reference: Gove (1961).
[677] Reference: Gove (1961).

4.4 Compliments Without a Fable

«Как *Моби Дик* Германа Мелвилла».
[PX=10]
PERIOD: 2001-2012.
FRQ: Once.
EMOTION: Laughingly.
CONTEXT: "However, a good laugh is a mighty good thing, and rather too scarce a good thing; the more's the pity."[678]

«Однако, хороший смех — замечательная вещь, хотя и довольно редкая, к сожалению».[679] [PX=10]

277
"Chicken."
«Цыпленок».
[PX=10]
PERIOD: September — March 1987.
FRQ: Many times.
EMOTION: Contemptuously laughing.
CONTEXT: "A young person."[680]

«Молодой человек».[681] [PX=10; OPX=6]

278
"To me 'chicken' connotes a coward."
«У меня «цыпленок» имеет ассоциации с трусом».
[PX=10]
PERIOD: 2001-2012.
FRQ: Once.
EMOTION: Seriously.
CONTEXT: J.L.A. about the word.

J.L.A. об этом слове. [PX=10]
METACONTEXT-J.L.A.: As does being "yellow bellied" or just plain "yella."

Как и выражение иметь «желтый живот». [PX=10]

279 From the Parallel Universe
"Crocodile."
«Крокодил».
[PX=10]
PERIOD: December — March 1987.
FRQ: Often.
EMOTION: Contemptuously laughing.
CONTEXT: A man with a rough face.

Мужчина с обветренным лицом. [PX=10; OPX=6]

---

[678] Literature: Melville (1993), p. 14.
[679] Literature: Melville (1993), p. 14.
[680] Reference: Gove (1961).
[681] Reference: Gove (1961).

4.4 Compliments Without a Fable

280

"More specifically, with rough skin, i.e. scaly like a crocodile or alligator."
«Точнее, с огрубевшей кожей, как у крокодила».
[PX=10]
PERIOD: 2001-2012.
FRQ: Once.
EMOTION: Seriously.
CONTEXT: J.A.A. about crocodiles.
       J.A.A. о крокодилах. [PX=10]
METACONTEXT-J.A.A.: Or perhaps, voracious or tenacious — think crocodile bites rather than skin. You sure it refers to face?
       Или, возможно, прожорливый или цепкий — первое, что ты думаешь о крокодиле, это что он кусает, а не о его коже. Ты уверен, что это о лице? [PX=10]

281

"It might be related to the movie, which appeared approximately at the same time, *Crocodile Dundee* (1986), an Australian comedy about a weathered and eccentric crocodile poacher."
«Это может быть связано с фильмом, который появился примерно в то время, *Крокодил Данди* (1986), австралийской комедии о видавшем виды и эксцентричном охотнике на крокодилов».
[PX=10]
PERIOD: 2001-2012.
FRQ: Once.
EMOTION: Seriously.
CONTEXT: I comment.
       Мой комментарий. [PX=10; OPX=7]

282

"It is best to laugh at him."
«Лучше всего — смеяться над ним».
[PX=10]
PERIOD: Spring of 1987, March 1987.
FRQ: Once, over the phone.
EMOTION: Narrative.
CONTEXT: Was this advice? Storytelling? Maybe there was a connection to plans to fire me.
       Совет? Рассказ? Возможна связь с планами моего увольнения. [PX=6; OPX=3]

283

"Send him back."
"Send him back on an airplane."
"Send him back on a ship."
"Send them back."

4.4 Compliments Without a Fable

«Пошлите его обратно».

«Пошлите его обратно на самолете».

«Пошлите его обратно на корабле».

«Пошлите их обратно».

[PX=10]

PERIOD: Fall of 1985 — spring of 1987, September 1985 — March 1987.

FRQ: Often enough (for such phrases).

EMOTION: From angry to merry.

CONTEXT: Either they have considered my discontent (with a job, with America), or their displeasure with me.

Либо то, что считают моим «недовольством» (Америкой, работой), либо своим недовольством мною. [PX=7; OPX=4]

284

"Also said towards straight-up Americans with no discernible ethnic background: 'if you don't like it, leave.'"

«Это также говорят обыкновенным американцам без каких-либо определенных этнических корней: «не нравится — уходите»».

[PX=10]

PERIOD: 2001-2012.

FRQ: Once.

EMOTION: Seriously.

CONTEXT: J.A.A. comments.

J.A.A. комментирует. [PX=10]

METACONTEXT-J.A.A.: Some Americans have this idea that either you're 100% patriot, or you're a traitor. There is precious little middle ground for rational critique and discourse — the idea that this is for the betterment of the country is practically revolutionary.

It's very embedded in the American psyche, that this sort of sentiment is often reactively uttered with no thought behind it... to the point where I suspect it's a bit egoistic to assume it's necessarily a result of your behavior.

У некоторых американцев есть идея, что либо вы 100-процентный патриот, либо вы предатель. Есть только драгоценная маленькая середина для рациональной критики и обсуждения — мысль о том, что это служит улучшению страны, — практически революционна.

Это очень крепко сидит в сознании американцев, так что такие чувства высказываются без размышлений... до такой степени, что я подозреваю, было бы немного эгоцентрично предполагать, что это обусловлено вашим поведением. [PX=10]

285 From the Parallel Universe

"They are undermining our wages."

«Они подрывают наш уровень зарплаты».

[PX=10]

4.4 Compliments Without a Fable

PERIOD: 1982-1987.
FRQ: Often.
EMOTION: Moderately angry.
CONTEXT: It is assumed that immigrants, working for lower salaries, are undermining the income of the Americans with the same qualifications.

Подразумевается, что иммигранты, работая на более низкой зарплате, подрывают доход американцев той же квалификации. [PX=8; OPX=3]

286
"They don't even have to be immigrants anymore!"
«Им даже больше не обязательно быть иммигрантами!»
[PX=10]
PERIOD: 2001-2012.
FRQ: Once.
EMOTION: Seriously.
CONTEXT: J.A.A. exclaims.

J.A.A. восклицает. [PX=10]

287 From the Parallel Universe
"They are robbing the country."
«Они грабят страну».
[PX=10]
PERIOD: December 1986 — March 1987.
FRQ: Not very rarely.
EMOTION: Ill-wishing.
CONTEXT: That is, "they," who work for lower wages, are robbing the country.

Т. е., работая за более низкую зарплату, грабят страну. [PX=5; OPX=2]

288
"Let me guess: if they're paying income taxes and not collecting welfare, right?"
«Можно мне предположить: если они платят подоходный налог и не берут денег из социальных программ?»
[PX=10]
PERIOD: 2001-2012.
FRQ: Once.
EMOTION: Seriously.
CONTEXT: J.A.A. thinks.

J.A.A. раздумывает. [PX=10]

289
"Black."
«Черный».
[PX=10]
PERIOD: September 1986 — March 1987.

4.4 Compliments Without a Fable

FRQ: From time to time.
EMOTION: Scorn.
CONTEXT: Representative of a lower class.

Представитель низшего класса. [PX=10; OPX=5]

290
"Sigh, at least they weren't using the n-word."

«Вздох облегчения — по крайней мере, они не употребляют слово «негр»».
[PX=10]
PERIOD: 2001-2012.
FRQ: Once.
EMOTION: Seriously.
CONTEXT: J.A.A. sighs.

J.A.A. вздыхает. [PX=10]

291 From the Parallel Universe
"Maniac."

«Маньяк».
[PX=10]
PERIOD: 1984-1987.
FRQ: Many times.
EMOTION: Different.
CONTEXT: Different situations.

Разнообразные ситуации. [PX=2; OPX=1]

292
"Nut."
"Peanut."
"Big nut."
"Coconut."

«Орех».
«Земляной орех».
«Большой орех».
«Кокосовый орех».
[PX=2]
PERIOD: December 1986 — March 1987.
FRQ: Often.
EMOTION: Scornful.
CONTEXT: Variations of "nut": "a person whose thinking or conduct is eccentric or who is or seems to be mentally unbalanced"[682]. The given examples mean: a fool; small fool; big fool; big person, but still a fool.

Вариации на тему «орех»: «человек, чье мышление или поведение являются эксцентричным или представляется неуравновешенным».[683] Данные

---

[682] Reference: Gove (1961).
[683] Reference: Gove (1961).

4.4 Compliments Without a Fable

примеры означают: глупец; маленький глупец; большой глупец; большой человек, но все же глупец. [PX=6; OPX=3]

293
"Well, there is a saying: 'There's a fine line between genius and madness.'"
«Как говорят: «Есть тонкая грань между гением и безумием»».
[PX=10]
PERIOD: 2001-2012.
FRQ: Once.
EMOTION: Seriously.
CONTEXT: J.A.A. objects.
    J.A.A. возражает. [PX=10]

294
"Isn't it possible for an individual who gone mad to be capable of intelligent thinking?"
«Не может ли человек, потерявший рассудок, быть способным к разумному мышлению?»
[PX=10]
PERIOD: 2001-2012.
FRQ: Once.
EMOTION: Seriously.
CONTEXT: J.L.A. adds.
    J.L.A. добавляет. [PX=10]
METACONTEXT-J.L.A.: For instance, an individual suffering from delusions might still be able to solve complex mathematical equations.

    Например, человек, страдающий от обмана чувств, может быть в состоянии решать сложные математические уравнения. [PX=10]
METACONTEXT-P: I tend to disagree. I once had a conversation with my friend, a prominent psychiatrist from The Serbsky Institute in Moscow, the leading Russian authority for psychiatry. He pointed to me that true psychosis, like the one characterized by delusions, is a violation of thinking first of all. Actually the ability of a person for logical thinking can be a good test of normality.

    Я склонен не согласиться. У меня однажды был разговор с одним моим другом, который был видным психиатром из Института Сербского в Москве, ведущего российского учреждения по психиатрии. Он отметил, что настоящий психоз, как таковой характеризующийся обманом чувств, есть, прежде всего, нарушение мышления. На самом деле способность человека к логическому мышлению может быть хорошей проверкой на нормальность. [PX=10]

295
"Shoot him."
"Shoot him in the stomach."
"Shoot him like a rabid dog."
"Shoot."

4.4 Compliments Without a Fable

"Shoot like an injured horse."
"Kill him."
«Застрелить его».
«Застрелить его в живот».
«Застрелить, как бешенную собаку».
«Застрелить».
«Застрелить, как загнанную лошадь».
«Убить его».
[PX=4]
PERIOD: Summer of 1985 — spring of 1987, August 1985, August 1986 — March 1987.
FRQ: Often, with variations.
EMOTION: Give me a gun.
CONTEXT: It is almost poetry.
Почти стихи. [PX=4; OPX=2]
METACONTEXT-H: Dallas is a reality.

There is an example: the movie *Honor Guard*. A guy avoiding the draft for the Vietnam War is hiding in the woods together with his girl. The reason why he is hiding has almost no meaning. (The guy, as he is depicted, would have been a good hero in a novel of the 19th century.) Different people have different reasons to envy him. From this, almost instantaneously (for reasons not entirely clear to spectators from other countries) explodes a vicious hatred. The love of his life is killed before his own eyes, and then, after a bloody pursuit, he himself is killed. With all this, while he is being killed, he looks slightly pitiful, and while the person who kills him has traits of the unavoidable God from the Old Testament. In the whole film there is not a hint of reflection about the Vietnam War and rethinking of its meaning.

This is a symptomatically American film.

Даллас — реальность.

Пример: фильм *Хранитель чести*. В лесу скрывается парень, избегающий войны во Вьетнаме, со своей девушкой. Причина, по которой он скрывается, никакой значительной нагрузки не несет. (По тому, как обрисован парень, в романе 19-го века мог быть положительным героем.) У разных людей есть разные поводы ему завидовать. Из этого, почти в одно мгновение (по причинам, которые зрителям иной страны так и останутся непонятными) вспыхивает яростная ненависть. На глазах у парня убивают его любовь, а потом, после кровавой погони — его самого. При этом тот, кого убивают, в конце слегка жалок, а тот, кто его убивает, приобретает черты эдакого необратимого ветхозаветного бога. Во всем фильме нет и намека раздумий о Вьетнамской войне или размышлений о ее значении.

Такой фильм — симптоматично американский. [PX=9]

296
"Or shoot him like Cheney shot that lawyer in the face."
«Или застрелите его, как Чейни стрелял юристу в лицо».

314

4.4 Compliments Without a Fable

[PX=10]
PERIOD: 2001-2012.
FRQ: Once.
EMOTION: Jokingly.
CONTEXT: J.A.A. has fun.

     J.A.A. развлекается. [PX=10]

297
"He is awfully bright, but he is the wrong person."

«Он — необыкновенно умен, но он не тот человек».

[PX=8]
PERIOD: Fall 1986 — Spring 1987, September 1986 — March 1987.
FRQ: Literally — once. With variations — often.
EMOTION: Scornfully.
CONTEXT: It means that he is not a fool, but certain characteristics of his do not suit us.

     Означает, что он — не дурак, но его определенные качества нас не удовлетворяют. [PX=5; OPX=3]

298
"He is a public personality."

«Он — общественная личность».

[PX=10]
PERIOD: 1986-1987.
FRQ: Several times.
EMOTION: Different.
CONTEXT: A "public personality" is considered to have fewer rights to privacy. Interestingly, I am not an actor, not a politician, not a journalist. I have never given an interview, written articles to the press, made speeches at meetings. And now I am being told that I am a "public personality." In other words, I do not have the right to privacy, because I do not have privacy.

     Считается, что «общественная личность» имеет меньше прав на прайвеси, чем остальные люди. Интересно: я не актер, не политический деятель, не журналист. Никогда не давал интервью, не писал статей в прессу, не выступал с речами на собраниях. И теперь мне говорят, что я «общественная личность». Другими словами, я не имею права на прайвеси, потому что у меня нет прайвеси. [PX=9; OPX=5]

299
"What would have Plato said?"

«Что бы сказал Платон?»

[PX=10]
PERIOD: 2001-2012.
FRQ: Once.
EMOTION: Seriously.
CONTEXT: Alfred North Whitehead wrote: "The safest general characterization of

4.4 Compliments Without a Fable

the European philosophical tradition is that it consists of a series of footnotes to Plato."[684] So, what would have Plato said? He would have said that injustice is "the very worst thing for the person who commits it"[685], because he does not know what would be its echo and what consequences it would have for him himself.

Альфред Норт Уайтхед писал: «Самая безусловная общая характеристика европейской философской традиции состоит в том, что она есть серия послесловий к Платону ."[686] Так, что бы сказал Платон? Он бы сказал, что несправедливость есть «наихудшая вещь для человека, который ее совершает»[687], поскольку он не знает, как она отзовется и какие последствия она будет иметь для него самого. [PX=10]

---

[684] Philosophy: Whitehead (1978), p. 39; see also: Whitehead (1993) and Ford (1999).
[685] Philosophy: Plato (1996), *Gorgias*, 509B1-5.
[686] Philosophy: Whitehead (1978), p. 39; see also: Whitehead (1993) and Ford (1999).
[687] Philosophy: Plato (1996), *Gorgias*, 509B1-5.

4.5   Storm-kick

300
"He will swallow this. He has lived like this all his life."
«Он проглотит это. Он жил так всю свою жизнь».
[PX=10]
PERIOD: January — March 1987.
FRQ: Once.
EMOTION: Scornful.
CONTEXT: "He will swallow what is being said and what is going on." [PX=8; OPX=4]
METACONTEXT-H: A moment of tension.

The words of the unfinished novel by Russian writer Yuriy Tynyanov about Alexander Pushkin: "... After packing his things into a portmanteau, the Frenchman said his adieu to Alexander, drawing a greyhound for remembrance, and writing below in French: "The main thing in life is honor and only then — happiness" and signing this saying with his full title and family name."[688]

Точка напряжения.
Слова из незаконченного произведения Юрия Тынянова о Пушкине приходят на ум: «... увязав в баул свое имущество, француз простился с Александром, нарисовав ему на память борзую, а внизу написав по-французски: «Главное в жизни честь, и только затем счастье» и проставив под этим изречением полный титул и фамилию».[689] [PX=10; OPX=9]

301
"Vegetable."
"Idiot."
«Овощ».
«Идиот».
[PX=7]
PERIOD: December 1986 — March 1987.
FRQ: Moderately frequently.
EMOTION: Scornfully laughing.
CONTEXT: That is, not responding to blows, being nonresistant to evil done by violence.
Т. е. не отвечающий на удары, «непротивленец злу насилием».
[PX=9; OPX=5]

302
"Taken together, all these quotes suggest a sort of single-minded diligence to the job, with few insights into your personal life (with the conclusion that you don't

---

[688] Literature: Tynyanov (1984), p. 102.
[689] Literature: Tynyanov (1984), p. 102.

have a personal life)."

«Взятые вместе эти цитаты дают картину сосредоточенности на работе, с некоторыми идеями о твоей личной жизни (с выводом, что у тебя «нет личной жизни»)».

[PX=7]
PERIOD: 2001-2012.
FRQ: Once.
EMOTION: Seriously.
CONTEXT: J.A.A. responds.

J.A.A. реагирует. [PX=10]

METACONTEXT-H: The author is not sure that it is necessarily a good thing "to have a personal life".

Автор не уверен, что это обязательно хорошая вещь «иметь личную жизнь». [PX=10]

303
"A vegetable is non-responsive to stimuli, even agitation."

«Овощ — это не отвечающий на стимулы и даже на агитацию».

[PX=7]
PERIOD: 2001-2012.
FRQ: Once.
EMOTION: Seriously.
CONTEXT: J.L.A. adds.

J.L.A. добавляет. [PX=10]

METACONTEXT-J.L.A.: A vegetable has no emotion.

Овощ не имеет эмоции. [PX=10]

304
"I think that 'vegetable' here is just a metaphor for general attitudes toward will to do something 'right.'"

«Я думаю, что «овощ» здесь просто метафора, обозначающая общее отношение к тому, чтобы делать вещи «правильно»».

[PX=10]
PERIOD: 2001-2012.
FRQ: Once.
EMOTION: Seriously.
CONTEXT: It illustrates the problem of will as it has been understood since early Christianity. I will try to illustrate this with citations from one book about Augustine.

"Harry Frankfurt has been influential in focusing contemporary philosophical attention on the distinction between what he calls 'second-order volitions' or 'second-order desires' and 'first-order volitions' or 'first-order desires.'"[690]
"A first-order volition is the will directing some faculty or bodily power to do

---

[690] Philosophy: Stump (2009), p. 126; see also: Augustine (1993)(1), (2), and (3), McGrade (2007), Gracia (2003), Novaes (2016), Vessey (2012), and Meconi (2021).

4.5 Storm-kick

something. A second-order volition, by contrast, is the will to will something. So, for example, a person determined to become a vegetarian may form a volition to will to not to eat meat."[691]

Augustine describes "second-order volition variously as an acceptance of grace, a desire for a righteous will, a desire that God make the will good, a will to believe, or even just as faith."[692]

"For theological as well as philosophical reasons, it certainly seems as if Augustine ought to deny that the will of faith is caused only by divine grace. If God causes this act of will, too, then a person's second-order volition for a good will is in God's control, not in the control of the willer."[693] "It is hard to see why a good God wouldn't cause the will of faith in everyone, so that everyone is saved. As Augustine himself says regarding the second-order will of faith, 'this is the question: where does [the will of faith] come from?... If it comes to us as a gift of God's, then why doesn't it come to everyone, since God wills all men to be saved and to come to knowledge of the truth?'"[694]

"Augustine's difficulties would be solved if he could find a way to hold that human beings are able, on their own, not to reject grace, without God's being ultimately responsible for their doing so."[695]

It is obvious that some people simply do not have the will to do things in their life "right." Moreover, when they meet somebody who tends to have such a will, they ridicule him as "vegetable" and "idiot."

Это иллюстрирует проблему воли, как она понималась в раннем христианстве. Попытаюсь проиллюстрировать цитатами из одной книги о блаженном Августине .

«Гарри Франкфурт был влиятелен в фокусировании внимания современных философов на различии между тем, что он называет «вторичными проявлениями воли» или «вторичными желаниями» и «первичными проявлениями воли» или «первичными желаниями»».[696] «Первичные проявления воли есть воля, направляющая некоторый орган или телесную власть на то, чтобы сделать что-то. Вторичные проявления воли, по контрасту, есть воля желать чего-то. Так, например, человек, стремящийся стать вегетарианцем, может проявить волю, чтобы не хотеть есть мяса».[697]

Августин описывает «вторичные проявления воли как принятие божьей милости, желание праведной воли, желание, чтобы Бог сделал волю хорошей, волю к вере или даже веру».[698]

---

[691] Ibid.

[692] Philosophy: Stump (2009), p. 136; see also: Augustine (1993)(1), (2), and (3), McGrade (2007), Gracia (2003), Novaes (2016), Vessey (2012), and Meconi (2021).

[693] Ibid.

[694] Philosophy: Stump (2009), p. 136-137; see also: Augustine (1993)(1), (2), and (3), McGrade (2007), Gracia (2003), Novaes (2016), Vessey (2012), and Meconi (2021).

[695] Philosophy: Stump (2009), p. 139; see also: Augustine (1993)(1), (2), and (3), McGrade (2007), Gracia (2003), Novaes (2016), Vessey (2012), and Meconi (2021).

[696] Philosophy: Stump (2009), p. 126; see also: Augustine (1993)(1), (2), and (3), McGrade (2007), Gracia (2003), Novaes (2016), Vessey (2012), and Meconi (2021).

[697] Ibid.

4.5 Storm-kick

«По теологическим, так же как философским причинам, конечно, представляется, что Августин должен был отрицать, что воля к вере вызывается только божьей милостью. Если Бог вызывает этот акт воли также, то вторичные проявления воли делать добрые дела находятся во власти Бога, а не во власти того, кто проявляет волю».[699] «Трудно согласиться почему хороший Бог не вызвал бы волю к вере во всех людях, так чтобы все получили спасение. Как сам Августин говорит о вторичных проявлениях воли, «вопрос заключается в следующем: откуда (воля к вере) происходит? … Если она дается нам как подарок Бога, то почему не все его получают, поскольку Бог хочет, чтобы все люди были спасены и познали правду?»»[700]

«Затруднения Августина были бы разрешены, если бы он мог найти путь, на котором все люди могли, сами по себе не отрицать милость божью, без того, чтобы Бог был в конечном итоге ответствен за это».[701]

Очевидно, что некоторые люди просто не имеют воли делать вещи в своей жизни «правильно». Более того, когда кто-либо проявляет стремление иметь к этому волю, они высмеивают его как «овоща» и «идиота». [PX=10]
METACONTEXT-H: My recording of these thoughts coincided with the appearance in the folklore of the term "mullah".

Запись мною этих мыслей совпала с появлением в фольклоре термина «мулла». [PX=10]

305 From the Parallel Universe
"He is terrible, but he was the only one [dissident] in their city."
«Он ужасен, но он был единственный (диссидент) в их городе».
[PX=10]
PERIOD: 1986.
FRQ: Once.
EMOTION: With some agitation in the voice.
CONTEXT: My official "manager" has a slip of tongue.

Мой официальный «руководитель» проговаривается. [PX=10]

306
"Perfect."
"Perfect fool."
«Совершенный».
«Совершенный дурачок».
[PX=6]
PERIOD: September 1986 — March 1987.
FRQ: From time to time.

---

[698] Philosophy: Stump (2009), p. 136; see also: Augustine (1993)(1), (2), and (3), McGrade (2007), Gracia (2003), Novaes (2016), Vessey (2012), and Meconi (2021).
[699] Ibid.
[700] Philosophy: Stump (2009), p. 136-137; see also: Augustine (1993)(1), (2), and (3), McGrade (2007), Gracia (2003), Novaes (2016), Vessey (2012), and Meconi (2021).
[701] Philosophy: Stump (2009), p. 139; see also: Augustine (1993)(1), (2), and (3), McGrade (2007), Gracia (2003), Novaes (2016), Vessey (2012), and Meconi (2021).

4.5 Storm-kick

EMOTION: Laughter.
CONTEXT: This is a relatively mild saying.

> Относительно мягкое изречение. [PX=9; OPX=5]

307
"This whole thing sounds more like a 'perfect storm' to me."
«Все это кажется мне как «совершенный шторм»».
[PX=10]
PERIOD: 2001-2012.
FRQ: Once.
EMOTION: Seriously.
CONTEXT: J.A.A. says.

> Говорит J.A.A. [PX=10]

308
"He is a Jew."
«Он — еврей».
[PX=10]
PERIOD: January — February 1987.
FRQ: Several times.
EMOTION: Scorn.
CONTEXT: I was provoked into talking about politics. I said that the democracy in America, at least as far as their ordinary citizens were concerned, was as fragile as in any other place on the Earth.

> Меня спровоцировали на разговор о политике. Я сказал, что демократия в Америке, по крайней мере, в том, что касается психологии ее простых обывателей, так же хрупка, как и в любом другом месте на Земле.

[PX=4; OPX=2]

309
"No Russians, no Jews."
«Никаких русских, никаких евреев».
[PX=10]
PERIOD: January — February 1987.
FRQ: Several times.
EMOTION: Scorn.
CONTEXT: There must be no Russians or Jews here.

> Здесь не должно быть никаких русских и евреев. [PX=5; OPX=3]

METACONTEXT-H: "Besides suggesting rules for conduct, folklore also drives home the need for proper social behavior by holding up to scorn those who depart from socially accepted norms and by eulogizing those who follow them. Jokes, the most popular form of oral literature in modern society, ridicule stereotyped characters who display traits disparaged by the Establishment. The stingy Scotsman, the miserly Jew, the ignorant Irishman, and the Stupid Pollack are all caricatured in joke cycles whose implicit values laud the qualities of liberality, generosity, intelligence, and cleanliness."[702]

4.5 Storm-kick

«Кроме предложения правил поведения, фольклор также дает уют полагающемуся социальному поведению, призывая к отчету тех, кто отступает от социально приемлемых норм, и восхваляя тех, кто им следует. Шутки, наиболее популярная форма устной литературы в современном обществе, высмеивают стереотипные образы тех, кто проявляет черты, пренебрегаемые истэблишментом. Скупой шотландец, жалкий еврей, неграмотный ирландец и тупой поляк — все выведены карикатурами в циклах шуток, чьи предполагаемые ценности расхваливают качества либеральности, щедрости, ума и чистоты».[703] [PX=10]

310
"You're only allowed to make these jokes about yourself."
«Вам разрешается так шутить только о себе».
[PX=10]
PERIOD: 2001-2012.
FRQ: Once.
EMOTION: Seriously.
CONTEXT: J.A.A. warns.
Предупреждает J.A.A. [PX=10]
METACONTEXT-J.A.A.: Indian-Americans will delight in their tolerance for spicy food, Jewish-Americans will joke about the good deals they found, Russian-Americans will smirk when they order a drink with vodka in it.
Американский индеец будет наслаждаться в смехе своей терпимостью к острой пище, американский еврей будет шутить о хороших деловых сделках, которые он сделал, русский американец будет смеяться, когда будет заказывать напиток водки. [PX=10]

311
"Nick told Swani: Don't call me Nicki. I don't like if anybody thinks that I am a Jew."
«Ник сказал Свани: Не называй меня Ники. Я не хочу, чтобы кто-нибудь подумал, что я еврей».
[PX=10]
PERIOD: January — February 1987.
FRQ: Once.
EMOTION: Laughter.
CONTEXT: *Nicki and Alexandra* — is the name of a famous American film about the last Russian monarch.
Ники и Александра — название известного в Америке фильма о последнем руссом монархе. [PX=2; OPX=1]

312
"Unnatural accent."

---

[702] Reference: Encyclopedia Britannica (1983)(1), v. 7, p. 464.
[703] Reference: Encyclopedia Britannica (1983)(1), v. 7, p. 464.

4.5 Storm-kick

«Ненатуральный акцент».
[PX=10]
PERIOD: December 1986 — March 1987.
FRQ: Several times.
EMOTION: Social distance.
CONTEXT: Approximately like this: "We have been always the most standard. And now there is this one who is absolutely, outrageously nonstandard."

Примерно: «Мы всегда были самые стандартные. А тут — этот, абсолютно, возмутительно нестандартный». [PX=2; OPX=1]
METACONTEXT-H: Jean Jacques Rousseau said that the freest people are nonstandard barbarians[704].

Руссо говорил, что самые свободные люди — нестандартные дикари.[705]
[PX=10]

313

"You can't win here, either."
«Ты не можешь выиграть также и здесь».
[PX=10]
PERIOD: 2001-2012.
FRQ: Once.
EMOTION: Seriously.
CONTEXT: J.A.A. shares her experience.

J.A.A. делится своим опытом. [PX=10]
METACONTEXT-J.A.A.: Sister and I arrived in Oklahoma once, as kids. As soon as we said "hi," the people said, "woah, y'all talk funny!" (To us, it sounded like: yawl tawk fuhny. We could only look at each other in bewilderment.)

Моя сестра и я однажды детьми были в Оклахоме. Как только мы сказали «Привет», люди ответили, «о, вы говорите смешно!» (Нам же казалось, что они говорят смешно. Мы только посмотрели друг на друга в изумлении.) [PX=10]

314

"—   Ah-choo!
—   (My silence; the other:) God bless you!
—   You know this funny comedian Z, who was a homo and was crazy?
—   Z? Yes, of course.
—   He does not like this. He is certainly a homo."

«—   Апчхи!
—   (Мое молчание; другой:) Благослови тебя Бог!
—   Ты знаешь этого смешного комедийного актера Z, который был гомосексуалистом и сумасшедшим?
—   Z? Да, конечно.

---

[704] Philosophy: Rousseau (1993)(1), (2), and (3); see also: Nadler (2002), Cottingham (2003), Emmanuel (2002), Riley (2001), and Wokler (1999)(1).
[705] Philosophy: Rousseau (1993)(1), (2), and (3); see also: Nadler (2002), Cottingham (2003), Emmanuel (2002), Riley (2001), and Wokler (1999)(1).

4.5 Storm-kick

— Ему не нравится это. Он определенно гомосексуалист».
[PX=10]
PERIOD: January 1987.
FRQ: Once.
EMOTION: An explosion of anger.
CONTEXT: Often when somebody sneezes and I say: "God bless you!" — they look at me like maniac who imagined himself being God. So I have learned not to say anything.

The case described here occurred during the night shift. Manager Y openly says that I should be kicked out. Manager X suffers since, because of me, he receives unpleasant news from Y. Then X sneezes. I am silent, another man says: "Bless!" Manager X loses control (he was not blessed).

This is an anecdote — and the beginning of a new, record cycle of "kick out." I should forget about my overtime pay for this shift.

«Будьте здоровы» по-английски «Благослови тебя Бог!». Но часто, если кто-нибудь чихает, и я говорю, как положено: «Благослови тебя Бог!» — на меня косятся, как на маньяка, возомнившего себя богом. Приучился не говорить.

Описанный случай происходил в ночной смене. Начальник Y открыто говорит, что меня нужно выгнать с работы. Начальник X переживает, что из-за меня получает неприятности от Y. Потом X чихает. Я молчу, другой человек говорит: «Благослови!» Начальник X срывается (его не благословили).

Анекдот — и начало нового, рекордного цикла «изгнания с работы». Плакали мои сверхурочные за эту смену. [PX=7; OPX=4]

315
"Among my non-religious friends, it's en vogue to use the German, or even Russian expressions (Gesundheit and But' sdarov)."
«Среди моих нерелигиозных друзей модно использовать немецкие или даже русские выражения».
[PX=10]
PERIOD: 2001-2012.
FRQ: Once.
EMOTION: Seriously.
CONTEXT: J.A.A. the anthropologist.
J.A.A. антрополог. [PX=10]
METACONTEXT-J.A.A.: "It makes more sense anyway!" we'll argue. "Bless you," is used, sarcastically, in response to burps.

Among some people, "that's gay" is used as a catch-all phrase to mean something like "that's stupid." This is exactly the sort of thing which you have to consciously avoid saying because it's pretty easy to develop linguistic habits: people blurt out oft-repeated phrases without thinking. Maybe that's why we make a game of actively trying to change some of our responses away from the norm.

4.5 Storm-kick

«Это имеет больше смысла!», мы говорим. «Благослови тебя», используется саркастически, в ответ на икоту.

Среди некоторых людей, «это гей» используется как общая фраза, означающая что-то вроде «это глупо». Это в точности то, чего вы сознательно избегаете говорить, потому что очень легко развить разговорную привычку: люди выбрасывают часто повторяемые фразы не думая. Может быть, поэтому мы активно пытаемся увести некоторые из наших ответов от нормы. [PX=10]

316
"He is the most vicious."
«Он самый злобный (человек)».
[PX=7]
PERIOD: February — March 1987.
FRQ: Once.
EMOTION: Anger.
CONTEXT: The "kick out" campaign began. The united choir is singing loudly and with inspiration. The contents consist of combinations and variations of the standard repertoire. It is different only because of increased frequency and high emotions. I think they wanted me to lose control and leave the job. The restraint of a yogi was difficult for me. On one of those days it was said about me: "He is the most vicious man." Paradoxically enough, I was called "the most vicious" when I tried, despite everything, to follow the polite and proper line of behavior.

Кампания по «изгнанию с работы». Объединенный хор запел громко и вдохновенно. Содержание — комбинации и вариации стандартного репертуара. Отличается только повышенной частотой и эмоциональностью. Думаю, хотели, чтобы я сорвался и ушел с работы. Сдержанность давалась мне нелегким трудом «йоги». В один из таких дней мне сказали: «Он самый злобный человек». Парадоксально, что «наиболее злобным» меня назвали, когда я старался, несмотря ни на что, вести вежливую корректную линию поведения. [PX=6; OPX=3]

317
"Hm, I can see this being used as a positive thing, too."
«Хм, я могу видеть это использованным также в положительном свете».
[PX=10]
PERIOD: 2001-2012.
FRQ: Once.
EMOTION: Seriously.
CONTEXT: J.A.A. wonders.

J.A.A. недоумевает. [PX=10]

4.6 March Diary

4.6   *March Diary*

318

"There is no place here."

«Здесь нет места».

[PX=9]

PERIOD: Has been always assumed. Said in March 1987.

FRQ: Once.

EMOTION: Iron teeth.

CONTEXT: The storm-kick has passed. What is left is the general bitterness of life.

Штурм-бросок — позади. Осталась — общая озлобленность жизни.

[PX=6; OPX=3]

METACONTEXT-A: In the 19th century, when the country was new and there was much more land, the immigrants were told not only this. These impressions are from a remarkable documentary film from public television.

В 19-м веке, когда страна была новая и места было куда больше, иммигрантам говорили еще не то. Впечатления — от замечательного документального фильма по общественному каналу телевидения. [PX=10; OPX=8]

319

"You could try clicking your heels together, saying to yourself, 'There's no place like home, there's no place like home...'"

«Ты мог попытаться постучать каблуками и сказать себе, «Нет ничего лучше дома, нет ничего лучше дома...»».

[PX=10]

PERIOD: 2001-2012.

FRQ: Once.

EMOTION: Seriously.

CONTEXT: J.A.A. comments.

J.A.A. комментирует. [PX=10]

320

"Your contract will expire on the 19th. I tried to extend it until the end of March, but failed."

«Ваш контракт истекает 19-го. Я попытался продлить его до конца марта, но безуспешно».

[PX=10]

PERIOD: March 6, 1987.

FRQ: Once.

EMOTION: With malicious joy in their eyes.

CONTEXT: It is Friday. The end of the contract has been expected.

But what is it — everybody came to the windows. Somebody called an ambulance, and not one but two at once. During the week, I had a pain in my heart. I drive away the thought that this may be a vicious joke.

4.6 March Diary

Пятница. Истечение контракта ожидалось.

Но что это — все подскочили к окнам. Кто-то вызвал скорую помощь, и не одну, а сразу две. На неделе мне было нехорошо с сердцем. Отгоняю мысль, что это может быть злая шутка. [PX=10; OPX=7]

321
"—   Whom are they carrying into emergency?
—   You know the black guy who drives the huge Cadillac, parks in the handicapped spaces, and has the sign 'Clergy' in the back."
«—   Кого они вносят в скорую?
—   Вы знаете этого негра, который правит огромным кадиллаком, паркуется на месте для инвалидов и имеет надпись «Служитель церкви»».
[PX=9]
PERIOD: March 6, 1987.
FRQ: Once.
EMOTION: Malicious laughter.
CONTEXT: When this is taking place, I hope that the second sentence appeared after the first only accidentally.

My car is a good machine, but it is not so luxurious.

"Clergy" you will receive always when you try to say that there are things in the world that are not good to do.

Слыша это, надеюсь, что второе предложение вслед за первым чисто случайно.

Мой автомобиль хорошая машина, но не такая шикарная.

«Служитель церкви» вы получите всегда, когда заикнетесь, что есть вещи на свете, которые непорядочно делать. [PX=7; OPX=4]
METACONTEXT-H: Nobody was carried into emergency — this is a form of joke.

Никого не вносили в скорую — это была форма шутки. [PX=9]

322
"—   Why are you against him?
—   Because he is Russian."
«—   Почему вы против него?
—   Потому что он русский».
[PX=10]
PERIOD: 1986-1987.
FRQ: Frequently.
EMOTION: Heated discussion.
CONTEXT: It should be noted that some people tried to express the positive point of view about me.

This is one of the frequent conversations throughout 1986-87. It usually followed a discussion of the Reagan's SDI (Strategic Defense Initiative) or "Star Wars," where I am depicted by the person who does not like me as unreliable on the basis of my national origin.

It is interesting enough that at that period I had been an enthusiastic

327

4.6 March Diary

supporter of SDI.

At the time I had not paid much attention to this kind of highly ideological political debates about me.

Нужно заметить, что некоторые люди пытались отзываться положительно обо мне.

Это — один из частых обменов в 1986-87. За ним обычно следовало обсуждение Стратегической Оборонной Инициативы (СОИ), или «Звездных войн», Рейгана, при которых меня обрисовывали как ненадежного в силу своего этнического происхождения человека.

Интересно, что в этот период я был большим сторонником СОИ.

В то время я не обращал внимания на эти остро идеологические дебаты обо мне. [PX=10; OPX=9]

METACONTEXT-H: One paradox of my early American life was also in the fact that though I considered myself a Republican at the time, my sympathizers were mostly on the left side of the political spectrum.

Одним из парадоксов моей ранней американской жизни было то, что хотя я тогда считал себя республиканцем, симпатизировавшие мне люди были по большей части с другого конца политического спектра. [PX=6]

METACONTEXT-A: The motto of those who did not like me was: "If you are a friend, you are a nutter, and if you are not a nutter, you are a foe."

Девизом тех, кто не любил меня, было: «Если ты друг, ты придурок, и если ты не придурок, ты враг». [PX=7]

METACONTEXT-A: In America there are rules of "political correctness," related to the language you are using. In the Soviet Union, I was accustomed to equating Western political language with the "Voice of America" and "BBC," which are very "politically correct" in their expressions. It was a discovery for me that in real life Americans can be very "politically incorrect."

With closer scrutiny, it can be found that there is a right and a left "political correctness." Which one is more appealing, depends on your cultural sensibilities. I liked more the left "political correctness." After all, the right "political correctness" may consider it inappropriate to criticize a (Republican) President, while the left considers it indecent to make a slur against ethnic, racial or religious minorities. I used to think that the possibility for the criticism of a President is the foundation for political freedom of speech; and the left "political correctness" is closer to my understanding of elementary politeness.

В Америке существуют правила «политической корректности», связанные с языком, которым вы пользуетесь. В Советском Союзе я привык идентифицировать западный политический язык с «Голосом Америки» и «Би-Би-Си», которые были очень «политически корректны» в выражениях. Для меня было открытием, что в реальной жизни американцы могут быть очень «политически некорректны».

При ближайшем рассмотрении можно обнаружить, что есть правая и левая «политическая корректность». Какая вам больше нравится, зависит от ваших политических пристрастий. В конечном итоге, правая «политическая корректность» может считать неприемлемой критику (республиканского)

4.6 March Diary

президента, в то время как левые считают неприличным плохо выражаться об этнических, расовых или религиозных меньшинствах. Я привык считать, что возможность критиковать президента лежит в основе политической свободы слова; и левая «политическая корректность» ближе к моему пониманию элементарной вежливости. [PX=10; OPX=9]

323
"Political correctness also shifts with social groups."
«Политическая корректность также меняется в зависимости от социальной группы».
[PX=10]
PERIOD: 2001-2012.
FRQ: Once.
EMOTION: Seriously.
CONTEXT: J.A.A. reasons.
     J.A.A. рассуждает. [PX=10]
METACONTEXT-J.A.A.: Among one groups of friends it may be ok to joke in a way, but not with another.

   Since the 80's, perhaps, the idea of "political correctness" has been relegated primarily to the left. It's now this silly thing where liberals are afraid of offending anybody. This is why there's now such a niche for "politically incorrect" liberals like Bill Maher.

   Одна и та же шутка может быть «О-кей» в одной группе и «не-О-кей» в другой.
   С 1980-х годов идея «политической корректности» переместилась, в основном, влево. Дошло до абсурда — сейчас либералы боятся обидеть кого-либо. Поэтому сейчас появилась ниша для таких «политически некорректных» либералов как Билл Мар. [PX=10; OPX=9]

324
"Homo, homo, omo, omo..."
"Shoot, shoot, shoot, oot, oot..."
"Nut, nut, nut, nut, ut..."
"Russian comedian, edian, edian..."
"Kick, kick, ick, ick, ick..."
[PX=2]
PERIOD: March 6, 1987.
FRQ: Often.
EMOTION: Wicked laughter.
CONTEXT: A heart attack on Friday night into Saturday.
   Сердечный приступ в ночь с пятницы на субботу. [PX=4; OPX=2]
METACONTEXT-P: After three weeks, I visited a physician. He thinks that there was no heart attack, although the electrocardiogram is slightly deviated from the norm. He suggests psychological causes.

   "An acute anxiety attack may be an isolated event or, for particularly vulnerable people, a series of them can occur at varying intervals. Because of its dramatic nature and the briefly severe disability exhibited, it is not infrequently mistaken for a serious organic disorder such as a heart attack."

"The victim comes to fear such episodes and may even avoid places where he has experienced prior attacks."[706]

Спустя три недели посетил врача. Он считает, что инфаркта не было, хотя кардиограмма слегка отклонена от нормы. Предполагает психологические причины.

«Сильная атака беспокойства может быть изолированным событием, или для особо ранимых людей, серия таких событий может иметь место в различные интервалы. Из-за своей драматической природы и проявляющейся короткой серьезной нетрудоспособности она нередко ошибочно принимается за инфаркт».

«Жертва приходит к боязни таких эпизодов и может даже избегать места, где она испытывала предыдущие атаки».[707] [PX=9]

325
"Seems reasonable; anxiety attacks to present with chest pains."
«Представляется возможным; атаки беспокойства могут вызывать боли в области сердца».
[PX=10]
PERIOD: 2001-2012.
FRQ: Once.
EMOTION: Seriously.
CONTEXT: J.A.A. notes.
J.A.A. замечает. [PX=10]

326 From the Parallel Universe
"Can anybody shoot this bloody ass?"
«Может кто-нибудь застрелить этот (ругательство)?»
[PX=10]
PERIOD: March 8, 1987.
FRQ: Once.
EMOTION: He became red faced from real anger.
CONTEXT: On Saturday night into Sunday, after 1 AM, I am awoken by a phone call from a manager. There is a problem in a program. He asks me if I can come. Two managers are there on the night shift. They know that I have had the "heart attack." If they are calling me, it means they really need my help. I reluctantly agree. At work, I sincerely become absorbed in solving the problem.

Suddenly, there is this explosion of anger from one of the managers.

В ночь с субботы на воскресенье во втором или третьем часу ночи меня разбудил звонок менеджера. Проблема в программе. Спрашивает, могу

---

[706] Reference: Encyclopedia Britannica (1983)(1), v. 15, p. 168.
[707] Reference: Encyclopedia Britannica (1983)(1), v. 15, p. 168.

4.6 March Diary

ли я прийти на работу. Два менеджера — в ночной смене. Они знают, что у меня был «сердечный приступ». Если звонят, значит им действительно нужна моя помощь. Нехотя соглашаюсь. На работе искренне включаюсь в проблемы.

Вдруг — эта вспышка гнева одного из менеджеров. [PX=10; OPX=7]

METACONTEXT-H: Bernard Shaw *Saint Joan*: "Robert de Baudricourt burns witches and hangs thieves. Go. Bring me four dozen eggs and two gallons of milk here in this room before noon, or Heaven have mercy on your bones! I will teach you to make a fool of me."[708]

Бернард Шоу в *Святой Иоанне*: «Робер де Бодрикор сжигает ведьм и вешает воров. Идите. Принесите мне четыре дюжины яиц и два галлона молока в эту комнату до полудни, а иначе — пусть небеса сжалятся над вами! Я научу вас, как делать из меня дурачка».[709] [PX=10]

327 From the Parallel Universe
"What a pain to work with this bloody shit!"
«Что за боль работать с этим (ругательство)!»
[PX=10]
PERIOD: March 8, 1987.
FRQ: Once.
EMOTION: Anger.
CONTEXT: We continue the night shift. It was said into the terminal, and nobody knows what the reason was. I know that if I become nervous, it may cost me a lot. I am relaxing — and completely immerse myself into the work. Only one thought in the background — if I die now, what would be my life's sum?

Продолжаем ночную вахту. Сказано в терминал, кто его знает по поводу каких порывов сердца. Знаю, если понервничаю — это может мне очень дорого стоить. Расслабляюсь — и ухожу полностью в работу. Только проскальзывает — в чем был бы итог моей жизни, подведи его сейчас? [PX=9; OPX=5]

328
"Well, if people keep throwing themselves at a problem without resolving it, naturally they get frustrated."
«Однако, если люди продолжают окунаться в проблему, не разрешая ее, естественно они нервничают».
[PX=10]
PERIOD: 2001-2012.
FRQ: Once.
EMOTION: Seriously.
CONTEXT: J.A.A. comments.
J.A.A. комментирует. [PX=10]
METACONTEXT-J.A.A.: Computers get broken that way. Computers get thrown out windows that way.

---

[708] Literature: Shaw (1993), p. 68.
[709] Literature: Shaw (1993), p. 68.

4.6 March Diary

Так бьются компьютеры. Так их выбрасывают из окон. [PX=10]

329 From the Parallel Universe
"Bloody shit."
«(Ругательство)».
[PX=6]
PERIOD: March 8, 1987.
FRQ: Once.
EMOTION: Almost without any anger.
CONTEXT: By the morning, there was only one of two managers and me. The programs are working. The manager is in a good mood. He calls home. We say good-bye to each other; it is almost friendly. This has been a strange night.

Под утро остался только один из двух менеджеров и я. Программы работают. Менеджер благодушествует. Звонит домой. Расстаемся почти приветливо. Странная ночь. [PX=10; OPX=1]

330
"Nothing like being in the trenches to bring people together."
«Ничто так не сближает людей, как время, проведенное в окопах».
[PX=10]
PERIOD: 2001-2012.
FRQ: Once.
EMOTION: Seriously.
CONTEXT: J.A.A. notes.

J.A.A. замечает. [PX=10]

331
"I don't like that you don't warn me about vacation..."
«Мне не нравится мысль, что Вы не предупреждаете меня об отпуске».
[PX=10]
PERIOD: March 10, 1987.
FRQ: Once.
EMOTION: Anger.
CONTEXT: After the night shift, I felt worse. I took a comp day on Monday. One month ago, I was promised a two-day vacation.

После ночной смены мне стало хуже. В понедельник взял отгул. Еще месяц назад мне был обещано два дня отпуска. [PX=9; OPX=8]

332
"I am sorry, I was a little hot this morning."
«Я сожалею, я был слегка горяч сегодня утром».
[PX=10]
PERIOD: March 10, 1987.
FRQ: Once.
EMOTION: With slightly concealed displeasure.
CONTEXT: The manager. The evening of the same day.

Менеджер. Вечер того же дня. [PX=10; OPX=5]

332

4.6 March Diary

333
"Nut."
"Rat with the long neck."
«Ненормальный».
«Крыса с длинной шеей».
[PX=10]
PERIOD: March 12, 1987. Lunchtime.
FRQ: Once.
EMOTION: Scornful, not friendly.
CONTEXT: Interesting.
          Интересно. [PX=10; OPX=5]

334
"More outdated terms?"
«Более устаревшие термины?»
[PX=10]
PERIOD: 2001-2012.
FRQ: Once.
EMOTION: Seriously.
CONTEXT: J.A.A. questions.
          J.A.A. вопрошает. [PX=10]

335
"Black."
"Gay."
"Kick this shit out."
"He is pretty unemployable."
"X said: Don't even appear near Major Software Company."
«Черный».
«Гомосексуалист».
«Выбросьте отсюда это (ругательство)».
«Он довольно непригоден к работе».
«Х сказал: даже пусть не появляется около Большой Программистской Компании».
[PX=10]
PERIOD: March 19, 1987, the last day of the contract.
FRQ: Once during the day.
EMOTION: Muted ill-wishing.
CONTEXT: Two days before I started my notes. They know about it probably because of covert CCTV cameras. Only a few typical bits have appeared during the whole day. There is an atmosphere of unusual politeness. At the end of the day, it was declared that my contract would be continued until the end of the month.

          Два дня назад я начал свои записки. Они знают об этом, по-видимому, благодаря скрытым камерам замкнутых телевизионных систем слежения. Лишь несколько типовых уколов проскользнуло за весь день. Атмосфера необычной вежливости. В конце дня объявили о продлении

4.6 March Diary

контракта до конца месяца. [PX=6; OPX=3]

336

"Helping rescue the system during that night got you a couple of brownie points, it seems."
«Ты заработал себе несколько печений помогая спасти систему ночью».
[PX=10]
PERIOD: 2001-2012.
FRQ: Once.
EMOTION: Seriously.
CONTEXT: J.A.A. notes.

       J.A.A. отмечает. [PX=10]

337

"What are you trying to achieve?"
"Why are you messing around Major Software Company?!"
«Чего ты пытаешься достигнуть?»
«Почему ты мешаешься под ногами у Большой Программистской Компании?!»
[PX=10]
PERIOD: March 20, 1987.
FRQ: Once.
EMOTION: Open anger.
CONTEXT: It has been about two weeks since I began writing my notes.

       Будет около двух недель, как я пишу дневник. [PX=10; OPX=4]

338

"—   Maybe this story has another side?
—   Yes, maybe."
«—   Может быть, у этой истории есть и другая сторона?
—   Да, наверно».
[PX=10]
PERIOD: March 20, 1987.
FRQ: Once.
EMOTION: By the very end of the conversation my emotions are somewhat hot.
CONTEXT: This is a conversation with my wife about an unfinished version of the notes.

       Разговор с Линой после ее ознакомления с неоконченной версией «записок». [PX=10; OPX=9]

339

"Probably. Most likely. All stories have other sides."
«Вероятно. Скорее всего. Все истории имеют другую сторону».
[PX=10]
PERIOD: 2001-2012.
FRQ: Once.
EMOTION: Seriously.

4.6 March Diary

CONTEXT: J.A.A. demonstrates her liberal arts thinking.

    J.A.A. демонстрирует свою выучку в университете. [PX=10]

340

"It's true that all stories can be told from different perspectives but this does not invalidate the legitimacy of each perspective."

«Конечно, все истории могут быть рассказаны с разных точек зрения, но это не делает никакую из этих точек зрения неверной».

[PX=10]
PERIOD: 2001-2012.
FRQ: Once.
EMOTION: Seriously.
CONTEXT: J.L.A. adds.

    J.L.A. добавляет. [PX=10]

341

"Alex, hold your breath — it's too hot here."
"Maniac."

«Алекс, попридержи свое дыхание — здесь слишком жарко».
«Маньяк».

[PX=7]
PERIOD: March 25, 1987.
FRQ: Once.
EMOTION: Self-expression.
CONTEXT: From the early morning they make me understand that they do not like what I am writing in my diary.

    С самого утра дали понять, что им не нравится, что я пишу в своем дневнике. [PX=3; OPX=2]

342

"This preacher who drives a Mercedes."

«Этот проповедник, что правит Мерседесом».

[PX=10]
PERIOD: March 26, 1987.
FRQ: Once.
EMOTION: A stretched, prepared beforehand joke.
CONTEXT: It is said straight to my face. It is a boring variation of old.

    Прямо в лицо. Скучная вариация старого. [PX=4; OPX=2]

METACONTEXT-A: As Friedrich Nietzsche put it: "The priest is the most vicious type of person: he *teaches* anti-nature. Priests are not to be reasoned with, they are to be locked up."[710] Some people have not noticed the indisputable connection between such ideas and the most catastrophic European movement up-to-date, German National Socialism.

    Как это сформулировал Фридрих Ницше : «Священник это наиболее

---

[710] Philosophy: Nietzsche (2007), p. 66; see also: Pearson (2006), Magnus (2007), Critchley (1998), McNeill (1998), Crowell (2012), Schacht (1999), Stern (2019), and Shand (2019).

4.6 March Diary

злостный тип человека: то, что он проповедует, противно природе. Со священниками не нужно спорить, их нужно заключать в заточение».[711] Некоторые люди не заметили неоспоримой связи между такими идеями и самым катастрофичным по сей день европейским движением, германским национал-социализмом. [PX=10]

343
"Also, preachers, as opposed to priests or ministers, are associated with branches of Christianity which are predominantly black."

«Также проповедники, в отличие от священников, связаны с теми ветвями христианства, которые посещаются в основном черными».
[PX=10]
PERIOD: 2001-2012.
FRQ: Once.
EMOTION: Seriously.
CONTEXT: J.A.A. adds.
        Добавляет J.A.A. [PX=10]

344
"Some Schmo..."
"Scarface who spent the last five years in New York."
"Jerk."
"This shark."

«Какой-то шмо...»
«Человек со шрамами на лице, который провел последние пять лет в Нью-Йорке».
«Шут».
«Эта акула».
[PX=9]
PERIOD: March 27, 1987.
FRQ: Once each.
EMOTION: Calmly.
CONTEXT: I took a piece of paper and openly wrote each one down on it.
        Достал бумажку и демонстративно записал на ней. [PX=10; OPX=9]

345
"And that's what we call New York hospitality."

«И это то, что мы называем нью-йоркским гостеприимством».
[PX=10]
PERIOD: 2001-2012.
FRQ: Once.
EMOTION: Seriously.
CONTEXT: J.A.A. comments.
        J.A.A. комментирует. [PX=10]

---

[711] Philosophy: Nietzsche (2007), p. 66; see also: Pearson (2006), Magnus (2007), Critchley (1998), McNeill (1998), Crowell (2012), Schacht (1999), Stern (2019), and Shand (2019).

4.6 March Diary

346 From the Parallel Universe
"—   You get all this money and think that you don't get all these diseases? It is not just some paper.
—   Providence."
«—   Вы получаете такие деньги и думаете, что не получите всех этих болезней? Это не какие-то бумажки.
—   Провидение».
[PX=10]
PERIOD: March 27, 1987.
FRQ: Once.
EMOTION: Calmly.
CONTEXT: A moment of truth.
        Момент истины. [PX=5; OPX=3]
METACONTEXT-A: "In the form of folklore known to 17th century American Puritans as the "remarkable providence," God punished sinners, blasphemers, heretics, witches, marauding Indians… with acts of supernatural vengeance, while rewarding his elect with supernatural assistance during their wilderness trials."[712]
        «В форме фольклора, известного американским пуританам 17-го века как «замечательное провидение», Бог наказывал грешников, богохульников, еретиков, ведьм, мародеров-индейцев… актами сверхъестественного возмездия, в то же время вознаграждая избранных сверхъестественной помощью во время их испытания в пустыне».[713] [PX=10]

347
"No more chickens."
"Crocodile."
"They praise the American spirit, and then they turn around and poison us with chickens."
«Никаких цыплят больше».
«Крокодил».
«Они хвалят американский дух и затем поворачиваются и отравляют нас цыплятами».
[PX=10]
PERIOD: March 30, 1987.
FRQ: Once each.
EMOTION: Anger.
CONTEXT: It is one more day with this dusty repertoire.
        Еще один день с запыленным репертуаром. [PX=5; OPX=3]

348
"You've got yourself a whole *Animal Farm* here."
«У тебя целый *Скотный двор* здесь».
[PX=10]

---

[712] Reference: Encyclopedia Britannica (1983)(1), v. 7, p. 465.
[713] Reference: Encyclopedia Britannica (1983)(1), v. 7, p. 465.

4.6 March Diary

PERIOD: 2001-2012.
FRQ: Once.
EMOTION: Ironically.
CONTEXT: J.A.A. jokes.
       J.A.A. шутит. [PX=10]

349
"There are total rejects down there with a big letter."
«Там есть полные отрицатели с большой буквы».
[PX=10]
PERIOD: March 30, 1987.
FRQ: Once.
EMOTION: Corresponding.
CONTEXT: They have in mind somebody in the Soviet Union.
       Имеется ввиду — в Союзе. [PX=9; OPX=5]

350
"You will never get a job in the United States (if you do this)."
«Вы никогда не получите работу в Соединённых Штатах (, если Вы сделаете это)».
[PX=10]
PERIOD: March 30, 1987.
FRQ: Once.
EMOTION: With meaning.
CONTEXT: They try to blackmail me about my job.
       Они пытаются шантажировать меня моей работой. [PX=5; OPX=3]

351
"If he does it, he will pay for it."
«Если он сделает это, он заплатит за это».
[PX=10]
PERIOD: March 31, 1987.
FRQ: Once.
EMOTION: Threatening.
CONTEXT: What do they have in mind?
       Что имеется ввиду? [PX=5; OPX=3]

352
"—   This is your last day.
—   This is his last day.
—   Ha-ha-ha.
—   He has more last days than Frank Sinatra.
—   He-he-he.
—   This is his last last day.
—   Ho-ho-ho.
—   Can we take you to the house of flies?
—   Oho-oho-oho.

4.6 March Diary

— Alex, see 'A contractor was put into jail for tax evasion.'
— U-u-u...
— You are on board of the transatlantic flight."

«— Это твой последний день.
— Это его последний день.
— Ха-ха-ха.
— У него больше последних дней, чем у Франка Синатры .
— Хе-хе-хе.
— Это его последний последний день.
— Хо-хо-хо.
— Можем мы тебя взять в дом мух?
— Охо-охо-охо.
— Алекс, смотри «Работающий по контракту помещен в тюрьму за уклонение от налогов».
— У-у-у...
— Вы на борту трансатлантического перелета».

[PX=10]
PERIOD: March 31, 1987.
FRQ: Once.
EMOTION: Everybody is free.
CONTEXT: This is a conversation on the last day of the contract.

Разговор в последний день контракта. [PX=10; OPX=6]

353
"Maybe now you can be a cat, you know, with nine lives?"
«Может быть, сейчас ты можешь быть котом, у которого девять жизней?»
[PX=10]
PERIOD: 2001-2012.
FRQ: Once.
EMOTION: Seriously.
CONTEXT: J.A.A. wonders.

J.A.A. недоумевает. [PX=10]

354
"He is a big piece of this..."
«Он — большое количество этого…».
[PX=10]
PERIOD: March 31, 1987.
FRQ: Once.
EMOTION: Malice.
CONTEXT: The last day of the contract. There was a gesture towards a big puddle of mud. Somebody considered my friendliness an absence of internal strength.

Последний день работы по контракту. Рукою сделан жест в сторону большой лужи грязи. Мою приветливость кто-то воспринимал за отсутствие стержня. [PX=10; OPX=9]

355

4.6 March Diary

"— Stupid.
— He could have been happy."
«— Тупой.
— Он мог быть счастлив».
[PX=10]
PERIOD: March 31, 1987.
FRQ: Once.
EMOTION: Scornful.
CONTEXT: The lack of tact does not surprise me anymore.
     Беспардонность меня уже не удивляет. [PX=6; OPX=3]
METACONTEXT-H: The second phrase could have more complex interpretations.
     У второй фразы возможны более усложненные интерпретации.
[PX=6]

356
"I bet. If they place sole responsibility on you for your own happiness, they don't have to own up to their own behavior."
«Я не сомневаюсь. Если они считают тебя полностью ответственным за собственное счастье, они не должны отвечать за свое поведение».
[PX=10]
PERIOD: 2001-2012.
FRQ: Once.
EMOTION: Seriously.
CONTEXT: J.A.A. makes a statement.
     J.A.A. делает заявление. [PX=10]

357 From the Parallel Universe
"He is insane."
«Он невменяем».
[PX=10]
PERIOD: March 31, 1987.
FRQ: Several times.
EMOTION: Different.
CONTEXT: They have felt the direction of my mood.
     Почувствовали, куда клонится мое настроение. [PX=5; OPX=3]

358
"Make sure he does not come back."
«Сделай, чтобы он не вернулся».
[PX=10]
PERIOD: The last week of March, March 24-31, 1987.
FRQ: Once.
EMOTION: Ill-will.
CONTEXT: Not all voices in this choir are so naïve.
     Не все голоса наивны в этом хоре. [PX=6; OPX=3]
METACONTEXT-A: The following is a complete conversation with my wife on March 20, 1987 (from memory):

340

4.6 March Diary

"—   What do you think, maybe we should go to Alabama [where our parents lived at the time]?

—   I do not think it can change anything. The reason I started from afar was because I have heard the same things from different people on different jobs. I only entered a company and heard something from the previous one.

—   Anyway, there will be a different state, different people?

—   This does not matter. There are some traits in Americans and in me that are incompatible.

—   I cannot go to work instead of you; I am not such a good specialist.

—   I think it would be much easier for you than you think. Americans understand quite differently whether or not a person is suitable for a job. They look first of all at his general looks. They have a certain image of what social position a person should occupy. If you look like a superman, are in excellent sport form, well dressed, then everything is good. If not, no merits and talents will help.

—   But was that so also in the Soviet Union?

—   Yes, but not to such a degree. Americans have a different view of things. They see a person in a special anthroposophical light. This is, probably, what is called a different civilization. There is logic in such an order of things. A person of a pleasant appearance can more easily communicate with others, performs exactly what he is being told. In the majority of jobs only this is required.

—   Probably this is connected to the competition?

—   Yes, with this also. This society is built on efficiency. They idolize efficiency. It is difficult for me, though, to imagine how all this works in the areas where it is really necessary to do something new. I think there are areas where it causes harm. Because such morality is not a "working ethic."

What have been the specifics of my last project? The fact that technically I had all trump-cards. And it has appeared that all this did not matter. It did not matter at all. Zero. To the degree to which I was technically strong, I was only a source of growing tensions.

—   What do you think, is there anybody else among the immigrants who feels similarly?

—   By the way, I think that there exist quite a big percent of people who think the same. When I watch some Jewish refusenik on TV, who has waited 10 years for exit visas, I often think that he would not fit in here already by his looks.

—   You know your grandmother said today: why did we invite her to America?

—   It is impossible to say somebody in the Soviet Union: do not come. "They have accumulated fat there and do not want to send invitations." They see beautiful goods, the absence of concerns about food. (Somebody who is more curious sees the possibility to travel, to read books, which are impossible to find there, to widen your horizon. More idealistic ones hope to find a country of like-minded people and friends.)

But here everything is filled with competition. And the essence is in the fact that the competition is not an abstract business, which occurs according to Olympic principles. A regular person is often ready to give up everything in order to win. Good-bye, Olympic principles. This looks more like a rat race.

And it penetrates all the small details of life.

4.6 March Diary

—   But you cannot require from everybody that he adjusts to you?

—   No, of course not. Moreover, I do not have a moral right for that. In comparison with their standards they do great things for me."

Полный разговор с Линой 20 марта (на память):

«—   Как ты думаешь, не переехать ли нам в Алабаму (где в то время жили наши родители)?

—   Я не думаю, что это что-либо изменит. Я потому и начал издалека, что одни и те же вещи слышал от разных людей на разных работах. Я только входил и слышал то, что на предыдущей работе.

—   И все же, другой штат, другие люди?

—   Это не имеет значения. Есть какие-то черты в американцах и во мне, которые слагаются в несовместимую комбинацию.

—   Я не могу пойти на работу вместо тебя, я не такой хороший специалист.

—   Я думаю, что это было бы тебе гораздо легче, чем ты полагаешь. Американцы совсем по-другому понимают, годен ли человек к работе, или нет. Они смотрят, прежде всего, на общий вид. У них есть определенное представление о том, какой человек должен занимать какое социальное положение. Если вы выглядите как супермен, в прекрасной спортивной форме, хорошо одеты, — тогда все хорошо. Если нет — никакие заслуги и таланты не помогут.

—   Но ведь также было и в Союзе?

—   Да, но не в такой степени. У американцев другое видение вещей. Они человека видят в особом антропософском свете. Это, наверное, и называется «другая цивилизация». В таком положении вещей есть определенный смысл. Человек приятной наружности легче контачит с другими, выполняет в точности, что ему говорят. В большинстве работ это только и нужно.

—   Наверно это связано с конкуренцией?

—   Да, и с этим тоже. Это общество, построенное на эффективности. Они молятся на эффективность. Мне очень, правда, трудно представить, как все это выглядит в областях, где действительно нужно делать что-то новое. Я думаю, есть области, где это идет во вред. Потому что такая мораль — не «рабочая этика», не рабочая мораль.

В чем особенность моего последнего проекта? В том, что технически у меня были все козыри на руках. И оказалось, что все это не имеет никакого значения. Никакого. Ноль. В той мере, в какой я был технически силен, я лишь служил источником нарастающих трений.

—   Как ты думаешь, есть ли еще кто-нибудь из иммигрантов, кто чувствует так же, как ты?

—   Грешным делом я думаю, что есть достаточно большой процент людей, которые думают так же. Когда я смотрю по телевизору какого-нибудь еврея-отказника, десять лет ждущего выезда, я часто думаю, что он не впишется уже потому, как он выглядит.

—   Ты знаешь, сегодня бабушка сказала: зачем мы ее вызвали?

—   Сказать кому-то в Союзе «не езжай» невозможно. «Отъелись и не хотят вызывать». Они видят красивые шмотки, отсутствие забот о еде. (Более

342

любознательные — возможность путешествовать, читать книжки, которые не достать там, расширить свой кругозор. Более идеалистические — надеются найти страну единомышленников и друзей.)

А здесь на месте все заполнено «соревнованием». И суть в том, что «соревнование» не есть абстрактное занятие, совершаемое по олимпийским принципам. Рядовой человек часто готов на все, чтобы победить. Прощай олимпийские принципы. Это больше похоже на крысиные гонки.

И проникает во все поры жизни.

— Но ты не можешь требовать от всех, чтобы они подстраивались под тебя?

— Нет, конечно. Больше того, у меня нет на это морального права. По сравнению со своими стандартами они делают огромные благодеяния».
[PX=10]

4.7 A Bridge to the Surprising

4.7   A Bridge to the Surprising

359

"—   He is a traffic nut.

—   You mean a traffic circle? Oh, yes. In England they like traffic circles. One traffic circle, inside — another circle with traffic lights. They just love them."

«—   Он — «орех» уличного движения.

—   Ты имеешь в виду круг уличного движения? О, да. В Англии они любят круги. Один круг, внутри — другой, со светофорами. Они просто обожают их».

[PX=10]

PERIOD: March 31, 1987.

FRQ: Once.

EMOTION: Light humor.

CONTEXT: The probability that this is a before planned joke is not very high. More likely they were talking about street traffic.

Вероятность того, что это запланированная шутка, не очень велика. Скорее всего, говорили об уличном движении. [PX=9; OPX=8]

METACONTEXT-P: This is a good example of an original interference of meaning. In the foreground, there is talk of street traffic. A word that is often used in other kind of talks naturally comes to mind and tongue. The second person taking part in the conversation, when he catches a spontaneous joke, smiles at it, and either continues the foreground talk, slightly mixing it with meaning from the background, or switches to a second theme, masking it with the first.

For example, one of the possible interpretations of the response is: "In England they love introverted 'nuts,' inside of which there are other 'nuts' and you can see an internal life of thought."

Although it is impossible to interpret each of these occurrences with certainty, in their wholeness such occurrences speak out the collective background mind of the environment.

All this makes sense only if you take into account the frequency of the events together with other events, and the general situational context. In essence, this is a probabilistic characteristic. I can repeat that the interpretation of each particular occurrence from the chain cannot be fulfilled with complete exactness and depth by itself. This is an original "principle of uncertainty."

Хороший пример своеобразной «интерференции смысла». На первом плане — разговор об уличном движении. Слово, которое часто используется в другого рода разговорах, само просится на язык. Второй говорящий, уловив непроизвольную шутку, улыбается ей, и либо продолжает первый план, слегка пересыпав его смыслом из второго, либо переключается на второй, маскируя его под первый.

Например, одна из возможных интерпретаций ответа: «В Англии они обожают замкнутых «дурачков», внутри которых скрывается другой «дурачок» и видна внутренняя жизнь мысли».

4.7 A Bridge to the Surprising

Хотя интерпретировать каждый такой случай с уверенностью невозможно, в совокупности такие случаи передают, выговаривают содержание второго сознания окружающих.

Все это имеет смысл лишь с учетом частоты, совпадения с другими событиями, общим слагающимся ситуативным контекстом. В сущности это вероятностная характеристика. Повторяю, что интерпретация любого отдельного элемента из цепи не может быть выполнена с полной точностью и глубиной сама по себе. Своеобразный «принцип неопределенности». [PX=10; OPX=9]

360
"Again, with the linguistic habits. I, for one, love traffic circles."
«Снова о разговорных привычках. Я, сама по себе, люблю круги уличного движения».
[PX=10]
PERIOD: 2001-2012.
FRQ: Once.
EMOTION: Half-seriously.
CONTEXT: J.A.A. notes.
        J.A.A. замечает. [PX=10]

4.8 The Surprising is Near. Fall of 1986

4.8   The Surprising is Near. Fall of 1986

361

"He is a loser."

«Он — проигравший».

[PX=10]

PERIOD: October — November 1986.

FRQ: Often.

EMOTION: Scorn.

CONTEXT: "Loser" is "a person who consistently loses or is likely to lose or is behind (as in a game or competition)"[714].

«Проигравший» (или «проигрывающий») — «человек, который постоянно проигрывает или вероятно проиграет или останется позади (как например, в игре или соревновании)».[715] [PX=10; OPX=5]

METACONTEXT-A: To the word "loser." The myths "winner"/"loser" are of fundamental importance to American culture. Life is viewed through the prism of race, natural selection extrapolated to society. It follows naturally: the winners are not judged. It is one of the biggest nightmares to be designated as the "loser." The pressure of this myth is so immense that even those who have something to say would be afraid to pronounce a word in order not to be marked as the "loser."

К слову о «проигравшем». Мифы «победитель» /»проигравший» одни из самых краеугольных в американской культуре. Жизнь — в призме гонок, скачек, естественного отбора, перенесенного на общество. Само собой следует: победителей не судят. Быть обозначенным как «проигравший» — самый страшный кошмар. Давление этого мифа так велико, что даже тот, кому есть что сказать, часто побоится произнести слово, чтобы про него не сказали: «проигравший». [PX=10; OPX=8]

METACONTEXT-H: Zigfrid Lenz describes a village of blind people in one of his short stories: "(In a village) everybody is blind: they are born blind, grow, marry and die being blind. They have an eye disease..."

"A blind teacher asks: "Who?" — and burgomaster answers: "Your son"... While they were talking the son had already stayed upstairs for a long time, listening to the conversation suddenly said: "He speaks the truth, father. You do not know this, but this did happen. From exactly that unfortunate day when our boat was turned over and we were thrown onto the rocks, from that day on, I could see." "Yes, it has been already for two months that I see, and, be it known to you, it has been already two months that I know..." He calls them upstairs, suggests that they catch him. ...He runs away from them without difficulty..."

"While he is running, he tells them what he has discovered during the two months. — But this does not matter to them... — They do not understand him..."

"...The young boy sees a ring which surrounds him and the house... He is caught like a fish in a net."

"...They lead him, or more exactly, drag him through the village... They do

---

[714] Reference: Gove (1961).

[715] Reference: Gove (1961).

not think. What is going to happen is already known to them. It seems that this is not happening for the first time. In any event, they bring him to an old pump-house on the outskirts of the village."

"The burgomaster calls some man. ... He tightly ties the young boy to the gates of the pump-house; he puts on his eyes a leather bandage, and, while he is doing all that it becomes clear that the same was done to him many years ago."[716]

Зигфрид Ленц в одном из своих рассказов описывает деревню слепых людей: «(В деревне) все слепые: слепыми они родятся, вырастают, женятся и умирают слепыми. У них болезнь глаз...»

«Слепой учитель... спрашивает: «Кто?» — и бургомистр отвечает: «Твой сын»... Пока у них идет разговор, ... сын... уже давно стоит наверху, прислушивается к разговору и вдруг говорит: «Он сказал правду, отец. Ты этого не знаешь, но это произошло. С того несчастного дня, когда нашу лодку перевернуло и нас выбросило на скалы, с того дня я вижу». «Да, уже два месяца я вижу, и, будет вам известно, уже два месяца я знаю...» Он зовет их к себе наверх, ... предлагает им поймать его. ...Он без труда убегает от них...»

«На бегу он рассказывает, что обнаружил... за два месяца. — А им это безразлично... — Они его не понимают...»

«...Юноша... видит кольцо, окружающее его и дом... Он попался как рыба в вершу».

«...Они ведут, или скорее, тащат его по деревне... Они не раздумывают. Что будет дальше, им известно. Кажется, что им это не впервой. Так или иначе, они приводят его к старой водокачке за деревней».

«Бургомистр... подзывает какого-то мужчину. ... Он крепко привязывает юношу к воротилу водокачки; надевает ему на глаза кожаную повязку, и, пока он все это проделывает, становится ясно, что то же самое когда-то проделали с ним много лет назад».[717] [PX=10]

362

"'Loser' is also a social trait. Someone uncool, basically."

«««Проигравший» — также социальная черта. В целом, некто «непрохладный»».

[PX=10]
PERIOD: 2001-2012.
FRQ: Once.
EMOTION: Seriously.
CONTEXT: J.A.A. says.

Говорит J.A.A. [PX=10]

METACONTEXT-J.A.A.: I remember the big argument I had when I was in second grade, trying to convey to my parents the concept of cool. It ended when we looked it up in the dictionary: all we found was a terse definition reading "slightly cold." (I was such a loser.)

Я помню большой спор во втором классе, когда я пыталась

---

[716] Literature: Lenz (1982)(3), p. 308-311.
[717] Literature: Lenz (1982)(3), p. 308-311.

4.8 The Surprising is Near. Fall of 1986

объяснить моим родителям смысл «прохладности». Спор закончился, когда мы посмотрели в словаре: все, что мы нашли, это было сжатое определение, обозначающее нечто «слегка холодное». (Я была такой проигравшей.) [PX=10]

363

"The loser is not always to only one to receive ridicule."
«Не только проигравший подвергается осмеянию».
[PX=10]
PERIOD: 2001-2012.
FRQ: Once.
EMOTION: Seriously.
CONTEXT: J.L.A. adds.
    Добавляет J.L.A. [PX=10]
METACONTEXT-J.L.A.: Should an individual win too often or by too large a margin then resentment is also likely to grow among those that are not themselves "winners." Consider for instance, the current national obsession with not only celebrity worship but also the degree to which we revel in the scandals and misfortunes of these same celebrities. We love to watch a star rise to the top but there's nothing quite like getting the chance to see a falling star. (Make a wish.)
    Если человек побеждает слишком часто или со слишком большим разрывом, то это вызывает чувство обиды среди тех, кто не принадлежит к числу «победителей». Обратите внимание, например, на нашу национальную навязчивую идею не только молиться на знаменитостей, но и получать удовольствие от скандалов и несчастий тех же самых знаменитостей. Мы любим наблюдать восход звезды, но ничто не может сравниться с шансом увидеть падающую звезду. (Загадайте желание.) [PX=10]

364

"In 1986, I alone earned enough for our family income to be in the top 8% of all U.S. families."
«В 1986-м году я, работая один, заработал достаточно, чтобы наш семейный доход оказался в верхних 8% всех американских семей».
[PX=10]
PERIOD: 2001-2012.
FRQ: Once.
EMOTION: Seriously.
CONTEXT: Henrik Ibsen *The Master Builder*: "Well, he's making pretty good money, I'd have thought. But if he feels he wants more, I wouldn't say 'no' to …"[718]
    Генрик Ибсен в *Строителе Сольнесе*: «Однако, я думаю, он зарабатывает достаточно хорошие деньги. Но если бы он хотел большего, я бы не сказал «нет»…».[719] [PX=10]

---

[718] Literature: Ibsen (1993)(1), p. 563; see also: Ibsen (1993)(2), (3), and (4).
[719] Literature: Ibsen (1993)(1), p. 563; see also: Ibsen (1993)(2), (3), and (4).

4.8 The Surprising is Near. Fall of 1986

365

"You have to send letters registered with return receipt."
«Вы должны посылать письма заказными, с уведомлением».
[PX=10]
PERIOD: The 1980s.
FRQ: Many times.
EMOTION: Seriously.
CONTEXT: At that time, I had used to be more concerned with the obstacles on the Soviet side of the Iron Curtain. In the 1980s, there had existed Freedom of Communications, an organization dedicated to improving postal communications with the Soviet Union. It was headed my good acquaintance, a fellow political émigré Pavlenkov who lived in Jersey City, New Jersey. From him I have learned some techniques for increasing the reliability of the postal service. The only thing, following his recommendations was an arduous and expensive business.

В то время я был больше обеспокоен препятствиями на советской стороне железного занавеса. В 1980-е годы существовала организация «Свобода коммуникаций», которая посвятила себя улучшению условий коммуникаций с Советским Союзом. Ее возглавлял мой хороший знакомый, тоже политический эмигрант, Павленков, который жил в Джерси-Сити. От него я узнал некоторые приемы для увеличения надежности почтовой связи. Единственно что — следование его рекомендациям было утомительно и дорого. [PX=10]

366

"We have some prospects for you in New York City."
«У нас есть кое-какие перспективы для Вас в Нью-Йорке».
[PX=10]
PERIOD: Before the mailing of a letter to a friend on October 20, 1986.
FRQ: Several times the day.
EMOTION: Business-like.
CONTEXT: I had felt non-threatened before I mailed the letter.

Чувствую себя без каких-либо угроз со стороны перед отправкой письма. [PX=5; OPX=3]

367

"Unfortunately, we don't have anything for you in New York right now."
«К сожалению, у нас сейчас нет ничего для Вас в Нью-Йорке».
[PX=10]
PERIOD: After the mailing of the letter to the friend on October 20, 1986.
FRQ: Several times the day.
EMOTION: Business-like.
CONTEXT: I calm myself with the thought that it is unlikely that this was done by their design. That would be too clumsy on their part. And what could be so serious in that letter? No, I do not think so.

Успокаиваю себя мыслью, что маловероятно, что это было

4.8 The Surprising is Near. Fall of 1986

проиграно по «их» сценарию. Это было бы слишком неуклюже с их стороны. И что такого серьезного могло быть в письме? Нет, я не думаю. [PX=5; OPX=3]

368

"Show your license, registration, and insurance..."

«Покажите Ваши права, регистрационную карточку и страховку на машину...»

[PX=10]

PERIOD: A week after October 20, 1986.

FRQ: Once.

EMOTION: Politely.

CONTEXT: I drive from home on business and not far from home I find an improvised police roadblock. My registration and inspection are being checked. I have forgotten some documents at home — and I am fined.

For a second, a thought crosses my mind: "they" know which documents are in the car better than me. And if it is connected with the letter that I sent, they could have organized this.

But no, I do not think so, I do not think. The local police are not subordinated to the federal government. And is my letter so important after all?

Выезжаю по делу и недалеко от дома — импровизированный полицейский блок на дороге. Проверяют регистрацию и инспекцию. Какие-то документы я забыл дома — и меня оштрафовали.

Мелькает на секунду в голове: «они» знают, какие документы у меня с собой в машине лучше, чем я сам. И если это связано с письмом, которое я отправил, «они» могли бы организовать.

Но нет, я не думаю, не думаю. Местная полиция не подчиняется федеральным властям. И такое ли уж важное мое письмо? [PX=5; OPX=3]

369

"We were eating sandwiches when we heard a noise..."

«Мы ели сэндвичи, когда услышали шум...»

[PX=10]

PERIOD: Beginning of November 1986.

FRQ: Once.

EMOTION: Aggressively.

CONTEXT: I am coming back from an interview about the possibility of work in New York. While exiting a parking space, I touched another car. The other car is intact. I damaged a wing on my car. The other car was not moving. But was it not moving? I clearly saw the lights of that car switched on. "They?"

No, what a dream! I do not have time for deliberations. I am going home. And I do not think, I do not think, I do not think.

Возвращаюсь с разговора о возможности работы в Нью-Йорке. При выезде со стоянки задел бампер другой стоявшей машины. Помял себе крыло. Стоявшая машина цела. Впрочем, стоявшая ли? Я ясно видел огни

4.8 The Surprising is Near. Fall of 1986

включенными. «Они?»

Нет, что за бред! Мне некогда разбираться. Еду домой. И не думаю, не думаю, не думаю. [PX=2; OPX=1]

370

"You have a good chance of getting this job."

«У Вас хороший шанс получить эту работу».

[PX=10]

PERIOD: November 1986.

FRQ: Once.

EMOTION: Business-like.

CONTEXT: I have been without work for about a month. I had an interview at one place where I would like to go. That was an interesting job.

Около месяца без работы. У меня был разговор в одном месте, куда мне хотелось попасть. Интересная работа. [PX=10; OPX=5]

371

"Unfortunately, this job has gone to another person."

«К сожалению, это место получил другой».

[PX=10]

PERIOD: November 1986.

FRQ: Once.

EMOTION: Business-like.

CONTEXT: In the meantime, I started a congratulatory birthday letter for a friend in the Soviet Union. I began it without any special intentions.

My wife reads the letter. She is unaccustomed to the state of unemployment and it depresses her somewhat. Reading my letter, she considered its bravado insincere. I feel guilty before my wife and I add a joke "about the jobs, which wait from the friends" and about "all censors." (Jokes, as it is known, often mean more, than the conscious intention of the person who is talking.)

The letter appeared to be good, but with unplanned meaning. Several days I have thought about whether to send or not to send.

To my hesitation my wife says something along these lines: "This is your best letter so far." Thank you, dear. The letter is sent.

The job was refused in a day or two.

Of course, they could influence the outcome. But this is not very likely. After all, I do not think, I do not think, I do not think, I do not think.

Тем временем начинаю поздравительное письмо другу в Союзе. Начинаю безо всяких особых намерений.

Письмо читает Лина. Она несколько непривычна к состоянию безработицы, и это немного угнетает ее. Читая письмо, она сочла мою браваду в нем несколько неискренней. Мне стало перед Линой стыдно, и я вписываю шутку «о работе, которую я жду от друзей» и обо «всех цензорах». (Шутки, как известно, часто значат больше, чем осознанное намерение говорящего.)

Письмо получилось хорошее, но с незапланированным смыслом.

351

4.8 The Surprising is Near. Fall of 1986

Несколько дней раздумываю — посылать или нет.

На мои колебания Лина говорит что-то в духе: «Это самое лучшее, что ты до сих пор написал». Спасибо, Лина. Письмо отправлено.

Работу отказали через день или два.

Конечно, они могли повлиять. Но это не слишком правдоподобно. В конце концов, я не думаю, не думаю, не думаю, не думаю. [PX=10; OPX=5]

372

"There was a small crack on the wind-shield which grew when I was fixing the fender."

«Была небольшая трещина на ветровом стекле, которая разрослась, когда я чинил крыло».

[PX=10]
PERIOD: November or beginning of December 1986, after the November letter.
FRQ: Once.
EMOTION: Politely.
CONTEXT: I drove the car to a body shop to change a damaged wing. After the repairs, I find the windshield of the car with cracks running from one end to the other. I do not remember any crack before I left the car for repair. My wife does not remember it either.

I should say immediately, that I do not think that somebody's wrench fell on my windshield on someone's order because of my letter.

No, this is real paranoia. I do not think, I do not think, I do not think, I do not think, I do not think.

Сдал машину в мастерскую, чтобы заменить помятое крыло. После починки нахожу ветровое стекло с трещинами из конца в конец. Никакой трещины до этого не помню. Лина тоже.

Оговорюсь сразу, что я не думаю, что чей-то гаечный ключ упал на мое ветровое стекло по чьему-то указанию из-за нового письма.

Нет, это подлинная паранойя. Я не думаю, не думаю, не думаю, не думаю, не думаю. [PX=10; OPX=5]

373

"In college, we conducted experiments with rats. We tried to condition their behavior, giving them food when they behaved well, and not giving it — otherwise. And you know, there was one vicious rat that always jumped on the walls of its cage trying to bite you. We used electricity to condition these rats."

«В колледже мы делали эксперименты с крысами. Мы пытались создать условный рефлекс, связанный с их поведением, давая им еду, если они хорошо вели себя, и не давая — в противном случае. И вы знаете, там была одна злобная крыса, которая всегда прыгала на стенки и норовила вас укусить. Мы использовали электричество, чтобы создавать условные рефлексы у этих крыс».

[PX=10]
PERIOD: Middle — end of December 1986.
FRQ: Once.

4.8 The Surprising is Near. Fall of 1986

EMOTION: Laughter.
CONTEXT: In the middle of December, I was hired by the same place from which I left on September 30, 1986.

This was a conversation at work. I would like to say that people should be treated better than rats.

But I am introvert and silent. Because I do not think to the sixth power.

В середине декабря меня взяли на работу на то же место, с которого я ушел 30 сентября 1986.

Разговор был на работе. Хочется почему-то сказать, что с людьми можно было бы не как с крысами.

Но я задумчиво замолкаю. Потому что я не думаю в шестой степени.
[PX=10; OPX=5]

4.9   *Instead of the Epilogue*

374

"— How are you?

— Welcome to the United States.

— I would like to ask you some questions.

— When were you born?

— Where are you from?

— What is your education?

— Which secondary schools did you attend?

— What happened in 1975?

— Where did you serve the sentence?

— What did you do after that?

— How did you emigrate? You are not Jewish, are you?

— Where did you meet your wife?

— When was your wife born?

— Do you have other relatives in the United States?

— Where did you work in the United States?

— What were you asked to do in America (when you received permission to emigrate)?

— I am concerned that you are saying that you were not asked to do anything.

— Would you like to stay in this area?

— This is a good area. My own office is in the beautiful place near the golf course. Do you play golf?

— Would you like to ask me about anything?

— Are you an enemy of the state?

— When was your wife born?"

«— Как поживаете?

— Добро пожаловать в Соединенные Штаты.

— Я бы хотел задать Вам несколько вопросов.

— Когда Вы родились?

— Откуда Вы?

— Каково Ваше образование?

— Какие школы Вы посещали?

— Что случилось в 1975-м году?

— Где Вы отбывали наказание?

— Что Вы делали после этого?

— Как Вы эмигрировали? Вы не еврей, не так ли?

— Где Вы встретили Вашу жену?

— Когда Ваша жена родилась?

— Есть ли у Вас другие родственники в США?

— Где Вы работали в США?

— Что Вас просили делать в Америке (когда разрешили эмигрировать)?

— Я обеспокоен Вашими словами, что ничего не попросили.

4.9 Instead of the Epilogue

— Хотите ли Вы жить в этом районе дальше?
— Это хороший район. Мой офис находится в красивом месте около поля для гольфа. Вы играете в гольф?
— Хотели ли Вы попросить меня о чем-нибудь?
— Вы — враг государства?
— Когда родилась Ваша жена?»

[PX=10]

PERIOD: Approximately — February 1987, the period of the apogee of "kick out" campaign at work.

FRQ: Once.

EMOTION: Politely in the beginning, sharply on the question: what were you asked to do in America, cold rage — at the end.

CONTEXT: This is a visit by one of the "official friends." The questions themselves are not interesting for him. He studies me according to the laws of interrogation.[720] I am tired from all this. I answer toughly.

The moments to which attention should be paid:

- From the end of 1985 through the first half of 1987 we had lived in a good area in Princeton.
- Golf is a symbol of high social status.
- The question, "would you like to live in this area", together with the question, "would you like to ask me about anything", may be interpreted like the conversation which nine years before (in 1978) one of my friends had with a representative of the KGB ("can I help you with your living conditions?").
- The question, are you an enemy of the state, may be considered a weaker version of the question: are you a real Soviet man?

Визит одного из «официальных друзей». Сами вопросы интересуют его не слишком сильно. Изучает в соответствии с правилами допроса.[721] Мне все это надоело. Отвечаю резко.

Моменты достойные внимания:

- С конца 1985 по первую половину 1987 мы живем в хорошем районе в Принстоне.
- Гольф — символ высокого статуса.
- Вопрос, «хотите ли Вы жить в этом районе», вместе с вопросом, «хотите ли Вы попросить меня о чем-нибудь», может быть интерпретирован в духе разговора, который девять лет назад (в 1978-м году) имел один из моих друзей с представителем КГБ («помочь ли Вам с квартирой?»).
- Вопрос, «Вы — враг государства?», можно считать слабой версией вопроса: «Вы настоящий советский человек?».

[PX=9; OPX=8]

METACONTEXT-H: The story of Lenz's *Lightship*. Armed bandits are on board of

---

[720] See: Law: Hess (2015).
[721] See: Law: Hess (2015).

4.9 Instead of the Epilogue

the lightship. They want the lightship to weigh anchor and transport them to the other bank.

The captain refuses:

"—   There people know that they can rely on us."

"—   But nobody will know that there," — follows the answer, — "They are in our hands, and we need just a small thing to send them on the sandbanks." "Only when they sit on their kill will they notice that they have missed something..."

The other message of the story is centered on the psychological struggle of the captain with his enemy:

"—   ...I have never met a person until now, with whom I could be as open as with you: what is the explanation for that? Is it that we understand each other to the end? Your and our situation?... Every person is similar to his enemy; there is nobody with whom more close a connection is established." "I think that I met in you a man who is very familiar to me; and this familiarity is not in how we are similar, but in how we are decisively in everything absolutely opposite."[722]

Рассказ Ленца *Плавучий маяк*. Вооруженные бандиты на борту плавучего маяка. Они хотят, чтобы маяк снялся с якоря и перевез их на другой берег.

Капитан отказывается:

«—   Там знают, что могут на нас положиться».

«—   Но там-то об этом никому неизвестно», — следует ответ, — «Они у нас в руках, и нам требуется сущий пустяк, чтобы послать их на песчаные банки». «Лишь сев на мель, они заметят, что упустили кое-что...»

Другая мысль рассказа возникает вокруг психологического поединка капитана с его противником:

«—   ...Ни разу не встречал я еще человека, которому мог бы открыться вот так, как Вам: чем это... объяснить? Тем, что мы до конца друг друга понимаем? Вашим и нашим положением?... Каждый человек схож со своим противником, ни с кем у него не устанавливается более тесная связь». «Думаю, что встретил в Вас человека, который мне очень близок; и близость эта не в том, в чем мы схожи, а в том, что мы решительно во всем абсолютно противоположны».[723] [PX=10; OPX=9]

375
"This reads like something out of a drugstore spy novel."
«Это читается как дешевый шпионский роман».
[PX=10]
PERIOD: 2001-2012.
FRQ: Once.
EMOTION: Seriously.
CONTEXT: J.A.A. says.

---

[722] Literature: Lenz (1982)(2), p. 170, 212, and 223.
[723] Literature: Lenz (1982)(2), p. 170, 212, and 223.

4.9 Instead of the Epilogue

Говорит J.A.A. [PX=10]

METACONTEXT-H: The author has to note that the only problem is that all of it is true.

Автору остается заметить, что единственная проблема — что это все правда. [PX=10]

376

"—   That is the best man who has ever seen him.

—   He is a gay.

—   He is dying — that is the bottom line.

—   He will complain that he — and the blacks — are not permitted on the golf course."

«—   Это лучший человек, который его когда-либо видел.

—   Он — гомосексуалист.

—   Он умирает — этим все сказано.

—   Он будет жаловаться, что он — и негры — не допущены к полю для гольфа».

[PX=10]

PERIOD: February of 1987, the next day after the visit of the "official friend."

FRQ: Once.

EMOTION: Laughing, malice.

CONTEXT: A discussion of the visit.

Обсуждение визита. [PX=5; OPX=3]

METACONTEXT-H: From later conversations: "They sent him to Princeton to die."

Из более поздних разговоров: «Они послали его в Принстон умирать». [PX=10; OPX=7]

357

4.9 Instead of the Epilogue

1987: We with children in Princeton.
1987-й год: Мы с детьми в Принстоне.

4.9 Instead of the Epilogue

Me, my mother, my father, Lina, and our daughters, Jessica and Jane, 1987, Tuscaloosa, where my father worked at the University of Alabama.

Я, моя мама, мой папа, Лина и наши дети, Джессика и Джейн, 1987-й год, Тускалуза, где мой отец работал в Университете Алабамы.

4.10 General Metacontexts of 1987

4.10   General Metacontexts of 1987

377

"George Mead expresses the idea that understanding "others" is based on the capacity to imagine their sensations[724]. This immediately establishes the possibilities and limits of any sort of "mutual understanding": the capacity to simulate the sensations and behavior of "others" cannot be completely independent from the experience of a specific person. Only the presence of "universal human themes" in sensations can serve as the foundation of a common language."

«У Джорджа Мида есть мысли о том, что понимание «других» основано на способности представлять их ощущения.[725] Это сразу устанавливает возможности и пределы любого «взаимопонимания»: способность моделировать ощущения и поведение «других» не может быть полностью независимой от опыта конкретного человека. Лишь наличие «общечеловеческих тем» в ощущениях есть фундамент языка».

[PX=10]
PERIOD: 1987.
FRQ: Once.
EMOTION: Hope in search of existential breakthrough.
CONTEXT: From a letter to friends in the Soviet Union.
        Из письма друзьям в Советском Союзе. [PX=10; OPX=9]

378 From the Parallel Universe
"He lacks adjustment."
«Ему недостает приспособленности».
[PX=6]
PERIOD: 1981-1987.
FRQ: Several times.
EMOTION: Calm discussion.
CONTEXT: I came from the Soviet Union with a substantial education in abstract matters of American life, like its economy, politics, and (18th century) constitution. At the same time, I did not have the basic habits of modern society substituting knowledge about the mundane side of life in America with fantastic ideas, which were born out of many decades of complete isolation of educated people in the U.S.S.R from the West.

It reminds me the description of one of the heroes of Gabriel Garcia Márquez *One Hundred Years of Solitude*: "Aureliano did not leave Melquiades' room for a long time. He learned by heart the fantastic legends of the crumbling books, the synthesis of the studies of Hermann the Cripple, the notes on the science of demonology, the keys to the philosopher's stone, the *Centuries* of Nostradamus and his research concerning the plague, so that he reached adolescence without

---

[724] Sociology: Mead (1967); see also: Philosophy: Shook (2006), Fox (1995), Harris (2002), Ritzer (2000), and Cottingham (2003).
[725] Sociology: Mead (1967); see also: Philosophy: Shook (2006), Fox (1995), Harris (2002), Ritzer (2000), and Cottingham (2003).

knowing a thing about his own time but with the basic knowledge of a medieval man. Any time that Santa Sofia de la Piedad would go into his room she would find him absorbed in his reading."[726]

Я прибыл из Советского Союза со значительным образованием об абстрактных сторонах американской жизни, таких как экономика, политика и конституция (18-го века). В то же время у меня не было базовых привычек современного общества. Я заменял знание американского быта фантастическими идеями, которые были порождены многими десятилетиями полной изоляции образованных людей СССР от Запада.

Это напоминает мне описание одного из героев *Ста лет одиночества* Габриэля Гарсиа Маркеса: «Еще долгие годы Аурелиано не расставался с комнатой Мелькуадеса. Он выучил наизусть фантастические легенды из растрепанной книги, сжатое изложение учения монаха Германа Паралитика, заметки о демонологической науке, способы поисков философского камня, «Века» Нострадамуса и ее исследования о чуме и, таким образом, перешагнул в отрочество, не имея представления о своем времени, но обладая важнейшими научными познаниями человека средневековья. В какой бы час ни вошла в комнату Санта София де ла Пьедад, она неизменно заставала Аурелиано погруженным в чтение».[727]
[PX=10]

379
"I would like to describe my 'subjective psychology' and inner workings of mind leading to the conclusion of this story in 1987."
«Я бы хотел описать мою «субъективную психологию» и внутреннюю работу мысли в завершение истории 1987-го года».
[PX=10]
PERIOD: 1987.
FRQ: Once.
EMOTION: Seriously.
CONTEXT: In 1987, our family returned from Princeton to New York area.

A curious and highly symbolic incident happened just before we moved back: the video rental club, of which we were members, demanded that we returned a video cassette "Manhunt". We had never taken this film from the video club, but I could not prove that to the club. I do not know up to today what this film is about.

By that time, I had prepared my "Letter of 1987." In this letter I began to think that there was certain surveillance aimed at me. As the year progressed I had tried to support the idea of surveillance with additional documents. It is fair to say that this idea about surveillance was then relatively embryonic comparative to what I know about this issue now.

I assembled my "Letter of 1987" and additional accounts of surveillance (which at the time I considered unconstitutional and, therefore, sensational) and

---

[726] Literature: Marquez (1971), p. 328.
[727] Literature: Marquez (1971), p. 328.

4.10 General Metacontexts of 1987

from March through December 1987 provided this documentation to the following persons and institutions (in the described sequence):

- New Zealand Consulate in New York (in person),
- Australian Consulate in New York (in person),
- my friends in the Soviet Union (by registered mail with return receipt),
- Andrei Sakharov in Moscow (by registered mail with return receipt),
- the Soviet U.N. Mission in New York (in person),
- *New York Post* (in person),
- an Australian newspaper correspondent (as far as I remember it was the correspondent of *The Daily Telegraph*) at *New York Post* (in person),
- a London *Times* correspondent at *New York Post* (in person),
- *The New York Times* (in person).

In private conversations with these people I also expressed my suspicion that the U.S. government had an active program of surveillance of the postal communication of the Soviet immigrants with their friends and relatives in the U.S.S.R.

My efforts to publicize suspected surveillance culminated in my attempts to give my documentation to international correspondents of Australian newspapers at *New York Post* in December 1987. This was the time when correspondents from all over the world came for the 1987 Reagan-Gorbachev summit in Washington. The summit was dedicated to arms-control summit and caused a lot of interest.

To my surprise my information did not cause any stir. I was even lectured that it was normal and well-known that the U.S. would employ surveillance against the Soviet immigrants in America and of their mail with correspondents in the U.S.S.R. (I did not quite buy this).

В 1987-м году наша семья вернулась из Принстона в район Нью-Йорка.

Любопытный и очень символичный инцидент произошел накануне нашего возвращения: клуб проката видео, в котором мы состояли, потребовал, чтобы мы вернули видеокассету «Охота на человека». Мы никогда не брали этого фильма из видео клуба, но я не мог ничего доказать клубу. По сегодняшний день я не знаю о чем этот фильм.

К этому времени я подготовил «Письмо 1987». В этом письме я стал думать, что есть некая слежка, направленная на меня. В течение года я пытался поддержать свою идею слежки дополнительными документами. Было бы справедливо заметить, что идея о слежке была тогда в относительно зачаточном состоянии по сравнению с тем, что я знаю об этом предмете сегодня.

Собрав свое «Письмо 1987» и дополнительные свидетельства о слежке (которые в то время я считал неконституционными и, следовательно, сенсационными) и с марта по декабрь 1987 предоставил их следующим лицам и институтам (в описанной последовательности):

362

4.10 General Metacontexts of 1987

- Консулат Новой Зеландии в Нью-Йорке (лично),
- Консулат Австралии в Нью-Йорке (лично),
- Моим друзьям в Советском Союзе (заказными письмами с уведомлениями),
- Андрею Сахарову в Москве (заказными письмами с уведомлениями),
- Советской миссии при ООН в Нью-Йорке (лично),
- *Нью-Йорк Пост* (лично),
- Корреспонденту австралийской газеты (насколько я помню, это был корреспондент *Дейли Телеграф*) в *Нью-Йорк Пост* (лично),
- Корреспонденту лондонской *Таймс* в *Нью-Йорк Пост* (лично),
- *Нью-Йорк Таймс* (лично).

В частных разговорах с этими людьми я также выражал свои подозрения, что правительство США имеет активную программу слежки за почтовыми коммуникациями советских иммигрантов с их друзьями и родственниками в СССР.

Мои усилия обнародовать подозреваемую слежку получили наибольшее выражение в моих попытках передать мои документы корреспондентам австралийских газет в *Нью-Йорк Пост* в декабре 1987. Это было время, когда журналисты со всего мира прибыли на встречу в верхах в Вашингтоне между Рейганом и Горбачевым. Встреча была посвящена контролю над вооружениями и вызывала большой интерес.

К моему удивлению, моя информация не вызвала никакого ажиотажа. Мне даже читали лекции, что слежка за советскими иммигрантами и их почтой с СССР нормальна и общеизвестна (я не был вполне с этим согласен). [PX=10]

METACONTEXT-A: The great influence on my behavior in the conflict situation of 1987 were the myths about Soviet dissidents who publicized their interaction with the KGB surveillance by going to Western correspondents in Moscow. In my situation there appeared nobody in the famous Western newspapers who were ready to work with that myth. Many years later they were not ready even to support Snowden. I went great extremes and suffered big stresses for my health and family life in attempts to live by the myth of Soviet dissidents. But most of the people in the "democratic" West preferred different scenarios of life.

Большим влиянием на мое поведение в конфликтной ситуации 1987-го года были мифы о советских диссидентах, которые обнародовали свое взаимодействие со слежкой КГБ идя к западным корреспондентам в Москве. В моем случае не оказалось никого в знаменитых западных газетах, кто был бы готов работать с моим мифом. Много лет спустя они не были готовы поддержать даже Сноудена. Я пошел на большие усилия и подвергся большим стрессам по отношению к своему здоровью и семейной жизни в попытке жить по мифу советских диссидентов. Но большинство людей на «демократическом» Западе предпочитало другие сценарии жизни. [PX=10]

363

4.10 General Metacontexts of 1987

380 From the Parallel Universe
"—   Mafia.
—   They want to stage a funeral."
«—   Мафия.
—   Они хотят инсценировать похороны».
[PX=6]
PERIOD: Summer of 1987.
FRQ: Once.
EMOTION: Calm discussion.
CONTEXT: That is, "to stage a suicide"?
        Т. е., «инсценировать самоубийство»? [PX=5; OPX=3]
METACONTEXT-H: Dante Alighieri *The Divine Comedy*: "Midway in the journey of our life I found myself in a dark wood, for the straightway was lost."[728]

        When I finished the initial draft of "Folklore of 1987", prepared letters to New Zealand and Australian Consulates and started preparing letters to send to my friends in the U.S.S.R., I was suggested to commit suicide "because I had a deadly disease". For the first time in America I acutely felt a hostile environment, which tried to manipulate me to end my life in order to fit into somebody's preplanned political agenda. My response was a sarcastic "Thank you very much!"

        Данте в *Божественной комедии*: «В середине моего жизненного пути я обнаружил себя в темном лесу, где я потерялся».[729]

        Когда я закончил первоначальную версию «Фольклора 1987», подготовил письма в консулаты Новой Зеландии и Австралии и стал готовить письма друзьям в Советском Союзе, мне предложили покончить жизнь самоубийством, «потому что я смертельно болен». Впервые в Америке я остро почувствовал враждебное окружение, которое пыталось манипулировать мною так, чтобы я закончил свою жизнь во имя чьей-то политической повестки дня. Мой ответ был саркастичен: «Большое спасибо».
[PX=10]

381
"Everybody knew you had to be an object of the criminal investigation to justify a surveillance court order."
«Все знают, что вы должны быть объектом криминального расследования для того, чтобы это оправдывало судебный ордер на слежку».
[PX=10]
PERIOD: 1987.
FRQ: Once.
EMOTION: Seriously.
CONTEXT: Cool heads pointed out the fact that I was an exemplary law-abiding person and that, therefore, the existence of such a court order was inconceivable. Nevertheless, surveillance was a subjective fact of life for me. I was not ready for

---

[728] Literature: Dante (1993), p. 1.
[729] Literature: Dante (1993), p. 1.

4.10 General Metacontexts of 1987

this turn of events. Forgotten instincts were awakened in me. Things, to which another person would have reacted calmly, represented the destruction of my myth about America: what? — they are watching me, they are violating my rights? I responded with still more resistance. In essence this was a great rebellion. Later I read in Freud's famous writing *Civilization and its Discontents* an accurate description of my state at that time: "A person who sees his ideals come crashing down ... at a relatively mature age, finds consolation in the enjoyment of chronic intoxication or undertakes a desperate attempt to rebel."[730]

Холодные головы отмечали, что я был образцовым гражданином, соблюдающим закон, и что, следовательно, трудно себе было вообразить существование такого судебного ордера. Тем не менее, слежка была субъективным фактом жизни для меня. Я не был готов к такому повороту событий. Забытые инстинкты проснулись во мне. Вещи, к которым другой человек отнесся бы спокойно, представляли для меня разрушение моего мифа об Америке: что? — они следят за мной, они нарушают мои права? Я отвечал еще большим сопротивлением. По существу это был один большой бунт. Позднее я прочитал у Фрейда в его знаменитом эссе *Недовольство культурой* точное описание моего тогдашнего состояния: «Тот, кто видит крушение своих стремлений… в более позднем возрасте, находит утешение в наслаждении хронической интоксикацией либо предпринимает отчаянную попытку бунта».[731] [PX=10]

383
"A perception of the arbitrariness of fortune is very ancient."
«Понимание произвольности фортуны очень древнее».
[PX=10]
PERIOD: 1987.
FRQ: Once.
EMOTION: Seriously.
CONTEXT: Thus Jewish philosopher Philo of Alexandria, a slightly older contemporary of Jesus and Paul, had a profound sense of the instability of human existence: man suffers continual ups and downs, and he can easily err and come to ruin.[732]

Так еврейский философ Филон Александрийский , слегка более старший современник Иисуса и Павла, имел глубокое ощущение нестабильности человеческого существования: человек страдает от постоянных подъемов и падений, и он может легко допустить ошибку и прийти к полному краху.[733] [PX=10]

---

[730] I prefer the translation from its Russian version, *Dissatisfaction with Culture* in: Psychology: Freud (1992), p. 84; see also: Philosophy: Critchley (1998), McNeill (1998), Turner (2000)(1), Neu (2008), and Cahoone (2003).
[731] Russian text from: *Dissatisfaction with Culture* in: Psychology: Freud (1992), p. 84; see also: Philosophy: Critchley (1998), McNeill (1998), Turner (2000)(1), Neu (2008), and Cahoone (2003).
[732] Philosophy: Kamesar (2009), p. 106.
[733] Philosophy: Kamesar (2009), p. 106.

4.10 General Metacontexts of 1987

384 From the Parallel Universe
"Love män[iac]."
«Маньяк любви».
[PX=6]
PERIOD: Summer of 1987.
FRQ: Often.
EMOTION: Calm discussion.
CONTEXT: Alexander Zinovyev "Yawning Heights": "He is by any means a bandit and a currency speculator, said reactionaries. Yes, said liberals, he is by any means a drunkard, homosexual, drug-addict and womanizer." (Philosopher)[734]

Александр Зиновьев в *Зияющих Высотах*: «Не иначе, как бандит и валютчик, сказали реакционеры. Верно, сказали либералы, не иначе как пьяница, гомосексуалист, наркоман и бабник». (Philosopher)[735] [PX=10]

385
GENERAL CONTEXT: *Profession — Reporter* (English title of the film is *The Passenger*) — without the romanticism of Antonioni.

Профессия — репортер — без романтики Антониони. [PX=9; OPX=7]

---

[734] Philosophy: Zinovyev (1976).
[735] Philosophy: Zinovyev (1976).

5. A Philosophical Interlude

5. A Philosophical Interlude

5.1   The First Impressions Between Epochs. "On 'The Tibetan Book of the Great Liberation'"

386 From the Parallel Universe
"We will burn him on the cross."
[PX=10]
PERIOD: Summer of 1988.
FRQ: Once.
EMOTION: Observing.
CONTEXT: This is a local expression during the visit to my parents in Alabama. [PX=10; OPX=9]

METACONTEXT-P: My recovery was accompanied by the awareness that America also has its faults and not just a few of them. [PX=10]

METACONTEXT-H: Johann Wolfgang von Goethe *Faust*:

> "Philosophy have I digested,
>
> The whole of Law and Medicine,
>
> From each its secrets I have wrested,
>
> Theology, alas, thrown in."[736]

[PX=10]

387
"The first hint of support for my self-inquiry I found in the essay *On "The Tibetan Book of the Great Liberation"* where Carl Gustav Jung ridicules the "fetish of 'complete objectivity'" "at the cost of losing every trace of inner life."[737]"
[PX=10]
PERIOD: 1988.
FRQ: Several times.
EMOTION: Observing.
CONTEXT: By the way, Jung says that intuition "is chiefly dependent on unconscious processes of a very complex nature." Because of this peculiarity, he defined intuition as "perception via the unconscious."[738] [PX=10]

388
"Privacy is central to all fundamental rights."
[PX=10]
PERIOD: 1988.
FRQ: Several times.
EMOTION: Observing.
CONTEXT: The main philosophical idea advocated in this book is that privacy is central to all fundamental rights. [PX=10]

389
"In an attempt to put my diaries in a philosophical context I intend to look at every philosophical school that I can get access."
[PX=10]
PERIOD: 1988.
FRQ: Several times.
EMOTION: Observing.

---

[736] Literature: Goethe (1993), p. 1.
[737] Psychology: Jung (1989)(3), p. 492.
[738] Psychology: Jung (1980)(1), p. 282.

5. A Philosophical Interlude

CONTEXT: "The early Renaissance philosopher, Giovanni Pico della Mirandola (1463-1494), formulates one of the defining statements of Renaissance eclecticism in his *On the Dignity of Man* of 1486. Pico demands that we devote ourselves 'to any one of the schools of philosophy' and notes that 'it was a practice of the ancients to study every school of writers, and if possible, not to pass over any treatise.'"[739] [PX=10]

5.2   *Intuition. Objects and Subjects*

390
"My take on the experience of my American life would be impossible without intuition."
[PX=10]
PERIOD: After 1988.
FRQ: Several times.
EMOTION: Observing.
CONTEXT: This theme of "intuition" would be impossible to consider without a look at Henri Bergson's angle. In *An Introduction to Metaphysics* Bergson notes that "intuition is a concrete mode of knowing through which we can enter into the durations of things. There can be no question of giving up analysis, which forms the backbone of science and common sense. By their nature, however, these rule out dynamism, spontaneity, and continuity. ... Intuition is a counterweight to analysis."[740] [PX=10]

391
"Intuition as a counterweight to analysis is also a counterweight to rationalism."
[PX=10]
PERIOD: After 1988.
FRQ: Several times.
EMOTION: Observing.
CONTEXT: "The primary and customary sense of the term 'rationalism' characterizes a philosophical attitude toward knowledge. Knowledge itself is partly characterized both by the subjects, or possessors, of knowledge and by the objects of knowledge, the things to be known."[741] [PX=10]

392
"My attention to the objects of my investigation (surrounding people) has feedback on them."
[PX=10]
PERIOD: After 1988.
FRQ: A couple times.
EMOTION: Observing.
CONTEXT: Jean Piaget observes that "in order to know objects, the subject must act upon them, and therefore transform them."[742] [PX=10]

393
"My use of language in this diary, having influence on the other people, hopefully has a positive transformational effect on my relationships with them."
[PX=10]

---

[739] Philosophy: Nadler (2002), p. 28; see also: Dougherty (2008).

[740] Philosophy: Gunter (1999), p. 166; see also: Bergson (1993), Critchley (1998), McNeill (1998), Dancy (1996) and (2010), Sosa (2003), Ogurtsov (2011), Hetherington (2014), Fantl (2019), Shand (2019), and *Encyclopedia of Epistemology and Philosophy of Science* (2009).

[741] Philosophy: Nelson (2005), p. 3; see also: Dancy (1996) and (2010), Sosa (2003), Ogurtsov (2011), Hetherington (2014), Fantl (2019), and *Encyclopedia of Epistemology and Philosophy of Science* (2009).

[742] Philosophy: Piaget (1970), p. 3; see also: Müller (2009), Dancy (1996) and (2010), Sosa (2003), Ogurtsov (2011), Hetherington (2014), Fantl (2019), and *Encyclopedia of Epistemology and Philosophy of Science* (2009).

5. A Philosophical Interlude

PERIOD: After 1988.
FRQ: Once.
EMOTION: Observing.
CONTEXT: This thought has reverberations with Jürgen Habermas approach to communicative rationality. "The general question with which Habermas's account of communicative rationality begins might be reconstructed as the question of how language has the ability to coordinate action in a consensual or cooperative way as opposed to a forced or manipulated one."[743] [PX=10]

5.3   *Leaps of Logic and Being Judgmental*

394
"In the descriptions of my experience I often rely on certain leaps of logic. I do not find anything wrong in such leaps. I think it is my right as an author to be judgmental to a degree."
[PX=10]
PERIOD: After 1988.
FRQ: Several times.
EMOTION: Argumentative.
CONTEXT: Alexis de Tocqueville notes in *Democracy in America*: "Be sure that when each man believes himself entitled to decide alone the form of an item of clothing or the proprieties of language, he does not hesitate to judge all things by himself."[744] [PX=10]

5.4   *Experience as a Chain of Events*

395
"My experience is a chain of events where the earlier ones reinforced the later ones."
[PX=10]
PERIOD: After 1988.
FRQ: Several times.
EMOTION: Observing.
CONTEXT: This is close to John's pragmatism — or instrumentalism, as he preferred. Dewey writes in *Experience and Education*: "Everything depends on the *quality* of the experience which is had. The quality of any experience has two aspects. There is an immediate aspect of agreeableness or disagreeableness, and there is its influence upon later experiences. The first is obvious and easy to judge. The *effect* of an experience is not borne on its face. … Just as no man lives or dies to himself, so no experience lives or dies to itself. Wholly independent of desire or intent, every experience lives on in further experiences."[745] [PX=10]

5.5   *The World as It Appears to Us Directly. This Is Humanism*

396
"As a starting point, I am trying to describe my experience in practice, not in theory."

---

[743] Philosophy: White (1999), p. 120; see also: Rush (2005), Critchley (1998), McNeill (1998), Turner (2000)(1), Ritzer (2000), Dancy (1996) and (2010), Sosa (2003), Cahoone (2003), Ogurtsov (2011), Hetherington (2014), Fantl (2019), and *Encyclopedia of Epistemology and Philosophy of Science* (2009).

[744] Philosophy: Tocqueville (1993); see also: Welch (2006) and Wall (2015).

[745] Philosophy: Dewey (1993), p. 102; see also: Shook (2006), Fox (1995), Harris (2002), Turner (2000)(1), Curren (2003) and (2007), Cochran (2010), Gouinlock (1999), Malachowski (2013), Hodge (2009), Clark (2016), and Darwin (1993)(1) and (2).

5. A Philosophical Interlude

[PX=10]
PERIOD: After 1988.
FRQ: Several times.
EMOTION: Argumentative.
CONTEXT: I understand very well that some of the experiences described in this diary do not seem logical from the point of view of the most popular theories. My approach is deliberately empirical. [PX=10]

METACONTEXT-A: I may try to borrow some ammunition for my method from Edmund Husserl's Phenomenology.

"Consider an experience that is free from all theory, an experience precisely as it is experienced."[746]

"The common-sense world is the world of what appears to us in everyday perceptual experience. It is the world as it appears to us directly — free of deliberations which would dig beneath the surface of appearances."[747] [PX=10]

397
"I am describing a real person."
[PX=10]
PERIOD: After 1988.
FRQ: Several times.
EMOTION: Observing.
CONTEXT: An attempt to describe a real person is characteristic of religious existentialism of a Spanish-Basque poet, novelist, and an essayist Miguel de Unamuno (1865-1936). His masterpiece was a work of philosophy, *The Tragic Sense of Life* (1911-1912; cited as de Unamuno 1921). "In the famous introductory passage of the book, Unamuno declares that his concern is: 'The man who is born, suffers, and dies — above all, who dies; the man who eats and drinks and plays and sleeps and thinks and wills; the man who is seen and heard; the brother, the real brother'[748]. He contrasts this man, who is both his subject and his audience, with man as (Unamuno thinks) he has been traditionally considered by philosophers, man who is 'merely an idea ... a no-man'[749]."[750] [PX=10]

398
"This is humanism."
[PX=10]
PERIOD: After 1988.
FRQ: Several times.
EMOTION: Observing.
CONTEXT: From this point on, in this diary I try to radically reinterpret my "humanistic perspective" on folklore. I am particularly drawn to Jean-Paul Sartre's existentialist definition of humanism in his essay *The Humanism of Existentialism* where he maintains that "existentialism is a humanism": "This is humanism, because we remind man that there is no legislator but himself; that he himself, thus abandoned, must declare for himself; also because we show that it is not by turning back upon himself, but always by seeking, beyond himself, an aim which is one of liberation, of some particular realization, that man will realize himself precisely as human."[751] I understand this in the sense that it is my freedom as

---

[746] Philosophy: Smith (1999), p. 394; see also: Critchley (1998), McNeill (1998), Cahoone (2003), and Shand (2019).
[747] Philosophy: Smith (1999), p. 395; see also: Critchley (1998), McNeill (1998), Cahoone (2003), and Shand (2019).
[748] Philosophy: de Unamuno (1921), p. 1.
[749] Philosophy: de Unamuno (1921), p. 1.
[750] Philosophy: Dreyfus (2006), p. 189.
[751] Philosophy: Sartre ([1946] 1993), p. 61; the citation is from a far superior translation of 1946

5. A Philosophical Interlude

an author and a human being to formulate and materialize my meaning of my existential life conditions, even if it goes beyond established expectations. [PX=10]

399
"Universal human rights can be a basis for morality."
[PX=10]
PERIOD: After 1988.
FRQ: Many times.
EMOTION: Observing.
CONTEXT: This thought developed during my work on a book about philosophy and the law of surveillance. It is akin to thinking of Simone de Beauvoir (1908-1986).

"Beauvoir's key contribution to Sartrean existentialism is her insistence that factual conditions limit and endanger the supposedly infrangible freedom of the individual to define his situation and existential project. She shows that one may be mutilated in one's transcendence, or even deprived of it altogether, without bearing the full responsibility (in Sartrean 'bad faith') for one's loss of freedom. By stressing, furthermore, the need for the reception and continuance of one's existential 'project' (the configuration of one's choices) by others who are also free, and who can give one's choices a new meaning. Beauvoir offers a strong argument for taking universal freedom as the basis of an existentialist ethics."[752] [PX=10]

5.6   *The Purpose Is to Overcome Self-Ignorance*

400
"The purpose is to overcome self-ignorance."
John Calvin: "Our wisdom, in so far as it ought to be deemed true and solid wisdom, consists almost entirely of two parts: the knowledge of God and ourselves."[753]
[PX=10]
PERIOD: After 1988.
FRQ: Several times.
EMOTION: Observing.
CONTEXT: The problem is to overcome repression. Freud's account of repression is close to this description by Arthur Schopenhauer: "[The will] makes its supremacy felt in the last resort. This it does by prohibiting the intellect from having certain representations, by absolutely preventing certain trains of thought from arising, because it knows, or in other words experiences from the self-same intellect, that they would arouse in it any one of the emotions previously described [anger, resentment, humiliation, shame, etc.]. It then curbs and restrains the intellect, and forces it to turn to other things. However difficult this often is, it is bound to succeed the moment the will is in earnest about it; for the resistance then comes not from the intellect, which always remains indifferent, but from the will itself; and the will has an inclination in one respect for a representation it abhors in another. Thus the representation is in itself interesting to the will, just because it excites it. At the same time, however, abstract knowledge tells the will that this representation will cause it a shock of painful and unworthy emotion to no purpose. The will then decides in accordance with this last knowledge, and forces the intellect to obey."[754]

In psychological terms, the approach of this diary comes back to the basic Freudian idea that

---

edition, p. 56; see also: Howells (1999), Critchley (1998), McNeill (1998), Crowell (2012), and Schroeder (1999).

[752] Philosophy: Fóti (1999), p. 160; see also: Card (2003), Critchley (1998), McNeill (1998), and Crowell (2012).

[753] Philosophy: Calvin (1993), p. 1.

[754] Philosophy: Schopenhauer (1969), v. 2, p. 208; see also: Janaway (2008), Critchley (1998), McNeill (1998), Emmanuel (2002), Vandenabeele (2012), Cooper (1999), and Shand (2019).

5. A Philosophical Interlude

recovery can be attained "through catharsis (release of tension)," or, as he put it, the "'talking cure'. In effect, the 'talking cure' is the result of proceeding according to" such a "model of the psyche: tension is released (homeostasis is attained) through talking and interpretation — that is, through a manipulation of meaning".[755] [PX=10]

401
"'Radical honesty' is a very interesting concept. It may be the main idea of this book."
[PX=10]
PERIOD: After 1988.
FRQ: Once.
EMOTION: Observing.
CONTEXT: Many psychologists think that whatever crosses your mind should cross your lips (see, for example, Brad Blanton's *Radical Honesty: How to Transform Your Life by Telling the Truth*[756]). An attempt to practice radical honesty through direct, open and honest conversation with my family and my readers, as undertaken in this book, has been refreshing for my consciousness. [PX=10]

402
"Honesty frightens many people. "
[PX=10]
PERIOD: After 1988.
FRQ: Once.
EMOTION: Observing.
CONTEXT: Emile Durkheim, a founder of modern sociology, once encountered the same thing.
"The new science of society frightened timid souls and conservative philosophers."[757]
[PX=10]

403
"The world is full of self-serving memoirs of politicians, which contain practically no real information. This book is the opposite of these meaningless memoirs. "
[PX=10]
PERIOD: After 1988.
FRQ: Many times.
EMOTION: Observing.
CONTEXT: Francis Bacon (1561-1626) noted that "effective discourse by the elite is 'management by image-making,' where the most potent image which leaders can offer to the general public is their own future satisfaction."[758] This holds largely true through the centuries, and that is what I intend to stay clear off. [PX=10]

5.7   ***World of Ideas***

404
"This book is a diary with a constantly changing meaning."
[PX=10]
PERIOD: After 1988.
FRQ: Several times.
EMOTION: Observing.

---

[755] Psychology: Freud ([1895] 1962-1975); see also: Philosophy: Critchley (1998), McNeill (1998), Turner (2000)(1), and Neu (2008).
[756] Psychology: Blanton (2005).
[757] Reference: Encyclopedia Britannica (1983)(1), v. 5, p. 1094; see also: Philosophy: Alexander (2005), Turner (2000)(1), and Ritzer (2000).
[758] Philosophy: Macdonald (1999)(1), p. 156; see also: Bacon (1993)(1), (2), and (3), Peltonen (1999) and Nadler (2002).

5. A Philosophical Interlude

CONTEXT: "Folklore of 1987" originally was a fixed text — it was a letter sent to friends and Sakharov. However, after 1987, this text has been subjected to continuous reinterpretation in the form of newly written METACONTEXTs. Folklore after 1987 has been an evolving text from the very beginning. As a whole the text has acquired the form of a diary with ever-changing interpretation.

In this sense the implicit philosophy of this diary is close to such expressed by the "most influential twentieth-century German theorist of hermeneutics..., Heidegger's student Hans-Georg Gadamer."[759]

"Originally, hermeneutics or the theory of interpretation was a religious discipline attempting to make sense of sacred texts and oracular pronouncements. The term *hermeneia*, thought to be related to the messenger god Hermes, stands for the art of mediating between heaven and earth, the divine and the human. Insofar as it makes speech intelligible, hermeneutics can also be related to philology or the study of human language as the vehicle for literature."[760]

"Gadamer rejects the traditional assumption that texts have an original meaning which is independent of whatever interpretations of them may have occurred subsequently". "Instead, Gadamer conceives meaning as something that only arises in the interaction between texts and an indefinitely expanding and changing"[761] interpretation. [PX=10]

405
"The facts of my life with the help of Metacontexts become just illustrations to the world of Ideas."
[PX=10]
PERIOD: After 1988.
FRQ: Several times.
EMOTION: Observing.
CONTEXT: In *What is Philosophy?*, Gilles Deleuze and Félix Guattari say that the activity of philosophy is, at its root, the "creation of concepts"[762]. They make the following provocative claim: "Plato said that Ideas must be contemplated, but first of all he had to create the concept of Idea"[763].

The ideas of a plurality of interpretations through different contexts and of the facts of life illustrating the abstract world of Ideas, which are employed in this diary, bring to mind the philosophical concepts of Neoplatonism.

"Neoplatonism is the modern name given to the form of Platonism developed by Plotinus in the 3rd century AD, which came to dominate the Greek philosophical schools in the 4th century and remained predominant till the teaching of philosophy by pagans ended in the second half of the 6th century AD."[764]

Among the leading ideas in the thought of philosophers who can properly be described as Neoplatonists seem always to have included the following:

- "Since the supreme principle is absolutely simple and undetermined (or devoid of specific traits), man's knowledge of it must be radically different from any other kind of knowledge; it is not an object (a separate, determined, limited thing) and no predicates can be applied to it; hence it can be known only if it raises the mind to an immediate union with itself, which cannot be imagined or described."[765]

---

[759] Philosophy: Forster (2007), p. 61-62; see also: Forster (2019), Dostal (2006), Turner (2000)(1), Critchley (1998), McNeill (1998), and Keane (2016).

[760] Philosophy: Tucker (2009), p. 529; see also: Cooper (1997), Davies (2009), Cahn (2008), Lamarque (2004), Kearney (2001), John (2004), Carroll (2006), Hagberg (2010), Keane (2016), and Destrée (2015).

[761] Philosophy: Forster (2007), p. 61-62; see also: Forster (2019), Dostal (2006), Turner (2000)(1), Critchley (1998), McNeill (1998), and Keane (2016).

[762] Philosophy: Deleuze (1994), p. 5; see: Smith (2012), p. 3.

[763] Ibid., p. 6.

[764] Reference: Britannica (1983)(1), v. 14, p. 540; see also: Philosophy: Plotinus (1993), Gerson (1999), and Gill (2006).

5. A Philosophical Interlude

[PX=10]

406

"An extreme view of the world of ideas belongs to Nicolas Malebranche."
[PX=10]
PERIOD: After 1988.
FRQ: Once.
EMOTION: Observing.
CONTEXT: "The central theme in Malebranche's [1638-1715] theory of ideas is 'that we see all things in God.'"[766] "Strictly speaking, only bodies are seen in this manner; minds are known by consciousness or inner feeling. Malebranche's doctrine of vision in God is a form of representative realism: the mind does not perceive material objects directly but instead perceives ideas that represent material objects. Acts of perceiving are in the mind; ideas are not in the mind. Things not in the mind can be perceived only if they can produce perceptions of themselves in the mind. Bodies cannot do this, for they are impotent. Ideas can, because they are 'in the efficacious substance of the Divinity.'"[767] "In conception, we are presented with general ideas. In sensation, the ideas are particular."[768] [PX=10]

407

"On the other side of the argument about the world of ideas is Thomas Reid."
[PX=10]
PERIOD: After 1988.
FRQ: Once.
EMOTION: Observing.
CONTEXT: "Reid [1710-1796] is the major figure in the Scottish common-sense school of philosophy. His basic position is that what is universal and irresistible in the common-sense view of the world is intellectually worthy of our belief."[769]

"Reid pointed out that many of the philosophical objections to the beliefs of common sense stem from a philosophical theory about how we perceive, and how we form concepts of, the objects that make up the external world, a theory Reid called 'the Ideal Theory.' Common sense, he claimed, holds that we perceive immediately objects that exist in the external world. Indeed, even Hume allowed that it is a universal and primary view of all human beings that we perceive external objects immediately. According to the Ideal Theory, however, what is immediately before the mind is always some content of the mind, an idea or image, never an object that exists as part of the external world. Rather, the knowledge of the external objects, as well as our conceptions of them, are made possible only by the fact that the mental contents somehow represent and resemble the objective features of the external objects."[770] "Reid argued that the Ideal Theory was supported only by weak analogies and fallacious arguments."[771] [PX=10]

408

"I am just making a weak attempt to produce a more or less logical account out of chaotic events of my life."
[PX=10]

---

[765] Reference: Britannica (1983)(1), v. 14, p. 540; see also: Philosophy: Plotinus (1993), Gerson (1999), and Gill (2006).

[766] Philosophy: Radner (1999), p. 386; see also: Nadler (2000) and (2002), Rutherford (2006), and Emmanuel (2002).

[767] Philosophy: Radner (1999), p. 386; see also: Nadler (2000) and (2002), Rutherford (2006), and Emmanuel (2002).

[768] Philosophy: Radner (1999), p. 386; see also: Nadler (2000) and (2002), Rutherford (2006), and Emmanuel (2002).

[769] Philosophy: Rowe (1999), p. 469; see also: Hume (1993), Cuneo (2004), Broadie (2003), Nadler (2002), and Emmanuel (2002).

[770] Philosophy: Rowe (1999), p. 469; see also: Hume (1993), Cuneo (2004), Broadie (2003), Nadler (2002), and Emmanuel (2002).

[771] Philosophy: Rowe (1999), p. 470; see also: Hume (1993), Cuneo (2004), Broadie (2003), Nadler (2002), and Emmanuel (2002).

5. A Philosophical Interlude

PERIOD: 2009.
FRQ: Once.
EMOTION: Observing.
CONTEXT: Interestingly enough, this attempt has parallels with the thoughts of Avicenna, in accordance with the form of Neo-Platonism so popular in Islamic philosophy. Avicenna (980-1037) "is undoubtedly one of the most significant philosophers produced in the Islamic world."[772] "Logic for Avicenna is the route for human perfection."[773] (I do not pretend to possess any degree of perfection, I am just talking about a "weak attempt" to apply logic to my experience.) Avicenna thought that an "ignorant person who has little or no grasp of reasoning regards reality as a contingent flow of events. The imperfect thinker bases his thinking on language, while the route to perfection is through the purification of the concepts which are roughly present in our linguistic concepts."[774] [PX=10]

5.8   *Trying to Prove Surveillance Beyond a Reasonable Doubt*

409
"I am trying to move the reader from blind faith in what I am saying to rational argument."
[PX=10]
PERIOD: After 1988.
FRQ: Several times.
EMOTION: Observing.
CONTEXT: In this I find reinforcement from Anselm of Canterbury (1033-1109) whose "unrelenting commitment to the movement from blind faith to rational understanding make[s] him the father of scholasticism."[775] [PX=10]

410
"I am writing to reason and logic."
[PX=10]
PERIOD: After 1988.
FRQ: Several times.
EMOTION: Observing.
CONTEXT: Bertrand Russell in *Our Knowledge of the External World* "made his famous observation that: '[E]very philosophical problem, when it is subjected to the necessary analysis and purification, is found either to be not really philosophical at all, or else to be, in the sense in which we are using the word, logical'[776]."[777] [PX=10]

411
"I am trying to come back to foundations of philosophical logic as Frege understood them. For me Frege's works is an unachievable ideal. What I tried at least to do in this book is to adhere to a formalized structure."
[PX=10]
PERIOD: After 1988.
FRQ: Several times.
EMOTION: Observing.
CONTEXT: "Gottlob Frege (1848-1925) was a German logician and professor of mathematics at Jena. His philosophical importance is twofold. First, he invented modern mathematical logic, which is a major tool of contemporary analytic philosophy; second, he himself employed this tool to great effect in the philosophy of logic and mathematics. The driving force behind his work was logicism, the project of reducing mathematics to logic. Although mathematical propositions are *a priori*, they are not synthetic, as

---

[772] Philosophy: Leaman (1999)(1), p. 671; see also: Adamson (2008) and Gracia (2003).

[773] Philosophy: Leaman (1999)(1), p. 672; see also: Adamson (2008) and Gracia (2003).

[774] Philosophy: Leaman (1999)(1), p. 672; see also: Adamson (2008) and Gracia (2003).

[775] Philosophy: Schufreider (1999), p. 123; see also: Davies (2004).

[776] Philosophy: Russell (1914), p. 42; see also: Hylton (1999).

[777] Philosophy: Jacquette (2002)(1), p. 1; see also: Jacquette (2002)(2) and (3), Newton-Smith (2000), Lange (2007), and McGrew (2009).

5. A Philosophical Interlude

Kant thought, but analytic in the sense of being provable from logical axioms and definitions alone. Logicism seeks to define the *concepts* of mathematics in purely logical terms (including the set-theoretical notion of a class), and to derive its *propositions* from self-evident logical principles."[778] [PX=10]

412
"The problem investigated in this book is the one of the existence of surveillance."
[PX=10]
PERIOD: After 1988.
FRQ: Several times.
EMOTION: Observing.
CONTEXT: This "problem" has some intersection with the ideas of Ockham.
      "William Ockham (1285-1347) was born in England, probably in the village of Ockham."[779]
      "Central to Ockham's metaphysical concerns is the problem of universals: that is, what, if anything, universal terms [such as "surveillance"] stand for. The motivation of the view that the term ["surveillance"] refers to something other than particular [instances of surveillance] that we encounter is that there must be something fixed which we can settle the meaning of the term ["surveillance"]. Thus, according to this view, what counts as a [particular instance of term surveillance] is not an arbitrary linguistic convention, but is secured by the reference to the term ["surveillance"] to something that involves all and only those features in virtue of which something is [surveillance]: the essence of [surveillance]. The extreme realist view is to say, as Plato held, that essences exist as eternal, unchanging entities which are ontologically independent of the particulars that exemplify those essences. The moderate realist tradition, derived from Aristotle, and brought to fruition and alignment with Christian doctrine in the work of Aquinas to which Ockham was heir, is to say that although essences do not exist independently of particulars, they can nevertheless be separated in thought from particulars as the common nature that all individuals of a certain sort share; they are the necessary and sufficient features that make a thing the sort of thing it is and not any other sort of thing. Ockham rejects both varieties of realism. He holds that the posting of a distinct system of essences, over and above particulars, is … unnecessary to account for the fact that things fall into determinate kinds."[780] [PX=10]

413
"I am not trying to impose my view of surveillance as a matter of trust — I am trying to prove it."
[PX=10]
PERIOD: After 1988.
FRQ: Many times.
EMOTION: Observing.
CONTEXT: This goes along with the tradition dating back to Antiquity.
- "The Aristotelian conception of a scientific philosophy was not elaborated before Aristotle [384-322 BC]. But the general notion which underlines it — the notion that a philosopher must offer rigorous proofs of his thesis — had been understood from at least the time of Parmenides [515-450 BC], and it is found again and again in ancient texts."[781]
- "Olympiodorus [380-5th century AD, active 407-425 AD], who taught in Alexandria in the sixth century AD [this is probably a mistake; should be 5th century AD], tells an anecdote about his teacher Ammonius [3rd century AD, taught from 232 to 243 AD]:
  - Plato [428/427-348/347 BC] himself commands us not to trust him simply and at haphazard but to seek out the truth. Thus the philosopher Ammonius says: 'Perhaps I am wrong, but when someone was giving a talk and said "Plato said so", I said to him: "He did not say so; and in any case — may Plato forgive me — even if he did say so, I do not trust him unless there is a

---

[778] Philosophy: Glock (1999), p. 253; see also: Martinich (2001), Potter (2010), Glock (2017), Shand (2019), and Wittgenstein (1993).

[779] Philosophy: Shand (1999), p. 421; see also: Spade (1999), McGrade (2007), Gracia (2003), and Novaes (2016).

[780] Philosophy: Shand (1999), p. 421-422; see also: Spade (1999), McGrade (2007), Gracia (2003), and Novaes (2016).

[781] Philosophy: Sedley (2009), p. 29.

5. A Philosophical Interlude

proof.""""[782]

- "Proof contrasts with trust (or with faith as the Greek word is often translated). A modern — and an ancient — platitude contrasts the trust (or faith) of Christians with the reason of pagans. So, for example, Galen [129-199/217 AD] — in one of the earliest pagan texts to take notice of the Christian religion — reprobates his colleague Archigenes [practiced as a physician at Rome in the time of Trajan, 98-117 AD] for offering unproved assertions:

    - It would have been far better to have added something — if not a solid proof then at least an adequate argument… so that you would not at the very beginning — as though you had entered a school of Christ [4 BC-30 AD] or of Moses [between 1300 and 1150 BC] — read out unproved laws…"[783]

[PX=10]

414
"I accept the legitimacy of skepticism on the topic of surveillance, but whether or not I prove its existence, this does not move me to despair and depression."
[PX=10]
PERIOD: After 1988.
FRQ: Couple times.
EMOTION: Observing.
CONTEXT: Willard Van Orman Quine noticed: "While it is a skepticism, it is not a doctrine of despair and inactivity. The same old drive to science and induction exists, and is applauded; but it is a natural drive, its methodology is ultimate and irreducible to deductive logic."[784] [PX=10]

415
"With the modern techniques of surveillance it becomes almost impossible to prove its presence beyond a reasonable doubt."
[PX=10]
PERIOD: After 1988.
FRQ: Many times.
EMOTION: Observing.
CONTEXT: The words of Blaise Pascal may be best for this occasion:
"We have an incapacity for proving anything which no amount of dogmatism can overcome. We have an idea of truth which no amount of skepticism can overcome."[785] [PX=10]

416
"My depiction of the events of my life is grounded in the experience."
[PX=10]
PERIOD: After 1988.
FRQ: Many times.
EMOTION: Observing.
CONTEXT: I am close to Logical Empiricism on this. "Carnap was always committed to the empiricist idea that our knowledge of the world was grounded in experience; that any claim about the world, to the extent that it represented a meaningful contention, must be capable of being verified or refuted by observation."[786] [PX=10]

417

---

[782] Philosophy: Sedley (2009), p. 29.
[783] Philosophy: Sedley (2009), p. 29-30; see also: Hankinson (2008) and Bett (2010) and Medicine: Galen (1993).
[784] Philosophy: Gibson (2004), p. 23-24; see also: Richardson (2007), Gibson (1999), Harman (2014), Hodge (2009), Clark (2016), and Darwin (1993)(1) and (2).
[785] Cited by: Philosophy: Hammond (2003), p. 129; see also: Pascal (1993)(1), (2), and (3), Nadler (2002).
[786] Philosophy: Oberdan (1999), p. 188; see also: Friedman (2007) and Richardson (2007).

5. A Philosophical Interlude

"Most people would question my conclusions and judgments about surveillance because my evidence is outside of their perceived reality."
[PX=10]
PERIOD: After 1988.
FRQ: Once.
EMOTION: Observing.
CONTEXT: But consider Franz Brentano (1838-1917). "The correspondence theory of truth held a judgment true that corresponds to an object: Brentano came to reject this in favor of the theory that a judgment is true if it is what judging the matter with evidence would judge."[787] [PX=10]

5.9   The Genre of This Book Is Ethnographic Surrealism

418
"By genre this book belongs to ethnographic surrealism."
[PX=10]
PERIOD: After 1988.
FRQ: Several times.
EMOTION: Observing.
CONTEXT: The "anthropological perspective" on folklore used in this diary should also receive a revised definition in the view of what actually transpired in the text. To the degree to which it has to do with anthropology, it should perhaps be classified as *ethnographic surrealism* as the term is construed by the American cultural historian James Clifford. In his essay "On Ethnographic Surrealism,"[788] Clifford said that ethnographic surrealism and surrealist ethnography were constructs which mocked and remixed institutional definitions of art and science.[789] [PX=10]

419
"There are certain restrictions of the methods that come with the territory of anthropology and ethnography."
[PX=10]
PERIOD: After 1988.
FRQ: Couple of times.
EMOTION: Observing.
CONTEXT: Claude Lévi-Strauss *Structural Anthropology*: "More than a half-century has elapsed since Hauser and Simiand formulated and contrasted the principles and methods which seemed to them to distinguish history from sociology. These differences stemmed primarily from the comparative nature of the sociological method, on the one hand, and the documentary and functional character of the historical method, on the other."[790] [PX=10]

5.10   My Side of the Story

420
"Whatever the opinions to the contrary, I intend to investigate my side of the story." [PX=10]
PERIOD: After 1988.
FRQ: Several times.

---

[787] Philosophy: Simons (1999), p. 180; see also: Jacquette (2004).

[788] Anthropology: Clifford (1998).

[789] Anthropology: Beaujour (2006), p. 137.

[790] Anthropology: Lévi-Strauss (1977), p. 1.

5. A Philosophical Interlude

EMOTION: Argumentatively.
CONTEXT: At this point, I still do not know whether surveillance has been conducted by the government, a private third party, or both. In my intention to talk about it (whatever its nature may turn out to be), I go against the powerful prevailing winds of common opinion; but I just feel that it exists and know that it is wrong. In the words of George Berkeley: "… one thing I know, I am not guilty of. I do not pin my faith on the sleeves of any great man. I act not out of prejudice & prepossession. I do not adhere to any opinion because it is an old one, a received one, a fashionable one, or one that I have spent much time in the study and cultivation of."[791] [PX=10]

421

"The best that we can do is truthfully express ourselves. To 'truthfully express', means to understand and describe in detail what is subjectively given"[792] (Carl Gustav Jung).
[PX=10]
PERIOD: After 1988.
FRQ: Several times.
EMOTION: With the enthusiasm from finding support in the words of a great person.
CONTEXT: Together this section and the previous section "Folklore of 1987" demonstrate the degree to which the old-fashioned rigid contrasting of a subject and an object of cognition has become obsolete; in this particular case they merge deeply and "subjective" feelings of this section about surveillance find quite factual "objective" existence in the diary after 1987. [PX=10]
METACONTEXT-A: Carl Jung's words fit well into the philosophical tradition coming from Kant. "Kant inherited his lifelong metaphysical and epistemological problems from the two grand schools, the (German) rationalist tradition, typified by Leibniz, and the (British) empiricist tradition, such as seen in the works of Isaac Newton and, in a different vein, in that of David Hume."[793] "The guiding thread in all of Kant's Critical works [the *Critique of Pure Reason* (1781 and revised in 1787), the *Critique of Practical Reason* (1788), and the *Critique of Judgment* (1790)] is provided by a fundamental turn toward the human subject and its capacities. For example, it is his mature view that the nature of substance and that of causation can be explained only in terms of fundamental epistemological considerations, which in turn are to be anchored in the subject. Hence, an analysis of the conditions of the possibility of knowledge assumes for him a crucial role in any defensible metaphysics of nature. He executes comparable turns towards the subject in his moral theory (although his account there is not driven by epistemological issues) and in his aesthetic theory as well as in his explanation of the purposiveness of objects of nature."[794] [PX=10]

422

"Different people will see different things in this book."
[PX=10]
PERIOD: After 1988.
FRQ: Several times.
EMOTION: Observing.
CONTEXT: As Jan Kregel said during a discussion of the intellectual heritage of Maynard Keynes: "Looking at an abstract figure I may be able to see the outlines of a rabbit. Someone else … may believe it to be an elephant. But for me to see the elephant implies losing the image of the rabbit; both cannot be seen at once. … So I ask you to do your best to try and see my rabbit."[795] [PX=10]

423

"My view of the truth is my right as an author."

---

[791] Philosophy: Berkeley ([1707-1708] 1975), entry 465; see also: Downing (1999), Winkler (2005), Nadler (2002), Bunnin (1996), and Emmanuel (2002).

[792] Cited by: Literature: Berberova (2001), p. 3.

[793] Philosophy: Meerbote (1999), p. 340; see also: Guyer (2006), (2008), and (2010), Rutherford (2006), Broadie (2007), Newton-Smith (2000), Lange (2007), McGrew (2009), Bunnin (1996), Emmanuel (2002), and Shand (2019).

[794] Philosophy: Meerbote (1999), p. 340-341; see also: Guyer (2006), (2008), and (2010), Rutherford (2006), Critchley (1998), McNeill (1998), and Shand (2019).

[795] Philosophy: Backhouse (2006), p. 33; see also: Keynes (1993).

5. A Philosophical Interlude

[PX=10]
PERIOD: After 1988.
FRQ: Several times.
EMOTION: Observing.

CONTEXT: But what about the "truth"? For a reader it may seem that I am taking a cavalier approach to the truth. No, I am not. I am just taking a position eloquently expressed by Søren Kierkegaard in his work *Concluding Unscientific Postscript*: *"An objective uncertainty, held fast through appropriation with the most passionate inwardness, is the truth."*[796] And more: "But the definition of truth stated above is a paraphrasing of faith. Without risk, [there is] no faith. Faith is the contradiction between the infinite passion of inwardness and the objective uncertainty. If I am able to apprehend God objectively, I do not have faith; but because I cannot do this, I must have faith."[797] [PX=10]

---

[796] Philosophy: Kierkegaard (1992), p. 203; see also: Stewart (2015), Hannay (2008), Critchley (1998), McNeill (1998), Ameriks (2008), Emmanuel (2002), Crowell (2012), Stack (1999), and Shand (2019).
[797] Philosophy: Kierkegaard (1992), p. 204; see also: Stewart (2015), Hannay (2008), Critchley (1998), Ameriks (2008), Emmanuel (2002), Crowell (2012), Stack (1999), and Shand (2019).

6. Religious Sympathies

6.1   God

424
"You need to know only Torah."
[PX=10]
PERIOD: After 1988.
FRQ: Several times.
EMOTION: Teaching and condescending.
CONTEXT: No, I do not think so — you need to know a lot. [PX=10]

425
"My general attitude towards religion, may be traced to natural theology."
[PX=10]
PERIOD: After 1988.
FRQ: Several times.
EMOTION: Observing.
CONTEXT: Natural theology consists of the practice of reflecting on the existence and nature of God. It weighs arguments for and against God's existence, and is contrasted with *revealed theology*, which may be carried out within the context of ostensible revelation or scripture. Natural theology is often practiced with respect to the theistic view of God, and thus the God of Judaism, Christianity, and Islam. But natural theology has also been carried out by those who reject such religious traditions. The philosophy of God developed by Spinoza (1632-1677) is an example of a natural theology, according to which God is radically different from the theism of other Judeo-Christian philosophers.[798] [PX=10]

426
"Voltaire is one of the most powerful philosophical influences on views about religion since the Enlightenment."
[PX=10]
PERIOD: After 1988.
FRQ: Several times.
EMOTION: Observing.
CONTEXT: "The Rationalism of the [late 17th and 18th century] often involved a rejection both of paganism and dogmatic Christianity in the name of 'natural religion.' This natural religion, also called Deism, was the intellectual counterpart of the more emotional antidogmatic faith of the Pietists, who advocated 'heart religion' over 'head religion.' Among the French Philosophers and Encyclopedists, Voltaire espoused an anticlerical Deism, which viewed the genesis of polytheism in the work of priests — a point also developed by another Encyclopedist, Denis

---

[798] Philosophy: Craig (2009), p. 1-2; see also: Loose (2018) and Segal (2021).

6. Religious Sympathies

Diderot (1713-1784). Voltaire was, incidentally, somewhat influenced and impressed by reports of the ethics of the Chinese social and religious sage Confucius (6th century BC)."[799] [PX=10]

427
"Spinoza is close to scientific thinking of our times."
[PX=10]
PERIOD: After 1988.
FRQ: Several times.
EMOTION: Observing.
CONTEXT: "[Spinoza's] *The Ethica* begins by distinguishing substance, attributes, and modes. Substance is that which can be conceived as existing in complete independence. Because it cannot be explained by anything else, it must be its own cause, or necessarily existent. There can be only one such substance, and this is quickly identified with God and with the whole of Nature. Spinoza thus arrives at a pantheism. The most shocking feature of his philosophy was his denial not only of the transcendence of God but also of God's personality, providence, free will, and purposes. The good man, although he loves God, will not expect God to love him in return."[800] [PX=10]

428
"Plato started the argument for the existence of God."
[PX=10]
PERIOD: After 1988.
FRQ: Several times.
EMOTION: Observing.
CONTEXT: "There have been many attempts to establish the existence of one supreme and ultimate Being — whom in religion one speaks of as God — and some of these have been given very precise forms in the course of time."
"The pattern for many of these was laid down in ancient Greece by Plato. He taught about God mostly in mythical terms, stressing the goodness of God (as in *The Republic* and *Timaeus*) and his care for man (as in the *Phaedo*); but in the *Phaedrus*, and much more explicitly in the *Laws*, he presented a more rigorous argument, based on the fact that things change and are in motion. Not all change comes from outside; some of it is spontaneous and must be due to 'soul' and ultimately to a supreme or perfect soul. Whether God so conceived quite gives the traditional theist all that he wants, however, is not certain. For God, in Plato, fashions the world on the pattern of immutable Forms and, above all, on 'the Good,' which is 'beyond being and knowledge'; i.e., it is transcendent and beyond grasp of thought. But Plato's combination of the notion of the transcendent, which is also supremely good, and the argument from change provided the model for much of the course that subsequent philosophical arguments were to take."[801] [PX=10]

---

[799] Reference: Encyclopedia Britannica (1983)(1), v. 15, p. 616.
[800] Reference: Encyclopedia Britannica (1983)(1), v. 17, p. 510.
[801] Reference: Encyclopedia Britannica (1983)(1), v. 18, p. 265.

6. Religious Sympathies

429

"Aristotle continued the argument for the existence of God."

[PX=10]

PERIOD: After 1988.

FRQ: Several times.

EMOTION: Observing.

CONTEXT: "Aristotle made the argument from motion more precise, but he coupled it with a doubtful astronomical view and a less theistic notion of God, who, as the unmoved mover, is the ultimate source of all other movement, not by expressly communicating it but by being a supreme object of aspiration, all appetite and activity being in fact directed to some good. Aristotle thus set the pattern for the more deistic view of God, whereas the theist, taken in the strict sense, turns more for his start and inspiration to Plato."[802] [PX=10]

430

"Anselm of Canterbury was first to provide classical arguments for the existence of God."

[PX=10]

PERIOD: After 1988.

FRQ: Several times.

EMOTION: Observing.

CONTEXT: "In philosophy, three arguments for God's existence... have been prominent in the philosophy of religion since the Middle Ages, viz., those from (1) the nature of perfect being, from (2) the contingency of the world, and from (3) the purposiveness of the world.

Ontological arguments, defining God as the most perfect being conceivable, hold that if God did not exist, it would still be possible to conceive of a being like God in every respect but who does exist. But this being would be more perfect than God because he would possess all of God's attributes plus existence as well. A being greater than God, however, would be greater than the greatest conceivable being, which is absurd. This argument was formulated by Anselm of Canterbury."[803] [PX=10]

431

"Thomas Aquinas developed the argument for the existence of God further."

[PX=10]

PERIOD: After 1988.

FRQ: Several times.

EMOTION: Observing.

CONTEXT: "The argument for the existence of God inferred from motion was given a more familiar form in the first of the five ways of St. Thomas Aquinas, five major proofs of God that also owed much to the emphasis on the complete

---

[802] Reference: Encyclopedia Britannica (1983)(10, v. 18, p. 265-266.
[803] Reference: Encyclopedia Britannica (1983)(2), v. IV, p. 591.

6. Religious Sympathies

transcendence of God in the teaching of Plotinus, the leading Neoplatonist of the 3rd century AD, and his followers. (The word that Plotinus used for the ultimate but mysterious dependence of all things on God is emanation; but this characterization was not understood by him, as it has been by some later thinkers, as questioning the genuine independent existence of finite things.) ... Aquinas put forward the view that all movement implies, in the last analysis, an unmoved mover; and though this argument, as he understood it, presupposes certain views about movement and physical change that may not be accepted today, it does make the main point that finite processes call for some ground or condition other than themselves."[804] [PX=10]

432
"Duns Scotus thought that only revelation could be a proof for the existence of God."
[PX=10]
PERIOD: After 1988.
FRQ: Several times.
EMOTION: Observing.
CONTEXT: "At the turn of the 14th century, Duns Scotus, the great British Scholastic, sought to make clearer the character of a truly rational knowledge and maintained that arguments from effects to causes (e.g., from the existence of the world to the existence of God) never provide conclusive proof. Man knows of God's existence through revelation; he can have no a priori proof — the only kind that, in Scotus' view, would be a true rational demonstration."[805] [PX=10]

433
"Avicenna created a philosophical argument for the existence of God as a necessary existent."
[PX=10]
PERIOD: After 1988.
FRQ: Several times.
EMOTION: Observing.
CONTEXT: "[Avicenna's thought] owes a great deal to Aristotle but also to other Greek influences and to Neoplatonism. His system rests on the conception of God as the necessary existent: in God alone essence, what he is, and existence, that he is, coincide. There is a gradual multiplication of beings through a timeless emanation from God as a result of his self-knowledge."[806] [PX=10]

434
"Descartes argued for the existence of God as a perfect Creator."
[PX=10]
PERIOD: After 1988.
FRQ: Several times.

---

[804] Reference: Encyclopedia Britannica (1983)(1), v. 18, p. 266.
[805] Reference: Encyclopedia Britannica (1983)(1), v. 6, p. 933.
[806] Reference: Encyclopedia Britannica (1983)(1), v. 2, p. 540-541.

6. Religious Sympathies

EMOTION: Observing.
CONTEXT: "The mechanistic concept of material particles moved by forces operating under the laws of motion seemed to the French philosopher René Descartes to be an appropriate account of how God has ordered his creation. Yet the image of the universe as a self-operating machine was equally compatible with a Deism according to which God originated the natural order but does not act in revelation or in grace. Attempts to argue the existence of God from such a creation, however, could not adjudicate between a deistic and a theistic understanding of the Creator without appealing to the further evidence of miracles and revelation.

The mechanistic concept of nature also posed problems concerning man. Descartes avoided these difficulties by arguing first the existence of the rational soul and the existence of God as a perfect Creator who guarantees the trustworthiness of reason; on that basis, he then went on to establish the reality of the material world and its laws of motion. Consequently, man is, in his view, an interacting combination of soul and body, the former equipped with a reason and a will that can act independently of bodily causes."[807] [PX=10]

435
"John Locke and George Berkeley modeled their arguments for the existence of God on methods of the new science."
[PX=10]
PERIOD: After 1988.
FRQ: Several times.
EMOTION: Observing.
CONTEXT: "The Empiricism of John Locke and of Berkeley was modeled on the observational and inductive methods of the new science. But the beginnings of empirical science were nurtured by the Christian theology of late medieval times. Creation is contingent on God: its orderliness reveals his wisdom, and its intelligibility to men reflects his purpose. … Consistent with this tradition, Locke talked of the rule of reason over nature, and Berkeley ascribed the content and orderliness of human experience to the creative mind of God. The doctrine of creation, in other words, provided Christian philosophers with a rational justification for their empirical methods. The philosophical development of both Rationalism [of Descartes] and Empiricism was thus encouraged by Christian perspectives. What revelation provides, Locke asserted, is additional propositions beyond those that can be known by reason alone. But the doctrine of creation is nonetheless the foundation of reason."[808] [PX=10]

436
"Leibniz thought of God as a supreme monad."
[PX=10]
PERIOD: After 1988.
FRQ: Several times.

---

[807] Reference: Encyclopedia Britannica (1983)(1), v. 4, p. 558-559; see also: Philosophy: Cunning (2014) and Descartes (2021).
[808] Reference: Encyclopedia Britannica (1983)(1), v. 4, p. 559.

6. Religious Sympathies

EMOTION: Observing.
CONTEXT: "The Rationalist Gottfried Leibniz developed a theory of monads (centers of psychic force), each in constant dependence on God, viewing these as more ultimate realities than matter and the laws of motion."[809]

"Gottfried Leibniz viewed Descartes's minds as the only ultimate existents, so that even material things were colonies of souls. God was viewed as the supreme monad (the ultimate substance) that establishes coherence and harmony among all other monads. What appears to men as the external world is, so to speak, the result of blurred vision on the part of those groups of monads that are human beings."[810] [PX=10]

437
"David Hume and Immanuel Kant subjected the arguments for the existence of God to serious critique."
[PX=10]
PERIOD: After 1988.
FRQ: Several times.
EMOTION: Observing.
CONTEXT: "Damaging criticism was brought against all the traditional arguments for God's existence by Hume and Kant in the 18th century. The ontological proof was undermined by the contention that 'being is not a real predicate'; existence is not part of the concept of God in the way in which, for example, being all-powerful is. To say that something exists is not to specify a concept further but to claim that it has an instance; it cannot be discovered whether a concept has an instance by merely inspecting it. The first cause argument… even if it is correct in its assertion that contingent being presupposes necessary being, it cannot identify the necessary being in question with God (as happened in each of the Thomistic proofs) without resurrecting the ontological argument. …

The argument from design is itself a form of causal argument and accordingly suffers from all the difficulties mentioned above, together with some of its own, as Hume and Kant both point out. Even on its own terms, it is wrong to conclude the existence of a Creator rather than an architect. Furthermore, it infers that the being in question has unlimited powers, when all the evidence seems to warrant is that its powers are very great."[811] [PX=10]

438
"Our times see the rise of alternative arguments for the existence of God to overcome critique of David Hume and Immanuel Kant."
[PX=10]
PERIOD: After 1988.
FRQ: Several times.
EMOTION: Observing.
CONTEXT: The modern theistic alternatives seeking to overcome critique of

---

[809] Reference: Encyclopedia Britannica (1983)(1), v. 4, p. 559.
[810] Reference: Encyclopedia Britannica (1983)(1), v. 15, p. 598.
[811] Reference: Encyclopedia Britannica (1983)(1), v. 12, p. 18; see also: Shand (2019).

6. Religious Sympathies

Hume and Kant are:

- The Leibnizian cosmological argument;
- The *kalam* cosmological argument;
- The teleological argument: an exploration of the fine-tuning of the universe;
- The argument from consciousness;
- The argument from reason;
- The moral argument;
- The argument from evil;
- The argument from religious experience;
- The ontological argument;
- The argument from miracles.[812]

[PX=10]

439

"My God is God of Spinoza."

«Мой Бог — это Бог Спинозы».

[PX=10]

PERIOD: After 1988.

FRQ: Several times.

EMOTION: Observing.

CONTEXT: Nature as God resolves the problem of a proof of the existence of God — God is a principle of reality.[813]

The relationship of a human being with Nature is the relationship with God:

- Nature as a whole is infinitely more powerful than a human being (Nature is omnipotent and omnipresent);
- Humans, being a part of Nature, are made "in the image of Nature;"
- Being part of Nature, humans have the ability for the cognition of the laws of Nature, including norms of human community — moral laws;
- Human cognition has its limits; therefore, Nature as a whole is always mysterious for humans.

Природа как Бог разрешает проблему доказательства существования Бога — Бог это принцип бытия.[814]

Отношение человека к Природе есть отношение с Богом:

- Природа в целом бесконечно более могущественна, чем человек (Природа всемогуща и вездесуща);
- Люди, будучи частью Природы, созданы «по образу и подобию Природы»;

---

[812] Philosophy: Craig (2009); see also: Loose (2018).
[813] See: Philosophy: Stump (2012).
[814] See: Philosophy: Stump (2012).

6. Religious Sympathies

- Будучи частью Природы, люди обладают способностью познавать законы Природы, включая нормы человеческого общежития — моральные законы;
- Человеческое познание имеет свои границы; следовательно, Природа в целом всегда неисповедима для людей.

[PX=10]

6.2 *Revelation*

440

"Someone may find natural theology a bit too cold. Paul Florensky wrote about the Iconostasis revealing the divine in a manner that may be appealing to believers of many religions. As Florensky said he would not need any further proof of the existence of God after seeing a Holy Trinity Icon by Andrei Rublev: 'There exists Rublev's Trinity, therefore there is God'[815]."

«Некоторые могут посчитать естественную теологию немного холодной. Павел Флоренский писал, что иконостас обнаруживает божественное в манере, которая может притягивать верующих многих религий. Как говорит Флоренский ему не нужно больших доказательств существования Бога после того как он увидел икону «Святую Троицу» Андрея Рублева: «Есть Троица Рублева, следовательно есть Бог».[816]

[PX=10]

PERIOD: After 1988.

FRQ: Several times.

EMOTION: Observing.

CONTEXT: Paul Florensky's *Iconostasis*: "The wall that separates two worlds is an iconostasis. One might mean by the iconostasis the boards or the bricks or the stones. In actuality, the iconostasis is a boundary between the visible and invisible worlds, and it functions as a boundary by being an obstacle to our seeing the altar, thereby making it accessible to our consciousness by means of its unified row of saints (i.e., by its cloud of witnesses) that surround the altar where God is, the sphere where heavenly glory dwells, thus proclaiming the Mystery. Iconostasis is vision. Iconostasis is manifestation of saints angels — *angelophania* — a manifest appearance of heavenly witnesses that includes, first of all, the Mother of God and Christ Himself in the flesh, witnesses who proclaim that which is from the side of mortal flesh. *Iconostasis* is the *saints themselves*. If everyone praying in a temple were wholly spiritualized, if everyone praying were truly to see, then there would be no iconostasis other than standing before God Himself, witnessing to Him by their holy countenances and proclaiming His terrifying glory by their sacred words.

But because our sight is weak and our prayers are feeble, the Church, in Her care for us, gave us visual strength for our spiritual brokenness: the heavenly visions on the iconostasis, vivid, precise, and illumined, that *articulate*, materially

---

[815] Philosophy: Florensky (1985)(1), p. 225.
[816] Philosophy: Florensky (1985)(1), p. 225.

6. Religious Sympathies

cohere, an image into fixed colors. ... To destroy icons thus means to block up the windows; it means smearing the glass and weakening the spiritual light for those of us who otherwise could see it directly, who could (we could figuratively say) behold it in a transparent space free of earthly air, a space where we could learn to breathe the pure ethereal air and to live in the light of God's glory: and when this happens, the material iconostasis will self-destruct in that vast obliteration which will destroy the whole image of this world — and which will even destroy faith and hope — and then we contemplate, in pure love, the immortal glory of God."[817]

Павел Флоренский *Иконостас*: «Алтарная преграда, разделяющая два мира, есть иконостас. Но иконостасом можно было бы именовать кирпичи, камни, доски. Иконостас есть граница между миром видимым и миром невидимым, и осуществляется эта алтарная преграда, делается доступной сознанию сплотившимся рядом святых, облаком свидетелей, обступивших Престол Божий, сферу небесной славы, и возвещающих тайну. Иконостас есть видение. Иконостас есть явление святых и ангелов — ангелофания, явление небесных свидетелей, и прежде всего Богоматери и самого Христа во плоти, — свидетелей, возвещающих о том, что по ту сторону плоти. Иконостас есть сами святые. И если бы все молящиеся в храме были достаточно одухотворены, если бы зрение всех молящихся всегда было видящим, то никакого другого иконостаса, кроме предстоящих Самому Богу свидетелей Его, своими ликами и своими словами возвещающих Его страшное и славное присутствие, в храме и не было бы.

По немощности духовного зрения молящихся, Церкви, в заботе о них, приходится пристраивать некоторое пособие духовной вялости: эти небесные видения, яркие, четкие и светлые, отмечать, закреплять вещественно, след их связывать краской. ... Уничтожить иконы — это значит замуровать окна; напротив, вынуть и стекла, ослабляющие духовный свет для тех, кто способен вообще видеть его непосредственно, образно говоря, в прозрачном безвоздушном пространстве, — это значит научиться дышать эфиром и жить в свете славы Божьей; тогда, когда это будет, вещественный иконостас сам собою упразднится с упразднением всего образа мира сего, и с упразднением даже веры и надежды, и с созерцанием чистою любовью вечной славы Божией».[818] [PX=10]

6.3 *Christianity*

441
"By tradition I am basically a Christian."
«По происхождению я христианин».
[PX=10]
PERIOD: After 1988.

---

[817] Philosophy: Florensky (1985)(1), p. 219-221.
[818] Philosophy: Florensky (1985)(1), p. 219-221.

6. Religious Sympathies

FRQ: Several times.
EMOTION: Observing.
CONTEXT: "Christianity (Greek *christos*, 'anointed'). A world religion centered on the life and work of Jesus of Nazareth in Israel, and developing out of Judaism. The earliest follows were Jews who, after the death and resurrection of Jesus, believed him to be the Messiah or Christ, promised by the prophets in the Old Testament, and in unique relation to God, whose Son or 'Word' (Logos) he was declared to be. During his life he chose 12 men as disciples, who formed the nucleus of the Church as a society or communion of believers, called together to worship God through Jesus Christ, who would come again to inaugurate the 'kingdom of God'. Christians believe that God is one, and is the creator. Humankind, as his creation, is essentially good, but in practice is sinful. The only way for humankind to attain true goodness is through God's grace; Jesus Christ, as the Son of God, is the means of grace. God is believed to be one in essence but threefold in person, comprising the Father, Son and Holy Spirit or Holy Ghost (known as Trinity). Jesus Christ, while the Son of God, is also wholly human because of his birth to Mary. The Holy Spirit is the touch or 'breath' of God which inspires people to follow the Christian faith. The Bible is thought to have been written under its influence."[819]

"Christian ethics, sometimes known as moral theology, ... deals with the application of Christian principles to moral issues. ...

The fact that the achievement of these ideals is limited by personal or corporate greed, fear, ignorance, weakness or other manifestations of sin, means that Christian ethics has to allow for failure and forgiveness. This is especially true when dealing with individuals in a pastoral situation such as a family or marriage problem, although attempts to distinguish between personal and social ethics fail to recognize that nothing is purely one or the other. Attitudes to divorce, for example, affect society as a whole as well as the individuals most closely concerned. Changes to legislation on working hours or minimum wages can achieve more good for people than championing one particular case of poverty. Yet the poor person trying to feed a family has immediate needs (which may be met by personal charity) as well as long-term requirements.

The relationship between Christian ethics and the ethics of society in general has been as varied as relationships between Church and State. Some churches (or movements within them such as Liberal Protestantism, the social gospel movement, political theology, and liberation theology) have sought to influence and Christianize society. Others (which would be classed as 'sects' rather than 'churches' by sociologists) hold that the values of the kingdom of God can only be realized within the Christian community. The ethical views of the churches have sometimes coincided with the views of the state, sometimes (as with the abolition of slavery) promoted a position that was eventually accepted out of enlightened self-interest, and sometimes (as with the adoption of pacifism or the abandonment of the 'just war' theory in the nuclear age) seemed unrealistic or unpatriotic. It can also be argued that on some issues, such as women's rights, many churches have lagged

---

[819] Philosophy: Goring (1992), p. 98-99; see also: Christianity: The Apocrypha and The New Testament (1992); and Philosophy: Aune (2010).

6. Religious Sympathies

behind changes in secular society."[820]

«Христианство (от греческого *christos*, «помазанный»). Мировая религия, сконцентрированная на жизни и делах Иисуса из Назарета в Израиле, и развившаяся из Иудаизма. Самые ранние последователи этой религии были евреями, которые, после смерти и воскресения Иисуса, верили, что он был Мессия, обещанный пророками Старого Завета, и что он имел особое отношение к Богу, и был объявлен его Сыном или «Словом». В течение своей жизни он выбрал 12 человек как своих учеников, которые сформировали ядро церкви как общества верующих, призванных быть вместе для того, чтобы поклоняться Богу через Иисуса Христа, который придет снова, чтобы ознаменовать «царство Божие». Христиане верят, что Бог един, и что он создал мир. Человечество, как его творение, в основе своей доброе, но на практике греховно. Единственный способ для человечества приобрести настоящее добро это через божью благодать; Иисус Христос, как Сын Бога, есть средство благодати. Бог считается, по существу, единым, но триединым как личность, состоящим из Отца, Сына и Святого Духа (известного как Троица). Иисус Христос, будучи Сыном Бога, является также полностью человеком, потому что он был рожден Марией. Святой Дух есть прикосновение или «дыхание» Бога, которое вдохновляет людей следовать христианской вере. Считается, что Библия была написана под его влиянием».[821]

«Христианская этика, иногда называемая моральной теологией, … имеет дело с применением христианских принципов к моральным вопросам. …

Тот факт, что достижение этих идеалов ограничено человеческой или корпоративной жадностью, страхом, невежеством, слабостью или другими проявлениями греха, означает, что христианская этика должна давать место ошибкам и прощению. Это особенно верно, когда мы имеем дело с индивидуумами в пасторальной ситуации, такой как семейные проблемы, хотя попытки различать личную и социальную этику спотыкаются на том, что нет в чистом виде одного и другого. Отношение к разводу, например, имеет последствия для общества в целом и для индивидуумов, которых оно в перву1 очередь касается. Изменения в законодательстве о длине рабочего дня или о минимальной заработной плате может достичь больше положительного для людей, чем попытки помочь в одном конкретном случае бедности. И все же бедный человек, пытающийся накормить свою семью, имеет насущные потребности сегодняшнего дня (которые могут быть обеспечены личной благотворительностью) так же, как и долговременные интересы.

Взаимоотношение между христианской этикой и этикой общества в целом бывало так же разным, как и взаимоотношение между церковью и государством. Некоторые церкви (или движения в них, такие как

---

[820] Philosophy: Goring (1992), p. 98; see also: Christianity: The Apocrypha and The New Testament (1992); and Philosophy: Aune (2010).
[821] Philosophy: Goring (1992), p. 98-99; see also: Christianity: The Apocrypha and The New Testament (1992); and Philosophy: Aune (2010).

6. Religious Sympathies

Либеральный Протестантизм, движение за социальное писание, политическая теология и либеральная теология) пытались влиять на общество и христианизировать его. Другие (которые классифицировались бы социологами скорее как «секты», а не «церкви») полагали, что ценности царства Божия могут быть реализованы только в рамках христианских общин. Этические взгляды церквей иногда совпадали со взглядами государства, иногда (как при отмене рабства) продвигали позицию, которая в конце концов была принята из соображений просвещенного эгоизма, и иногда (как с принятием пацифизма как идеологии или отказа от теории «справедливых войн» в эпоху ядерного оружия) казались нереалистическими или непатриотичными. Можно также утверждать, что по некоторым вопросам, таким как права женщин, многие церкви оказывались позади гражданского общества».[822] [PX=10]

METACONTEXT-A: While Nietzsche is critical of Christianity in his great subversive book *On the Genealogy of Morality*, he unwillingly shows the historical roots of social democratic ideals in Christianity. He also shows that the great leap from Judaism to Christianity was in extending the religion from one tribe to all humankind and making it all equal before God. "The values Nietzsche wishes to subject to revaluation are largely altruistic and egalitarian values such as pity, self-sacrifice, and equal rights. For Nietzsche, modern politics rests largely on a secular inheritance of Christian values (he interprets the socialist doctrine of equality, for example, in terms of a secularization of the Christian belief in the equality of all souls before God)."[823]

В то время как Ницше критиковал христианство в своей великой подрывной книге *О генеалогии морали*, он, сам того не желая, показал исторические корни социал-демократических идеалов в христианстве. Он также показал, что большой скачок от Иудаизма к христианству состоял в распространении религии от одного племени ко всему человечеству и в том, чтобы сделать все человечество равным перед Богом. «Ценности, которые Ницше желает подвергнуть пересмотру, это по большей части альтруистические и эгалитарные ценности, такие как жалость, самопожертвование и равенство прав. Для Ницше современная политика основывается по большей части на секулярном наследовании христианских ценностей (он интерпретирует социалистическую доктрину равенства, например, в терминах секуляризации христианской веры о равенстве всех душ перед Богом)».[824] [PX=10]

442
"My father by tradition belonged to the Armenian Church."
«Мой отец по традиции принадлежал к Армянской церкви».

---

[822] Philosophy: Goring (1992), p. 98; see also: Christianity: The Apocrypha and The New Testament (1992); and Philosophy: Aune (2010).

[823] Philosophy: Nietzsche (1996), p. XI; see also: Pearson (2006), Magnus (2007), Critchley (1998), McNeill (1998), Crowell (2012), Schacht (1999), Stern (2019), and Shand (2019).

[824] Philosophy: Nietzsche (1996), p. XI; see also: Pearson (2006), Magnus (2007), Critchley (1998), McNeill (1998), Crowell (2012), Schacht (1999), Stern (2019), and Shand (2019).

6. Religious Sympathies

[PX=10]
PERIOD: After 1988.
FRQ: Several times.
EMOTION: Observing.
CONTEXT: "Armenian Church, officially known as Armenian Apostolic (Orthodox) Church, is the national church of Armenia. Its claim to the title Apostolic is based on the belief that Armenia was evangelized by the Apostles Bartholomew and Thaddeus.

Armenia was the first nation in history to adopt Christianity as its religion. Christianity became the state religion of Armenia in 300 AD with the conversion of the Arsacid king Tiridates III by St. Gregory the Illuminator. The new Armenian Church soon struck a course independent of the founding church at Caesarea, though it developed in close relationship with the Syrians, who provided it with scriptures and liturgy and much of its basic institutional terminology. Its dependence on Syriac was ended in the 5th century, when St. Mashtots invented a national alphabet and carried out numerous translations.

In 506 at the Council of Dvin, the Armenian Church rejected the ruling of the Council of Chalcedon (451) that the one Person of Christ consists of two natures and became Monophysite (a view that claimed that Christ had only 'one nature'). When the Georgian Church broke away from the Armenians and reunited with the Greek Orthodox in the early 7th century, the Armenians found themselves separated in faith from most of their neighbors."[825]

This history had a certain impact on Armenian national character adding a sense of loneliness and making Armenians inclined to independence. This history, and also geography, make Armenians feel at home in the Middle East.

«Армянская церковь, официально известная как Армянская Апостольская (Ортодоксальная) церковь, это национальная церковь Армении. Ее претензия на название Апостольской основывается на веровании, что Армения была обращена в христианство Апостолами Барфоломеем и Фаддеем.

Армения была первой в истории нацией, принявшей христианство как свою религию. Христианство стало государственной религией Армении в 300-м году нашей эры с обращением в христианство царя аршакидов Тиридаты III Св. Григорием Просветителем. Новая Армянская церковь вскоре обозначила курс, независимый от церкви основателя в Цезарии, хотя она была в близких отношениях с сирийцами, которые дали ей священные тексты, литургию и значительную часть ее основополагающей церковной терминологии. Ее зависимость от сирийцев закончилась в 5-м столетии, когда Св. Маштоц изобрел национальный алфавит и сделал множество переводов.

В 506-м году в Соборе в Двине Армянская церковь отвергла постановление Совета в Халседоне (451), что одна личность Христа имеет две природы, и армяне стали монофизитами (т. е., стали придерживаться точки зрения, что Христос имел только «одну природу»). Когда Грузинская церковь оторвалась от Армянской и воссоединилась с Греческой Православной

---

[825] Reference: Encyclopedia Britannica (1983)(2), v. I, p. 524.

6. Religious Sympathies

церковью в начале 7-го столетия, армяне оказались одни со своей верой среди всех своих соседей».[826]

Эта история имела определенные последствия для армянского национального характера, добавив ощущение одиночества и сделав армян склонными к независимости. Эта история, а также география, заставляет армян чувствовать себя как дома на Ближнем Востоке. [PX=10]

443

"On my mother's side and paternal grandmother's side by tradition I am Eastern Orthodox Christian."

«По моей маме и бабушке со стороны отца я происхожу из православных».

[PX=10]

PERIOD: After 1988.

FRQ: Several times.

EMOTION: Observing.

CONTEXT: Orthodox Church is "a communion of self-governing Churches recognizing the honorary primacy of the Patriarch of Constantinople and confessing the doctrine of the seven Ecumenical Councils (from Nicaea I, 327 to Nicaea II, 787). It includes the patriarchates of Alexandria, Antioch, Constantinople, and Jerusalem, the Churches of Russia, Bulgaria, Cyprus, Serbia, Georgia, Romania, Greece, Poland, Albania, and Czechia and Slovakia. It developed historically from the Eastern Roman or Byzantine Empire. In doctrine it is strongly trinitarian, and in practice stresses the mystery and importance of sacraments, of which it recognizes seven."[827]

"The word orthodox, meaning 'right believing,' has traditionally been used, in the Greek-speaking Christian world, to designate those communities, or individuals, who preserved the true faith (as defined by those councils), as opposed to those who were declared heretical. The official designation of the church in Eastern Orthodox liturgical or canonical texts is 'the Orthodox Catholic Church.' Because of the historical links of Eastern Orthodoxy with the Eastern Roman Empire and Byzantium (Constantinople), however, in English usage it is referred to as the 'Eastern' or 'Greek Orthodox' Church."[828]

The tradition of orthodoxy makes Russians prone to be "true believers" and orthodox in every meaning of the word. Even the recent historical detour of Russia towards Marxism had a sense of "orthodoxy"; Bolsheviks used to advertise themselves as true, "orthodox" Marxists.

Carl Jung notes that in some sense the infatuation with Marxism in Russia was a reaction against the symbolism of the Orthodox Church. "We need feel no surprise that in Russia the colorful splendors of the Eastern Orthodox Church have been superseded by the Movement of the Godless — indeed, one breathed a sigh of relief oneself when one emerged from the haze of an Orthodox church with its multitude of lamps and entered an honest mosque, where the sublime and invisible

---

[826] Reference: Encyclopedia Britannica (1983)(2), v. I, p. 524.

[827] Philosophy: Goring (1992), p. 384; see also: Christianity: The Apocrypha and The New Testament (1992); and Philosophy: Aune (2010) and Kim (2021).

[828] Reference: Encyclopedia Britannica (1983)(1), v. 6, p. 142.

6. Religious Sympathies

omnipresence of God was not crowded out by a superfluity of sacred paraphernalia. Tasteless and pitiably unintelligent as it is, and however deplorable the low spiritual level of the 'scientific' reaction, it was inevitable that nineteenth-century 'scientific' enlightenment should one day dawn in Russia."[829] (Jung did not have a chance to see the main Orthodox church of the post-Communist Russia, the beautiful church of Christ the Savior, built in Moscow in 1999.)

Православная церковь это «содружество самоуправляемых церквей, признающих почетное первенство Константинопольского Патриарха и исповедующих учение седьмого Вселенского собора (от Никеи I, 327 до Никеи II, 787). Она включает патриархаты Александрии, Антиохии, Константинополя и Иерусалима, церкви России, Болгарии, Кипра, Сербии, Грузии, Румынии, Греции, Польши, Албании и Чехии и Словакии. Она происходит исторически от Восточной Римской или Византийской империи. Ее доктрина подчеркнуто тринитарная и служение подчеркивает мистический характер и важность таинств, из которых она признает семь».[830]

«Слово православная, означающее «правильную веру», традиционно использовалось греческой ветви христианского мира для обозначения тех общин или индивидуумов, которые сохраняли правильную веру (как это определено соборами), в противовес тем, которые были объявлены еретическими. Официальное обозначение церквей Восточного православия — «Православная католическая церковь». Из-за исторических связей Восточного православия с Восточной Римской империей и Византией (Константинополем) в английском языке она называется «Восточной» или «Греческой Ортодоксальной» церковью».[831]

Традиция ортодоксии делает русских склонными быть «истинно верующими» или ортодоксами в любом смысле этого слова. Даже недавние исторические отклонения России к марксизму имели оттенок «ортодоксии»; большевики имели привычку называть себя настоящими, «ортодоксальными» марксистами.

Карл Юнг отмечал, что, в некотором смысле, что увлечение марксизмом в России было реакцией на символизм Православной церкви. «Мы не должны быть удивлены, что в России красочное великолепие Восточной православной церкви было заменено движением неверующих — в самом деле, вы облегчено вздыхаете, когда выходите из мглы православной церкви с ее множеством лампад и попадаете в честную мечеть, где возвышенная и невидимая вездесущность Бога не вытеснена излишеством священной атрибутики. При такой безвкусице и жалкой неразумности, при каком бы то ни было прискорбно низком духовном уровне «научной» реакции, было неизбежным, что однажды «научное» просвещение девятнадцатого века рассветет в России».[832] (У Юнга не было возможности

[829] Psychology: Jung (1989)(4), v. 10, p. 180.
[830] Philosophy: Goring (1992), p. 384; see also: Christianity: The Apocrypha and The New Testament (1992); and Philosophy: Aune (2010) and Kim (2021).
[831] Reference: Encyclopedia Britannica (1983)(1), v. 6, p. 142.
[832] Psychology: Jung (1989)(4), v. 10, p. 180.

6. Religious Sympathies

увидеть главную православную церковь послекоммунистической России, красивый Храм Христа Спасителя, построенный в Москве в 1999-м году.) [PX=10]

444

"Philosophically I am most at home with the Roman Catholic Church."

«Философски я больше всего чувствую себя в своей тарелке с католической церковью».

[PX=10]

PERIOD: After 1988.

FRQ: Several times.

EMOTION: Observing.

CONTEXT: Roman Catholicism is "the doctrine, worship, and life of the Roman Catholic Church. A direct line of succession is claimed from the earliest Christian communities, centering on the city of Rome, where St. Peter (claimed as the first bishop of Rome) was martyred and St. Paul witnessed. After the conversion of the emperor Constantine, Roman bishops acquired something of the authority and power of the emperor. Surviving the fall of Rome in the 5th century, the Church was the only effective agency of civilization in Europe, and after the 11th-century schism with the Byzantine or Eastern Church it was the dominant force in the Western world, the Holy Roman Empire. The Protestant Reformation of the 16th century inspired revival, and the need to restate doctrine in an unambiguous form and to purge the church and clergy of abuses and corruption was recognized. The most dramatic reforms were enacted by the two Vatican Councils of the 19th and 20th centuries. The Second Vatican Council signaled a new era, with a new ecumenical spirit pervading the Church. Although the doctrines of the faith remained largely untouched, there was a new openness to other Christian denominations — indeed, to other world religions. Great emphasis was placed on the Church as the 'people of God', with the laity being given a much more active part in liturgy (e.g. the Mass being said in the vernacular instead of Latin).

Doctrine is declared by the pope, or by a General Council with the approval of the pope, and is summarized in the Nicene Creed. Scripture is authoritative, and authoritatively interpreted by the *magisterium* or teaching office of the Church. The tradition of the Church is accepted as authoritative, special importance being attributed to the early church Fathers and to the medieval scholastics, notably St. Thomas Aquinas. Principal doctrines are similar to those of mainstream Protestant and Orthodox Churches — God as trinity, creation, redemption, the person and work of Jesus Christ and the place of Holy Spirit — the chief doctrinal differences being the role of the Church in salvation, and its sacramental theology. Modern liturgies reflect a cross-section of historical inheritance, cultural environment, and social factors. Ancient traditional practices such as the veneration of the Virgin Mary and the saints, or the Stations of the Cross, are still regarded as valuable aids to devotion. At the other extreme, Roman Catholic priests in South America, preaching liberation theology, have assumed a political role."[833]

6. Religious Sympathies

What is appealing in Roman Catholicism, especially in contrast with Eastern Orthodox Christianity, is a considerable effort to be in tune with the times (without sacrificing important principles), modernization of the liturgy, and enormous emphasis on religiously inspired philosophy. It is worth mentioning that the latter philosophy is well-formulated and constitutes a large body of knowledge.

Also, as Carl Jung notes in his *Psychotherapists or the Clergy* Roman Catholic priests (perhaps like priests of all Christian denominations, but Roman Catholic priests especially) perform functions of psychotherapy. As a result, as Jung writes, "Many hundreds of patients have passed through my hands, the greater number being Protestants, a lesser number Jews, and not more than five or six believing Catholics."[834]

Римский католицизм — это «доктрина, поклонение и жизнь римско-католической церкви. Он претендует на прямую линию происхождения от самых ранних христианских общин с центром в Риме, где Св. Петр (объявленный первым епископом Рима) принял мученическую смерть, что было засвидетельствовано Св. Павлом. После принятия христианства императором Константином, римские епископы приобрели авторитет и власть императора. Пережив падение Рима в 5-м столетии, католическая церковь была единственным эффективным проводником цивилизации в Европе, и, после раскола с Византией и Восточной церковью, она была доминирующей силой в Западном мире, в Священной Римской империи. Протестантская реформация в 16-м веке вдохновила возрождение церкви, и была признана необходимость сформулировать религиозную доктрину в недвусмысленной форме и очистить церковь и священнослужителей от злоупотреблений и коррупции. Самые далеко идущие реформы были проведены двумя Ватиканскими соборами в 19-м и 20-м столетиях. Второй Ватиканский собор обозначил новую эру, с новым экуменическим духом, пронизывающим церковь. Хотя доктрины церкви остались по большей части нетронутыми, наступила эпоха новой открытости по отношению к другим христианским конфессиям — и вообще, к другим мировым религиям. Большое ударение стало делаться на церковь как «народ Божий», с прихожанами, принимающими более активную роль в литургии (например, месса, произносимая на народном наречии, вместо латыни).

Религиозная доктрина формулируется папой римским, или Общим собором при одобрении папы, и суммируется в никейском вероучении. Священное писание является авторитетом, и авторитетно интерпретируется *magisterium* или офисом учения церкви. Традиция церкви признана авторитетом, при особой важности, придаваемой ранним отцам церкви и средневековой схоластике, особенно Св. Фоме Аквинскому. Основные доктрины похожи на таковые основных течений Протестантизма и Православных церквей — триединство Бога, сотворение мира, искупление, личность и дела Иисуса Христа — главные доктринальные различия

---

[833] Philosophy: Goring (1992), p. 444-445.
[834] Psychology: Jung (1989)(4), v. 11, p. 334.

6. Religious Sympathies

заключаются в роли церкви в спасении и ее сакраментальном богословии. Современные литургии отражают широкий спектр исторических влияний, культурных обстоятельств и социальных факторов. Древние традиции, такие как поклонение Св. Марии и святым или Станции Креста, по-прежнему считаются важными для религиозной преданности. На другом конце спектра, римско-католические священники Южной Америки, исповедующие теологию освобождения, взяли на себя политическую роль.»[835]

То, что притягивает в католицизме, особенно по контрасту с православием, это значительные усилия, делаемые для того, чтобы быть в ногу с временем (без пожертвования важными принципами), модернизация литургии и огромное значение, придаваемое религиозной философии. Стоит упомянуть, что такая философия хорошо сформулирована и представляет собой большую область знания.

Также, как замечает Карл Юнг в своей *Психотерапии или церковнослужители,* римско-католические священники (возможно, как священники всех христианских конфессий, но римско-католические священники в особенности) выполняют функции психотерапии. В результате, как пишет Юнг, «Среди многих сотен пациентов, прошедших через меня, наибольшее число было протестантов, меньшее число евреев, и не более пяти или шести верующих католиков».[836] [PX=10]

445
"On a human level I sympathize with Protestantism."
«На человеческом уровне я симпатизирую с Протестантизмом».
[PX=10]
PERIOD: After 1988.
FRQ: Several times.
EMOTION: Observing.
CONTEXT: Protestantism is "the generic term for expressions of Christian faith originating from the Reformation as a protest against Roman Catholicism. The word derives from *protestari*, which means not just to protest but also to avow or confess. Protestants wished to return to the early Church's style of faith, which they felt had been lost under Catholic practices. Common characteristics include the authority of scripture, justification by faith alone (i.e. that those who believe in Christ and the Gospel are deemed righteous, regardless of personal merit), and the priesthood of all believers, in which each believer is able to hear confession of sin. The original groupings were those who followed Luther, Calvin, and Zwingli, and the term now embraces most non-Roman catholic or non-Orthodox denominations."[837]

Max Weber underlines the role that intellectuals played in the history of Protestantism. "The salvation sought by the intellectual is always based on inner need, and hence it is at once more remote from life, more theoretical and more systematic than salvation from external distress, the quest for which is characteristic

---

[835] Philosophy: Goring (1992), p. 444-445.
[836] Psychology: Jung (1989)(4), v. 11, p. 334.
[837] Philosophy: Goring (1992), p. 416.

6. Religious Sympathies

of nonprivileged classes. The intellectual seeks in various ways, the casuistry of which extends to infinity, to endow his life with a pervasive meaning, and thus to find a unity with himself, with his fellow men, and with the cosmos. It is the intellectual who transforms the concept of the world into the problem of meaning. As intellectualism suppresses belief in magic, the world's processes become disenchanted, lose their magical significance, and henceforth 'are' and 'happen' but no longer signify anything. As a consequence, there is a growing demand that the world and the total pattern of life be subject to an order that is significant and meaningful.

The conflict of this requirement of meaningfulness with the empirical realities of the world and its institutions, and with the possibilities of conducting one's life in the empirical world, are responsible for the intellectual's characteristic flights from the world."[838]

"These intellectuals turned against the papacy ideologically, becoming the carriers of the conciliary reform movement and later of Humanism.

The sociology of the Humanists, particularly the transformation of a feudal and clerical education into a courtly culture based on the largesse of patrons, is not without interest... Humanists did not place themselves in the service of building the churches of either the Reformation or the Counter Reformation, but they played an extremely important... role in organizing church schools and in developing doctrine."[839]

Max Weber also makes the following note, which has a direct relation to the Reformation and the role of intellectuals in it. "Only in the non-prophetic religions is belief equivalent to sacred lore. In these religions the priests are still, like the magicians, guardians of mythological and cosmological knowledge; and as sacred bards they are also custodians of the heroic sagas. The Vedic and Confucian ethics attributed full moral efficacy to the traditional literary educations obtained through schooling which, by and large, was identical with mere *memoriter* knowledge. In religions that maintain the requirement of intellectual understanding there is an easy transition to the philosophical, gnostic form of salvation. This transition tends to produce a tremendous gap between the fully qualified intellectuals and the masses. But even at this point there is still no real, official dogmatics — only philosophical opinions regarded as more or less orthodox, e.g., the orthodox *Vedanta* or the heterodox *Sankhya* in Hinduism.

But the Christian churches, as a consequence of the increasing intrusion of intellectualism and the growing opposition to it, produced an unexampled mass of official and binding rational dogmas, as well as theological faith. In practice it is impossible to require both belief in dogma and the universal understanding of it."[840]

Протестантизм — это «общий термин для выражений христианской веры, происшедших из Реформации как протест против римского католицизма. Слово происходит от *protestari*, которое означает не только протест, но также признание или покаяние. Протестанты хотели вернуться к стилю веры

---

[838] Sociology: Weber (1993), p. 124-125; see also: Philosophy: Turner (2000)(2).
[839] Ibid., p. 133.
[840] Ibid., p. 192.

6. Religious Sympathies

раннего христианства, который, как им казалось, был потерян католицизмом. Общие черты включают авторитет писания, оправдание одной верой (т. е., что те, кто верит в Христа или Писание, считаются праведниками, независимо от личных заслуг) и институт священников, состоящий из всех верующих, при котором каждый верующий в состоянии выслушать исповедь и покаяние в грехах. Первоначальные группы протестантов состояли из последователей Лютера, Кальвина и Цвингли, но этот термин сегодня охватывает большинство не римско-католических и не-православных конфессий».[841]

Макс Вебер подчеркивает роль, которую интеллектуалы играли в истории Протестантизма. «Спасение, искомое интеллектуалами, всегда основано на внутренней необходимости, и, следовательно, оно более отдалено от жизни и, в то же время, более теоретично и более систематично, чем спасение от внешней опасности, поиски которого более характерны для непривилегированных классов. Интеллектуал ищет разными путями, казуистика которых простирается до бесконечности, придать далеко идущий смысл своей жизни, и, таким образом, найти единство с собой, своими согражданами и с космосом. Именно интеллектуал преобразует концепцию мира в проблему смысла. В той мере, в какой интеллектуализм подавляет веру в магию, мировые процессы оказываются расколдованными, теряют свою магическую важность, и, следовательно, «существуют» и «происходят», но более не означают ничего. В следствие этого существует растущая потребность, чтобы мир и общий порядок жизни были подвластны порядку, который был бы важен и осмыслен.

Конфликт этой потребности в смысле с эмпирическими реальностями мира и его институтов и с возможностями проживания своей жизни в этом эмпирическом мире является причиной характерных для интеллектуала бегств от мира».[842]

«Эти интеллектуалы повернулись против папства идеологически, став носителями согласительной реформы и позднее гуманизма.

Социология гуманистов, в особенности трансформация феодального и клерикального образования в куртуанскую культуру на довольствии патронов, не безинтересна … Гуманисты не стали на службу строительства церквей ни при Реформации, ни при Контрреформации, но они играли чрезвычайно важную… роль в организации церковных школ и развитии религиозной доктрины».[843]

Макс Вебер также делает следующее замечание, прямо относящееся к Реформации и роли интеллектуалов в ней. «Только в непророческих религиях вера эквивалентна священному знанию. В этих религиях священнослужители все еще, как маги, являются хранителями мифологического и космологического знания; и, как священные барды, они являются хранителями героических саг. Ведическая и конфуцианская этики придают полный моральный вес традиционному литературному

---

[841] Philosophy: Goring (1992), p. 416.
[842] Sociology: Weber (1993), p. 124-125; see also: Philosophy: Turner (2000)(2).
[843] Ibid., p. 133.

6. Religious Sympathies

образованию, полученному в школах, которое по большей части состояло в запоминании. В религиях, которые содержат требование интеллектуального понимания, есть легкий переход к философской, гностической форме спасения. Этот переход имеет тенденцию создавать огромный разрыв между квалифицированными интеллектуалами и массами. Но даже в этот момент не существует реальной, официальной догматики — только философские мнения, считающиеся более или менее ортодоксальными, например, ортодоксальная *Веданта* или неортодоксальная *Санкхья* в Индуизме.

Но христианские церкви, в следствие возрастающего вторжения интеллектуализма и растущей оппозиции к нему, произвели на свет беспрецедентное количество официальных и обязательных рациональных догм, а также теологического материала. На практике невозможно требовать как веру в догму, так и ее понимание».[844] [PX=10]

446

"One of the best explanations of the essence of Christianity was given by Leo Tolstoy. Despite the fact that Tolstoy was excommunicated from the Church in 1901, I find his description the closest to my intuitive understanding of Christianity."

«Одно из лучших объяснений сущности христианства было дано Львом Толстым . Несмотря на то, что Толстой был отлучен от Церкви в 1901-м году, я нахожу его описание самым близким к моему интуитивному пониманию христианства».

[PX=10]

PERIOD: After 1988.

FRQ: Several times.

EMOTION: Observing.

CONTEXT: Hitler said about Russians that the nation poisoned by Tolstoy should be exterminated. So it is interesting to see what caused such Nazi hatred. I turn to Tolstoy's work *My Religion*.

"I do not care to expound the doctrine of Christ; I wish only to tell how it was that I came to understand what in this doctrine is most simple, clear, evident, indisputable, and appeals most to all men, and how this understanding refreshed my soul."[845]

"All the Christian Churches have always maintained that all men, however unequal in education and intellect, — the wise and the foolish, — are equal before God; that divine truth is accessible to everyone. Christ has even declared it to be the will of God that what is concealed from the wise shall be revealed to the simple."[846]

"Not everyone is able to understand the mysteries of dogmatics, homiletics, patristics, liturgics, hermeneutics, apologetics; but everyone is able and ought to understand what Christ said to the millions of simple and ignorant people who lived, and who are living today. Now, the things that Christ said to all these simple people who could not avail themselves of the comments of Paul, of Clement,

---

[844] Ibid., p. 192.
[845] Philosophy: Tolstoy (1994), p. 45-46.
[846] Ibid., p. 46.

6. Religious Sympathies

of Chrysostom, and of others, are just what I did not understand, and which, now that I have come to understand them, I wish to make plain to all."[847]

"Almost from the first period of my childhood, when I began to read the New Testament, I was touched and stirred most of all by that portion of the doctrine of Christ which inculcates love, humility, self-denial, and the duty of returning good for evil. This, to me, has always been the substance of Christianity; it was what I loved in it with all my heart, it was that in the name of which, after despair and disbelief, caused me to accept as the true meaning found in the Christian life by working people, and in the name of which I submitted myself to those doctrines professed by these same working people — in other words, the … Church. But in making my submission to the Church, I soon saw that I should not find in its creed the confirmation, the explanation of those principles of Christianity which seemed to me essential; I observed that the essence of Christianity, dear though it was to me, did not constitute the chief element in the doctrine of the Church."[848]

"But the longer I continued to live in submission to the doctrine of the Church, the more clearly I saw this particular point was not so unimportant as it had seemed to me at first. I was driven from the Church by the strangeness of its dogmas, and the approval and the support which it gave to persecutions, to the death penalty, to wars, and by the intolerance common to all sects; but my faith was chiefly shattered by the indifference of the Church to what seemed to me essential in the teachings of Jesus, and by its avidity for what seemed to me not essential. I felt that something was wrong; but I could not discover what was wrong. I could not discover, because the doctrine of the Church did not deny, what seemed to me essential in the doctrine of Christ; it fully recognized it, yet recognized it in such a way that what was chief in the teaching of Christ was not given the first place. I could not blame the Church because she denied the essence of the doctrine of Jesus, but because she recognized it in a way which did not satisfy me. The Church did not give me what I expected from her."[849]

"Of everything in the Gospels, the Sermon on the Mount always had for me an exceptional importance."[850]

"I read not only the Sermon on the Mount; I read all the Gospels, and all the theological commentaries on them. I was not satisfied with the declaration of the theologians that the Sermon on the Mount was only an indication of the degree of perfection to which man should aspire; but that fallen man, weighed down by sin, could not reach such an ideal; and that the salvation of humanity was in the faith and prayer and grace."[851]

"Only after I had gone through alike all the interpretations of the wise critics and had rejected them all according to the words of Jesus, *'Except ye… become as little children, ye shall not enter into the kingdom of heaven'* — I suddenly understood what I had not understood before."[852]

---

[847] Ibid.
[848] Ibid., p. 47.
[849] Ibid., p. 48.
[850] Ibid., p. 49.
[851] Ibid.
[852] Ibid., p. 50.

6. Religious Sympathies

"The passage that gave me the key to the whole was from the fifth chapter of Matthews, verses thirty-eight and thirty-nine: — *'It has been said unto you, An eye for an eye, and a tooth for a tooth: But I say unto you, That you resist not evil.'* Suddenly, for the first time, I understood the exact meaning of those words; I understood that Jesus said exactly what he said."[853]

"When I understood the words *'Resist not evil,'* meant *resist not evil*, my whole former conception of Christ's teachings suddenly changed; and I was horrified, not that I had failed to understand it before, but that I had misunderstood it so strangely. I knew, as we all know, that the true significance of the Christian doctrine was comprised in the injunction to love one's neighbor. When we say, *'Turn the other cheek,'* *'Love your enemies,'* we express the very essence of Christianity."[854]

"Further on comes the injunction, *'Judge not'*; and that these words might not be misunderstood, Christ added, *'Condemn not; condemn not to punishment.'*

My heart said clearly, distinctly, 'Punish not with death,' 'Punish not with death,' said Science; 'the more you kill, the more evil increases.' Reason said, 'Punish not with death; evil cannot suppress evil.' The Word of God, in which I believed, said the same thing. And when, in reading the doctrine, I came to the words, *'Condemn not, and ye shall not be condemned; forgive, and ye shall be forgiven,'* I confessed that this was God's Word, and I declared that it meant that I was not to indulge in gossip and evil speaking, and yet I continued to regard the tribunals as a Christian institution, and myself as a Christian judge!

I was overwhelmed with horror at the grossness of the error into which I had fallen."[855]

Гитлер сказал, что русские должны быть уничтожены, потому что они отравлены Толстым. Так что интересно посмотреть, что вызывало такую ненависть нацистов. Обращаюсь к работе Толстого *В чем моя вера?*

«Я не толковать хочу учение Христа, я хочу только рассказать, как я понял то, что есть самого простого, ясного, понятного и несомненного, обращенного ко всем людям в учении Христа, и как то, что я понял, перевернуло мою душу и дало мне спокойствие и счастье».[856]

«Все христианские церкви всегда признавали, что все люди, неравные по своей учености и уму, — умные и глупые, — равны перед Богом, что всем доступна Божеская истина. Христос сказал даже, что воля Бога в том, что немудрым открывается то, что скрыто от мудрых».[857]

«Не все могут быть посвящены в глубочайшие тайны догматики, гомилетики, патристики, литургики, герменевтики, апологетики и др., но все могут и должны понять то, что Христос говорил всем миллионам простых, живших и живущих людей. Так вот то самое, что Христос сказал всем этим простым людям, не имевшим еще возможности обращаться за разъяснениями

---

[853] Ibid.
[854] Ibid., p. 53.
[855] Ibid., p. 66.
[856] Philosophy: Tolstoy (1994), p. 45-46.
[857] Ibid., p. 46.

его учения к Павлу, Клименту, Златоусту и другим, это самое я не понимал прежде, а теперь понял; и это самое хочу сказать всем».[858]

«С тех первых пор детства почти, когда я стал для себя читать Евангелие, во всем Евангелии трогало и умиляло меня больше всего то учение Христа, в котором проповедуется любовь, смирение, унижение, самоотвержение и возмездие добром за зло. Такова и оставалась для меня сущность христианства, то, что я сердцем любил в нем, то во имя чего я после отчаяния, неверия признал истинным тот смысл, который придает жизни христианский трудовой народ, и во имя чего я подчинил себя тем же верованиям, которые исповедует этот народ, то есть православной церкви. Но, подчинив себя церкви, я скоро заметил, что я не найду в учении церкви подтверждения, уяснения тех начал христианства, которые казались для меня главными; я заметил, что эта дорогая мне сущность христианства не составляет главного в учении церкви».[859]

«Но чем дальше я продолжал жить, покоряясь учению церкви, тем заметнее становилось мне, что эта особенность учения церкви не так безразлична, как она мне показалась сначала. Оттолкнули меня от церкви и странности догматов церкви, и признание и одобрение церковью гонений, казней и войн, и взаимное отрицание друг друга разными исповеданиями; но подорвало мое доверие к ней именно это равнодушие к тому, что мне казалось сущностью учения Христа, и, напротив, пристрастие к тому, что я считал несущественным. Мне чувствовалось, что тут что-то не так. Но что было не так, я никак не мог найти; не мог найти потому, что учение церкви не только не отрицало того, что казалось мне главным в учении Христа, но вполне признавало это, но признавало как-то так, что это главное в учении Христа становилось не на первое место. Я не мог упрекнуть церковь в том, что она отрицала существенное, но признавала церковь это существенное так, что оно не удовлетворяло меня. Церковь не давала мне того, чего я ожидал от нее».[860]

«Из всех Евангелий как что-то особенное всегда выделялась для меня Нагорная проповедь».[861]

«Я читал не одну Нагорную проповедь, я читал все Евангелия, все богословские комментарии на них. Богословские объяснения о том, что изречения Нагорной проповеди суть указания того совершенства, к которому должен стремиться человек, но что падший — весь в грехе и своими силами не может достигнуть этого совершенства, что спасенье человека в вере, молитве и благодати, — объяснения эти не удовлетворяли меня».[862]

«И только изверившись одинаково и во все толкования ученой критики, и во все толкования ученого богословия, и откинув их все, по слову Христа: если не примите меня, как дети, не войдете в Царствие Божие... я понял вдруг то, чего не понимал прежде».[863]

---

[858] Ibid.
[859] Ibid., p. 47.
[860] Ibid., p. 48.
[861] Ibid., p. 49.
[862] Ibid.

6. Religious Sympathies

«Место, которое было для меня ключом всего, было место из V главы Матфея, стих 39-й: — «Вам сказано: око за око, зуб за зуб. А я вам говорю: не противьтесь злу»... Я вдруг в первый раз понял этот стих прямо и просто. Я понял, что Христос говорит то самое, что говорит».[864]

«Когда я понял, что слова «не противься злу» значат: не противься злу, все мое прежнее представление о смысле учения Христа вдруг изменилось, и я ужаснулся пред тем не то что непониманием, а каким-то странным пониманием учения, в котором я находился до сих пор. Я знал, мы все знаем, что смысл христианского учения — в любви к людям. Сказать: подставить щеку, любить врагов — это значит выразить сущность христианства».[865]

«И далее прямо сказано: *не судите*. И чтобы невозможно было недоразумение о значении слов, которые сказаны, прибавлено: *не приговаривайте по суду к наказаниям*.

Сердце мое говорит ясно, внятно: не казните; наука говорит: не казните, чем больше казните — больше зла; разум говорит: не казните, злом нельзя пресечь зла. Слово Бога, в которое я верю, говорит то же. И я читаю все учение, читаю эти слова: *не судите, и не будете судимы, не осуждайте, и не будете осуждены, прощайте, и будете прощены*, признаю, что это слово Бога, и говорю, что это значит то, что не надо заниматься сплетнями и злословием, и продолжаю считать суды христианским учреждением и себя судьей и христианином.

И я ужаснулся пред той грубостью обмана, в котором я находился».[866]

[PX=10]

6.4   *Judaism*

447
"Having spent a great deal of my life among Jews, I am also greatly influenced by Judaism."
[PX=10]
PERIOD: After 1988.
FRQ: Several times.
EMOTION: Observing.
CONTEXT: "Judaism, the religion of the Jews, who comprise a worldwide religious and ethnic community. It is a total way of life as well as a set of basic beliefs and values, discernible in patterns of action, social order, and culture as well as religious statements and concepts. The religion of a particular people (membership in which is constituted by conversion as well as by birth), traditionally based on the belief in a unique divine revelation, election, and covenant, it is also centered on the one God who cares for and saves the world."[867]

---

[863] Ibid., p. 50.
[864] Ibid.
[865] Ibid., p. 53.
[866] Ibid., p. 66.

405

6. Religious Sympathies

"The fundamental teachings of Judaism have often been grouped around the concept of an ethical (or ethical-historical) monotheism. Belief in one and only God of Israel has been adhered to by professing Jews of all ages and all shades of sectarian opinion. By its very nature monotheism ultimately postulated religious universalism, although it could be combined with a measure of particularism. In the case of ancient Israel, particularism took the shape of the doctrine of election; that is, of a people chosen by God as 'a kingdom of priests and a holy nation' to set an example for all mankind. Such an arrangement presupposed a covenant between God and the people, the terms of which the chosen people had to live up to or be severely punished. As the 8th century BC prophet Amos expressed it: 'You only have I known of all the families of the earth; therefore, I will punish you for all your iniquities.' Further, it was a concept that combined the messianic idea, according to which, at the advent of the Redeemer, all nations would see the light, give up war and strife, and follow the guidance of the Torah (divine guidance, teaching, or law) emanating from Zion (a hill in Jerusalem that has a special spiritual significance). With all its variations in detail, messianism has, in one form or another, permeated Jewish thinking throughout the ages and, under various guises, has colored the outlook of many secular-minded Jews.

Law became the major instrumentality by which Judaism was to bring about the reign of God on earth. In this case law meant not only what Romans called *jus* (human law) but also *fas*, the divine or moral law that embraces practically all domains of life. The ideal, therefore, as expressed in the Ten Commandments, was a religio-ethical conduct that involved ritualistic observance as well as individual and social ethics, a liturgical-ethical way constantly expatiated on by the prophets and priests, rabbinic sages, and philosophers. ... According to Judaic belief, it is through the historical evolution of man, and particularly of the Jewish people, that the divine guidance of history constantly manifests itself and will ultimately culminate in the messianic age. Judaism, whether in its 'normative' form or its sectarian deviations, never completely deviated from this basic ethical-historical monotheism."[868]

"Judaism is not and cannot be viewed as an abstract intellectual system, although some of its affirmations may be couched in such terms. It affirms divine sovereignty disclosed in creation (nature) and in history, without necessarily insisting upon — but at the same time not rejecting — metaphysical speculation about the divine. It insists that the community has been confronted by the divine not as abstraction but as person, with whom the community and its members enter into relationship. It is — as the concept Torah (connoting 'guidance' or 'direction') indicates — a program of human action, rooted in this personal confrontation. Further, the response of this particular people to its encounter with God is viewed as significant for all mankind. The community is called upon to express its loyalty to God and the Covenant by exhibiting solidarity within its corporate life on every level — including every aspect of human behavior, from the most public to the

---

[867] Reference: Encyclopedia Britannica (1983)(2), v. V, p. 623; see also: Philosophy: Judaism: The Tanakh (1992) and Crouch (2021).

[868] Reference: Encyclopedia Britannica (1983)(1), v. 10, p. 302; see also: Philosophy: Judaism: The Tanakh (1992) and Crouch (2021).

6. Religious Sympathies

most private. Thus, even Jewish worship is communal celebration of the meeting with God in history and in nature. Yet the particular existence of the Covenant people is not thought as contradicting but rather enhancing human solidarity. This people, together with all men, is called upon to create political, economic, and social forms that will affirm divine sovereignty — embody it in communal existence. This task is carried out in the belief not that man will succeed solely by his own efforts in these endeavors but that these sought-after human relationships have both their source and their goal in God — who assures their actualization. Within the sphere of his existence in the community, each Jew is called upon to realize the Covenant in his personal intention and behavior."[869] [PX=10]

METACONTEXT-A: Max Weber writes in *The Sociology of Religion*: "Only Judaism and Islam are strictly monotheistic in principle, and even in the latter there are some deviations from monotheism in the later cult of saints. Christian trinitarianism appears to have a monotheistic trend when contrasted with the tritheistic forms of Hinduism, late Buddhism, and Taoism [Daoism]. Yet in practice, the Roman Catholic cult of masses and saints actually comes fairly close to polytheism. It is by no means the case that every ethical god is necessarily endowed with absolute unchangeableness, omnipotence, and omniscience — that is to say, with an absolutely transcendental character. What provides him with this quality is the speculation and the ethical dynamic of passionate prophets. Only the God of the Jewish prophets attained this trait in an absolute and consistent form, and he became also the God of the Christians and Muslims."[870] [PX=10]

448
"The right wing of the right wing of Judaism is Hasidic Judaism."
[PX=10]
PERIOD: After 1988.
FRQ: Several times.
EMOTION: Observing.
CONTEXT: "The various Hasidic groupings represent in large measure the self-conscious right wing of 'Orthodoxy.' Hasidism is rooted in the mystical Pietist revival in the eastern reaches of 18th-century Poland, Hungary, and western Ukraine, where it was a radical response both to the dangers of the pseudomessianic movements at the end of the 17th century and the beginning of the 18th century and to the aridity that had enveloped rabbinism. It has now, for the most part, become a highly stylized, introverted sectarianism avoiding contact with the rest of the Jewish community, which it barely recognizes." [PX=10]

449
"The right wing of Judaism is Orthodox Judaism."
[PX=10]
PERIOD: After 1988.
FRQ: Several times.

---

[869] Reference: Encyclopedia Britannica (1983)(1), v. 10, p. 285; see also: Philosophy: Judaism: The Tanakh (1992) and Crouch (2021).
[870] Sociology: Weber (1993), p. 138; see also: Philosophy: Turner (2000)(2) and Crouch (2021).

6. Religious Sympathies

EMOTION: Observing.
CONTEXT: "Statistical evidence in the field of religious beliefs and behavior being notoriously inaccurate, to write that the majority of the Jewish religious world is Orthodox is to state a fact — if such it is — that is irrelevant, for it falls victim of the difficulties with which this article began. What may be noted is that there are many Jews who, in one way or another, think of themselves as traditionalists — whatever the content of their beliefs and the scope of their behavior. This group is composed of many subgroups that include upper-class American scientists and intellectuals on one extreme and impoverished Oriental Kabbalists at the other, with a host of intermediate stages. Their understanding of the affirmations that... are central to traditional Judaism varies from rationalistic to mystical approaches. The breadth of their observances too, discloses a variation. Yet, despite such caveats, there is a large, fervent, and devoted section of the Jewish community that sees itself affirming — often in the most unselfconscious manner — what in its several ways it understands to be the unchanged and unchanging faith of Israel, so that for many, the foreign designation 'orthodox' (used first by Reform Jews for traditionalist Jews) makes little if any sense."[871] [PX=10]

450
"Closer to the political center is Conservative Judaism."
[PX=10]
PERIOD: After 1988.
FRQ: Several times.
EMOTION: Observing.
CONTEXT: "The Conservative movement — primarily an American phenomenon, although the attempt has been made to connect it integrally with the moderate historical-positive wing of the German Liberal movement — is sociologically a Reform, or Liberal, development among the eastern European immigrants and their descendants in the United States. Originally less active in the field of social issues than the Reform movement, it retained a firmer hold upon the reality of the Jewish people than did most of the reformers. Theoretically, according to some of its intellectual leaders, it reaffirms traditional Judaism, but, in fact, it has included a very wide spectrum touching 'Orthodoxy' on the right and Reform on the left."[872]
[PX=10]

451
"On the left wing of Conservative Judaism is Reconstructionist Judaism."
[PX=10]
PERIOD: After 1988.
FRQ: Several times.
EMOTION: Observing.
CONTEXT: "Reconstructionism, for a long time the left wing of Conservatism,

---

[871] Reference: Encyclopedia Britannica (1983)(1), v. 10, p. 301; see also: Philosophy: Crouch (2021).
[872] Reference: Encyclopedia Britannica (1983)(1), v. 10, p. 301; see also: Philosophy: Crouch (2021).

6. Religious Sympathies

emerged as an independent entity in American Jewish life. It represents the attempt to build an intellectual base compounded of a sociological analysis of the American Jewish community, a statement about the nature of religion derived from the French anthropologists Lévi-Bruhl and Durkheim, and John Dewey's exposition of the meaning of the religious in human experience."[873] [PX=10]

452
"I would feel myself most comfortable in Liberal Judaism."
[PX=10]
PERIOD: After 1988.
FRQ: Several times.
EMOTION: Observing.
CONTEXT: On the opposite hand from Orthodox Judaism, "far more self-consciously, there stands the Reform (not 'Reformed,' except in a few minor and inconsequential instances) or Liberal group, although here, too, variety rather than its uniformity is its badge. Although it originated in large measure in 19th-century Germany, its center and more radical form is now in North America, with smaller groupings in western Europe, Israel, South Africa, and South America. At the moment in considerable intellectual flux, because of the impact of some forms of Existentialism, in the past it built upon a base of post-Kantian ethical philosophy and historical criticism, although theological speculation was not — on the American scene — its métier. In the matter of observance, wide variances are also to be seen — from a relatively conservative traditionalism to most radical topical Reformism."[874] [PX=10]

6.5   Islam

453
"By its strict monotheism Judaism is very similar to Islam."
[PX=10]
PERIOD: After 1988.
FRQ: Several times.
EMOTION: Observing.
CONTEXT: "Islam is a major world religion belonging to the Semitic family; it was promulgated by the Prophet Muhammad in Arabia in the 7th century AD. The Arabic term *islam*, literally meaning 'surrender,' points to the fundamental religious idea of Islam, namely that the believer, called a Muslim (being the active participle of *islam*), accepts surrender to the will of Allah (Arabic: God). Allah is viewed as the unique God — Creator, sustainer, and restorer of the world. The will of God, to which man is to submit, is made known through the Qur'an (often rendered Koran, the Islamic scriptures), the Book revealed to his messenger, Muhammad, who is

---

[873] Reference: Encyclopedia Britannica (1983)(1), v. 10, p. 301; see also: Philosophy: Crouch (2021).
[874] Reference: Encyclopedia Britannica (1983)(1), v. 10, p. 301; see also: Philosophy: Crouch (2021).

6. Religious Sympathies

believed to have been the last of a series of prophets (Adam, Noah, Moses, Jesus, and others) and whose message at the same time consummated and abrogated the 'revelations' vouchsafed to the previous prophets. The basic belief of Islam is expressed in the *shahadah*, the Muslim confession of faith: 'There is no god but God; Muhammad is the prophet of God.' From this fundamental belief are derived beliefs in (1) angels (particularly Gabriel, the Angel of Revelation), (2) the revealed Books (the Qur'an and sacred books of Judeo-Christian revelation described in the Qur'an), (3) a series of prophets (particularly eminent among whom are Judeo-Christian figures — although it is believed that God has sent messengers to every nation), and (4) the Last Day (Day of Judgment). Acceptance of this essential creed involves further duties that are to be strictly observed: five daily prayers, a welfare tax called the *zakat*, fasting, and a pilgrimage to Mecca, all of which — including the profession of faith — are called the Five Pillars."[875]

"The doctrine about God in the Qur'an is rigorously monotheistic: God is one and unique; he is no partner and no equal. Trinitarianism, the Christian belief that God is three persons in one substance, is vigorously repudiated."[876]

"Muslims believe that there are no intermediaries between God and the creation that he brought into being by his sheer command: 'Be.' Although his presence is believed to be everywhere, he does not inhere in anything. He is the sole Creator and sustainer of the universe, wherein every creature bears witness to his unity and lordship. But he is also just and merciful: his justice ensures order in his creation, in which nothing is believed to be out of place, and his mercy is unbounded and encompasses everything. His creating and ordering the universe is viewed as the act of prime mercy for which all things sing his glories. The God of the Qur'an, described as majestic and sovereign, is also a personal God; he is viewed as being nearer to man than man's jugular vein, and, whenever a person in need or distress calls him, he responds. Above all, he is the God of guidance and shows everything, particularly man, the right way, 'the straight path.'

This picture of God — wherein the attributes of power, justice, and mercy interpenetrate — is related to the Judeo-Christian tradition, whence it is derived with certain modifications, and also to the concepts of pagan Arabia, to which it provided an effective answer. The pagan Arabs believed in a blind and inexorable fate over which man had no control. For this powerful but insensible fate the Qur'an substituted a powerful but provident and merciful God. The Qur'an carried through its uncompromising monotheism by rejecting all forms of idolatry and eliminating all gods and divinities that the Arabs worshipped in their sanctuaries (*harams*), the most prominent of which was the Ka'bah sanctuary in Mecca itself."[877]

"In AD 622, when the Prophet fled to Medina, his preaching was soon accepted, and the community-state of Islam emerged."[878] "During this early period, Islam acquired its characteristic ethos as a religion uniting in itself both the spiritual and temporal aspects of life and seeking to regulate not only the individual's relationship to God (through his conscience) but human relationships in a social

---

[875] Reference: Encyclopedia Britannica (1983)(1), v. 9, p. 912; see also: Islam: The Qur'an (1992).
[876] Reference: Encyclopedia Britannica (1983)(1), v. 9. P. 913; see also: Islam: The Qur'an (1992).
[877] Reference: Encyclopedia Britannica (1983)(1), v. 9, p. 913; see also: Islam: The Qur'an (1992).
[878] Reference: Encyclopedia Britannica (1983)(1), v. 9, p. 912; see also: Islam: The Qur'an (1992).

setting as well. Thus, there is not only an Islamic religious institution but also an Islamic law, state, and other institutions governing society."[879] The "dual religious and social character of Islam" expresses "itself as a religious community commissioned by God to bring its own value system to the world through the *jihad* ('holy war' or holy struggle')."[880] "Because the mission of the community is to 'enjoin good and forbid evil' so that 'there is no mischief and corruption' on earth, the doctrine of *jihad*, in view of the constitution of the community…, is the logical outcome."[881] Jihad is a "religious duty imposed on Muslims."[882] "Islam distinguishes four ways by which this duty can be fulfilled: by the heart, the tongue, the hand, and the sword. The first consists in a spiritual purification of one's own heart. The propagation of Islam through the tongue and hand is accomplished in large measure by supporting what is right and correcting what is wrong. The fourth way to fulfill one's duty is to wage war physically against unbelievers and enemies of the Islamic faith."[883] [PX=10]

METACONTEXT-A: It can be argued that Judaism and Islam in their criticism of Christianity over monotheism miss the point. It is not that Christianity is not monotheistic — it is more complex with its concept of Trinity. Christianity is about the connection between the abstract, cold concept of God — through the person of God-man — with the existential condition of man. [PX=10]

454
"The majority of Muslims are Sunni."
[PX=10]
PERIOD: After 1988.
FRQ: Several times.
EMOTION: Observing.
CONTEXT: "Much of the content of Sunni theology was… supplied by its reactions to" early schisms. The term *sunnah*, which means a 'well-trodden path' and in the religious terminology of Islam normally signifies 'the example set by the Prophet,' in the present context simply means 'the conspicuous and well-defined way.' In this context, the term *sunnah* usually is accompanied by the appendage 'the consolidated majority' (*al-jamaah*). The term clearly indicates that the conspicuous and well-defined way is the way of consolidated majority of the community as against peripheral or 'wayward' positions of sectarians, who by definition must be erroneous.

With the rise of the orthodoxy, then, the foremost and elemental factor that came to be emphasized was the notion of the majority of the community. The concept of the community so vigorously pronounced by the earliest doctrine of the Qur'an gained both a new emphasis and a fresh context with the rise of Sunnism. Whereas the Qur'an had marked out the Muslim community from other

---

[879] Reference: Encyclopedia Britannica (1983)(1), v. 9. P. 912; see also: Islam: The Qur'an (1992).
[880] Reference: Encyclopedia Britannica (1983)(1), v. 9, p. 912; see also: Islam: The Qur'an (1992).
[881] Reference: Encyclopedia Britannica (1983)(1), v. 9, p. 914; see also: Islam: The Qur'an (1992).
[882] Reference: Encyclopedia Britannica (1983)(2), v. V, p. 558; see also: Islam: The Qur'an (1992).
[883] Reference: Encyclopedia Britannica (1983)(2), v. V, p. 558-559; see also: Islam: The Qur'an (1992).

6. Religious Sympathies

communities, Sunnism now emphasized the views and customs of the majority of the community in contradistinction to peripheral groups. An abundance of tradition (Hadith) came to be attributed to the Prophet to the effect that Muslims must follow the majority's way, that minority groups are all doomed to hell, and that God's protective hand is always on (the majority of) the community, which can never be in error. Under the impact of the new Hadith, the community, which had been charged by the Qur'an with a mission and commanded to accept a challenge, now became transformed into a privileged one that was endowed with infallibility."[884] [PX=10]

455
"A lesser part of Muslims are Shi'ah ."
[PX=10]
PERIOD: After 1988.
FRQ: Several times.
EMOTION: Observing.
CONTEXT: "The Shi'ah are the only important surviving sect in Islam. They owe their origin to the hostility between Ali (the fourth caliph and son-in-law of the Prophet) and the Umayyad dynasty (661-750). After Ali's death, the Shi'ah (Party, i.e., of Ali) demanded the restoration of rule to Ali's family, and from that demand developed the Shi'ite legitimism, or the divine right of the holy family to rule. IN the early stages, the Shi'ah used this legitimism to cover the protest against the Arab hegemony under the Umayyads and to agitate for social reform.

Gradually, however, Shi'ism developed a theological content for its political stand. Probably under Gnostic (esoteric, dualistic, and speculative) and old Iranian (dualistic) influences, the figure of the political ruler, the *imam* (exemplary 'leader'), was transformed into a metaphysical being, a manifestation of God and the primordial light that sustains the universe and bestows true knowledge on man. Through the *imam* alone the hidden and true meaning of the Qur'anic revelation can be known, because the *imam* alone is infallible. The Shi'ah thus developed a doctrine of esoteric knowledge that was adopted also, in a modified form, by the Sufis. The orthodox Shi'ah recognizes 12 such *imams*, the last (Muhammad) having disappeared in the 9th century. Since that time, the *mujtahids* (i.e., the Shi'ah divines) have been able to interpret law and doctrine under the putative guidance of the *imam*, who will return toward the end of time to fill the world with truth and justice."[885] [PX=10]

456
"The hippies of the Muslim world are Sufis."
[PX=10]
PERIOD: After 1988.
FRQ: Several times.
EMOTION: Observing.

---

[884] Reference: Encyclopedia Britannica (1983)(1), v. 9, p. 916.
[885] Reference: Encyclopedia Britannica (1983)(1), v. 9, p. 916-917.

6. Religious Sympathies

CONTEXT: "Sufism emerged out of early ascetic reactions on the part of certain religiously sensitive personalities against the general worldliness that had overtaken the Muslim community and the purely 'externalist' expressions of Islam in law and theology. These persons stressed the Muslim qualities of moral motivation, contrition against overworldliness, and 'the state of the heart' as opposed to the legalist formulations of Islam. Sufism evolved through three distinct phases: asceticism, a purely moral phase; ecstasy, an emotional phase in which the subject sought communion with God through states of ecstasy; and the cognitive phase, in which an intuitive knowledge or gnosis (esoteric knowledge) was the ideal. This last phase was a parallel development of Shi'ism, a phenomenon that made Sufism a bulwark against large-scale expansion of Shi'ah Islam. The Sufi adepts (persons skilled in mystical techniques) believe that they have a privileged inner knowledge called *kashf*, or 'revelation' (i.e., intuition, which is very distinct from the prophetic revelation, called *wahy*). The concept of *kashf*, beyond and inaccessible to intellectual penetration, posed a threat to the theologians, who never accepted this form of knowledge as having any objective validity."[886] [PX=10]

6.6   Buddhism

457

"Having been brought up in an atheistic society, I find a natural continuity between scientific materialism and pantheism of Buddhist thought. I am especially attracted to its emphasis on morality, which was missing in Marxism."
[PX=10]
PERIOD: After 1988.
FRQ: Several times.
EMOTION: Observing.
CONTEXT: "Buddhist philosophy had its origins, there can be little doubt, in some seminal intuitions of Gautama, entitled the Buddha or enlightened one, who lived possibly from 563 to 483 BC, but probably about a century later. His thought evolved from the sramanic milieu of his period in which various other movements, such as Jainism, were included; but conceptually it included motifs from the tradition of brahmins. The Buddha was critical of brahmin ideology, but made use of ideas which were prevalent in the society of the Gangetic plain, where most of his work was accomplished."[887]

"Like many great thinkers, Gotama was born into a rich, complex, and dynamic social and historical setting. On the one hand, he inherited an Indian culture rich in philosophical and religious beliefs and practices. Not only were his contemporaries interested in securing the material goods necessary both for basic subsistence and for making one's way through the various stages of life…, but they were also profoundly interested in trying to understand the meaning and purpose of

---

[886] Reference: Encyclopedia Britannica (1983)(1), v. 9, p. 917-918.

[887] Philosophy: Deutsch (1997), p. 78; see also: Buddhism: The Dhammapada (1992) and Emmanuel (2013); and History: Johnson (1987-1999).

6. Religious Sympathies

life and the fundamental nature of reality in order to realize — in the appropriate kinds of ways — the various aims of life.

In fact, Sue Hamilton[888] has pointed out that in India it was traditionally believed that the activity of philosophizing was directly associated with one's personal destiny. She also notes that what we in the West tend to distinguish as 'religion' and 'philosophy' was actually combined in India in people's attempts to understand both the meaning and structure of life and the fundamental nature of reality. In other words, in India, especially at the time when Gotama was alive, the two activities of doing philosophy and practicing religion were actually interrelated or interdependent aspects of the same inner or spiritual quest."[889]

Buddhism is characteristically pantheist. Pantheism is "the belief that God and the universe are ultimately identical. It may equate the world with God or deny the reality of the world, maintaining that only the divine is real and that sense experience is illusory. It is a characteristic feature of Hinduism and certain schools of Buddhism."[890]

"The framework within which the Buddha thought contained three main ideas, but he gave a special spin to this worldview. One idea was that of rebirth or reincarnation. Generally, the sramanic movements accepted the thought that without special effort we are destined to continuous rebirth (and more gloomily, of course, redeath). The second idea was that, nevertheless, liberation is possible (such liberation was often called *moksa* or *mukti*, but other words also came to be used, such as *nirvana* and *kevala*). The third idea was that of certain means, namely both austerity or *tapas* and yoga or meditation, as conducing ultimately to liberation from redeath. With these notions also went the conception of a soul of *jiva* or *purusa* who might continue into liberation. The Buddha's new spin was first to identify the problem of rebirth as having to do essentially with impermanence. The fabric of life is impermanent. But second, this means that there can be no permanent soul or self: there is therefore no entity there in liberation. *Nirvana* does not involve the persistence of the saint or the Buddha or Tathagata. Or more strictly, since the Buddha's analysis of life reduces things to complexes of events, the very question as to whether the self exists after death is meaningless, like the query as to whether a flame goes north, south, east or west after it goes out. Though the means to liberation lies in yoga or contemplation, there are ethical prerequisites. The Buddha had an ethical interpretation of brahmanical rituals and ritual powers. The framework of his worldview was moral."[891]

"The teaching of Buddha is summarized in four noble Truths, the last of which affirms the existence of a path leading to deliverance from the universal human suffering. A central tenet is the law of karma, by which good and evil deeds result in appropriate reward or punishment in this life or in succession of rebirths. Through a proper understanding of this condition, and by obedience to the right path, human beings can break the chain of karma. The Buddha's path to deliverance

---

[888] Philosophy: Hamilton (2001).
[889] Philosophy: Emmanuel (2013), p. 15-16.
[890] Philosophy: Goring (1992), p. 390.
[891] Philosophy: Deutsch (1997), p. 78-79; see also: Buddhism: The Dhammapada (1992); Philosophy: Emmanuel (2013); and History: Johnson (1987-1999).

6. Religious Sympathies

is through morality (*sila*), meditation (*samadhi*), and wisdom (*panna*), as set out in the eightfold path. The goal is nirvana, which means 'the blowing out' of the fires of all desires, and the absorption of the self into the infinite. All Buddhas are greatly revered, and a place of special importance is accorded to Gautama.

There are two main traditions within Buddhism, dating from its earliest history. Theravada Buddhism adheres to the strict and narrow teachings of the early Buddhist writings: salvation is possible for only the few who accept the severe discipline and effort necessary to achieve it. Mahayana Buddhism is more liberal, and makes concessions to popular piety: it teaches that salvation is possible for everyone, and introduced the doctrine of the bodhisattva (or personal salvation). As Buddhism spread, other schools grew up, among which are Chan or Zen, Lamaism, Tendai, Nichiren, Pure Land and Soka Gakkai."[892]

"Underlying the diversity of Buddhist belief and practice is a controlling purpose. The aim is to create the conditions favorable to spiritual development, leading to liberation or deliverance from bondage of suffering. This is generally seen as involving meditation, personal discipline, and spiritual exercises of various sorts. This common purpose has made it possible for Buddhism to be very flexible in adapting its organization, ceremony, and pattern of belief to different social and cultural situations."[893] [PX=10]

METACONTEXT-A: Max Weber underscores that all major religious movements were created by educated intellectuals who felt the contradiction between the prevailing ideology and life. "Here we are particularly concerned with the relationship to the priesthood of the non-ecclesiastical lay intelligentsia other than the monks, and in addition, with the relation of the intellectual classes to the religious enterprise and their position within the religious community. We must at this point establish as a fact of fundamental importance that all the great religious doctrines of Asia are creations of intellectuals. The salvation doctrines of Buddhism and Jainism, as well as all related doctrines, were carried by intellectual elite that had undergone training in the Vedas. This training, though not always of a strictly academic nature, was appropriate to the education of Hindu aristocrats, particularly members of the Kshatriya class of noble warriors, who stood in opposition to the Brahmins. In China the carriers of Confucianism, beginning with the founder himself and including Lao Tzu, who is officially regarded as the initiator of Taoism [Daoism], were either officials who had received a classical literary education or philosophers with corresponding training."[894]

"The Near Eastern salvation religions, whether of a mystagogic or prophetic type, as well as the oriental and Hellenistic salvation doctrines, whether of a more religious or a more philosophical type of which lay intellectuals were the protagonists, were, insofar as they included the socially privileged classes at all, virtually without exception the consequence of the educated classes' enforced or

---

[892] Philosophy: Goring (1992), p. 78; see also: Buddhism: The Dhammapada (1992); Philosophy: Emmanuel (2013); and History: Johnson (1987-1999).

[893] Philosophy: Goring (1992), p. 78; see also: Buddhism: The Dhammapada (1992); Philosophy: Emmanuel (2013); and History: Johnson (1987-1999).

[894] Sociology: Weber (1993), p. 120; see also: Philosophy: Turner (2000)(2) and Emmanuel (2013).

6. Religious Sympathies

voluntary loss of political influence and participation."[895]

"The salvation sought by the intellectual is always based on inner need, and hence it is at once more remote from life, more theoretical and more systematic than salvation from external distress, the quest for which is characteristic of nonprivileged classes."[896]

"It may be noted that pariah intellectualism, appearing among all proletarian incumbents of small prebends, the Russian peasantry, and the more or less itinerant folk, derives its intensity from the fact that the groups which are at the lower end or altogether outside of the social hierarchy stand to a certain extent on the point of Archimedes in relation to social conventions, both in respect to the external order and in respect to common opinions. Since these groups are not bound by the social conventions, they are capable of an original attitude toward the meaning of the cosmos; and since they are not impeded by any material considerations, they are capable of intense ethical and religious emotion."[897]

Among other things, Weber's remarks are a good commentary on the Russian revolution of 1917 and the disproportionate participation of minorities in it.

Closer to our days, we can say that the chattering of the Soviet intelligentsia over kitchen tables was a quasi-religious dimension that contributed to the eventual collapse of the Soviet Communism. [PX=10]

458
"Probably the best known form of Buddhism is Zen Buddhism."
[PX=10]
PERIOD: After 1988.
FRQ: Several times.
EMOTION: Observing.
CONTEXT: Zen Buddhism is "a meditation school of Buddhism introduced into Japan by monks returning from China in the 12th century. It originated in India, and spread to China, where it incorporated elements of Taoism. Zen stresses the personal experience of enlightenment based on a simple life lived close to nature, and upon methods of meditation which avoid complicated rituals and abstruse thought."[898] [PX=10]

459
"Another well-known school of Buddhism is Lamaism."
[PX=10]
PERIOD: After 1988.
FRQ: Several times.
EMOTION: Observing.

---

[895] Sociology: Weber (1993), p. 123; see also: Philosophy: Turner (2000)(2) and Emmanuel (2013).
[896] Sociology: Weber (1993), p. 124-125; see also: Philosophy: Turner (2000)(2) and Emmanuel (2013).
[897] Sociology: Weber (1993), p. 126; see also: Philosophy: Turner (2000)(2) and Emmanuel (2013).
[898] Philosophy: Goring (1992), p. 575.

6. Religious Sympathies

CONTEXT: Lama is "a spiritual teacher in Tibetan Buddhism; the word translates the Sanskrit term *guru*. The lama is treated with the highest respect as both the conveyor of a formal teaching and the conveyor of spiritual power to the disciple. Without initiation by a lama there can be no enlightenment, for the true lama is at one with the Buddha and gives access to the buddhahood. Through initiation the disciple is empowered to read certain texts and to meditate upon the form of a deity or the lama himself, which leads to the realization that disciple, lama and deity are not distinct. Submission to the lama is a prerequisite for spiritual awakening, which means giving oneself wholly to the lama in body, speech and mind. There are many stories concerning the trials of faith a lama might put his disciples through. For example, Milarepa had to perform exhausting, apparently pointless tasks for Marpa before he would initiate him. The oral instruction given by the lama is more important than the written text and should the line of transmission from lama to disciple become broken, then the text is rendered useless for the purposes of spiritual practice. Lamas are in different lineages and often became the heads of monastic communities; the Dalai Lama, for example, is head of the Gelugpa order. Some lineages are believed to be maintained by the lama reincarnating upon his death (*tulku*)."[899] [PX=10]

460
"Tendai is a Japanese Buddhist school, named after Tien Tai mountain in China, and the Tien Tai school of Chinese Buddhism that arose there."
[PX=10]
PERIOD: After 1988.
FRQ: Several times.
EMOTION: Observing.
CONTEXT: "Tendai was brought to Japan by Saicho in 805. He introduced it into his Enryakuji temple on Mount Hiei near Kyoto, which had replaced Nara as the capital of Japan, and Tendai became a key element in the new developments in Japanese Buddhism after that date. The foundation of Saicho's teaching was to be found in the *Lotus Sutra* and his view that all forms of life rank equally in attaining Buddhahood, but he established Tendai on a broad basis which included elements of mystical Shingon Buddhism taught by his contemporary Kukai. His construction of a Lotus Sutra hall in 812 was a significant step in the development of reverence to Amida Buddha and the rise of Pure Land sects, while he also set in train the tendency to introduce elements of Shinto into Buddhism, and a generation after his death Zen-type meditation was also present in Tendai. During the Kamakura period (1185-1333) other popular branches of Buddhism arose within Tendai, which was based upon sound ethical principles, systematic meditational disciplines, and a sense that the Buddha nature is present in all persons. It became almost too broad, and more particular sects, including the important Pure land, Zen and Nichiren traditions, had their origins in Tendai. Although still present in Japan it is less important than the three above-mentioned sects and the Japanese new religions."[900]

---

[899] Philosophy: Goring (1992), p. 292.
[900] Philosophy: Goring (1992), p. 522.

6. Religious Sympathies

[PX=10]

461
"Nichiren Buddhism is a sect founded by the Japanese Buddhist reformer Nichiren (1222-1282), sometimes called the Lotus sect, because of his claim that the *Lotus Sutra* contained the ultimate truth."
[PX=10]
PERIOD: After 1988.
FRQ: Several times.
EMOTION: Observing.
CONTEXT: "The most important of the Nichiren Buddhist sects in Japan today is Nichiren Shoshu, which arose from the work of Nichiren. Together with the Bahais and the Mormons it currently has one of the largest memberships in the world among new religious movements outside the major world religions. Nichiren took his vows in 1237, studied with the Tendai school up to 1242, and inaugurated the Nichiren movement in 1253 when he adopted the mantra (sacred verse), paying homage to the supremacy of the *Lotus Sutra*. He spent the rest of his life aggressively presenting his position, and Nichiren Shoshu and other Nichiren movements have followed him in this untypical Buddhist exclusivism. Nichiren Shoshu stresses three main teachings: that the hidden truth of the *Lotus Sutra* affirming that the Buddha exists from all eternity is superior to the truth of any other sect or religion; that the *Lotus Sutra* is the only relevant scripture in the later period of Buddhist history and the repetition of a mantra stressing that the *Lotus Sutra* can bring salvation; and that the teaching of Nichiren is the final truth and Nichiren Shoshu is intended to be the national religion of Japan and ultimately of the world. Nichiren Shoshu emphasizes the true succession from Nichiren as going through Nikko (1246-1333), that Nichiren himself is in some way the Buddha, and that 'three great secrets' are contained in the truths mentioned above."[901] [PX=10]

462
"Pure Land Buddhism is a school of Buddhism founded, it is said, by the Chinese monk, Hui Yuan (334-417), which is one of the commonest forms of Mahayana Buddhism."
[PX=10]
PERIOD: After 1988.
FRQ: Several times.
EMOTION: Observing.
CONTEXT: "It is characterized by devotion to the bodhisattva Amitabha, who rules over a 'pure land'. The goal of those devoted to Amitabha and the pure land is to be reborn there, and attain enlightenment. The school also spread to Japan, where it split from the main sect and formed a separate school."[902] [PX=10]

463

---

[901] Philosophy: Goring (1992), p. 370.
[902] Philosophy: Goring (1992), p. 419.

6. Religious Sympathies

"Soka Gakkai is a new religious movement in Japanese Buddhism that has grown rapidly since its foundation in 1937 by Tsunesaburo Makiguchi."
[PX=10]
PERIOD: After 1988.
FRQ: Several times.
EMOTION: Observing.
CONTEXT: "It is part of the Nichiren Buddhist tradition, associated with the exclusivistic and nationalistic teaching of Nichiren (1222-1282), based upon the *Lotus Sutra*. It has placed great emphasis upon lay participation, which has had political consequences, following the movement's entry into politics through the Komeito or Clean Government Party. At first Soka Gakkai was harassed for refusing to conform to the Shinto wartime government, and Makiguchi died in prison. From 1945 to 1960 there was tremendous growth under the leadership of Josei Toda, especially in large cities. The movement's message that Buddhahood is within the grasp of all, that happiness is a key human possibility, that salvation is available through reciting the mantra known as the *daimoku*, and that this age is the age of salvation, made it attractive in postwar Japan. Its strong organization, based on 'family units' and the achievement of worldly goals such as profit, beauty and goodness were also important in its popularity. From 1960 under Daisaku Ikeda it became less frenetic, more political, and more interested in its desire to spread the message of Nichiren to the world."[903] [PX=10]

6.7   *Hinduism and Sikhism*

464
"Given my respect for Buddhism, I had to pay attention to its roots in Indian philosophy and Hinduism."
[PX=10]
PERIOD: After 1988.
FRQ: Several times.
EMOTION: Observing.
CONTEXT: "According to the Hindu tradition, the origin of the various philosophical ideas that were developed in the philosophical systems lies in the Vedas, a body of texts that seem to have been composed around two thousand years BC. While the Vedas contain a myriad of different themes, ranging from hymns for deities and rules of fire sacrifices to music and magic, there is no doubt that one finds in them an exemplary spirit of inquiry into 'the one being' (*ekam sat*) that underlies the diversity of empirical phenomena, and into the origin of all things. ('Was there being or non-being at the beginning?') One finds also predelineations of such concepts as *rta* (truth or moral order), *karma* and the afterlife, and the three qualities (or *gunas*: *sattva*, *rajas*, and *tamas*) constituting nature (*prakrti*). It is in the Upanisads[904] (a group of texts composed after the Vedas and ranging from 1000 BC

---

[903] Philosophy: Goring (1992), p. 493-494.
[904] Philosophy: Upanisads (2008).

6. Religious Sympathies

to the time of Gautama, the Buddha), that the thinking, while still retaining its poetic flavor, develops a more strictly philosophical character. While still concerned with many different themes belonging to cosmology ('How did one become many?') and psychology ('What does the empirical person consist of?'), the Upanisads contains attempts to reinterpret, in symbolic terms, the elaborate Vedic sacrifices, and to defend, in many different ways, one central philosophical thesis — that is, the identity of *Brahman* (the highets and the greatest, the source of all things) and *atman* (the self of each person). With this last identification, a giant step was taken by the authors of the Upanisads, a step that was decisive for the development of Indian philosophy. The Vedas had already decided, famously in the Nasadiya Sukata, that at the beginning of things there must have been being and not non-being (for something cannot come out of nothing); now this primeval being was said to be the same as the spirit within. The highest wisdom was intuitively realizing this identity of subject and object (*tat tvam asi*). *How* to know it was the issue."[905]

Hinduism is "the Western term for a religious tradition developed over several thousand years and intertwined with the history and social system of India. Hinduism does not trace its origins to a particular founder, has no prophets, no set creed, and no particular institutional structure. It emphasizes the right way of living (dharma) rather than a set of doctrines, and thus embraces diverse religious beliefs and practices. There are significant variations between different regions of India, and even from village to village. There are differences in the deities worshipped, the scriptures used, and the festivals observed. Hindus may be theists or non-theists, revere one or more gods or goddesses, or no god at all, and represent the ultimate personal (e.g. Brahma) or impersonal (e.g. *Brahman*) terms.

Common to most forms of Hinduism is the idea of reincarnation or transmigration. The term *samsara* refers to the process of birth and rebirth continuing for life after life. The particular form and condition (pleasant or unpleasant) of rebirth is the result of karma, the law by which the consequences of actions within one life are carried over into the next and influence its character. The ultimate spiritual goal of Hindus is *moksha*, or release from the cycle of samsara. There is a rich and varied religious literature, and no specific text is regarded as uniquely authoritative. The earliest extant writings come from the Vedic period (1200-500 BC), and are collectively known as the Veda. Later (500 BC - 500 AD) came the religious law books (*dharma sutras* and *dharma shastras*) which codified the classes of society (varna) and the four stages of life (ashrama), and were the basis of Indian caste system. To this were added the great epics, the Ramayana[906] and the Mahabharata[907]. The later includes one of the most influential Hindu scriptures, the *Bhagavad Gita*[908].

There have been many developments in Hindu religious thought. In particular, Shankara (9th century AD) formulated the *advaita* (non-dual) position

---

[905] Philosophy: Deutsch (1997), p. 24; see also: Hinduism: The Rig Veda (1992); and History: Johnson (1987-1999).

[906] Literature: The Ramayana (2006).

[907] Literature: The Mahabharata (2009).

[908] Philosophy: Bhagavad Gita (1985).

6. Religious Sympathies

that the human soul and God are of the same substance. Ramanuja (12th century) established the system of *Vishishadvaita* (differentiated non-duality) which, while accepting that the human soul and God are of the same essence, holds that the soul retains its self-consciousness and, therefore, remains in an eternal relationship with God. This provided the impetus for the later theistic schools of Hindu thought."[909]

One of peculiar aspects of traditional Hinduism was that prostitution used to be tolerated in India to an extent which can hardly be paralleled in any other part of the world. It was considered lucky to meet a prostitute at the beginning of a journey, probably because she can never become a widow, whose appearance is an evil omen.[910]

"Devadasi originally described a Hindu religious practice in which girls were 'married' and dedicated to a deity (deva or devi). In addition to taking care of the temple and performing rituals, they learned and practiced Bharatanatyam and other classical Indian arts traditions and enjoyed a high social status."[911]

"Devadasis are also known by various other local terms. They are sometimes referred to as a caste; however, some question the accuracy of this usage."[912] "In Europe the term Bayadere (from French: *bayadère*, ascending to Portugese: *Balliadera*, literally, *dancer*) was occasionally used."[913]

"In W. India this class of women is known as *bhavin* (Skr. *Bhavini*, a handsome, wanton woman), *devli* (Skr. *Devala*, an attendant on an idol), or *naikin*, 'mistress,' 'procuress.' They are said to be descended from the female servants of the Savantvadi or Malvan chiefs, but some of them are of earlier origin, and their ranks have been recruited from the households of the chiefs — women of other Sudra castes, besides Marathas and Brandaris, who may become *bhavins* by pouring water from the god's lamp in a temple over their heads."[914]

"The *bhavin* practices prostitution, and differs from common prostitutes only in being dedicated to the god. From her children she chooses two or three to succeed her as temple servants. In the social scale she ranks below *kulavant*, the higher class of courtesan, who is not allowed to sing and dance in public."[915]

METACONTEXT-A: Max Weber makes several important distinctions applicable to all religions. First of all, he talks of prophets being the antithesis to priests. "We shall understand 'prophet' to mean a purely individual bearer of charisma, who by virtue of his mission proclaims a religious doctrine or divine commandment. No radical distinction will be drawn between a 'renewer of religion' who preaches an older revelation, actual or supposititious, and a 'founder of religion' who claims to bring completely new deliverances."[916] He also defines a prophet as a 'religious virtuosi.' The great historical examples of prophets are Zoroaster, Jesus, Muhammad, Buddha and the prophets of Israel. "For our purposes here, the

---

[909] Philosophy: Goring (1992), p. 218-219; see also: Hinduism: The Rig Veda (1992); and History: Johnson (1987-1999).

[910] Philosophy: Hastings (1926-1976), v. 10, p. 407.

[911] Reference: Wikipedia, http://en.wikipedia.org/wiki/Devadasi.

[912] Ibid.

[913] Ibid.

[914] Philosophy: Hastings (1926-1976), v. 10, p. 407.

[915] Philosophy: Hastings (1926-1976), v. 10, p. 407-408.

[916] Sociology: Weber (1993), p. 46; see also: Philosophy: Turner (2000)(2).

personal call is the decisive element distinguishing the prophet from the priest. The latter lays claim to authority by virtue of his service in a sacred tradition, while the prophet's claim is based on personal revelation and charisma. It is no accident that almost no prophets have emerged from the priestly class. As a rule, the Indian teachers of salvation were not Brahmins, nor were the Israelite prophets priests."[917] [PX=10]

465
"It is impossible to talk about Indian religions without Sikhism."
[PX=10]
PERIOD: After 1988.
FRQ: Several times.
EMOTION: Observing.
CONTEXT: "The main consequence of Sikh belief has been a gradual breaking away from the Hindu social system and the development of Sikh separatism. The singular worship of the *Adi Granth* excludes worship of all other objects common among Hindus (i.e., the sun, rivers, trees, etc.) and also puts a stop to the practice of ritual purifications and pilgrimages to the Ganges. Since every Sikh is entitled to read the scripture, Sikhs do not have a priestly caste similar to the Brahmins in Hinduism."[918] [PX=10]

6.8   Confucianism and Taoism

466
"Family is more important for morality than religion. In the Soviet Union there had not been any organized religion for people to practice for 70 years. But there were a lot of truly good families and, therefore, moral people."
[PX=10]
PERIOD: After 1988.
FRQ: Several times.
EMOTION: With surprise about the unusual thought.
CONTEXT: This was actually captured by Confucius (551-479 BC). "A typical Indo-European theology has doctrines of pneumatology (theory of spirit), soteriology (theory of salvation), eschatology (theory of the beginning and end), and anthropology (theory of human nature). Western religious scholarship often treats these theological motivations as natural, universal reflective urges. The Chinese examples suggest that speculative religiosity is a learned cultural inheritance. Any universal religious questions may turn out to be highly nebulous.

Classical Chinese philosophy shows signs neither of creation myths, of attempts to explain 'why we are here,' of a mind/body (or spirit/body) dichotomy, nor of supernaturalism. Full-fledged creation stories seem not to have circulated

---

[917] Sociology: Weber (1993), p. 46; see also: Philosophy: Turner (2000)(2).

[918] Reference: Wikipedia, http://en.wikipedia.org/wiki/Sikhism; see also: Philosophy: Nesbitt (2005) and History: Johnson (1987-1999).

6. Religious Sympathies

until the end of the classical period of thought. The 'spirits' of popular Chinese religion live after the body, but are not immortal. The same *qi* (matter) that makes up the rest of the world is in the spirit. Spirit *qi* dissipates over time. The world reabsorbs it. 'Spirit' explains the energizing of the body, but not its thought or cognition. The philosophers dealt mostly with the problems of a naturalistic ethics (moral psychology and metaethics) and political theory. Their myths depicted mortal examplars of moral wisdom who invented language, morality, and culture and transmitted them to us.

The division of religions into prophetic, ritualistic, and mystical helps justify the inclusion of Chinese schools among religions. Their non-theological character merely signals that the prophetic variety, which dominates Indo-European religions, is absent in China. Confucian religious content counts as 'ritualist' and the usual place of Daoism (along with its Buddhist incarnation, Zen) is 'mystical.'"[919]

"Popular Confucian and Daoist religious practice poses no special classification problems. Both have temples, priests, rituals, and scriptural texts. Interpreting texts is what raises problems. Most scholars draw a sharp distinction between religious and philosophical Daoism and treat the former as bowdlerizing the philosophy. The religious form of Confucianism seems more integrated with the philosophy partly because most scholars accept that Confucianism developed from an early religion."[920]

"The problem of definition links up with the interpretative controversies. If we map Chinese ideographs on to Indo-European religious concepts, we will find a familiar 'implicit' theology. The controversy, of course, is whether to use that mapping."[921]

"Missionaries facilitated the Western introduction to Chinese thought. Convinced of their rationality, natural theology liberals charitably assumed the Chinese must have a concept of God — the problem was identifying it. (Conservatives simply declared the Chinese 'atheists.')"[922]

"If philosophy is loosely defined as a disciplined reflection on insights, Chinese philosophy is distinguished in its commitment to and observation of the human condition. It is a disciplined engaged reflection with insights derived primarily from practical living. The Chinese thinker, unlike the Greek philosopher, the Hebrew prophet, the Indian guru, the Christian priest, or the Buddhist monk, is engaged in society, involved in politics, and dedicated to the spiritual transformation of the world from within."[923]

"The principal source of Confucius's thought is the *Lunyu* — the *Analects* — which records his life and teachings. The earlier portions of the work contain personal remembrances of Confucius the man, along with the accounts of his habits

---

[919] Philosophy: Quinn (1997), p. 25; see also: Philosophy: Taliaferro (2003) and Goldin (2017); and History: Loewe (1999) and Twitchett (1986-1991).
[920] Philosophy: Quinn (1997), p. 25-26; see also: Philosophy: Taliaferro (2003) and Goldin (2017); and History: Loewe (1999) and Twitchett (1986-1991).
[921] Philosophy: Quinn (1997), p. 26; see also: Philosophy: Taliaferro (2003) and Goldin (2017); and History: Loewe (1999) and Twitchett (1986-1991).
[922] Philosophy: Quinn (1997), p. 26 see also: Philosophy: Taliaferro (2003) and Goldin (2017); and History: Loewe (1999) and Twitchett (1986-1991).
[923] Philosophy: Deutsch (1997), p. 3.

6. Religious Sympathies

and predilections. The latter portions, particularly the last five of twenty chapters, were likely produced after Confucius's main disciples had begun their own careers as transmitters of the Confucian way."[924]

"Confucius's vision of the means to social and political harmony was grounded upon the rites and institutions originated by the Duke of Zhou, some five hundred years before Confucius. It was from these institutions, largely due to Confucius's sponsorship, that Chinese civilization was to emerge. The genius of the Zhou feudal system was to make family relations the basis of political loyalties, which meant that the Zhou institutions insured that the feudal lords were not merely vassals, but also blood relatives, of the king they served.

The crucial aspect of this system which Confucius would stress and which has become a part of Chinese society ever since concerns the importance of the family. It is the family that constitutes the context within which the individual becomes who he or she is."[925] [PX=10]

METACONTEXT-A: "We can find some striking similarities between the idea of the Chinese thinker as a scholar and the modern Western intellectual, but the vision which informs each is different. The modern Western idea of the intellectual, which has its origins in the Russian conception of the intelligentsia, is the product of the Enlightenment, a form of secular humanism. The Chinese thinker, by contrast, is inspired by a cosmological as well as an anthropological vision and is, therefore, not at all anthropocentric. In Max Weber's conception, the two appropriate 'callings' for the modern Western intellectual are science and politics.[926] The Chinese scholar, while politically concerned and socially engaged, must also be dedicated to mediating cultural structures through education so that society and polity will not be dominated by wealth and power alone."[927] [PX=10]

467
"Confucianism has been intertwined with Taoism throughout history."
[PX=10]
PERIOD: After 1988.
FRQ: Several times.
EMOTION: Observing.
CONTEXT: Taoism (also spelled Daoism) refers to a variety of related philosophical and religious traditions that have influenced the people of Eastern Asia for more than two millennia. They also have influenced the Western world, particularly since the 19th century. The word Tao (or Dao), roughly translates as "path" or "way." It carries more abstract, spiritual meanings in folk religion and Chinese philosophy.

Taoist propriety and ethics emphasize the Three Jewels of Tao:

---

[924] Philosophy: Hall (1999), p. 53; see also: Confucianism: The Analects of Confucius (1992); Philosophy: Goldin (2017); and History: Loewe (1999) and Twitchett (1986-1991).

[925] Philosophy: Hall (1999), p. 53; see also: Confucianism: The Analects of Confucius (1992); Philosophy: Goldin (2017); and History: Loewe (1999) and Twitchett (1986-1991).

[926] Philosophy: Turner (2000)(2) and Cahoone (2003).

[927] Philosophy: Deutsch (1997), p. 3; see also: Confucianism: The Analects of Confucius (1992); Philosophy: Goldin (2017); and History: Loewe (1999) and Twitchett (1986-1991).

6. Religious Sympathies

compassion, moderation, and humility, while Taoist thought generally focuses on nature, the relationship between humanity and the cosmos; health and longevity; and wu wei (action through inaction). Harmony with the Universe, or the source of thereof (Tao), is the intended result of many Taoist rules and practices.

Reverance for ancestor spirits and immortals is common in popular Taoism. Oragnized Taoism distinguishes its ritual activity from that of the folk religion, which some professional Taoists view as debased. Chinese alchemy (including Neidan), astrology, cuisine, Zen Buddhism, several Chinese martial arts, Chinese traditional medicine, feng shui, and many styles of qigong have been intertwined with Taoism throughout history.[928]

"Philosophical Taoism is developed mainly in the book *Lao-tzu* (or *Tao-te Ching*)[929] and in apparently later work of Chuang-tzu[930] (late-4th century-c. 300 BC)."[931]

"*The teachings of Lao-tzu.* The *Tao-te Ching* is a short anthology of paradoxical statements circumscribing the nature of the Tao and of maxims for the ruler who governs the power (*te*) of the Tao.

Cosmology. What Lao-tzu calls the "permanent Tao" in reality is nameless. The name (*ming*) in ancient Chinese thought implied an evaluation assigning an object its place in a hierarchical universe. The Tao is outside these categories."[932]

"*Man and society.* The power acquired by the Taoist is *te*, the efficacy of the Tao in the realm of Being, which is translated as 'virtue'. Lao-tzu viewed it, however, as different from Confucian virtue:

> The man of superior virtue is not virtuous, and that is why he has virtue. The man of inferior [Confucian] virtue never strays from virtue, and that is why he has no virtue.

The 'superior virtue' of Taoism is a latent power that never lays claim to its achievements; it is the 'mysterious power' (*hsuan te*) of tao present in the heart of the sage — 'the man of superior virtue never acts (*wu-wei*), and yet there is nothing he leaves undone.'

Wu-wei is not an ideal of absolute inaction nor a mere 'not-overdoing.' It is an action so well in accordance with things that its author leaves no trace of himself in his work: 'Perfect activity leaves no track behind it; perfect speech is like a jade worker whose tool leaves no mark.' It is the Tao that 'never acts, yet there is nothing it does not do.' There is no tru achievement without *wu-wei* because every deliberate intervention in the natural course of things will sooner or later turn into opposite of what was intended and will result in failure."[933]

---

[928] Reference: Wikipedia, http://en.wikipedia.org/wiki/Taoism.
[929] Philosophy: Lao Tzu (2009); see also: Hansen (1999)(1).
[930] Philosophy: Chuang Tzu (2007); see also: Hansen (1999)(2).
[931] Reference: Encyclopedia Britannica (1983)(1), v. 17, p. 1036.
[932] Ibid., p. 1036-1037.
[933] Ibid., p. 1037.

6. Religious Sympathies

"*The teachings of Chuang-tzu.* Whereas the *Lao-tzu* is addressed to the sage-king, the *Chuang-tzu* is the earliest surviving Chinese text to present a philosophy for private life, a wisdom for the individual. Chuang-tzu is said to have preferred the doctrine of Lao-tzu over all others; many of his writings strike the reader as metaphorical illustrations of the terse sayings of the 'Old Master.'

Whereas Lao-tzu in his book as well as his life (in legend) was concerned with Taoist rule, Chuang-tzu, some generations later, rejected all participation in society. He compared the servant of state to the well-fed decorated ox being led to sacrifice in the temple and himself to the untended piglet blissfully frolicking in the mire.

No Chinese philosopher, however, has been able to divert his interest completely from political problems. Chuang-tzu's answers are those of mystic. The ruler should seek the Tao and do nothing else. The mere presence of a holy man makes a country prosper: 'By concentrating his spirit, he can protect creatures from sickness and plague and make harvest plentiful.'"[934]
[PX=10]

6.9   *Atheism*

468
"Scientific materialism is essentially a religion — or more exactly a pseudo-religion. Communism and Fascism in the 20th century had strong elements of religious movements."

«Научный атеизм является, по существу, религией — или, более точно, псевдо-религией. Коммунизм и фашизм в 20-м столетии имели сильные элементы религиозных движений».
[PX=10]
PERIOD: After 1988.
FRQ: Several times.
EMOTION: Observing.
CONTEXT: The religious nature of scientific materialism is best understood by Carl Jung: "Despite [the] inevitable epistemological criticism, however, we have held fast to the religious belief that the organ of faith enables man to know God. The West thus developed a new disease: the conflict between science and religion. … Matter is a hypothesis. When you say 'matter,' you are really creating a symbol for something unknown, which may just as well be 'spirit' or anything else; it may even be God."[935]

"The conflict between science and religion is in reality a misunderstanding of both. Scientific materialism has merely introduced a new hypostasis, and that is

---

[934] Ibid.

[935] Psychology: Jung (1989)(3), p. 477; see also: Philosophy: Martin (2008), Carver (1999) and (2015), and Oppy (2019).

6. Religious Sympathies

an intellectual sin. It has given another name to the supreme principle of reality and has assumed that this created a new thing and destroyed an old thing. Whether you call the principle of existence 'God,' 'matter,' 'energy,' or anything else you like, you have created nothing; you have simply changed a symbol."[936]

"Materialism is a metaphysical reaction against the sudden realization that cognition is a mental faculty and, if carried beyond the human plane, a projection. The reaction was 'metaphysical' in so far as the man of average philosophical education failed to see through the implied hypostasis, not realizing that 'matter' was just another name for the supreme principle. As against this, the attitude of faith shows how reluctant people were to accept philosophical criticism. It also demonstrates how great is the fear of letting go one's hold on the securities of childhood and of dropping into a strange, unknown world ruled by forces unconcerned with man. Nothing really changes in either case; man and his surroundings remain the same. He has only to realize that he is shut up inside his mind and cannot step beyond it, even in insanity; and that the appearance of his world or of his gods very much depends upon his own mental condition."[937]

A little bit more anthropocentric version of scientific materialism is historical materialism, that is materialism with regards to history. It tries to worship "progress". The best short answer to it is that of Andrei Voznesensky: "All progresses are reactionary if a human being is being destroyed"[938].

The ideologies of totalitarianism on both the left and the right were in positions of competition with traditional religions as pseudo-religions. The hostility of Communism towards religion is well established. It is less known that Hitler hated Christianity. According to Hitler's diaries, he wanted to take care of Christians after Jews.

In practice the intellectual sin of the pseudo-religions of totalitarianism on both the left and the right created horrors for mankind. Even the Soviet *Philosophical Encyclopedia* recognized the quasi-religious character of official ideology in totalitarian regimes.[939]

Philosophers later noticed unfavorably the popularity of the Hegelian system with totalitarian ideologists. Thus, Theodor Wiesengrund Adorno "was vehemently anti-Hegelian. He was also one of the most thoroughly Hegelian thinkers of the century. He was anti-Hegelian insofar as he opposed final closure — reconciliation or *Aufhebung* — in philosophical inquiry. His opposition was based on combined theoretical and anthropological considerations concerning what might be called the anthropogenesis of the concept. Adorno believed that conceptual thinking arouse out of the need for adaptation — for mastering inner and outer nature — and because of that always carried the seeds of domination within it. As Western rationality developed from its inception in pre-Socratic philosophy through

---

[936] Psychology: Jung (1989)(3), p. 477; see also: Philosophy: Martin (2008), Carver (1999) and (2015), and Oppy (2019).
[937] Psychology: Jung (1989)(3), p. 478; see also: Philosophy: Martin (2008), Carver (1999) and (2015), and Oppy (2019).
[938] Literature: Voznesensky (1984).
[939] Philosophy: Philosophical Encyclopedia (1960-1970), v. 5, p. 304; see also: Martin (2008), Carver (1999) and (2015), and Oppy (2019).

6. Religious Sympathies

the creation of modern science and technology, that potential in fact became realized on a global scale. With Hegel's system, Adorno argued, domination in the material sphere was reflected by domination in the conceptual sphere. The totalitarianism of the system — where the whole swallows up the parts — was the counterpart of the overt totalitarianism of fascism [and communism]."[940] What makes the Hegelian system especially problematic in view of the 20th century experience is Hegel's deification of the existing social and political reality. True freedom, for Hegel, does not consist in the frenzy of political activism, in personal "resoluteness" and "decisiveness," or in following the dictates of one's conscience, but in letting one's actions be guided by institutional structures, such as the family, the corporations, and the state.[941] That made the Hegelian system the official philosophy of Fascism and Communism.

At the same time, the ideologues of totalitarianism on both left and right pretended that they were beyond morality. For example, Marxism is full of pronouncements like "The communists do not preach morality at all."[942] And that is what proved fatal: religion minus morality equals a recipe for disaster.[943]

Религиозная природа научного материализма лучше всего была понята Карлом Юнгом: «Несмотря на неизбежную эпистемологическую критику, однако, мы твердо придерживались религиозной веры, что орган веры позволяет нам знать Бога. Запад, таким образом, привел к развитию новой болезни: конфликту между наукой и религией. ... Материя — это гипотеза. Когда вы говорите «материя», вы на самом деле создаете символ для чего-то неизвестного, которое с таким же успехом может быть «духом» или чем-то еще; он также может быть даже Богом».[944]

«Этот конфликт между наукой и религией на самом деле есть недопонимание обоих. Научный материализм всего-лишь ввел новую ипостась, и это есть интеллектуальный грех. Он дал другое имя высшему принципу бытия и предположил, что этим он создал новую вещь и уничтожил старую. Как бы вы не называли принцип бытия, «Богом», «материей», «энергией» или чем-то еще, что вам нравится, вы не создаете ничего; вы просто меняете символ».[945]

«Материализм есть метафизическая реакция против неожиданно возникшего понимания того, что познание является функцией ума и, если оно выносится за пределы человека, проекцией. Эта реакция была «метафизической» в той степени, в какой человек со средним философским

---

[940] Philosophy: Huhn (2004), p. 51; see also: Rush (2004), Critchley (1998), Shand (2019), and Gordon (2020).

[941] Philosophy: Critchley (1998), p. 102; see also: Shand (2019).

[942] Philosophy: Marx/Engels (1975), v. 5, p. 247; see also: Lenin (1958-1974), Carver (2015), Martin (2008), Turner (2000)(1), Ritzer (2000), Carver (1999), Bunnin (1996), Emmanuel (2002), and Oppy (2019).

[943] Philosophy: Copleston (1988), p. 17-26 and Berdyaev (1955), p. 17-18; see also Dye (1999).

[944] Psychology: Jung (1989)(3), p. 477; see also: Philosophy: Martin (2008), Carver (1999) and (2015), and Oppy (2019).

[945] Psychology: Jung (1989)(3), p. 477; see also: Philosophy: Martin (2008), Carver (1999) and (2015), and Oppy (2019).

6. Religious Sympathies

образованием не был достаточно проницательным, чтобы увидеть, что стоит за предполагаемой ипостасью, не понимал, что «материя» была лишь другим именем для этого высшего принципа. В противовес этому, отношение к этому веры показывает, насколько неохотно люди принимали философскую критику. Это также демонстрирует, насколько велик страх потерять уверенность в безопасных понятиях детства и упасть в странный, неизведанный мир, управляемый силами, которым нет дела до человека. Ничего на самом деле не меняется в обоих случаях; человек и его окружение остаются прежними. Он только должен осознать, что заперт в своем мозгу и не может ступить за его пределы, даже в безумии; и что представления его мира или о его богах очень сильно зависят от его умственного состояния».[946]

Немного более антропоцентрическая версия научного материализма — это исторический материализм, т. е. материализм по отношению к истории. Он пытается молиться на «прогресс». Наилучший короткий ответ на это принадлежит Андрею Вознесенскому: «Все прогрессы реакционны, если рушится человек»[947].

Идеологи тоталитаризма левого, так и правого находились в соревновании с традиционными религиями как псевдо-религии. Враждебность коммунизма по отношению к религии хорошо известна. Менее известно, что Гитлер ненавидел христианство. Если читать дневники Гитлера, он хотел заняться христианами после евреев.

На практике этот интеллектуальный грех псевдо-религий тоталитаризмов слева и справа привел к кошмарам для человечества. Даже советская *Философская энциклопедия* признавала квази-религиозный характер официальной идеологии тоталитарных режимов.[948]

Философы позднее заметили с неодобрением популярность системы Гегеля у идеологов тоталитаризма. Так Теодор Адорно «был яростно анти-гегельянцем. Он также был одним из наиболее последовательных гегелевских мыслителей столетия. Он был анти-гегельянцем в том смысле, что он был против окончательного закрытия — согласования или *Aufhebung* — в философском исследовании. Его оппозиция основывалась комбинированных теоретических и антропологических соображениях, касающихся того, что может быть названо антропогенезисом концепции. Адорно считал, концептуальное мышление возникает из необходимости к адаптации — с целью овладения внутренней и внешней природой — и из-за этого всегда несет в себе семена доминирования. По мере того, как западный рационализм развивался с момента своего появления в до-сократовской философии через создание современной науки и техники, этот потенциал и в самом деле реализовал себя в мировом масштабе. С системой Гегеля, говорил Адорно, доминирование в материальной сфере отразилось в доминировании в концептуальной сфере. Тоталитаризм системы — где целое поглощает части

---

[946] Psychology: Jung (1989)(3), p. 478; see also: Philosophy: Martin (2008), Carver (1999) and (2015), and Oppy (2019).

[947] Literature: Voznesensky (1984).

[948] Philosophy: Philosophical Encyclopedia (1960-1970), v. 5, p. 304; see also: Martin (2008), Carver (1999) and (2015), and Oppy (2019).

6. Religious Sympathies

— было копией откровенного тоталитаризма фашизма [и коммунизма]».[949] То, что делает гегелевскую систему особенно проблематичной ввиду опыта 20-го столетия, это гегелевское обожествление существующей социальной и политической реальности. Настоящая свобода по Гегелю не состоит в неистовстве политического активизма, в личной «решительности» или следовании своей совести, а в том, чтобы позволять своим действиям руководствоваться структурами институтов, такими как семья, корпорации или государство.[950] Это сделало гегелевскую систему официальной философией фашизма и коммунизма.

В то же самое время идеологи тоталитаризма как слева, так и справа претендовали на то, что они были за пределами морали. Например, марксизм полон утверждений типа «Коммунисты вовсе не проповедуют мораль».[951] И это то, что оказалось смертельно опасным: религия минус мораль равно рецепту катастрофы. [952] [PX=10]

6.10   Ethics

469

"Having identified morality as the most important God-given gift of humankind, we need an ethical theory."

«Определив мораль как самый важный дар Бога, имеющийся у человечества, мы нуждаемся в этической теории».

[PX=10]

PERIOD: After 1988.

FRQ: Several times.

EMOTION: Observing.

CONTEXT: I will try to lay down such an ethical theory in this section.

В этом разделе я попытаюсь описать такую этическую теорию.

[PX=10]

470

"Distinguishing descriptive and normative claims."

«Различие между описательными и нормативными взглядами».

[PX=10]

PERIOD: After 1988.

FRQ: Many times.

EMOTION: Seriously.

CONTEXT: In any discussion of ethics and law, it is important to recognize the

---

[949] Philosophy: Huhn (2004), p. 51; see also: Rush (2004), Critchley (1998), Shand (2019), and Gordon (2020).

[950] Philosophy: Critchley (1998), p. 102; see also: Shand (2019).

[951] Philosophy: Marx/Engels (1975), v. 5, p. 247; see also: Lenin (1958-1974), Carver (2015), Martin (2008), Turner (2000)(1), Ritzer (2000), Carver (1999), Bunnin (1996), Emmanuel (2002), and Oppy (2019).

[952] Philosophy: Copleston (1988), p. 17-26 and Berdyaev (1955), p. 17-18; see also Dye (1999).

6. Religious Sympathies

distinction between descriptive and normative claims. In a sense and partly, this is the distinction between facts and values, but the matter of what counts as a fact is very contentious in philosophy. *Descriptive* statements are statements that describe a state of affairs in the world. In contrast, philosophical ethics is *normative*. The normative element exists also in legal theory. The task of philosophical ethics and legal theory is to explore what human beings ought to do, or more accurately, to evaluate the arguments, reasons, and theories that are proffered to justify accounts of morality and law.[953]

При любом обсуждении этики и права важно осознавать различие между описательными и нормативными взглядами. По существу и отчасти это есть различие между фактами и ценностями, но вопрос о том, что считать фактом, очень спорный в философии. *Описательные* утверждения есть утверждения, которые описывают состояние дел в мире. В отличие от этого философская этика *нормативна*. Нормативный элемент есть и в праве. Задача философской этики и правовой теории в том, чтобы исследовать, что люди должны делать, или точнее, взвешивать аргументы, объяснения и теории, которые выдвигаются, чтобы оправдать описания морали и права.[954] [PX=10]

471

"Law as a category of social mediation between facts and norms."
«Право как посредническая категория между фактами и нормами».
[PX=10]
PERIOD: After 1988.
FRQ: Many times.
EMOTION: Seriously.
CONTEXT: That is the basic definition of law given by Habermas.[955]

Это основное определение права дано Хабермасом.[956] [PX=10]

472

"Ethical relativism."
«Этический релятивизм».
[PX=10]
PERIOD: After 1988.
FRQ: Many times.
EMOTION: Seriously.
CONTEXT: Many believe that "ethics is relative." Let there be no confusion, you should recognize that "ethics is relative" could be interpreted either as an empirical or a normative claim.[957]

If we understand the claim "ethics is relative" to be a description of human behavior, then it does follow from the facts. On the other hand, if we

---

[953] Philosophy: Johnson (2001), p. 28-29.
[954] Philosophy: Johnson (2001), p. 28-29.
[955] Philosophy: Habermas (2001), p. 1-41.
[956] Philosophy: Habermas (2001), p. 1-41.
[957] Philosophy: Johnson (2001), p. 30-31.

6. Religious Sympathies

understand "ethics is relative" to be a normative claim, then the facts do not support this claim. Moreover, it is possible that a universal moral code applies to everyone even though some or all fail to recognize it.[958]

Многие верят, что «этика относительна». Во избежание недоразумений мы должны осознавать, что утверждение «этика относительна» может интерпретироваться как эмпирическое или нормативное.[959]

Если мы считаем, что утверждение «этика относительна» есть описание человеческого поведения, то оно отвечает фактам. С другой стороны, если мы считаем, что утверждение «этика относительна» нормативно, то факты этого не подтверждают. Более того, возможно, что универсальный моральный закон относится ко всем, даже если некоторые или все люди не поступают в соответствии с ним.[960] [PX=10]

473
"Utilitarianism."
«Утилитаризм».
[PX=10]
PERIOD: After 1988.
FRQ: Many times.
EMOTION: Seriously.
CONTEXT: Utilitarianism is an ethical theory claiming that what makes behavior right or wrong depends wholly on the consequences. In putting the emphasis on consequences, utilitarianism affirms that what is important about human behavior is the outcome or results of the behavior and not the intention a person has when he or she acts. On one version of utilitarianism, the basic principle is: *Everyone ought to act so as to bring about the greatest amount of happiness for the greatest number of people.*[961]

Утилитаризм есть этическая теория, утверждающая, что то, что делает поведение правильным или нет, зависит целиком от обстоятельств. Ставя ударение на последствиях, утилитаризм утверждает, что то, что важно в человеческом поведении, есть его результат, а не намерения человека. По одной версии утилитаризма, основной принцип звучит следующим образом: *Каждый должен поступать так, чтобы приносить максимальное счастье максимальному количеству людей.*[962] [PX=10]

474
"Intrinsic and instrumental value."
«Внутренние и инструментальные ценности».
[PX=10]

---

[958] Ibid., p. 31-32.
[959] Philosophy: Johnson (2001), p. 30-31.
[960] Ibid., p. 31-32.
[961] Philosophy: Johnson (2001), p. 36; see also: Eggleston (2014).
[962] Philosophy: Johnson (2001), p. 36; see also: Eggleston (2014).

6. Religious Sympathies

PERIOD: After 1988.
FRQ: Many times.
EMOTION: Seriously.
CONTEXT: Utilitarians note that among all the things in the world that are valued, we can distinguish things that are valued because they lead to something else from things that are valued for their own sake. The former are called *instrumental* goods and the latter *intrinsic* goods.[963]

Utilitarianism, as most people use the term, claims that happiness is the ultimate intrinsic good, because it is valuable for its own sake. Indeed, some utilitarians claim that everything else is desired as a means to happiness and that, as a result, everything else has only secondary or derivative (instrumental) value.[964]

Утилитаристы считают, что среди всех вещей в мире, имеющих ценность, мы можем различать вещи, которые ценны, потому что они приводят к чему-то другому, от вещей, которые ценны сами по себе. Первые называются *инструментальными* ценностями, а вторые — *внутренними* ценностями.[965]

Утилитаризм, в том смысле как этот термин употребляется большинством людей, считает, что счастье есть предельная внутренняя ценность, поскольку она ценна сама по себе. В действительности некоторые утилитаристы считают, что все остальное желательно только как средство для достижения счастья, и что, как результат, все остальное имеет только вторичную или производную (инструментальную) ценность.[966]
[PX=10]

475
"Acts versus rules."
«Поступки против правил».
[PX=10]
PERIOD: After 1988.
FRQ: Many times.
EMOTION: Seriously.
CONTEXT: One important and controversial issue of interpretation for utilitarians has to do with whether the focus should be on *rules* of behavior or individual *acts*. *Rule-utilitarians* argue that we ought to adopt rules that, if followed by everyone, would, in the long run, maximize happiness. *Act-utilitarians* put the emphasis on individual actions rather than rules. They believe that even though it may be difficult for us to anticipate the consequences of our actions, that what we should try to do.[967]

For example, Bolsheviks, as far as their approach to morality and law,

---

[963] Philosophy: Johnson (2001), p. 36.
[964] Ibid., p. 37.
[965] Philosophy: Johnson (2001), p. 36.
[966] Ibid., p. 37.
[967] Philosophy: Johnson (2001), p. 39; see also: Eggleston (2014).

can be classified as act-utilitarians.

Один важный и спорный вопрос интерпретации для утилитаристов состоит в том, должен ли упор быть на *правилах* поведения или отдельных *актах*. Утилитаристы, ставящие упор на правилах, говорят, что мы должны принять такие правила, которые, при условии их выполнения, приведут, в длительной перспективе, к максимизации счастья. Утилитаристы, ставящие упор на отдельных актах, верят, что даже если нам трудно предугадать последствия наших действий, мы должны максимизировать счастье руководствуясь целями каждого отдельного акта поведения.[968]

Например, большевики, по своему подходу к морали и праву, могут быть классифицированы как утилитаристы, ставящие упор на отдельных актах. [PX=10]

476
"Deontological theories."
«Деонтологические теории».
[PX=10]
PERIOD: After 1988.
FRQ: Many times.
EMOTION: Seriously.
CONTEXT: By contrast to utilitarianism, deontological theories put the emphasis on the internal character of the act itself. For example, if I tell the truth (not just because it is convenient for me to do so, but) because I recognize that I must respect the other person, then I act from duty and my action is right. If I tell the truth because I fear getting caught or because I believe I will be rewarded for doing so, then my act is not morally worthy.[969]

At the heart of deontological theory is an idea about what it means to be a person, and this is connected to the idea of moral agency.[970] This point can be put as follows:

> The substantive contents of the norms of right and wrong express the value of persons, of respect for personality. What we may not do to each other, the things which are wrong, are precisely those forms of personal interaction which deny to our victim the status of a freely choosing, rationally valuing, specially efficacious person, the special status of moral personality.[971]

According to deontologists, the utilitarians go wrong when they fix on happiness as the highest good. The fact that we are rational beings, capable of reasoning about what we want to do and then deciding and acting, suggests that

---

[968] Philosophy: Johnson (2001), p. 39; see also: Eggleston (2014).
[969] Philosophy: Johnson (2001), p. 43-44.
[970] Ibid., p. 44.
[971] Philosophy: Fried (1978), p. 28-29.

6. Religious Sympathies

our end (our highest good) is something other than happiness.[972]

The capacity for rational decision-making is the most important feature of human beings. Each of us can make choices, choices about what we will do, and what kind of persons we will become. We are moral beings because we are rational beings, that is, because we have the capacity to give ourselves rules (laws) and follow them.[973]

Immanuel Kant (1724-1804), who was born, lived, and died in Königsberg, Eastern Prussia, published several works as a young scholar, but his most important writings appeared in his middle and later years. In 1781 he published the *Critique of Pure Reason*, which had a major impact on epistemology and metaphysics during his lifetime as well as throughout the modern period. In the *Groundwork for the Metaphysics of Morals* (1785), Kant presented his basic moral theory, arguing that the only thing that is unconditionally good is a good will.[974]

Kant put forward what he called the *categorical imperative*. While there are several versions of it, the second version goes as follows: *Never treat another human being merely as a means but always as an end.*[975]

В отличие от утилитаристов, деонтологические теории ставят ударение на внутреннем характере акта поведения. Например, если я говорю правду (не только потому, что это удобно для меня, но и), потому что я признаю, что я должен уважать другого человека как личность, то я поступаю как я должен и мое действие правильно. Если я говорю правду, потому что я боюсь наказания или если я верю, что буду вознагражден, то мое действие морально недостойно.[976]

В основе деонтологической теории лежит идея о том, что означает быть личностью, и это в свою очередь связано с идеей носителя морали.[977] Этот момент может быть изложен следующим образом:

> Содержание норм о том, что такое добро и зло, выражает ценность людей и уважение к личности. То, что мы не должны делать по отношению к другим — вещи неправильные — есть в точности такие формы межличностного взаимодействия, которые лишают наших жертв статуса свободно выбирающих, рационально оценивающих, имеющих особенную действенную силу людей.[978]

По деонтологам утилитаристы неправы, когда они останавливаются на счастье, как на наивысшей ценности. Тот факт, что мы

---

[972] Philosophy: Johnson (2001), p. 44.
[973] Ibid., p. 45.
[974] Philosophy: Hayden (2001), p. 109; see also: Shand (2019).
[975] Philosophy: Johnson (2001), p. 45; see also: Shand (2019).
[976] Philosophy: Johnson (2001), p. 43-44.
[977] Ibid., p. 44.
[978] Philosophy: Fried (1978), p. 28-29.

6. Religious Sympathies

разумные люди, способные мыслить о том, что мы хотим делать, и затем принимающие решение, предполагает, что наша конечная (наивысшая) ценность есть что-то отличное от счастья.[979]

Способность к рациональному принятию решений есть наиболее отличительная черта людей. Каждый из нас может совершать акты выбора, выбора о том, что мы будем делать, и какого рода личностями мы станем. Мы наделены моралью, потому что мы наделены мышлением, то есть, потому что мы обладаем способностью давать себе правила (законы) и следовать им.[980]

Иммануил Кант (1724-1804), который родился, жил и умер в Кенисберге, Восточная Пруссия, опубликовал несколько работ, будучи молодым ученым, но его наиболее важные работы были написаны в среднем и позднем возрасте. В 1781-м году он опубликовал *Критику чистого разума*, которая имела большое влияние на эпистемологию и метафизику еще при его жизни, а также в весь современный период. В *Обосновании для метафизики морали* (1785), Кант предложил свою основную теорию морали, аргументируя, что единственная вещь, которая безусловно хороша, это добрая воля.[981]

Кант выдвинул идею *категорического императива*. Из нескольких его версий вторая гласит: *Никогда не обращайся с другими людьми как исключительно средством достижения своих целей, но всегда как самоцели.*[982] [PX=10]

477
"Rights as moral issue."
«Права как моральный вопрос».
[PX=10]
PERIOD: After 1988.
FRQ: Many times.
EMOTION: Seriously.
CONTEXT: Ethicists often associate rights with deontological theories.[983]

Totalitarian practitioners of the 20th century (Nazis and Bolsheviks) did not respect rights and philosophically they were not deontologists. On the other hand, the most prominent deontologist, Kant, is also one of the most sympathetic to rights philosophers.

The categorical imperative requires that each person be treated as an end in himself or herself, and it is possible to express this idea by saying that individuals have "a right to" the kind of treatment that is implied in being treated as an end. The idea that each individual must be respected as valuable in himself of herself implies that we each have rights not to be interfered with in certain

---

[979] Philosophy: Johnson (2001), p. 44.
[980] Ibid., p. 45.
[981] Philosophy: Hayden (2001), p. 109; see also: Shand (2019).
[982] Philosophy: Johnson (2001), p. 45; see also: Shand (2019).
[983] Philosophy: Johnson (2001), p. 47.

6. Religious Sympathies

ways.[984]

Теоретики морали часто ассоциируют права с деонтологическими теориями.[985]

Практики тоталитаризма 20-го столетия (нацисты и большевики) не уважали прав и философски не были деонтологами. С другой стороны, наиболее известный деонтолог, Кант, является одним из наиболее симпатизирующих правам философов.

Категорический императив требует, чтобы с каждым человеком обращались как с самоцелью. Идея, что каждый индивидуум должен уважаться как ценный сам по себе, подразумевает, что мы имеем права, которые должны уважаться определенным образом.[986] [PX=10]

478
"Rights and social contract theories."
«Права и теории общественного договора».
[PX=10]
PERIOD: After 1988.
FRQ: Many times.
EMOTION: Seriously.
CONTEXT: Rights are deeply rooted in the tradition of social contract theories. In this tradition the idea of a social contract (between individuals, or between individuals and government) is hypothesized to explain and justify the obligations that human beings have to each other.[987]

In several later essays, Kant sought to clarify the relationship of his moral theory to political practice. In his essay *On the Common Saying: This May be True in Theory, But it does not Apply in Practice*, published in 1793, Kant discusses how a civil state is justified on the basis of a social contract that expresses the conception of humanity as an end in itself. In a just civil government the rights of humanity are secured, establishing a reciprocal obligation on the part of each citizen to respect the rights of everyone else. Thus, some limitations on freedom do exist, through the rule of law and the state's right to punish, but these limitations are legitimate since they actually increase freedom by prohibiting (and redressing) the types of wrongs characteristic of the lawless state of nature. For Kant, then the value of legitimate government is that it guarantees our natural right to freedom and provides us a foundation from which to acquire other rights.[988]

Права находятся в основе теорий общественного договора. В этой традиции идея общественного договора (между индивидуумами или между

---

[984] Ibid.
[985] Philosophy: Johnson (2001), p. 47.
[986] Ibid.
[987] Philosophy: Johnson (2001), p. 48-49.
[988] Philosophy: Hayden (2001), p. 109-110; see also: Shand (2019).

6. Religious Sympathies

индивидуумами и правительством) выдвигается в качестве гипотезы, чтобы объяснить и оправдать обязанности людей по отношению к друг другу.[989]

В нескольких поздних эссе Кант пытался прояснить взаимоотношение его теории морали и политической практики. В своем эссе *О бытующем выражении: Это может быть правильно в теории, но неприменимо на практике*, опубликованном в 1793-м году, Кант обсуждает как гражданское государство оправдано если оно действует на основе общественного договора, который выражает концепцию человечества как цель в себе. При справедливом гражданском правительстве права человечества гарантированы, устанавливая взаимное обязательство всех граждан по отношению к друг другу. Таким образом некоторые ограничения свободы существуют через правление закона и право государства наказывать, но эти ограничения легитимны поскольку они в действительности увеличивают свободу, запрещая (или компенсируя) недостатки характерные для беззаконного естественного состояния. По Канту ценность легитимного правительства в том, что оно гарантирует естественное право на свободу и обеспечивает основание для приобретения других прав.[990] [PX=10]

479
"Rawlsian justice."
«Справедливость по Роулсу».
[PX=10]
PERIOD: After 1988.
FRQ: Many times.
EMOTION: Seriously.
CONTEXT: In 1971, John Rawls, a professor at Harvard University, introduced a new version of social contract theory in a book entitled *A Theory of Justice*. In the tradition of a social contract theorist, Rawls tries to understand what sort of contract between individuals would be just.[991]

The problem is that we would each want rules that would favor us. Smart people would want rules that favored intelligence. Strong people would want a system that rewarded strength. Women would not want rules that were biased against women, and so on.[992]

Rawls specifies, therefore, that in order to get at justice, we have to imagine that the individuals who get together to decide on the rules for society are behind a veil of ignorance. The veil of ignorance is such that individuals do not know what characteristics they will have.[993]

At the same time, these individuals would be rational and self-

---

[989] Philosophy: Johnson (2001), p. 48-49.
[990] Philosophy: Hayden (2001), p. 109-110; see also: Shand (2019).
[991] Philosophy: Johnson (2001), p. 49.
[992] Ibid., p. 49-50.
[993] Ibid., p. 50.

6. Religious Sympathies

interested and would know something about human nature and human psychology. In a sense, what Rawls is suggesting here is that we have to imagine *generic* human beings.[994]

Rawls argues that such individuals would agree to two rules:

- Each person should have an equal right to the most extensive basic liberty compatible with a similar basic liberty for others.
- Social and economic inequalities should be arranged so that they are both (a) reasonably expected to be to everyone's advantage and (b) attached to positions and offices open to all.[995]

В 1971-м году, Джон Роулс, профессор гарвардского университета, предложил новую версию теории общественного договора в книге, озаглавленной *Теория справедливости*. В соответствии с традицией теоретиков общественного договора, Роулс пытается понять какого рода договор между индивидуумами был бы справедливым.[996]

Проблема заключается в том, что каждый из нас хотел бы правил, которые были бы ему выгодны. Умные люди хотели бы правил, которые отдавали предпочтение уму. Сильные люди хотели бы системы, которая поощряла бы силу. Женщины не хотели бы правил, которые были бы предубеждены по отношению к ним, и так далее.[997]

Роулс предлагает поэтому, что с целью достижения справедливости мы должны представить себе, что индивидуумы, которые собираются вместе, чтобы определить правила общества, должны действовать за покровом неведения. Покров неведения должен быть таков, что индивидуумы не знали бы о своих собственных характеристиках.[998]

В то же время, эти индивидуумы должны быть разумными, должны иметь свои интересы и должны знать что-то о человеческой природе и человеческой психологии. По существу, Роулс предлагает, чтобы мы вообразили *обобщенных* людей.[999]

Роулс выдвигает аргументы, что такие индивидуумы согласились бы на два правила:

1. Каждый человек должен иметь равные права на наиболее широкую свободу, сопоставимую с аналогичными основополагающими свободами остальных.
2. Социальное и экономическое неравенство должно быть организовано таким образом, чтобы оно было как (а) ожидаемым вести к благоденствию всех, так и (б) было связано с общественным положением и должностями, открытыми для всех.[1000]

---

[994] Ibid.
[995] Ibid.
[996] Philosophy: Johnson (2001), p. 49.
[997] Ibid., p. 49-50.
[998] Ibid., p. 50.
[999] Ibid.

6. Religious Sympathies

[PX=10]

480
"Virtue ethics."
«Этика добродетели».
[PX=10]
PERIOD: After 1988.
FRQ: Many times.
EMOTION: Seriously.
CONTEXT: Virtue ethics is a tradition going all the way back to Plato and Aristotle[1001]. These ancient Greek philosophers pursued the question: What are the virtues associated with being a good person? For the Greeks *virtue* meant excellence, and ethics was concerned with excellences of human character.[1002]

Virtue theory seems to fill a gap left by other theories, because it addresses the question of moral character, while other theories focused primarily on action and decision-making.[1003]

For example, it is a virtue by itself to have good laws and obey them.

Plato (427-347 B.C.), who was born in Athens, and is regarded as one of the greatest thinkers who ever lived, in his masterpiece, the *Republic*, maintains that justice is a good to be chosen for its own sake and that it is a fundamental virtue of an ideal, well-ordered society.[1004]

Aristotle (384-322 B.C.), who was born in Stagira in Macedonia, in his *Politics* considers the political state as a form of natural association in relation to the nature of human beings as political animals. Because humans are by nature political animals, according to Aristotle, they attain their highest good, i. e. justice, only in a true and non-perverted state.[1005]

Этика добродетели есть традиция, ведущая начало с Платона и Аристотеля.[1006] Эти древние греческие философы были заняты вопросом: Каковы добродетели, ассоциируемые с хорошим человеком? Для греков *добродетель* означала совершенство, и этика имела дело с совершенством

[1000] Ibid.

[1001] See: Philosophy: Seneca (2020) and Polansky (2014); see also: Philosophy: Skinner (2007), Worthington (2007), Knox (2009), Davis (2010), Farrell (2010), Ogden (2010), Braund (2012), Augoustakis (2013), Beck (2014), Chapman (2016), Bobonich (2017), McClure (2017), Angier (2019), Henriksén (2019), Franko (2020), Taub (2020), and Peels (2021) and History: Tacitus (1993)(1) and (2), Pagán (2012), Lloyd (2014), and Mineo (2015).

[1002] Philosophy: Johnson (2001), p. 51; see also: Russell (2013) and Deslauriers (2013).

[1003] Ibid.

[1004] Philosophy: Hayden (2001), p. 13; see also: Russell (2013).

[1005] Ibid., p. 24; see also: Rondel (2021), Malachowski (2020), Polansky (2014), and Ackrill (1980).

[1006] See: Philosophy: Seneca (2020) and Polansky (2014); see also: Philosophy: Skinner (2007), Worthington (2007), Knox (2009), Davis (2010), Farrell (2010), Ogden (2010), Braund (2012), Augoustakis (2013), Beck (2014), Chapman (2016), Bobonich (2017), McClure (2017), Angier (2019), Henriksén (2019), Franko (2020), Taub (2020), and Peels (2021) and History: Tacitus (1993)(1) and (2), Pagán (2012), Lloyd (2014), and Mineo (2015).

6. Religious Sympathies

человеческого характера.[1007]

Теория добродетели заполняет место, оставленное другими теориями, поскольку она отвечает на вопрос о моральном характере, в то время как другие теории имеют дело в основном с действиями и процессом принятия решений.[1008]

Например, иметь и соблюдать хорошие законы есть добродетель сама по себе.

Платон (427-347 до нашей эры), который родился в Афинах и считается одним из величайших когда-либо живших мыслителей, в своем лучшем произведении, *Республика*, придерживается точки зрения, что справедливость есть благо, которого надо придерживаться во имя его самого, и которое является фундаментальной добродетелью идеального, хорошо организованного общества.[1009]

Аристотель (384-322 до нашей эры), который родился в Стагире в Македонии, в своей *Политике* рассматривает политическое государство как форму естественной ассоциации людей как политических животных. Поскольку по Аристотелю люди политические животные, они достигают наивысшего блага, т. е. справедливости, только в настоящем и не извращенном государстве.[1010] [PX=10]

481

"Is morality changing in time?"

«Меняется ли мораль во времени?»

[PX=10]

PERIOD: After 1988.

FRQ: Many times.

EMOTION: Seriously.

CONTEXT: It is tempting to say that morality is changing slowly. But little reasoning leads us to an even sharper conclusion. It is necessary to distinguish morality as a norm and morality as statistically average of real behavior of people. Real behavior is changing, norm is not. This is connected to the fact that human nature is not changing (most probably) and, therefore, the norm is not changing being an ideal form of morality, which would allow to minimize ethical conflicts between people. Norm exists and (as an ideal) is not changing.

It can be noted minimal moral conflicts are at cemetery. That is absolutely right. That is why many religions have monks. But people also care about continuation of life. And, like in the majority of real moral (and judicial) problems, there is a question about balancing of conflicting principles. Thus, the more complete formula should perhaps sound like this: "Norm is an ideal form of morality minimizing ethical conflicts, which respects the necessity for

---

[1007] Philosophy: Johnson (2001), p. 51; see also: Russell (2013) and Deslauriers (2013).

[1008] Ibid.

[1009] Philosophy: Hayden (2001), p. 13; see also: Russell (2013).

[1010] Ibid., p. 24; see also: Rondel (2021), Malachowski (2020), Polansky (2014), and Ackrill (1980).

6. Religious Sympathies

continuation of life".

In general, we can say that moral norms (as opposed to moral facts) are eternal. There are just different formulation of these eternal moral norms (and corresponding to them boundaries of moral balances) depending on a particular systemic moral solutions of different religions: Judaic, Christian, Islamic, Buddhist, Hinduist, Daoist, Confucian or others.

Хочется сказать, что мораль меняется медленно. Но при небольшом размышлении мы можем прийти к еще более точному выводу. Надо различать мораль как норму и мораль как среднестатистическое реального поведения людей. Реальное поведение меняется, норма нет. Это связано с тем, что человеческая природа не меняется (скорее всего) и, следовательно, не меняется норма, как идеальная форма морали, которая позволяла бы минимизировать этические конфликты между людьми. Норма существует и (как идеал) не меняется.

Может быть замечено, что минимальные моральные конфликты на кладбище. Совершенно верно. Поэтому у многих религий существует монашество. Но людям так же свойственно заботиться о продолжении рода. И, как и в большинстве настоящих моральных (и юридических) проблем стоит вопрос о балансировании противоречащих друг другу принципов. Поэтому более полная формула должна звучать примерно так: «Норма — это идеальная форма морали, минимизирующая этические конфликты, при уважении необходимости продолжения рода».

В целом, мы можем сказать, что моральные нормы (в отличие от моральных фактов) вечны. Существуют только различные формулировки этих вечных моральных норм (и соответствующих им моральных балансов) в зависимости от различных системных моральных решений разных религий: иудейской, христианской, исламской, буддистской, индуисткой, даоистской, конфуцианской или иной. [PX=10]

7. Literary Ideas

7. Literary Ideas

7.1   1901-1910

482
"Leo Tolstoy, *Resurrection* (1899-1936)."
[PX=10]
PERIOD: After 1988.
FRQ: Once.
EMOTION: Observing.
CONTEXT:[1011] [PX=10]
XREF: The Folklore Unit about the movie *The Reader*.

483
"Henry James, *The Ambassadors* (1903)."
[PX=10]
PERIOD: After 1988.
FRQ: Once.
EMOTION: Observing.
CONTEXT:[1012] [PX=10]
XREF: The Folklore Unit about culture shock.

484
"Henry James, *The Beast in the Jungle* (1903)."
[PX=10]
PERIOD: After 1988.
FRQ: Once.
EMOTION: Observing.
CONTEXT:[1013] [PX=10]
XREF: The Folklore Unit about marrying.

485
"Jack London, *The Call of the Wild* (1903)."
[PX=10]
PERIOD: After 1988.
FRQ: Once.
EMOTION: Observing.
CONTEXT:[1014] [PX=10]
XREF: Psychologically naturalistic Folklore Units.

486
"Sigmund Freud, *Three Essays on the Theory of Sexuality* (1905)."
[PX=10]
PERIOD: After 1988.
FRQ: Once.
EMOTION: Observing.
CONTEXT:[1015] [PX=10]

[1011] Literature: Tolstoy (1984) and Wikipedia, http://en.wikipedia.org/wiki/Resurrection_(novel).
[1012] Literature: James, Henry (2003) and Wikipedia, http://en.wikipedia.org/wiki/The_Ambassadors.
[1013] Literature: James, Henry (1993) and Wikipedia, http://en.wikipedia.org/wiki/The_Beast_in_the_Jungle.
[1014] Literature: London (2002) and Wikipedia, http://en.wikipedia.org/wiki/The_Call_of_the_Wild.
[1015] Psychology: Freud (1962-1975), v. VII and Wikipedia,

7. Literary Ideas

XREF: Metacontext about masturbation.

7.2   1911-1920

487
"Thomas Mann, *Death in Venice* (1912)."
[PX=10]
PERIOD: After 1988.
FRQ: Once.
EMOTION: Observing.
CONTEXT:[1016] [PX=10]
XREF: Metacontexts about homosexuality.

488
"Alain-Fournier, *Le Grand Meaulnes* (1913)."
[PX=10]
PERIOD: After 1988.
FRQ: Once.
EMOTION: Observing.
CONTEXT:[1017] [PX=10]
XREF: The tale of psychological motives for distributing leaflets.

489
"Marcel Proust, *Swann in Love* (1913)."
[PX=10]
PERIOD: After 1988.
FRQ: Once.
EMOTION: Observing.
CONTEXT:[1018] [PX=10]
XREF: The structure of this book.

490
"D. H. Lawrence, *The Prussian Officer* (1914)."
[PX=10]
PERIOD: After 1988.
FRQ: Once.
EMOTION: Observing.
CONTEXT:[1019] [PX=10]
XREF: My vision of homosexuality as a destructive passion.

491
"W. Somerset Maugham, *Of Human Bondage* (1915)."
[PX=10]
PERIOD: After 1988.
FRQ: Once.
EMOTION: Observing.
CONTEXT:[1020] [PX=10]

---

http://en.wikipedia.org/wiki/Three_Essays_on_the_Theory_of_Sexuality.
[1016] Literature: Mann (1993) and Wikipedia, http://en.wikipedia.org/wiki/Death_in_Venice.
[1017] Literature: Alain-Fournier (2007) and Wikipedia, http://en.wikipedia.org/wiki/Le_Grand_Meaulnes.
[1018] Literature: Proust (1993) and Wikipedia, http://en.wikipedia.org/wiki/In_Search_of_Lost_Time.
[1019] Literature: Lawrence (1993) and Wikipedia, http://en.wikipedia.org/wiki/The_Prussian_Officer_and_Other_Stories.
[1020] Literature: Maugham (2001) and Wikipedia,

7. Literary Ideas

XREF: The author's journey from a dissident to an accomplished computer programmer and a Philistine.

492
"D. H. Lawrence, *Women in Love* (1920)."
[PX=10]
PERIOD: After 1988.
FRQ: Once.
EMOTION: Observing.
CONTEXT:[1021] [PX=10]
XREF: The Folklore Units about the imaginary lovers of his wife.

493
"Edith Wharton, *The Age of Innocence* (1920)."
[PX=10]
PERIOD: After 1988.
FRQ: Once.
EMOTION: Observing.
CONTEXT:[1022] [PX=10]
XREF: The theme of imaginary lovers.

7.3   1921-1930

494
"Luigi Pirandello, *Six Characters in Search of an Author* (1921)."
[PX=10]
PERIOD: After 1988.
FRQ: Once.
EMOTION: Observing.
CONTEXT:[1023] [PX=10]
XREF: The modernistic structure of this book.

495
"Yevgeniy Zamyatin, *We* (1921)."
[PX=10]
PERIOD: After 1988.
FRQ: Once.
EMOTION: Observing.
CONTEXT:[1024] [PX=10]
XREF: Totalitarian state — from which the author escaped and to which America is evolving.

496
"T. S. Eliot, *The Waste Land* (1922)."
[PX=10]
PERIOD: After 1988.
FRQ: Once.
EMOTION: Observing.
CONTEXT:[1025] [PX=10]
XREF: Modernistic aspects of this book.

---

http://en.wikipedia.org/wiki/Of_Human_Bondage.
   [1021] Literature: Lawrence (2004) and Wikipedia, http://en.wikipedia.org/wiki/Women_in_Love.
   [1022]   Literature: Wharton   (1994)   and   Wikipedia,
http://en.wikipedia.org/wiki/The_Age_of_Innocence.
   [1023] Literature: Pirandello (1993) and Wikipedia,
   http://en.wikipedia.org/wiki/Six_Characters_in_Search_of_an_Author.
   [1024] Literature: Zamyatin (1973) and Wikipedia, http://en.wikipedia.org/wiki/We_(novel).
   [1025] Literature: Eliot (1993) and Wikipedia, http://en.wikipedia.org/wiki/The_Waste_Land.

7. Literary Ideas

497
"James Joyce, *Ulysses* (1922)."
[PX=10]
PERIOD: After 1988.
FRQ: Once.
EMOTION: Observing.
CONTEXT:[1026] [PX=10]
XREF: The stream-of-consciousness technique of this book.

498
"Sinclair Lewis, *Babbitt* (1922)."
[PX=10]
PERIOD: After 1988.
FRQ: Once.
EMOTION: Observing.
CONTEXT:[1027] [PX=10]
XREF: This is a metaphor for the author's dissident rebellion in the Soviet Union.

499
"Willa Cather, *A Lost Lady* (1923)."
[PX=10]
PERIOD: After 1988.
FRQ: Once.
EMOTION: Observing.
CONTEXT:[1028] [PX=10]
XREF: The story of life and decline of the author and his wife.

500
"E. M. Forster, *A Passage to India* (1924)."
[PX=10]
PERIOD: After 1988.
FRQ: Once.
EMOTION: Observing.
CONTEXT:[1029] [PX=10]
XREF: Racial tensions in this book.

501
"Thomas Mann, *The Magic Mountain* (1924)."
[PX=10]
PERIOD: After 1988.
FRQ: Once.
EMOTION: Observing.
CONTEXT:[1030] [PX=10]
XREF: The theme of tuberculosis, which infects most of adult population.

502
"Mikhail Bulgakov, *Heart of a Dog* (1925)."
[PX=10]
PERIOD: After 1988.
FRQ: Once.

[1026] Literature: Joyce (1999) and Wikipedia, http://en.wikipedia.org/wiki/Ulysses_(novel).
[1027] Literature: Lewis (1999) and Wikipedia, http://en.wikipedia.org/wiki/Babbitt_(novel).
[1028] Literature: Cather (1993) and Wikipedia, http://en.wikipedia.org/wiki/A_Lost_Lady.
[1029] Literature: Forster (1992) and Wikipedia, http://en.wikipedia.org/wiki/A_Passage_to_India.
[1030] Literature: Mann (1999) and Wikipedia, http://en.wikipedia.org/wiki/The_Magic_Mountain.

7. Literary Ideas

EMOTION: Observing.
CONTEXT:[1031] [PX=10]
XREF: The theme of the need to overcome the Soviet man's Slavish character.

503
"F. Scott Fitzgerald, *The Great Gatsby* (1925)."
[PX=10]
PERIOD: After 1988.
FRQ: Once.
EMOTION: Observing.
CONTEXT:[1032] [PX=10]
XREF: Sudden prosperity and the imaginary infatuation of the author in the Letter of 1987.

504
"André Gide, *The Counterfeiters* (1925)."
[PX=10]
PERIOD: After 1988.
FRQ: Once.
EMOTION: Observing.
CONTEXT:[1033] [PX=10]
XREF: The novel-within-a-novel of this book.

505
"Franz Kafka, *The Trial* (1925)."
[PX=10]
PERIOD: After 1988.
FRQ: Once.
EMOTION: Observing.
CONTEXT:[1034] [PX=10]
XREF: The experience of being under surveillance without being accused.

506
"Ernest Hemingway, *The Sun Also Rises* (1926)."
[PX=10]
PERIOD: After 1988.
FRQ: Once.
EMOTION: Observing.
CONTEXT:[1035] [PX=10]
XREF: The experience of being drugged too much after 1987.

507
"Willa Cather, *Death Comes for the Archbishop* (1927)."
[PX=10]
PERIOD: After 1988.
FRQ: Once.
EMOTION: Observing.
CONTEXT:[1036] [PX=10]

[1031] Literature: Bulgakov (1998) and Wikipedia, http://en.wikipedia.org/wiki/Heart_of_a_Dog.

[1032] Literature: Fitzgerald (1993) and Wikipedia, http://en.wikipedia.org/wiki/The_Great_Gatsby.

[1033] Literature: Gide (1973) and Wikipedia, http://en.wikipedia.org/wiki/The_Counterfeiters_(novel).

[1034] Literature: Kafka (1992) and Wikipedia, http://en.wikipedia.org/wiki/The_Trial.

[1035] Literature: Hemingway (1990) and Wikipedia, http://en.wikipedia.org/wiki/The_Sun_Also_Rises.

[1036] Literature: Cather (2001) and Wikipedia, http://en.wikipedia.org/wiki/Death_Comes_for_the_Archbishop.

7. Literary Ideas

XREF: The experience of the author in trying to "convert" others to his theme of surveillance in the United States.

508
"François Mauriac, *Thérèse Desqueyroux* (1927)."
[PX=10]
PERIOD: After 1988.
FRQ: Once.
EMOTION: Observing.
CONTEXT:[1037] [PX=10]
XREF: The scandal-like author's imagination.

509
"Virginia Woolf, *To the Lighthouse* (1927)."
[PX=10]
PERIOD: After 1988.
FRQ: Once.
EMOTION: Observing.
CONTEXT:[1038] [PX=10]
XREF: Philosophical introspections in this book.

510
"André Breton, *Nadja* (1928)."
[PX=10]
PERIOD: After 1988.
FRQ: Once.
EMOTION: Observing.
CONTEXT:[1039] [PX=10]
XREF: The demystifying quality of the psychological metacontexts.

511
"D. H. Lawrence, *Lady Chatterley's Lover* (1928)."
[PX=10]
PERIOD: After 1988.
FRQ: Once.
EMOTION: Observing.
CONTEXT:[1040] [PX=10]
XREF: Immediately after 1987.

512
"Erich Maria Remarque, *All Quiet on the Western Front* (1928)."
[PX=10]
PERIOD: After 1988.
FRQ: Once.
EMOTION: Observing.
CONTEXT:[1041] [PX=10]
XREF: The author's post-traumatic stress disorder.

[1037] Literature: Mauriac (2005) and Wikipedia, http://en.wikipedia.org/wiki/Thérèse_Desqueyroux_(novel).

[1038] Literature: Woolf (1993) and Wikipedia, http://en.wikipedia.org/wiki/To_the_Lighthouse.

[1039] Literature: Breton (1994) and Wikipedia, http://en.wikipedia.org/wiki/Nadja_(novel).

[1040] Literature: Lawrence (2011) and Wikipedia, http://en.wikipedia.org/wiki/Lady_Chatterley's_Lover.

[1041] Literature: Remarque (1997) and Wikipedia, http://en.wikipedia.org/wiki/All_Quiet_on_the_Western_Front.

7. Literary Ideas

513
"Paul Claudel, *The Satin Slipper* (1929)."
[PX=10]
PERIOD: After 1988.
FRQ: Once.
EMOTION: Observing.
CONTEXT:[1042] [PX=10]
XREF: The idea of redemption after 1987.

514
"William Faulkner, *The Sound and the Fury* (1929)."
[PX=10]
PERIOD: After 1988.
FRQ: Once.
EMOTION: Observing.
CONTEXT:[1043] [PX=10]
XREF: Disjointed narrative style of this book.

515
"Virginia Woolf, *A Room of One's Own* (1929)."
[PX=10]
PERIOD: After 1988.
FRQ: Once.
EMOTION: Observing.
CONTEXT:[1044] [PX=10]
XREF: Fictional narrator and the "non-fiction" character of this book.

516
"Andrei Platonov, *The Foundation Pit* (late 1920s)."
[PX=10]
PERIOD: After 1988.
FRQ: Once.
EMOTION: Observing.
CONTEXT:[1045] [PX=10]
XREF: The foundation pit of the author's family life in America before 1987, which sucks out all their energy.

517
"William Faulkner, *A Rose for Emily* (1930)."
[PX=10]
PERIOD: After 1988.
FRQ: Once.
EMOTION: Observing.
CONTEXT:[1046] [PX=10]
XREF: Could have been the metaphor to the author's mother; she has strong and independent attitude, but she is thoroughly incompatible with murder.

[1042] Literature: Claudel (1931) and Wikipedia, http://en.wikipedia.org/wiki/The_Satin_Slipper.
[1043] Literature: Faulkner (2006) and Wikipedia, http://en.wikipedia.org/wiki/The_Sound_and_the_Fury.
[1044] Literature: Woolf (2008) and Wikipedia, http://en.wikipedia.org/wiki/A_Room_of_One's_Own; see also: Philosophy: Jaggar (1998) and Fricker (2000).
[1045] Literature: Platonov (2009) and Wikipedia, http://en.wikipedia.org/wiki/The_Foundation_Pit.
[1046] Literature: Faulkner (1993) and Wikipedia, http://en.wikipedia.org/wiki/A_Rose_for_Emily.

7. Literary Ideas

7.4   *1931-1940*

518
"Louis-Ferdinand Céline, *Journey to the End of the Night* (1932)."
[PX=10]
PERIOD: After 1988.
FRQ: Once.
EMOTION: Observing.
CONTEXT:[1047] [PX=10]
XREF: The attitude to war and illness as the two infinites of nightmare.

519
"William Faulkner, *Light in August* (1932)."
[PX=10]
PERIOD: After 1988.
FRQ: Once.
EMOTION: Observing.
CONTEXT:[1048] [PX=10]
XREF: The multidimensional author and his wife and daughters.

520
"Aldous Huxley, *Brave New World* (1932)."
[PX=10]
PERIOD: After 1988.
FRQ: Once.
EMOTION: Observing.
CONTEXT:[1049] [PX=10]
XREF: The Brave New World of America where people are controlled by inflicting pleasure.

521
"André Malraux, *Man's Fate* (1933)."
[PX=10]
PERIOD: After 1988.
FRQ: Once.
EMOTION: Observing.
CONTEXT:[1050] [PX=10]
XREF: The author's relative in the Baku Commune.

522
"Vladimir Nabokov, *Invitation to a Beheading* (1935-1936)."
[PX=10]
PERIOD: After 1988.
FRQ: Once.
EMOTION: Observing.
CONTEXT:[1051] [PX=10]
XREF: The Kafkaesque experience of the author in America.

523
"Hergé, *The Blue Lotus* (1936)."

[1047] Literature: Céline (2006) and Wikipedia,
http://en.wikipedia.org/wiki/Journey_to_the_End_of_the_Night.
   [1048] Literature: Faulkner (1984)(1) and Wikipedia, http://en.wikipedia.org/wiki/Light_in_August.
   [1049] Literature: Huxley (1978) and Wikipedia, http://en.wikipedia.org/wiki/Brave_New_World.
   [1050] Literature: Malraux (1990) and Wikipedia, http://en.wikipedia.org/wiki/Man's_Fate.
   [1051]   Literature: Nabokov   (1989)   and   Wikipedia,
http://en.wikipedia.org/wiki/Invitation_to_a_Beheading.

7. Literary Ideas

[PX=10]
PERIOD: After 1988.
FRQ: Once.
EMOTION: Observing.
CONTEXT:[1052] [PX=10]
XREF: The comics' character of the American story of the author.

524
"Margaret Mitchell, *Gone with the Wind* (1936)."
[PX=10]
PERIOD: After 1988.
FRQ: Once.
EMOTION: Observing.
CONTEXT:[1053] [PX−10]
XREF: The linear plot of the story in the U.S.S.R.

525
"John Steinbeck, *The Grapes of Wrath* (1939)."
[PX=10]
PERIOD: After 1988.
FRQ: Once.
EMOTION: Observing.
CONTEXT:[1054] [PX=10]
XREF: The economic aspect of the author's family emigration from the Soviet Union.

526
"Dino Buzzati, *The Tartar Steppe* (1940)."
[PX=10]
PERIOD: After 1988.
FRQ: Once.
EMOTION: Observing.
CONTEXT:[1055] [PX=10]
XREF: The human need for giving life meaning in this book.

527
"Graham Greene, *The Power and the Glory* (1940)."
[PX=10]
PERIOD: After 1988.
FRQ: Once.
EMOTION: Observing.
CONTEXT:[1056] [PX=10]
XREF: The great power of self-destruction, pitiful cravenness and a desperate quest for dignity of the author.

528
"Ernest Hemingway, *For Whom the Bell Tolls* (1940)."
[PX=10]
PERIOD: After 1988.
FRQ: Once.

[1052] Literature: Hergé (1984) and Wikipedia, http://en.wikipedia.org/wiki/The_Blue_Lotus.

[1053] Literature: Mitchell (1996) and Wikipedia, http://en.wikipedia.org/wiki/Gone_with_the_Wind.

[1054] Literature: Steinbeck (2003) and Wikipedia, http://en.wikipedia.org/wiki/The_Grapes_of_Wrath.

[1055] Literature: Buzzati (2007) and Wikipedia, http://en.wikipedia.org/wiki/The_Tartar_Steppe.

[1056] Literature: Greene (2000) and Wikipedia, http://en.wikipedia.org/wiki/The_Power_and_the_Glory.

7. Literary Ideas

EMOTION: Observing.
CONTEXT:[1057] [PX=10]
XREF: Graphical descriptions of love.

529
"Arthur Koestler, *Darkness at Noon* (1940)."
[PX=10]
PERIOD: After 1988.
FRQ: Once.
EMOTION: Observing.
CONTEXT:[1058] [PX=10]
XREF: The Folklore Unit about Moscow prisons in 1937-1938 being a Noah's Arc of the 1917 revolution.

530
"Carson McCullers, *The Heart Is a Lonely Hunter* (1940)."
[PX=10]
PERIOD: After 1988.
FRQ: Once.
EMOTION: Observing.
CONTEXT:[1059] [PX=10]
XREF: Rejected, forgotten, mistreated in this book.

531
"Richard Wright, *Native Son* (1940)."
[PX=10]
PERIOD: After 1988.
FRQ: Once.
EMOTION: Observing.
CONTEXT:[1060] [PX=10]
XREF: The author and his family at the moment of declaring bankruptcy and being saved from homelessness by the Homelessness Prevention Program.

7.5   1941-1950

532
"Thomas Mann, *Joseph and His Brothers* (1926-1943)."
[PX=10]
PERIOD: After 1988.
FRQ: Once.
EMOTION: Observing.
CONTEXT:[1061] [PX=10]
XREF: The reference to Joseph in the cited Beinart's book.

533
"Robert Musil, *The Man Without Qualities* (1930-1942)."
[PX=10]

[1057] Literature: Hemingway (1995)(2) and Wikipedia, http://en.wikipedia.org/wiki/For_Whom_the_Bell_Tolls.
[1058] Literature: Koestler (2000) and Wikipedia, http://en.wikipedia.org/wiki/Darkness_at_Noon.
[1059] Literature: McCullers (1999) and Wikipedia, http://en.wikipedia.org/wiki/The_Heart_Is_a_Lonely_Hunter.
[1060] Literature: Wright (2005) and Wikipedia, http://en.wikipedia.org/wiki/Native_Son; see also: Philosophy: Lott (2003).
[1061] Literature: Mann (1968) and Wikipedia, http://en.wikipedia.org/wiki/Joseph_and_His_Brothers.

7. Literary Ideas

PERIOD: After 1988.
FRQ: Once.
EMOTION: Observing.
CONTEXT:[1062] [PX=10]
XREF: The story of ideas in this book.

534

"Bertolt Brecht, *The Good Person of Szechwan* (1938-1943)."
[PX=10]
PERIOD: After 1988.
FRQ: Once.
EMOTION: Observing.
CONTEXT:[1063] [PX=10]
XREF: The circumstances of our life after 1987.

535

"Albert Camus, *The Stranger* (1942)."
[PX=10]
PERIOD: After 1988.
FRQ: Once.
EMOTION: Observing.
CONTEXT:[1064] [PX=10]
XREF: Emotional honesty in this book.

536

"Vercors, *Le Silence de la mer* (1942)."
[PX=10]
PERIOD: After 1988.
FRQ: Once.
EMOTION: Observing.
CONTEXT:[1065] [PX=10]
XREF: "Showing resistance" to surveillance in this book.

537

"Ayn Rand, *The Fountainhead* (1943)."
[PX=10]
PERIOD: After 1988.
FRQ: Once.
EMOTION: Observing.
CONTEXT:[1066] [PX=10]
XREF: The author's preference to struggle in obscurity rather than compromise his artistic vision.

538

"Antoine de Saint-Exupéry, *The Little Prince* (1943)."
[PX=10]
PERIOD: After 1988.
FRQ: Once.

[1062] Literature: Musil (1996) and Wikipedia, http://en.wikipedia.org/wiki/The_Man_Without_Qualities.
[1063] Literature: Brecht (2008) and Wikipedia, http://en.wikipedia.org/wiki/The_Good_Person_of_Szechwan.
[1064] Literature: Camus (1993) and Wikipedia, http://en.wikipedia.org/wiki/The_Stranger_(novel); see also: Philosophy: Solomon (1999).
[1065] Literature: Vercors (1944) and Wikipedia, http://en.wikipedia.org/wiki/Le_Silence_de_la_mer.
[1066] Literature: Rand (1989) and Wikipedia, http://en.wikipedia.org/wiki/The_Fountainhead; see also: Literature: Rand (1963) and Philosophy: Gotthelf (2016).

7. Literary Ideas

EMOTION: Observing.
CONTEXT:[1067] [PX=10]
XREF: Observations about life in this book.

539
"Jean-Paul Sartre, *Being and Nothingness* (1943)."
[PX=10]
PERIOD: After 1988.
FRQ: Once.
EMOTION: Observing.
CONTEXT:[1068] [PX=10]
XREF: The Folklore Unit about "soft predestination."

540
"Evelyn Waugh, *Brideshead Revisited* (1945)."
[PX=10]
PERIOD: After 1988.
FRQ: Once.
EMOTION: Observing.
CONTEXT:[1069] [PX=10]
XREF: The operation of Grace in this book.

541
"Robert Penn Warren, *All the King's Men* (1946)."
[PX=10]
PERIOD: After 1988.
FRQ: Once.
EMOTION: Observing.
CONTEXT:[1070] [PX=10]
XREF: All actions have consequences in this book.

542
"Anne Frank, *The Diary of a Young Girl* (1947)."
[PX=10]
PERIOD: After 1988.
FRQ: Once.
EMOTION: Observing.
CONTEXT:[1071] [PX=10]
XREF: The surreal diary motif of this book.

543
"Primo Levi, *Survival in Auschwitz* (1947)."
[PX=10]
PERIOD: After 1988.
FRQ: Once.
EMOTION: Observing.
CONTEXT:[1072] [PX=10]

[1067] Literature: Saint-Exupéry (1998) and Wikipedia, http://en.wikipedia.org/wiki/The_Little_Prince.
[1068] Philosophy: Sartre ([1943] 1972) and Wikipedia, http://en.wikipedia.org/wiki/Being_and_Nothingness.
[1069] Literature: Waugh (2000) and Wikipedia, http://en.wikipedia.org/wiki/Brideshead_Revisited.
[1070] Literature: Warren (2000) and Wikipedia, http://en.wikipedia.org/wiki/All_the_King's_Men.
[1071] Literature: Frank (2001) and Wikipedia, http://en.wikipedia.org/wiki/The_Diary_of_a_Young_Girl.
[1072] Literature: Levi (2011) and Wikipedia, http://en.wikipedia.org/wiki/Primo_Levi.

7. Literary Ideas

XREF: Passionate necessity of the author to remind others what they have done.

544
"Boris Vian, *Froth on the Daydream* (1947)."
[PX=10]
PERIOD: After 1988.
FRQ: Once.
EMOTION: Observing.
CONTEXT:[1073] [PX=10]
XREF: The author's pet "commits suicide" to escape the gloomy conclusion of the book.

545
"George Orwell, *Nineteen Eighty-Four* (1948)."
[PX=10]
PERIOD: After 1988.
FRQ: Once.
EMOTION: Observing.
CONTEXT:[1074] [PX=10]
XREF: 1984 now.

546
"Simone de Beauvoir, *The Second Sex* (1949)."
[PX=10]
PERIOD: After 1988.
FRQ: Once.
EMOTION: Observing.
CONTEXT:[1075] [PX=10]
XREF: As the author finds, there are lists of prohibited books.

547
"Samuel Beckett, *Waiting for Godot* (1949)."
[PX=10]
PERIOD: After 1988.
FRQ: Once.
EMOTION: Observing.
CONTEXT:[1076] [PX=10]
XREF: The absurdist character of the book.

548
"Eugène Ionesco, *The Bald Soprano* (1950)."
[PX=10]
PERIOD: After 1988.
FRQ: Once.
EMOTION: Observing.
CONTEXT:[1077] [PX=10]
XREF: The underlying theme of this book is also not immediately apparent.

7.6   1951-1960

549

[1073] Literature: Vian (1988) and Wikipedia, http://en.wikipedia.org/wiki/Froth_on_the_Daydream.
[1074] Literature: Orwell (1984) and Wikipedia, http://en.wikipedia.org/wiki/Nineteen_Eighty-Four.
[1075] Literature: Beauvoir (2011) and Wikipedia, http://en.wikipedia.org/wiki/The_Second_Sex; see also: Philosophy: Jaggar (1998), Fricker (2000), and Hengehold (2017).
[1076] Literature: Beckett (1993) and Wikipedia, http://en.wikipedia.org/wiki/Waiting_for_Godot.
[1077] Literature: Ionesco (1958) and Wikipedia, http://en.wikipedia.org/wiki/The_Bald_Soprano.

7. Literary Ideas

"Hannah Arendt, *The Origins of Totalitarianism* (1951)."
[PX=10]
PERIOD: After 1988.
FRQ: Once.
EMOTION: Observing.
CONTEXT:[1078] [PX=10]
XREF: Totalitarian surveillance experienced by the author.

550
"J. D. Salinger, *The Catcher in the Rye* (1951)."
[PX=10]
PERIOD: After 1988.
FRQ: Once.
EMOTION: Observing.
CONTEXT:[1079] [PX=10]
XREF: This book also is a flow of seemingly disjoined episodes and ideas.

551
"Ralph Ellison, *Invisible Man* (1952)."
[PX=10]
PERIOD: After 1988.
FRQ: Once.
EMOTION: Observing.
CONTEXT:[1080] [PX=10]
XREF: This book explores the move of the author from being a Republican to being a Democrat.

552
"James Baldwin, *Go Tell it on the Mountain* (1953)."
[PX=10]
PERIOD: After 1988.
FRQ: Once.
EMOTION: Observing.
CONTEXT:[1081] [PX=10]
XREF: American democracy both as a source of repression and moral hypocrisy and as a source of inspiration.

553
"Ray Bradbury, *Fahrenheit 451* (1953)."
[PX=10]
PERIOD: After 1988.
FRQ: Once.
EMOTION: Observing.
CONTEXT:[1082] [PX=10]
XREF: This book urges to read literature.

554

[1078] Philosophy: Arendt (2009) and Wikipedia,
http://en.wikipedia.org/wiki/The_Origins_of_Totalitarianism; see also: Nye (1999).
[1079] Literature: Salinger (2001) and Wikipedia,
http://en.wikipedia.org/wiki/The_Catcher_in_the_Rye.
[1080] Literature: Ellison (1999) and Wikipedia, http://en.wikipedia.org/wiki/Invisible_Man; see also:
Philosophy: Lott (2003).
[1081] Literature: Baldwin (2003) and Wikipedia,
http://en.wikipedia.org/wiki/Go_Tell_It_on_the_Mountain_(novel); see also: Philosophy: Lott
(2003).
[1082] Literature: Bradbury (2000) and Wikipedia, http://en.wikipedia.org/wiki/Fahrenheit_451.

7. Literary Ideas

"Françoise Sagan, *Bonjour Tristesse* (1954)."
[PX=10]
PERIOD: After 1988.
FRQ: Once.
EMOTION: Observing.
CONTEXT:[1083] [PX=10]
XREF: A theme of empty (though imaginary) romantic relationships in this book.

555
"Claude Lévi-Strauss, *Tristes Tropiques* (1955)."
[PX=10]
PERIOD: After 1988.
FRQ: Once.
EMOTION: Observing.
CONTEXT:[1084] [PX=10]
XREF: Linking many academic disciplines in this book.

556
"Vladimir Nabokov, *Lolita* (1955)."
[PX=10]
PERIOD: After 1988.
FRQ: Once.
EMOTION: Observing.
CONTEXT:[1085] [PX=10]
XREF: The power of love.

557
"Elie Wiesel, *Night* (1955)."
[PX=10]
PERIOD: After 1988.
FRQ: Once.
EMOTION: Observing.
CONTEXT:[1086] [PX=10]
XREF: The author also tries to begin again with night.

558
"Michel Butor, *Second Thoughts* (1957)."
[PX=10]
PERIOD: After 1988.
FRQ: Once.
EMOTION: Observing.
CONTEXT:[1087] [PX=10]
XREF: The gradual change of mind in this book.

559
"Jack Kerouac, *On the Road* (1957)."
[PX=10]
PERIOD: After 1988.
FRQ: Once.

[1083] Literature: Sagan (2001) and Wikipedia, http://en.wikipedia.org/wiki/Bonjour_Tristesse.
[1084] Anthropology: Lèvi-Strauss (1973)(2) and Wikipedia, https://en.wikipedia.org/wiki/Tristes_Tropiques.
[1085] Literature: Nabokov (1999) and Wikipedia, http://en.wikipedia.org/wiki/Lolita.
[1086] Literature: Wiesel (2000) and Wikipedia, http://en.wikipedia.org/wiki/Night_(book).
[1087] Literature: Butor (1958) and Wikipedia, http://en.wikipedia.org/wiki/Second_Thoughts_(Michel_Butor_novel).

7. Literary Ideas

EMOTION: Observing.
CONTEXT:[1088] [PX=10]
XREF: The author and his family on the road with business trips.

560
"Boris Pasternak, *Doctor Zhivago* (1957)."
[PX=10]
PERIOD: After 1988.
FRQ: Once.
EMOTION: Observing.
CONTEXT:[1089] [PX=10]
XREF: One more time, a revolutionary who tried to ignore human nature.

561
"Vasily Grossman, *Life and Fate* (1959)."
[PX=10]
PERIOD: After 1988.
FRQ: Once.
EMOTION: Observing.
CONTEXT:[1090] [PX=10]
XREF: Arguments about fascism and communism in this book.

562
"Harper Lee, *To Kill a Mockingbird* (1960)."
[PX=10]
PERIOD: After 1988.
FRQ: Once.
EMOTION: Observing.
CONTEXT:[1091] [PX=10]
XREF: The author regrets never repaying in full the gifts of his parents and grandparents.

563
"John Updike, *Rabbit, Run* (1960)."
[PX=10]
PERIOD: After 1988.
FRQ: Once.
EMOTION: Observing.
CONTEXT:[1092] [PX=10]
XREF: The author tries to escape the constraints of his life.

7.7   *1961-1970*

564
"Joseph Heller, *Catch-22* (1961)."
[PX=10]
PERIOD: After 1988.
FRQ: Once.
EMOTION: Observing.
CONTEXT:[1093] [PX=10]

[1088] Literature: Kerouac (2003) and Wikipedia, http://en.wikipedia.org/wiki/On_the_Road.
[1089] Literature: Pasternak (1997) and Wikipedia, http://en.wikipedia.org/wiki/Doctor_Zhivago_(novel).
[1090] Literature: Grossman (2006) and Wikipedia, http://en.wikipedia.org/wiki/Life_and_Fate.
[1091] Literature: Lee (1997) and Wikipedia, http://en.wikipedia.org/wiki/To_Kill_a_Mockingbird.
[1092] Literature: Updike (2004) and Wikipedia, http://en.wikipedia.org/wiki/Rabbit,_Run.
[1093] Literature: Heller (1989) and Wikipedia, http://en.wikipedia.org/wiki/Catch-22.

7. Literary Ideas

XREF: The absurdity of the power of those who watch the author.

565
"Jorge Luis Borges, *Ficciones* (1962)."
[PX=10]
PERIOD: After 1988.
FRQ: Once.
EMOTION: Observing.
CONTEXT:[1094] [PX=10]
XREF: Games of strategy and chance, conspiracies and secret societies in this book.

566
"Anthony Burgess, *A Clockwork Orange* (1962)."
[PX=10]
PERIOD: After 1988.
FRQ: Once.
EMOTION: Observing.
CONTEXT:[1095] [PX=10]
XREF: The danger of misinterpretation of this book.

567
"Alexander Solzhenitsyn, *One Day in the Life of Ivan Denisovich* (1962)."
[PX=10]
PERIOD: After 1988.
FRQ: Once.
EMOTION: Observing.
CONTEXT:[1096] [PX=10]
XREF: This book is an attempt of a miniature analog of Solzhenitsyn's books.

568
"J. M. G. Le Clézio, *The Interrogation* (1963)."
[PX=10]
PERIOD: After 1988.
FRQ: Once.
EMOTION: Observing.
CONTEXT:[1097] [PX=10]
XREF: The author is in America, and there the interrogation begins.

569
"Sylvia Plath, *The Bell Jar* (1963)."
[PX=10]
PERIOD: After 1988.
FRQ: Once.
EMOTION: Observing.
CONTEXT:[1098] [PX=10]
XREF: Descent into mental illness in the Letter of 1987.

570
"Marguerite Duras, *Ravishing of Lol Stein* (1964)."

[1094] Literature: Borges (1999) and Wikipedia, http://en.wikipedia.org/wiki/Ficciones; see also: Philosophy: Nuccetelli (2010).

[1095] Literature: Burgess (2000) and Wikipedia, http://en.wikipedia.org/wiki/A_Clockwork_Orange.

[1096] Literature: Solzhenitsyn (1988) and Wikipedia,
http://en.wikipedia.org/wiki/One_Day_in_the_Life_of_Ivan_Denisovich.

[1097] Literature: Clézio (2008) and Wikipedia, http://en.wikipedia.org/wiki/Le_Procès-Verbal.

[1098] Literature: Plath (2003) and Wikipedia, http://en.wikipedia.org/wiki/The_Bell_Jar.

7. Literary Ideas

[PX=10]
PERIOD: After 1988.
FRQ: Once.
EMOTION: Observing.
CONTEXT:[1099] [PX=10]
XREF: The pointlessness of what might have happened with author, but did not happen.

571
"Arkady and Boris Strugatsky, *Hard to Be a God* (1964)."
[PX=10]
PERIOD: After 1988.
FRQ: Once.
EMOTION: Observing.
CONTEXT:[1100] [PX=10]
XREF: That is what Americans learned in the Middle East.

572
"Truman Capote, *In Cold Blood* (1966)."
[PX=10]
PERIOD: After 1988.
FRQ: Once.
EMOTION: Observing.
CONTEXT:[1101] [PX=10]
XREF: The horror of what a descent into madness of nuclear war might be.

573
"Michel Foucault, *The Order of Things* (1966)."
[PX=10]
PERIOD: After 1988.
FRQ: Once.
EMOTION: Observing.
CONTEXT:[1102, 1103], [1104], [1105], [1106]. [PX=10]
XREF: The theme of psychiatric diagnosis in this book.

574
"Mikhail Bulgakov, *The Master and Margarita* (1967)."
[PX=10]
PERIOD: After 1988.
FRQ: Once.
EMOTION: Observing.
CONTEXT:[1107] [PX=10]
XREF: There is also little nostalgia for good old days in the U.S.S.R. in this book.

[1099] Literature: Duras (1986) and Wikipedia, http://en.wikipedia.org/wiki/The_Ravishing_of_Lol_Stein.

[1100] Literature: Strugatsky (1974) and Wikipedia, http://en.wikipedia.org/wiki/Hard_to_Be_a_God.

[1101] Literature: Capote (2000) and Wikipedia, http://en.wikipedia.org/wiki/In_Cold_Blood.

[1102] Philosophy: Foucault (1994) and Wikipedia, http://en.wikipedia.org/wiki/The_Order_of_Things; see also: Gutting (2007), Falzon (2013), and McWhorter (1999).

[1103] Philosophy: Falzon (2013), p. 104.

[1104] Philosophy: Moore (2007), p. 100.

[1105] Philosophy: Foucault (2006), p. 78.

[1106] Philosophy: Falzon (2013), p. 96.

[1107] Literature: Bulgakov (1967) and Wikipedia, http://en.wikipedia.org/wiki/The_Master_and_Margarita.

7. Literary Ideas

575
"Milan Kundera, *The Joke* (1967)."
[PX=10]
PERIOD: After 1988.
FRQ: Once.
EMOTION: Observing.
CONTEXT:[1108] [PX=10]
XREF: There is one good joke in this book.

576
"Gabriel García Márquez, *One Hundred Years of Solitude* (1967)."
[PX=10]
PERIOD: After 1988.
FRQ: Once.
EMOTION: Observing.
CONTEXT:[1109] [PX=10]
XREF: The secret message of this book.

577
"Marguerite Yourcenar, *The Abyss* (1968)."
[PX=10]
PERIOD: After 1988.
FRQ: Once.
EMOTION: Observing.
CONTEXT:[1110] [PX=10]
XREF: The author also renounces a comfortable career and leaves home to find truth at the age of 20.

578
"Philip Roth, *Portnoy's Complaint* (1969)."
[PX=10]
PERIOD: After 1988.
FRQ: Once.
EMOTION: Observing.
CONTEXT:[1111] [PX=10]
XREF: The psychoanalytical truths described in the book.

579
"Kurt Vonnegut, *Slaughterhouse-Five* (1969)."
[PX=10]
PERIOD: After 1988.
FRQ: Once.
EMOTION: Observing.
CONTEXT:[1112] [PX=10]
XREF: Nonlinear narrative in this book.

7.8   *1971-1980*

580

[1108] Literature: Kundera (2001) and Wikipedia, http://en.wikipedia.org/wiki/The_Joke_(novel).
[1109] Literature: Márquez (1971) and Wikipedia, http://en.wikipedia.org/wiki/One_Hundred_Years_of_Solitude; see also: Philosophy: Nuccetelli (2010).
[1110] Literature: Yourcenar (1981) and Wikipedia, http://en.wikipedia.org/wiki/The_Abyss_(Marguerite_Yourcenar_novel).
[1111] Literature: Roth (1999) and Wikipedia, http://en.wikipedia.org/wiki/Portnoy's_Complaint.
[1112] Literature: Vonnegut (1969) and Wikipedia, http://en.wikipedia.org/wiki/Slaughterhouse-Five.

7. Literary Ideas

"Alexander Solzhenitsyn, *The Gulag Archipelago* (1973)."
[PX=10]
PERIOD: After 1988.
FRQ: Once.
EMOTION: Observing.
CONTEXT:[1113] [PX=10]
XREF: The main inspiration (not achieved) to this book.

581
"Varlam Shalamov, *Kolyma Tales* (1973)."
[PX=10]
PERIOD: After 1988.
FRQ: Once.
EMOTION: Observing.
CONTEXT:[1114] [PX=10]
XREF: The same as Solzhenitsyn's works.

582
"Heinrich Böll, *The Lost Honor of Katharina Blum* (1974)."
[PX=10]
PERIOD: After 1988.
FRQ: Once.
EMOTION: Observing.
CONTEXT:[1115] [PX=10]
XREF: The ruined life of the author after his loss of privacy.

583
"Georges Perec, *Life: A User's Manual* (1978)."
[PX=10]
PERIOD: After 1988.
FRQ: Once.
EMOTION: Observing.
CONTEXT:[1116] [PX=10]
XREF: This book as a post-modern fiction.

584
"Arkady and Boris Strugatsky, *Beetle in the Anthill* (1979)."
[PX=10]
PERIOD: After 1988.
FRQ: Once.
EMOTION: Observing.
CONTEXT:[1117] [PX=10]
XREF: The theme of surveillance even in the most advanced societies.

585
"Chingiz Aitmatov, *The Day Lasts More Than a Hundred Years* (1980)."
[PX=10]
PERIOD: After 1988.

[1113] History: Solzhenitsyn (1973) and Wikipedia, http://en.wikipedia.org/wiki/The_Gulag_Archipelago.
[1114] Literature: Shalamov (1995) and Wikipedia, http://en.wikipedia.org/wiki/The_Kolyma_Tales.
[1115] Literature: Böll (1995) and Wikipedia, http://en.wikipedia.org/wiki/The_Lost_Honour_of_Katharina_Blum.
[1116] Literature: Perec (2008) and Wikipedia, http://en.wikipedia.org/wiki/Life_A_User's_Manual.
[1117] Literature: Strugatsky (1980) and Wikipedia, http://en.wikipedia.org/wiki/Beetle_in_the_Anthill.

7. Literary Ideas

FRQ: Once.
EMOTION: Observing.
CONTEXT:[1118] [PX=10]
XREF: The theme of the book as of a prisoner of the Cold War.

586
"J. M. Coetzee, *Waiting for the Barbarians* (1980)."
[PX=10]
PERIOD: After 1988.
FRQ: Once.
EMOTION: Observing.
CONTEXT:[1119] [PX=10]
XREF: Abuses after 9/11.

587
"Umberto Eco, *The Name of the Rose* (1980)."
[PX=10]
PERIOD: After 1988.
FRQ: Once.
EMOTION: Observing.
CONTEXT:[1120] [PX=10]
XREF: This book also combines semiotics in fiction.

7.9   1981-2000

588
"Alice Walker, *The Color Purple* (1982)."
[PX=10]
PERIOD: After 1988.
FRQ: Once.
EMOTION: Observing.
CONTEXT:[1121] [PX=10]
XREF: This book also may be a target of censors for its sometimes explicit content.

589
"Martin Amis, *Money* (1983)."
[PX=10]
PERIOD: After 1988.
FRQ: Once.
EMOTION: Observing.
CONTEXT:[1122] [PX=10]
XREF: Letter of 1987 as a metaphor for Reagan era.

590
"William Gibson, *Neuromancer* (1984)."
[PX=10]
PERIOD: After 1988.
FRQ: Once.

[1118] Literature: Aitmatov (1988) and Wikipedia,
http://en.wikipedia.org/wiki/The_Day_Lasts_More_Than_a_Hundred_Years.
[1119]   Literature: Coetzee   (1999)   and   Wikipedia,
http://en.wikipedia.org/wiki/Waiting_for_the_Barbarians.
[1120] Literature: Eco (2006) and Wikipedia, http://en.wikipedia.org/wiki/The_Name_of_the_Rose.
[1121] Literature: Walker (2002) and Wikipedia, http://en.wikipedia.org/wiki/The_Color_Purple; see also: Philosophy: Lott (2003).
[1122] Literature: Amis (1986) and Wikipedia, http://en.wikipedia.org/wiki/Money_(novel).

7. Literary Ideas

EMOTION: Observing.
CONTEXT:[1123] [PX=10]
XREF: This book also might have been a science-fiction one, but it is reality.

591
"Milan Kundera, *The Unbearable Lightness of Being* (1984)."
[PX=10]
PERIOD: After 1988.
FRQ: Once.
EMOTION: Observing.
CONTEXT:[1124] [PX=10]
XREF: Life is indeed not light in this book.

592
"Margaret Atwood, *The Handmaid's Tale* (1985)."
[PX=10]
PERIOD: After 1988.
FRQ: Once.
EMOTION: Observing.
CONTEXT:[1125] [PX=10]
XREF: Dystopian aspect of this book's description of America.

593
"Gabriel Garcia Márquez, *Love in the Time of Cholera* (1985)."
[PX=10]
PERIOD: After 1988.
FRQ: Once.
EMOTION: Observing.
CONTEXT:[1126] [PX=10]
XREF: Unrequited love in this book.

594
"James Ellroy, *The Black Dahlia* (1987)."
[PX=10]
PERIOD: After 1988.
FRQ: Once.
EMOTION: Observing.
CONTEXT:[1127] [PX=10]
XREF: Fictional detective (the author) who tries to solve the source of the surveillance.

595
"Toni Morrison, *Beloved* (1987)."
[PX=10]
PERIOD: After 1988.
FRQ: Once.
EMOTION: Observing.
CONTEXT:[1128] [PX=10]

[1123] Literature: Gibson (2000) and Wikipedia, http://en.wikipedia.org/wiki/Neuromancer.
[1124] Literature: Kundera (2008) and Wikipedia,
http://en.wikipedia.org/wiki/The_Unbearable_Lightness_of_Being.
[1125] Literature: Atwood (2006) and Wikipedia, http://en.wikipedia.org/wiki/The_Handmaid's_Tale.
[1126] Literature: Marquez (1988) and Wikipedia,
http://en.wikipedia.org/wiki/Love_in_the_Time_of_Cholera; see also: Philosophy: Nuccetelli (2010).
[1127] Literature: Ellroy (1987) and Wikipedia, http://en.wikipedia.org/wiki/The_Black_Dahlia_(novel).

7. Literary Ideas

XREF: This book also describes life and legal case — of the author.

596
"Peter Carey, *Oscar and Lucinda* (1988)."
[PX=10]
PERIOD: After 1988.
FRQ: Once.
EMOTION: Observing.
CONTEXT:[1129] [PX=10]
XREF: The author also loves gambling in form of backgammon.

597
"John Irving, *A Prayer for Owen Meany* (1989)."
[PX=10]
PERIOD: After 1988.
FRQ: Once.
EMOTION: Observing.
CONTEXT:[1130] [PX=10]
XREF: A unique sense of purpose in life of the author of this book.

598
"Kazuo Ishiguro, *The Remains of the Day* (1989)."
[PX=10]
PERIOD: After 1988.
FRQ: Once.
EMOTION: Observing.
CONTEXT:[1131] [PX=10]
XREF: Repressed love of the author.

599
"John McGahern, *Amongst Women* (1990)."
[PX=10]
PERIOD: After 1988.
FRQ: Once.
EMOTION: Observing.
CONTEXT:[1132] [PX=10]
XREF: Unfortunately, a non-character in this book.

600
"Pat Barker, *Regeneration* (1991)."
[PX=10]
PERIOD: After 1988.
FRQ: Once.
EMOTION: Observing.
CONTEXT:[1133] [PX=10]
XREF: The author also has to deal with the world where most of the people have never been in prison or under surveillance.

[1128] Literature: Morrison (1998) and Wikipedia, http://en.wikipedia.org/wiki/Beloved_(novel); see also: Philosophy: Lott (2003).
[1129] Literature: Carey (1997) and Wikipedia, http://en.wikipedia.org/wiki/Oscar_and_Lucinda.
[1130] Literature: Irving (2012) and Wikipedia, http://en.wikipedia.org/wiki/A_Prayer_for_Owen_Meany.
[1131] Literature: Ishiguro (1993) and Wikipedia, http://en.wikipedia.org/wiki/The_Remains_of_the_Day.
[1132] Literature: McGahern (1991) and Wikipedia, http://en.wikipedia.org/wiki/Amongst_Women.
[1133] Literature: Barker (1993) and Wikipedia, http://en.wikipedia.org/wiki/Regeneration_(novel).

7. Literary Ideas

601
"Ben Okri, *The Famished Road* (1991)."
[PX=10]
PERIOD: After 1988.
FRQ: Once.
EMOTION: Observing.
CONTEXT:[1134] [PX=10]
XREF: As far as the author has been called a "black."

602
"Michael Ondaatje, *The English Patient* (1991)."
[PX=10]
PERIOD: After 1988.
FRQ: Once.
EMOTION: Observing.
CONTEXT:[1135] [PX=10]
XREF: The author has also been often treated by his last name.

603
"Vikram Seth, *A Suitable Boy* (1994)."
[PX=10]
PERIOD: After 1988.
FRQ: Once.
EMOTION: Observing.
CONTEXT:[1136] [PX=10]
XREF: This book is also rooted in the themes of love and marriage.

604
"Nick Hornby, *High Fidelity* (1995)."
[PX=10]
PERIOD: After 1988.
FRQ: Once.
EMOTION: Observing.
CONTEXT:[1137] [PX=10]
XREF: By the end the author also finds meaning and purpose in the mundane and normal.

605
"Vladimir Makanin, *The Prisoner of the Caucasus* (1995)."
[PX=10]
PERIOD: After 1988.
FRQ: Once.
EMOTION: Observing.
CONTEXT:[1138, 1139 1140, 1141, 1142, 1143]. [PX=10]
XREF: Beauty and its transforming power in this book.

[1134] Literature: Okri (1993) and Wikipedia, http://en.wikipedia.org/wiki/The_Famished_Road; see also: Philosophy: Wiredu (2004).

[1135] Literature: Ondaatje (1993) and Wikipedia, http://en.wikipedia.org/wiki/The_English_Patient.

[1136] Literature: Seth (1993) and Wikipedia, http://en.wikipedia.org/wiki/A_Suitable_Boy.

[1137] Literature: Hornby (1996) and Wikipedia, http://en.wikipedia.org/wiki/High_Fidelity_(novel).

[1138] Literature: Pushkin (1978/1948).

[1139] Literature: Lermontov (2013).

[1140] Literature: Tolstoy (1984).

[1141] Literature: *Slovo o polku Igoreve (The Lay of the Host of Igor)* (2011).

[1142] Literature: Lermontov (2013).

[1143] Literature: Makanin (1999).

7. Literary Ideas

606
"Don DeLillo, *Underworld* (1997)."
[PX=10]
PERIOD: After 1988.
FRQ: Once.
EMOTION: Observing.
CONTEXT:[1144] [PX=10]
XREF: This book also moves forwards and backwards through decades.

607
"Haruki Murakami, *The Wind-up Bird Chronicle* (1997)."
[PX=10]
PERIOD: After 1988.
FRQ: Once.
EMOTION: Observing.
CONTEXT:[1145] [PX=10]
XREF: The author also finds his identity in America — as a nonconformist.

608
"J. M. Coetzee, *Disgrace* (1999)."
[PX=10]
PERIOD: After 1988.
FRQ: Once.
EMOTION: Observing.
CONTEXT:[1146] [PX=10]
XREF: Unromantic truths in this book.

609
"Margaret Atwood, *The Blind Assassin* (2000)."
[PX=10]
PERIOD: After 1988.
FRQ: Once.
EMOTION: Observing.
CONTEXT:[1147] [PX=10]
XREF: This book also contains a story within a story.

610
"Peter Carey, *The True History of the Kelly Gang* (2000)."
[PX=10]
PERIOD: After 1988.
FRQ: Once.
EMOTION: Observing.
CONTEXT:[1148] [PX=10]
XREF: This is also an autobiography of sorts where the author is not afraid to spell out some unpleasant truths.

611

[1144] Literature: DeLillo (1997) and Wikipedia, http://en.wikipedia.org/wiki/Underworld_(DeLillo_novel).
[1145] Literature: Murakami (1998) and Wikipedia, http://en.wikipedia.org/wiki/The_Wind-Up_Bird_Chronicle.
[1146] Literature: Coetzee (2000) and Wikipedia, http://en.wikipedia.org/wiki/Disgrace_(novel).
[1147] Literature: Atwood (2001) and Wikipedia, http://en.wikipedia.org/wiki/The_Blind_Assassin.
[1148] Literature: Carey (2001) and Wikipedia, http://en.wikipedia.org/wiki/True_History_of_the_Kelly_Gang.

7. Literary Ideas

"Michael Chabon, *The Amazing Adventures of Kavalier and Clay* (2000)."
[PX=10]
PERIOD: After 1988.
FRQ: Once.
EMOTION: Observing.
CONTEXT:[1149] [PX=10]
XREF: Only the author's love to his wife can help him to escape the surveillance.

612
"Joseph Heller, *Portrait of an Artist as an Old Man* (2000)."
[PX=10]
PERIOD: After 1988.
FRQ: Once.
EMOTION: Observing.
CONTEXT:[1150] [PX=10]
XREF: The concept of this book also mirrors the life of the author.

613
"Zadie Smith, *White Teeth* (2000)."
[PX=10]
PERIOD: After 1988.
FRQ: Once.
EMOTION: Observing.
CONTEXT:[1151] [PX=10]
XREF: Life is full of surprises in this book too.

7.10   2001-

614
"Jonathan Franzen, *The Corrections* (2001)."
[PX=10]
PERIOD: After 1988.
FRQ: Once.
EMOTION: Observing.
CONTEXT:[1152] [PX=10]
XREF: The author's family is also a traditional and somewhat repressed one.

615
"Neil Gaiman, *American Gods* (2001)."
[PX=10]
PERIOD: After 1988.
FRQ: Once.
EMOTION: Observing.
CONTEXT:[1153] [PX=10]
XREF: Organs of surveillance are also mythological creatures.

616
"Yann Martel, *Life of Pi* (2001)."
[PX=10]

[1149] Literature: Chabon (2012) and Wikipedia,
http://en.wikipedia.org/wiki/The_Amazing_Adventures_of_Kavalier_&_Clay.
[1150] Literature: Heller (2001) and Wikipedia,
http://en.wikipedia.org/wiki/Portrait_of_an_Artist,_as_an_Old_Man.
[1151] Literature: Smith (2001) and Wikipedia, http://en.wikipedia.org/wiki/White_Teeth.
[1152] Literature: Franzen (2002) and Wikipedia, http://en.wikipedia.org/wiki/The_Corrections.
[1153] Literature: Gaiman (2003) and Wikipedia, http://en.wikipedia.org/wiki/American_Gods.

7. Literary Ideas

PERIOD: After 1988.
FRQ: Once.
EMOTION: Observing.
CONTEXT:[1154] [PX=10]
XREF: In some sense, the author's experience in this book is as fantastic.

617
"Ian McEwan, *Atonement* (2001)."
[PX=10]
PERIOD: After 1988.
FRQ: Once.
EMOTION: Observing.
CONTEXT:[1155] [PX−10]
XREF: The author's experience with this book also leads to an exploration on the nature of writing.

618
"Ann Patchett, *Bel Canto* (2001)."
[PX=10]
PERIOD: After 1988.
FRQ: Once.
EMOTION: Observing.
CONTEXT:[1156] [PX=10]
XREF: This book also ends sometime after the crisis; we learn that the author and his wife visit Italy, Spain, Portugal, and Morocco.

619
"Richard Russo, *Empire Falls* (2001)."
[PX=10]
PERIOD: After 1988.
FRQ: Once.
EMOTION: Observing.
CONTEXT:[1157] [PX=10]
XREF: This book also ends with the description of the entire author's family working in one small company.

620
"Haruki Murakami, *Kafka on the Shore* (2002)."
[PX=10]
PERIOD: After 1988.
FRQ: Once.
EMOTION: Observing.
CONTEXT:[1158] [PX−10]
XREF: There are some ideas of Freudian psychoanalysis used in this book too.

621
"Orhan Pamuk, *Snow* (2002)."
[PX=10]
PERIOD: After 1988.
FRQ: Once.
EMOTION: Observing.

[1154] Literature: Martel (2001) and Wikipedia, http://en.wikipedia.org/wiki/Life_of_Pi.

[1155] Literature: McEwan (2003) and Wikipedia, http://en.wikipedia.org/wiki/Atonement_(novel).

[1156] Literature: Patchett (2001) and Wikipedia, http://en.wikipedia.org/wiki/Bel_Canto_(novel).

[1157] Literature: Russo (2002) and Wikipedia, http://en.wikipedia.org/wiki/Empire_Falls.

[1158] Literature: Murakami (2006) and Wikipedia, http://en.wikipedia.org/wiki/Kafka_on_the_Shore.

7. Literary Ideas

CONTEXT:[1159] [PX=10]
XREF: The author also returns for a short time to Russia after many years in political exile.

622
"Margaret Atwood, *Oryx and Crake* (2003)."
[PX=10]
PERIOD: After 1988.
FRQ: Once.
EMOTION: Observing.
CONTEXT:[1160] [PX=10]
XREF: Again: this book might have been a sci-fi, but it is not.

623
"Mark Haddon, *The Curious Incident of the Dog in the Night Time* (2003)."
[PX=10]
PERIOD: After 1988.
FRQ: Once.
EMOTION: Observing.
CONTEXT:[1161] [PX=10]
XREF: Some people also describe the author as a savant.

624
"Kahled Hosseini, *The Kite Runner* (2003)."
[PX=10]
PERIOD: After 1988.
FRQ: Once.
EMOTION: Observing.
CONTEXT:[1162] [PX=10]
XREF: The author also eventually visits his homeland.

625
"Jhumpa Lahiri, *The Namesake* (2003)."
[PX=10]
PERIOD: After 1988.
FRQ: Once.
EMOTION: Observing.
CONTEXT:[1163] [PX=10]
XREF: This book is also about many problems that immigrants face.

626
"Susanna Clarke, *Jonathan Strange and Mr. Norrell* (2004)."
[PX=10]
PERIOD: After 1988.
FRQ: Once.
EMOTION: Observing.
CONTEXT:[1164] [PX=10]
XREF: This book also has a lot of footnotes, but they are real.

[1159] Literature: Pamuk (2011) and Wikipedia, http://en.wikipedia.org/wiki/Snow_(Pamuk_novel).
[1160] Literature: Atwood (2004) and Wikipedia, http://en.wikipedia.org/wiki/Oryx_and_Crake.
[1161] Literature: Haddon (2004) and Wikipedia,
http://en.wikipedia.org/wiki/The_Curious_Incident_of_the_Dog_in_the_Night-Time.
[1162] Literature: Hosseini (2004) and Wikipedia, http://en.wikipedia.org/wiki/The_Kite_Runner.
[1163] Literature: Lahiri (2004) and Wikipedia, http://en.wikipedia.org/wiki/The_Namesake.
[1164] Literature: Clarke (2006) and Wikipedia,
http://en.wikipedia.org/wiki/Jonathan_Strange_&_Mr_Norrell.

7. Literary Ideas

627
"Philip Roth, *The Plot Against America* (2004)."
[PX=10]
PERIOD: After 1988.
FRQ: Once.
EMOTION: Observing.
CONTEXT:[1165] [PX=10]
XREF: This book is also about mysteries of adaptation and American politics.

628
"Cormac McCarthy, *No Country for Old Men* (2005)."
[PX=10]
PERIOD: After 1988.
FRQ: Once.
EMOTION: Observing.
CONTEXT:[1166] [PX=10]
XREF: This book is somewhat opposite — it is not that dark.

629
"Salman Rushdie, *Shalimar the Clown* (2005)."
[PX=10]
PERIOD: After 1988.
FRQ: Once.
EMOTION: Observing.
CONTEXT:[1167] [PX=10]
XREF: Again, this book is not that sad.

630
"Zadie Smith, *On Beauty* (2005)."
[PX=10]
PERIOD: After 1988.
FRQ: Once.
EMOTION: Observing.
CONTEXT:[1168] [PX=10]
XREF: This books, incidentally, also starts from *On Beauty* — by a different author.

631
"Alison Bechdel, *Fun Home* (2006)."
[PX=10]
PERIOD: After 1988.
FRQ: Once.
EMOTION: Observing.
CONTEXT:[1169] [PX=10]
XREF: The narrative in this book is also non-linear and recursive.

632
"Philip Roth, *Everyman* (2006)."
[PX=10]
PERIOD: After 1988.

[1165] Literature: Roth (2004) and Wikipedia, http://en.wikipedia.org/wiki/The_Plot_Against_America.
[1166] Literature: McCarthy (2006) and Wikipedia, http://en.wikipedia.org/wiki/No_Country_for_Old_Men.
[1167] Literature: Rushdie (2006) and Wikipedia, http://en.wikipedia.org/wiki/Shalimar_the_Clown.
[1168] Literature: Smith (2005) and Wikipedia, http://en.wikipedia.org/wiki/On_Beauty.
[1169] Literature: Bechdel (2007) and Wikipedia, http://en.wikipedia.org/wiki/Fun_Home.

7. Literary Ideas

FRQ: Once.
EMOTION: Observing.
CONTEXT:[1170] [PX=10]
XREF: This book also tells the story of the author as gets increasingly old.

633
"Philip Roth, *Exit, Ghost* (2007)."
[PX=10]
PERIOD: After 1988.
FRQ: Once.
EMOTION: Observing.
CONTEXT:[1171] [PX=10]
XREF: The continuation of the previous note.

634
"Richard Russo, *Bridge of Sighs* (2007)."
[PX=10]
PERIOD: After 1988.
FRQ: Once.
EMOTION: Observing.
CONTEXT:[1172] [PX=10]
XREF: The entire author's family continues to work in one small company.

635
"Thomas Pynchon, *Inherent Vice* (2009)."
[PX=10]
PERIOD: After 1988.
FRQ: Once.
EMOTION: Observing.
CONTEXT:[1173] [PX=10]
XREF: In this book paranoia is not a byproduct of smoking too much weed.

636
"Jonathan Franzen, *Freedom* (2010)."
[PX=10]
PERIOD: After 1988.
FRQ: Once.
EMOTION: Observing.
CONTEXT:[1174] [PX=10]
XREF: This book also might have been composed at the suggestion of the author's therapist.

637
"Tom Rachman, *The Imperfectionists* (2010)."
[PX=10]
PERIOD: After 1988.
FRQ: Once.
EMOTION: Observing.
CONTEXT:[1175] [PX=10]

[1170] Literature: Roth (2006) and Wikipedia, http://en.wikipedia.org/wiki/Everyman_(novel).
[1171] Literature: Roth (2007) and Wikipedia, http://en.wikipedia.org/wiki/Exit_Ghost.
[1172] Literature: Russo (2008) and Wikipedia, http://en.wikipedia.org/wiki/Bridge_of_Sighs_(novel).
[1173] Literature: Pynchon (2010) and Wikipedia, http://en.wikipedia.org/wiki/Inherent_Vice.
[1174] Literature: Franzen (2010) and Wikipedia, http://en.wikipedia.org/wiki/Freedom_(Jonathan_Franzen_novel).
[1175] Literature: Rachman (2011) and Wikipedia, http://en.wikipedia.org/wiki/Tom_Rachman.

7. Literary Ideas

XREF: This book also deals with the war on terror.

638
"Eleonor Henderson, *Ten Thousand Saints* (2011)."
[PX=10]
PERIOD: After 1988.
FRQ: Once.
EMOTION: Observing.
CONTEXT:[1176] [PX=10]
XREF: Letter of 1987 also describes the times of the discovery of AIDS.

639
"Stephen King, *11/22/63* (2011)."
[PX=10]
PERIOD: After 1988.
FRQ: Once.
EMOTION: Observing.
CONTEXT:[1177] [PX=10]
XREF: This book, also rewardingly for some readers, reflects on questions of fate and free will.

640
"Téa Obreht, *The Tiger's Wife* (2011)."
[PX=10]
PERIOD: After 1988.
FRQ: Once.
EMOTION: Observing.
CONTEXT:[1178] [PX=10]
XREF: The grandfather's folk stories are also present in this book.

641
"Karen Russell, *Swamplandia* (2011)."
[PX=10]
PERIOD: After 1988.
FRQ: Once.
EMOTION: Observing.
CONTEXT:[1179] [PX=10]
XREF: The author in his childhood was also wise beyond his years.

[1176] Literature: Henderson (2011) and Wikipedia, http://en.wikipedia.org/wiki/Ten_Thousand_Saints.

[1177] Literature: King (2011) and Wikipedia, http://en.wikipedia.org/wiki/11/22/63.

[1178] Literature: Obreht (2011) and Wikipedia, http://en.wikipedia.org/wiki/The_Tiger's_Wife.

[1179] Literature: Russell (2011) and Wikipedia, http://en.wikipedia.org/wiki/Swamplandia!.

Made in the USA
Middletown, DE
03 March 2022